# 안드로이드 프로그래밍의 이해와 실제

손수국 · 조승호 공저



생능출판사
Life & Power Press

# 머리말

현대인은 TGiF를 누리고 있다고 한다. 유명 패밀리 레스토랑의 음식을 즐기고 있다는 말이 아니다. 트위터Twitter, 구글Google, 아이폰iPhone, 페이스북Facebook의 시작 글자의 합성어를 의미한다. 이것들은 한국은 물론 전 세계인의 삶을 점령하고 있는 키워드로서 모두 정보의 접근과 밀접한 용어이다. 특히 아이폰은 2007년 애플이 출시한 스마트폰smartphone으로 휴대폰과 PC의 융합 상품이다. 아이폰의 출시는 세계를 스마트폰 폭풍 속에 몰아넣었다. 웹 분야의 최대 강자인 구글Google도 이에 뒤질세라 2008년도에 모바일 분야의 채널을 확보하기 위하여 안드로이드Android라는 야심찬 모바일 플랫폼을 OHAOpen Handset Alliance와 함께 발표했다. 세계 1위의 모바일 단말기 업체인 노키아Nokia도 심비안Symbian 플랫폼을 공개하고 적극 공세에 나서고 있다. 노키아뿐이 아니라 내로라하는 모바일 업계는 모두 스마트폰 시장에 뛰어들고 있다. 스마트폰의 진정한 승리는 단말기의 하드웨어가 아니라 단말기에 탑재되는 소프트웨어에 달려 있다. 이를 위하여 각종 콘텐츠 장터가 출현하고 있으며 소프트웨어 개발자가 다양한 형태로 참여하고 있다.

안드로이드는 스마트폰 대중화의 기폭제 역할을 한 애플의 아이폰을 북미 지역부터 이미 추월하고 있다. 대부분의 모바일 전문가들은 머지않아 안드로이드가 모바일 시장을 선도할 것으로 예견하고 있다. 안드로이드는 스마트폰만을 위한 플랫폼이 아니라 모든 컴퓨팅 디바이스의 플랫폼으로 성장하고 있다. 심지어 구글, 인텔, 소니가 합작으로 안드로이드를 탑재한 스마트 TV를 곧 출시할 예정이라고 한다. 안드로이드는 서드파티third party 애플리케이션이 내장 애플리케이션과 평등하고, 개방형이며 무료 플랫폼이다. 이와 같은 특징과 끊임없는 성장 가능성을 지닌 안드로이드는 애플리케이션 개발자에게 매력적일 수밖에 없다. 국내의 스마트폰 시장도 모두 안드로이드에 촉각을 곤두

P R E F A C E

세우고 있다. 그러나 국내에 소개된 대부분의 안드로이드 서적은 번역서이며, 초보자부터 실무자에게 도움이 될 만큼 변변하지 못하다. 따라서 이 책의 저자들은 일반 휴대폰 분야의 강국이지만 스마트폰에서 한발 늦은 국내 모바일 분야에 일조하고, 또한 급격한 변화와 사회적 요구에 따라 대학생부터 실무 개발자에 이르기까지 기초와 실무에 쉽게 접할 수 있는 교재의 필요성을 느껴 이 책을 집필하였다.

이 책은 이와 같은 사회적 요구와 기술의 변화를 능동적으로 반영하여 이론과 실습을 함께 다루며, 자바Java 프로그래밍 언어와 리눅스Linux에 대한 기초 지식만 있어도 이해할 수 있도록 기초편, 응용편, 실제편으로 나누어 쉽게 설명하고 있다. 기초편은 안드로이드의 소개부터 개발환경 구축 및 간단한 애플리케이션 개발 과정 등을 다룬다. 응용편에서는 사용자 인터페이스에서 시작하여 그래픽스와 애니메이션, 인텐트와 서비스, 데이터 저장, 위치 기반 서비스 등을 배운다. 그리고 실제편은 최근 갤러시탭 모델에서 사용하는 (주)하이버스Hybus의 H-AndroSV210을 타깃 시스템target system으로 이용하여 애플리케이션의 개발, 포팅porting 과정, 애플리케이션 배포 등을 다룬다. 이 책을 통하여 안드로이드에 대한 마인드가 확산되고 다가오는 유비쿼터스ubiquitous 컴퓨팅 시대를 선도할 인력들이 많이 나오길 바란다.

끝으로 H-AndroSV210과 관련된 자료를 제공하고 다양한 형태로 도움을 주신 (주)하이버스의 김태형 사장님과 이경섭 부장님께 고마움을 표한다. 특히, 이 책의 1~4장을 직접 집필하신 데도 불구하고 저자 이름을 사양한 성신여자대학교의 우종정 교수님께 감사의 마음을 보낸다. 또한 그래픽스와 애니메이션, 위치 기반 서비스의 초고 작성에 도움을 주신 호서대학교 이호석 교수님에게 감사드리고, 마지막 원고 교정을 위하여 많은 시간과 노력을 아끼지 않은 생능출판사의 교재개발팀에게도 감사드린다. 아울러 집필 기간 동안 많은 시간을 함께하지 못한 가족들에게 미안하고 고마운 마음을 전한다.

2010년 11월 연구실에서
저자 일동

# 차 례



CONTENTS

CONTENTS

CONTENTS

CONTENTS

CONTENTS

# 01 PART

# 기 초 편



안드로이드를 처음 접하면서 안드로이드의 가장 기본적인 내용을 다루는 부분이다. 먼저 안드로이드의 탄생 배경, 안드로이드 플랫폼의 의미, 안드로이드의 구조, 안드로이드의 미래 등을 살펴본다. 그리고 안드로이드 애플리케이션을 개발하기 위하여 데스크톱 컴퓨터에 필요한 소프트웨어를 설치하고 환경 설정을 한 후 모든 프로그램의 기본인 문자열 출력하기와 같은 프로젝트를 구축하고 실행해본다. 그런 다음 기본적인 문자열 프로그램의 내부를 해석하고 간단하게 응용해본다. 끝으로 안드로이드에서 가장 중요한 액티비티와 리소스의 개념을 학습하고, 이를 이용한 간단한 애플리케이션을 개발한다.

Chapter 01

# 안드로이드 둘러보기

CHAPTER

# 01 안드로이드 둘러보기

2007년 애플[Apple]이 아이폰[iPhone]을 출시한 후 세계는 바야흐로 스마트폰[smartphone] 폭풍 속에 들어 있다. 웹 분야의 최대 강자인 구글[Google]도 이에 뒤질세라 2007년도에 모바일 분야의 채널을 확보하기 위하여 안드로이드[Android]라는 야심찬 모바일 플랫폼을 OHA[open handset alliance]와 함께 발표했다. 세계 1위의 모바일 단말기 업체인 노키아[Nokia]도 심비안[Symbian] 플랫폼을 공개하고 적극 공세에 나서고 있다. 내로라하는 모바일 업계는 모두 스마트폰 시장에 뛰어들고 있는 것이다. 이 장에서는 스마트폰을 위한 인프라[infrastrucutre]인 무선 인터넷, 모바일 플랫폼에 대해 알아보고, 전쟁터가 된 모바일 시장의 현황과 각 업체의 전략을 살펴본다. 또한 현재 애플 아이폰과 함께 가장 유망한 모바일 플랫폼인 안드로이드 플랫폼의 의미와 특징 그리고 아키텍처 등을 살펴본다. 끝으로 안드로이드의 미래를 조명해본다.

## 1.1 스마트폰과 무선 인터넷

정보통신 기술의 급격한 발전에 따라 이동 중에도 인터넷을 사용하는 시대가 되었다. 이 절에서는 모바일 인터넷 대중화 시대를 연 스마트폰의 의미와 성장 배경 등을 살펴보고, 스마트폰의 중요 인프라인 무선 인터넷에 대하여 살펴본다.

### 스마트폰

스마트폰은 '손 안의 PC'라 불리며, 과거 일부 비즈니스 계층과 얼리 어댑터[early adapter]의 전유물에서 벗어나 최근 일반 대중의 생활 필수품으로 빠르게 확산되고 있다. 세계 최초의 스마트폰은 1992년 COMDEX에서 IBM이 발표한 것으로 모바일

폰, 페이저pager, PDAPersonal Digital Assistant와 팩스를 결합한 Simon이란 단말기이다. 스마트폰은 2004년 RIMResearch In Motion이 출시한 블랙베리Blackberry의 푸싱 이메일pushing e-mail 기능으로 인하여 북미 시장을 중심으로 빠르게 보급되기 시작했다. 특히 2007년 애플이 혁신적인 사용자 인터페이스를 제공하는 아이폰을 출시하면서 급속히 확산되었는데, 아이폰은 출시 3일 만에 100만 대가 팔릴 정도였다. 국내에서도 WIPIWireless Internet Platform for Interoperability의 휴대폰 의무 탑재를 폐지한 2008년부터 [그림 1-1]과 같이 애플 아이폰뿐만 아니라 모토롤라Motorola의 모토로이, 삼성전자의 갤럭시와 옴니아 2, LG 전자의 옵티머스 등과 같은 스마트폰이 경쟁적으로 출시되고 있다. 특히 모토로이, 갤럭시, 옵티머스는 구글이 발표한 안드로이드 플랫폼을 탑재하고 있다.

[그림 1-1] 스마트폰

스마트폰은 단순히 음성통화를 위한 휴대폰이 아니라 본격적인 모바일 인터넷 단말기라는 측면에서 기존의 휴대폰과는 차별화되고 있다. 초기와는 달리 네트워크, 단말기, 콘텐츠 측면에서 스마트폰을 위한 환경이 조성됨에 따라 손쉽게 인터넷을 사용할 수 있게 되었다. 특히 사용자의 기호를 반영한 양질의 콘텐츠가 다수 개발되었고, 콘텐츠 장터에서 이를 쉽게 다운로드하여 사용할 수 있게 되었다. 이와 같은 환경이 구축됨에 따라 일반 휴대폰에 비해 〈표 1-1〉과 같이 스마트폰이 크게 성장할 것으로 전망된다.

〈표 1-1〉 세계 스마트폰 시장 전망 (단위: 백만 대, %)

| 구분 | | 2007년 | 2008년 | 2009년 | 2010년 | 2011년 | 2012년 | 2013년 |
|---|---|---|---|---|---|---|---|---|
| 휴대폰 판매 수 | | 1,151 | 1,209 | 1,114 | 1,202 | 1,306 | 1,432 | 1,568 |
| 스마트폰 | 판매 수 | 121 | 143 | 178 | 254 | 351 | 469 | 604 |
| | 성장률 | 49 | 18 | 24 | 43 | 38 | 34 | 29 |
| | 비중 | 10.5 | 11.8 | 15.9 | 21.1 | 26.9 | 32.8 | 38.5 |

출처: 〈CEO Information〉, 삼성경제연구소, 741호

## 무선 인터넷

무선 인터넷wireless internet은 유선 케이블 대신에 전파를 사용하며, 이동 중에 무선통신을 기반으로 수행하는 인터넷을 통칭한다. 전파는 물리적 특성상 지역적 · 국가적 경계선이 없고 제한된 자원으로, 유선 케이블 없이 통신이 가능한 편의성 때문에 정보통신 분야에서 오래 전부터 관심을 받아왔다. 전파를 이용한 무선통신과 정보기술의 발전은 지금의 스마트폰을 있게 하였는데, 특히 3G 이동통신과 와이파이(WiFiwireless fidelity)는 스마트폰을 대중화시킨 핵심 모바일 인프라로서 모바일 빅뱅 시대를 만들고 있다.

와이파이는 무선랜(wireless LANLocal Area Network)이라고도 하며 근거리 무선 인터넷을 위한 대표적인 표준안이다. 와이파이는 유선 네트워크에 무선접속장치(APaccess point)를 연결하여 일정 거리 안에서 무선으로 통신하기 위하여 고안한 기술이다. 와이파이를 통한 인터넷망은 [그림 1-2]에서 보는 바와 같이 통신사의 교환기에서부터 가정이나 사무실의 인터넷 모뎀에 연결된 AP까지는 유선 네트워크로, AP와 모바일 단말기 사이는 무선 네트워크로 구성된다. 따라서 와이파이는 유선 네트워크가 연결된 곳이라면 저렴한 AP를 설치함으로써 인터넷을 사용할 수 있다. KT가 제공하는 네스팟nespot과 같은 유료 서비스가 아니면 와이파이는 통신사와 상관없이 모바일 단말기로 인터넷을 무료로 사용할 수 있다.

3Ggeneration는 WCDMAwideband code division multiple access 혹은 HSDPAhigh speed downlink packet access 등과 같은 무선이동통신 기술을 의미한다. 와이파이 혹은 와이브로(Wibrowireless broadband internet)와 같은 인터넷망이 아니라 기본적으로 영상 통화를 포함한 모바일 휴대폰을 위한 무선통신망이다. 3G 이동통신에 의한 인터넷망은 통신사에서 전국 각 지역에 세워져 있는 기지국(BTSbase transceiver system)까지는 유선 네트워크로, 기지국과 모바일 단말기 사이는 무선 네트워크로 구성된다. 따라서 3G는 기지국을 중심으로 반경 2~3km 영역 안에서 모바일 단말기로 인터넷을 연결할 수 있도록 한다. 3G는 대용량의 데이터 전송이나 글로벌 로밍global roaming이 가능하지만 기지국이나 중계기와 같은 시설 투자가 필요하므로 통신 비용이 매우 비싸다.

**저자 한마디 | 와이브로**

와이브로는 모바일 와이맥스mobile WiMax라고도 하며 무선광대역인터넷 혹은 무선초고속인터넷 등으로도 불린다. 와이브로는 이동하면서 초고속인터넷을 이용할 수 있는 서비스이다. 한국전자통신연구원과 삼성전자 등이 개발한 순수 국내 기술로 2007년 10월 국제전기통신연합이 3세대 이동통신의 6번째 기술표준으로 채택했다. 현재 서울을 중심으로 한 수도권 일부 지역에서 서비스하고 있다.

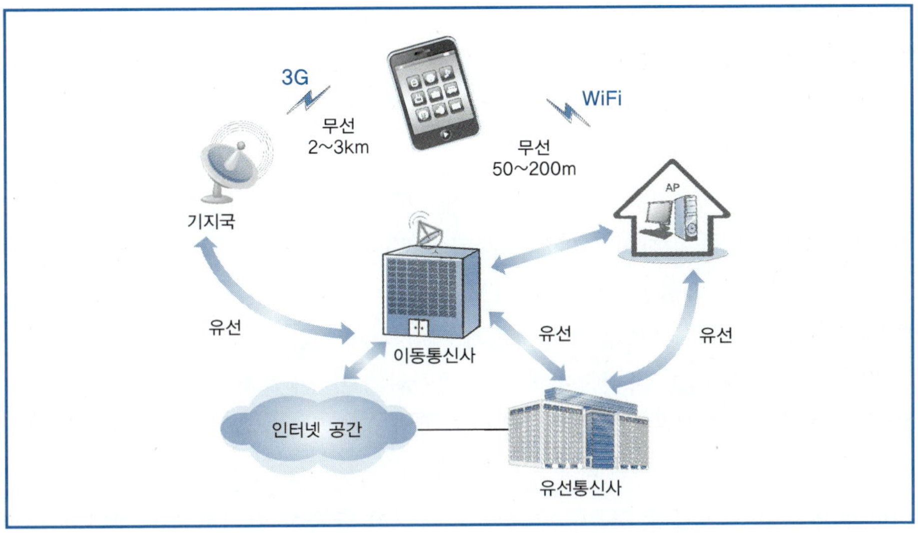


[그림 1-2] 와이파이와 3G 이동통신

## 1.2 모바일 플랫폼

모바일 플랫폼이란 무선 인터넷 서비스를 제공하기 위한 기본 소프트웨어로서 PC의 운영체제와 미들웨어middleware에 해당한다. 모바일 플랫폼은 텍스트 위주의 서비스에서 멀티미디어 서비스까지 가능하게 한다. 모바일 플랫폼 방식은 〈표 1-2〉와 같이 2가지 방식으로 분류할 수 있다. VMvirtual machine 방식은 인터프리터interpreter 방식이라고도 하고, 네이티브native 방식은 바이너리binary 방식이라고도 한다.

〈표 1-2〉 모바일 플랫폼의 종류와 장 · 단점

| 종류 | 장 · 단점 | 예 |
|---|---|---|
| VM 방식 | • 보안성이 좋음<br>• 많은 자원이 필요<br>• 성능 저하<br>• 하드웨어 독립적 | • 선마이크로시스템스의 J2ME<br>• 신지소프트의 GVM<br>• SK-VM |
| 네이티브 방식 | • 우수한 성능<br>• 보안에 취약<br>• 안정성이 떨어짐<br>• 하드웨어 의존적 | • 퀄컴의 BREW<br>• 모빌탑의 MAP |

출처: 네이버 카페(http://cafe.naver.com)

초기의 모바일 플랫폼은 단문 메시지와 텍스트 기반의 콘텐츠만을 서비스할 수 있었으며, 저속이지만 고비용이고 불안전한 구동 기술을 갖추고 있었다. 대표적인 초기 모바일 플랫폼으로는 WAP Wireless Application Protocol, ME Mobile Explorer, i-Mode 등이 있다. WAP은 WAP 포럼을 통해 표준화되었으며, WML wireless markup language이라는 언어를 사용하여 별도로 콘텐츠를 제작해야 했다. WML로 작성된 콘텐츠는 게이트웨이 gateway를 통하여 변환할 필요가 있기 때문에 투자비가 높았다. ME는 마이크로소프트사가 개발한 것으로, HTML hypertext markup language을 사용할 수 있기 때문에 게이트웨이가 필요 없어 투자비가 저렴하다는 장점이 있었다. i-Mode는 일본의 NTT DoCoMo사가 시장 선점을 위하여 야심차게 개발한 것으로, HTML/HTTP hypertext tranfer protocol 방식을 채용하였으며 콘텐츠 제작 비용이 저렴하였다.

이러한 초기의 모바일 플랫폼들은 메모리 가격이 급격히 떨어지고 배터리의 사용시간이 크게 개선되고 임베디드 소프트웨어 기술이 크게 발달함에 따라 급속히 쇠퇴하였고 모바일 단말기를 위한 독점 proprietary 플랫폼들이 다수 등장하기 시작했다. 특히, 2000년대를 전후하여 모바일 업체들이 모바일 플랫폼의 중요성을 인식함에 따라 RIM의 블랙베리, 선마이크로시스템스 Sun Microsystms의 J2ME Java 2 Micro Edition, 퀄컴 Qualcomm의 BREW Binary Runtime Environment for Wireless, 노키아의 심비안 등과 같은 많은 플랫폼이 등장하여 모바일 플랫폼의 춘추전국시대를 열었다. 국내에도 〈표 1-3〉과 같이 각 이동통신사들이 자신만의 독점 모바일 플랫폼을 사용했다. 비록 노키아의 심비안이 시장 점유율이 가장 높았지만, 어느 모바일 플랫폼도 모바일 시장 전체에 주도적인 영향을 미치지는 못했다.

〈표 1-3〉 국내 주요 이동통신사의 독점 모바일 플랫폼

| 회사 | 플랫폼 | 개발 언어 | 개발 업체 | 수행 방식 |
|---|---|---|---|---|
| LGT | KVM | Java | 선마이크로시스템스 | VM |
| | 키티호크 | Java | 아로마 소프트 | VM |
| SKT | SK-VM | Java | XCE | VM |
| | GVM | C/C++ | 신지소프트 | VM |
| | WITOP | Java, C/C++ | SKT | VM |
| KTF | MAP | C/C++ | 모빌탑 | Native |
| | BREW | C/C++ | 퀄컴 | Native |

출처: 네이버 카페(http://cafe.naver.com)

플랫폼의 분할 양상과 독점 플랫폼의 사용은 여러 가지 문제점을 야기했다. 콘텐츠 개발자는 플랫폼마다 그에 맞는 콘텐츠를 개발해야 했고, 네트워크 공급자와의 관계가 너무 복잡했다. 더구나 모바일 단말기 사용자에게 유선 인터넷 사용자와 같은 다양성을 충족시키기가 어려웠다. 이에 따라 정부는 국가적 낭비를 줄이자는 목적으로 2005년 4월부터 한국형 무선 인터넷 플랫폼 표준인 WIPI를 단말기에 의무적으로 탑재하도록 했다. WIPI는 API[application programming interface] 등 모든 규격을 하나로 상정했기 때문에 다음과 같은 장점이 있다.

- 하드웨어나 운영체제에 관계없이 개발된 애플리케이션의 실행과 이식[porting]이 용이
- 이동통신사와 독립적인 플랫폼 사용으로 콘텐츠의 중복 개발 방지
- 플랫폼의 국산화에 따른 해외 로열티 유출 감소
- 외국산 모바일 단말기의 진입 제한으로 국내 모바일 산업 보호

WIPI의 탑재 의무화에 따른 국외 단말기의 유입이 어려워짐에 따라 국내 단말기 제조사들이 어렵지 않게 성장할 수 있었다. 그러나 당초 정부의 의도와는 달리 국내 모바일 산업을 온실 속에 가둬두는 결과를 초래했다. 더욱이 의욕적으로 추진한 WIPI의 세계화는 이루어지지 않았고, 글로벌화하는 모바일 산업에 적절하게 대응하지 못하게 되어 국내 모바일 콘텐츠 산업은 뒷걸음치게 되었다. 따라서 정부는 모바일 콘텐츠 산업의 활성화를 위하여 2009년 4월부터 국내 휴대폰에 WIPI 탑재 자율화 방안을 발표했다.

## 1.3 모바일 시장은 전쟁터

애플의 아이폰 출시 이후부터 모바일 산업 구조에 많은 변화가 일어나고 있다. 스마트폰이 확산되면서 모바일 산업의 패러다임이 음성통화에서 콘텐츠로 전환되고 있는 것이다. 모바일 시장은 이제 이동통신사가 더 이상 주도하지 못하고 이동통신사업자, 단말기 제조사 외에 콘텐츠 개발자와 소비자까지 포함하는 가치사슬로 변화하고 있다. 이 절에서는 모바일 산업의 가치사슬부터 모바일 시장의 변화와 모바일 업체의 대응 전략을 알아본다.

## 모바일 시장의 가치사슬

모바일 시장은 콘텐츠, 플랫폼, 네트워크, 단말기 등의 사업자에 의하여 움직인다. 통신 서비스의 경우에는 요금제와 통화 품질이, 단말기의 경우에는 성능이나 디자인이 크게 영향을 미친다. 음성통화 위주인 전통적 모바일 시장의 경우 이동통신사 중심의 폐쇄적인 생태계였다. 왜냐하면 모바일 시장의 진입 여부가 주파수와 네트워크의 확보에 의존하기 때문이다. 주파수는 기본적으로 국가로부터 일정한 조건하에서 사용 권한을 부여받는 공공성을 띤 제한된 자원이다. 네트워크는 일정한 주파수 대역의 무선 신호를 전달하기 위한 필수적인 고가의 설비이다. 이동통신사는 주파수와 네트워크를 보유하고 있기 때문에 통신 서비스뿐만 아니라 단말기의 제조와 유통, 단말기에 탑재될 플랫폼까지 영향을 미치고 있다. 심지어 콘텐츠와 애플리케이션에도 막대한 영향을 미치는데 이는 개발자의 콘텐츠가 이동통신사에 의하여 검수되기 때문이다.

스마트폰이 확산되면서 통신 서비스는 물론 단말기에서도 사용자의 기호에 적합한 양질의 콘텐츠를 확보하는 것이 새로운 중요 경쟁 요소로 부상하고 있다. 스마트폰은 일반 휴대폰과는 달리 단순한 전화기가 아니라 모바일 인터넷 디바이스이기 때문에 이동통신사업자가 제공하지 않는 다양한 서비스를 제공한다. 이처럼 모바일 시장은 음성통화 중심에서 데이터 서비스 중심으로 이동하고 있다. 따라서 모바일 생태계는 다음과 같은 3가지 측면에서 큰 변화를 나타내고 있다. 특히 기존의 이동통신사업자 중심의 폐쇄적인 가치사슬의 한계가 드러나기 시작했다.

- **소프트웨어 측면**: 멀티미디어 콘텐츠나 다양한 애플리케이션에 대한 사용자 요구 증가 및 고기능성의 모바일 플랫폼의 등장
- **네트워크 측면**: 고속 무선 인터넷을 사용할 수 있는 3G 이동통신의 발달과 와이파이를 통한 우회망 확보
- **하드웨어 측면**: 데이터 처리 속도 및 메모리 용량의 급격한 증가, 단말기의 풀브라우징full browsing과 멀티터치multi-touch 기능 지원, 배터리 사용 시간 증가 등

이와 같은 모바일 시장의 환경 변화는 휴대폰과 모바일 서비스를 연계하는 새로운 비즈니스 모델을 등장시켰다. 기존의 폐쇄적인 유통구조에서는 불가능한 것으로 애플의 아이폰 폭풍이다. 애플은 앱스토어AppStore라는 콘텐츠 장터를 만들어주고, 앱스토어 안에서 개발자와 사용자가 애플리케이션을 거래하도록 하는 사업 모델을 등장시켰다. 앱스토어는 스마트폰 시장을 확대시켰을 뿐만 아니라 모바일 시장에서

모바일 플랫폼을 보유한 업체와 애플리케이션 개발자 등의 영향력을 모바일 시장의 외곽에서 중심으로 이동시켰다. 이와 같이 애플이 아이폰을 출시한 2007년을 기점으로 모바일 시장은 네트워크와 주파수라는 독점적인 자원보다 킬러 콘텐츠killer contents와 킬러 서비스에 의하여 움직이고 있다.

## 모바일 시장의 변화

스마트폰 시장이 커져감에 따라 단말기, 플랫폼, 콘텐츠를 위한 모바일 시장이 〈표 1-4〉와 같이 변화하고 있다. 단말기 시장에서는 기존의 5대 단말기 제조사외에 애플, RIM, HTC가 스마트폰을 출시하면서 크게 약진하고 있다. 모바일 플랫폼 분야에도 구글 안드로이드와 같은 개방형 신규 플랫폼이 가세하면서 선택의 폭이 넓어지고 있으며, 노키아의 심비안도 소스를 오픈할 수밖에 없는 상황으로 바뀌고 있다.

〈표 1-4〉 모바일 시장 산업 구조의 과거와 현재

| 분류 | 과거 | 현재 |
|---|---|---|
| 단말기 | 노키아, 삼성전자, 모토롤라, LG전자, 소니 에릭슨 | 기존 5대 단말기 제조사 + 스마트폰 3사(애플, RIM, HTC) |
| 플랫폼 | 심비안, 윈도우 모바일, RIM의 블랙베리, 리눅스 | 기존 플랫폼 + 구글 안드로이드 |
| 콘텐츠 | 이동통신사 중심의 포털 서비스 | 이동통신사 + 하드웨어 업체 + 인터넷 업체 |

출처: 〈Android 심층 분석 보고서〉, MD 인증센터, 2009. 7.

특히 콘텐츠 시장에는 이동통신사 중심의 폐쇄적인 서비스에서 앱스토어와 같은 모바일 서비스가 성공을 거두자 많은 업체들이 〈표 1-5〉와 같이 애플의 앱스토어와 유사한 콘텐츠 장터를 내놓고 시장에 진출하고 있다. 심지어 2010년 2월 모바일 국제 회의(MWCMobile World Congress)에서는 세계 24개 통신 및 단말 제조업체가 공동으로 개방형 콘텐츠 거래 장터인 WACWholesale App. Community를 2011년까지 구축하기로 했다. 이와 같은 모바일 시장의 지각 변동은 애플, 구글, 노키아, 삼성전자 등과 같은 모바일 업계의 주도권 쟁탈을 더욱 치열하게 만들고 있다. 2010년 초 아이팩iPAQ이라는 PDA 브랜드로 유명한 HP마저 스마트폰의 효시격인 팜Palm을 인수하여 팜의 WebOS를 통해 스마트폰 반격에 나서고 있다. 뿐만 아니라 세계 2위의 PC 업체인 델Dell 컴퓨터, 넷북netbook으로 선풍을 일으킨 아수스ASUS 및 에이서Acer, 중국의 대표적 PC 업체 레노보Lenovo 등 PC 기반의 업체들도 애플의 성공을 벤치마킹하여 스마트폰 시장을 공략하고 있다.

〈표 1-5〉 주요 모바일 업계의 콘텐츠 장터

| 개발사 | 플랫폼 | 콘텐츠 장터 | 수익 분배 |
|---|---|---|---|
| 애플 | 아이폰 OS<br>(애플 전용) | 애플 앱스토어 | 개발자 70%, 애플 30% |
| 구글 | 안드로이드<br>(개방형, 무료) | 안드로이드 마켓 | 개발자 70%, 이통사 30% |
| RIM | 블랙베리<br>(블랙베리 전용) | 앱월드 | 애플과 유사 |
| 노키아 | 심비안<br>(개방형, 무료/유료) | 오비스토어 | 애플과 유사 |
| MS | 윈도우모바일<br>(개방형, 유료) | 윈도 마켓플레이스 | 애플과 유사 |
| 삼성전자 | 바다<br>(개방형, 무료) | 삼성 앱스 | 애플과 유사 |

출처: 〈한겨레신문〉, 2010. 2. 9.

## 모바일 업체의 전략

스마트폰 시장은 컴퓨팅 파워도 중요하지만, 그것 이상으로 매력적인 플랫폼과 소비자 기호에 맞는 콘텐츠 확보가 중요하다. 애플의 아이폰과 구글의 안드로이드가 선두 주자로 스마트폰 시장을 주도하고 있고, 노키아, 삼성전자, 마이크로소프트 등이 플랫폼을 공개하며 후발 주자로 모바일 시장에 진입하고 있다.

애플은 80년대 초 개인용 컴퓨터 시대를 만든 주역이자 PC 시장의 최강자였다. 애플 매킨토시는 하드웨어를 포함한 운영체제, 드라이버 등 모든 PC의 구성요소를 직접 또는 주도하에 개발하고, 일부 애플리케이션과 주변기기 영역만을 외부에 개방하는 폐쇄형 시스템으로 운영되었다. 비록 혁신적인 사용자 인터페이스와 운영체제 그리고 우수한 디자인을 선보였지만, PC는 고가일 수밖에 없었고 외부 업체의 참여가 없는 등 상생에 소홀했다. 결국은 다양한 운영체제와 하드웨어를 활용하는 개방형 구조로 운영된 IBM에게 PC 시장의 자리를 빼앗기고 말았다. 애플 매킨토시는 단지 애플 매니아와 디자인 업계 등에서만 사용될 뿐이었다.

애플은 다시 한 번 도약하기 위해 2001년도 스티브잡스Steve Jobs를 업무에 복귀시켰고, 그에 의해 출시된 아이팟iPod은 모바일 서비스 사업자로 애플이 거듭나는 계기가 되었으며, 이제는 모바일 시장을 주도하기에 이르렀다. 특히 2007년도에 출시된 아이폰은 스마트폰의 돌풍을 일으키며 대중화에 주역이 되고 있다. 애플은 서비스 플랫폼을 개방하여 제3의 개발자가 콘텐츠를 개발하여 앱스토어를 통하여 소비자에게 직접 제공할 수 있도록 허용하는 모바일 생태계를 구현함으로써 모바일 시장을 주도하고 있다. 애플은 플랫폼, 모바일 단말기, 콘텐츠 장터에 걸친 모바일 생태계 전체를 애플 주도하에 운영하는 수직결합 모형으로 모바일 시장에 진입하였다. 즉, 애플은 스마트폰 시장에서 아이폰 하드웨어와 운영체제를 주도하고 있으며, 앱스토어도 아이폰만을 위한 서비스로 만들어 앱스토어에 콘텐츠 등록도 애플의 까다로운 조건을 만족해야 한다. 또한 이동통신사도 애플의 개입 아래 아이폰을 공급할 수 있어 폐쇄적인 운영으로 인한 PC 시장의 실패에도 불구하고 애플은 여전히 폐쇄적이다.

그러나 스마트폰 시장은 PC 시장의 경우와는 상황이 매우 다르다. 애플은 콘텐츠 장터를 개방함으로써 현재 최대의 콘텐츠를 보유하고 있으며, 아이팟[iPod]을 위한 아이튠즈[iTunes]의 성공 경험도 있다. 그렇다고 안주할 수는 없을 것이다. 애플의 독주에 많은 잠재적 적군이 도처에 나타나고 있기 때문이다. 애플 앱스토어에 대항하여 2010년 2월에 개최한 국제 모바일 회의[MWC 2010]에 참석한 많은 모바일 업계에서 슈퍼 앱스토어인 WAC를 결성한 것이 그 단적인 예이다. 또한 애플은 빈약한 단말기 제품 라인이나 제한된 이동통신사를 통한 서비스 등과 같은 문제점도 내포하고 있다.

구글[Google]은 1998년 래리 페이지[Larry Page]와 세르게이 브린[Sergey Brin]이 인터넷 검색 엔진으로 만든 회사로 세계 최대의 콘텐츠를 보유하고 있다. 구글은 34개 글로벌 파트너로 구성된 OHA를 통하여 모바일 단말기에 탑재될 개방형 플랫폼인 안드로이드를 주도적으로 개발하였다. 구글은 각 사업자가 자율적으로 운영하는 모바일 생태계인 수평결합 모형으로 모바일 시장에 진입하였다. 안드로이드는 무료일 뿐 아니라 소스까지 개방함으로써 전 세계 콘텐츠 개발자를 유치하고 있다. 구글의 안드로이드는 완전 개방형으로 어느 단말기 제조업체나 이동통신사도 안드로이드를 탑재할 수 있다. 안드로이드 마켓[Android Market]도 이동통신사와의 공존을 강조하며 좀 더 개방적일 뿐만 아니라, 〈표 1-5〉에서 보는 바와 같이 콘텐츠 거래에 대한 이익을 가져가지 않는다. 또한 개발에 필요한 도구를 다운로드받으려면 앱스토어는 개발업체로 등록해야 하지만 안드로이드는 누구나 사용할 수 있다. 앱스토어에 콘텐츠를 등록하기 위해서도 애플은 콘텐츠 등록 조건을 충족해야 하지만 안드로이드 마켓에서는 모든 사용자에 의하여 자율적으로 운영된다.

이처럼 모바일 플랫폼을 무료로 제공함으로써 스마트폰 가격의 인하, 스마트폰 사용자의 증가, 네트워크 접속 비용의 인하와 같은 연쇄 반응 효과가 일어나고, 이를 통해 궁극적으로 구글이 보유한 웹 2.0 서비스를 유통시키기 위한 모바일 채널을 확보하려는 것이다. 즉, 구글은 모든 것이 구글로 통하고 구글로 연결되게 함으로써 모바일 환경에서도 영향력을 확대하고자 하는 것이다. [그림 1-3]에서 보는 바와 같이 구글 안드로이드가 빠른 시간 내에 애플 아이폰을 추월할 가능성은 매우 높다. 특히 북미 시장에서의 안드로이드 점유율은 이미 아이폰을 앞지르고 있다. 하지만 안드로이드가 더 성장하기 위해서는 이동통신사의 절대적이고 지속적인 협조가 필요하다.

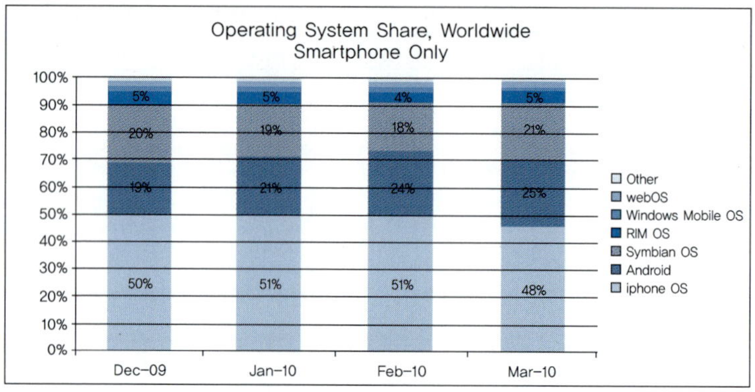


(a) 세계 시장의 모바일 플랫폼 점유율

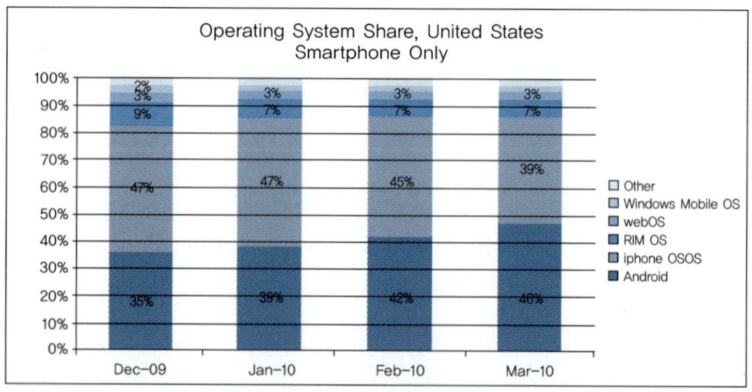


(b) 북미 시장의 모바일 플랫폼 점유율

[그림 1-3] 세계와 북미의 모바일 플랫폼 점유율 현황
(출처: 〈애드몹 보고서〉, 2010. 3.)

**저자 한마디 | 구글 이름의 유래**

구글google이라는 이름은 칼 세이건이 언급했던 $10^{100}$을 뜻하는 구골googol이란 단어를 잘못 표기한 것에서 유래되었다.

애플과 구글 외에도 노키아, 마이크로소프트, 삼성전자 등 많은 스마트폰의 후발업체에서도 모바일 시장의 점유율을 높이기 위하여 다각도로 노력하고 있다. 노키아는 현재 세계 1위의 모바일 단말기 제조회사로서 심비안이라는 모바일 플랫폼을 통하여 모바일 시장에 막강한 영향력을 발휘하고 있다. OVI라는 유무선 통합 포털을 이용하여 모바일 단말기 제조업에서 벗어나 콘텐츠, 플랫폼, 단말기를 통합하는 웹 플랫폼 사업자로 변신하고자 콘텐츠를 확보하기 위하여 디즈니Disney를 비롯한 많은 콘텐츠 업체와 전략적 제휴관계를 맺고 있다. 그러나 노키아는 아직까지 콘텐츠 확보가 미흡하고, 어쩔 수 없이 2010년 2월 심비안을 공개했지만 경쟁사들의 채택이 미지수이며, 이동통신사들의 참여 여부도 불투명하다. 심비안이 성공하려면 앞서 소스를 공개한 안드로이드에 대한 차별화된 장점이 있어야 할 것이다. 그에 따라 2010년 인텔과 함께 인텔의 모블린Moblin과 마에모Maemo를 결합한 미고MeeGo라는 리눅스 기반의 개방형 모바일 플랫폼을 발표했다.

삼성은 2010년 2월 바다Bada 플랫폼을 탑재한 리눅스 스마트폰 '웨이브'를 공식적으로 공개함으로써 스마트폰 시장에 진입하였다. 바다 플랫폼은 SNSSocial Network Service, LBSLocation-Based Service, 커머스commerce 등과 같은 융합 서비스 개발이 가능한 특징을 가지고 있다. 삼성 앱스Apps를 통해 콘텐츠를 활성화시키고, 바다 글로벌 개발자 데이라는 개발자 대회를 개최하여 개발자를 유치할 계획이다. 삼성에 뒤이어 마이크로소프트도 윈도우폰Windows Phone 7을 출시하면서 데스크톱의 애플리케이션과의 호환성을 장점으로 스마트폰 시장에 뛰어들었다. 이와 같이 모바일 업계에서는 저마다 플랫폼을 공개하고 콘텐츠 장터를 활성화하기 위한 다각도의 노력을 기울이고 있다.

## 1.4 안드로이드 개요

안드로이드는 [그림 1-4]와 같은 '인간의 모습을 한 로봇'이란 의미를 지닌 자그마한 신생 업체의 이름으로, 구글이 인수하기 전까지는 비밀스럽지만 특별한 의미를 가지지 않았다. 하지만 검색 광고업계의 거인 구글이 모바일 시장에 진출하기 위하여 이 업체를 인수함으로써 이제 안드로이드는 아이폰과 함께 스마트폰을 이끌어나갈 특별한 단어임에 틀림없다. 이 절에서는 안드로이드 플랫폼의 의미와 특징을 알아본다.

[그림 1-4] 안드로이드 로고

## 안드로이드 플랫폼이란?

안드로이드 플랫폼은 개방된open, 완벽한complete, 무료인free 모바일 플랫폼으로서, 모바일 디바이스를 위한 운영체제, 미들웨어, 자바로 개발된 핵심 애플리케이션key applications을 포함하는 소프트웨어 집합체stack를 의미한다. 즉, 모바일 단말기에서 하드웨어를 제외한 나머지 모든 소프트웨어 계층을 의미한다. 2007년 11월 구글과 안드로이드 이용 모임인 OHAOpen Handset Alliance에 의해 발표한 모바일 플랫폼이다. 안드로이드도 KVM, GVM, BREW, WIPI와 같은 모바일 플랫폼이지만, 최초의 비독점 개방 플랫폼으로 소스 코드를 완전 개방하여 제한 없이 안드로이드 기반의 모바일 디바이스를 제작할 수 있다. 안드로이드는 아파치Apache 2.0 라이선스를 가지며 소스 코드로 모든 사람이 빌드build할 수 있다. 기본적으로 애플리케이션을 개발하기 위하여 자바Java 프로그래밍 언어를 사용하며 애플리케이션의 빌드, 컴파일, 테스트 및 디버그를 할 수 있는 SDKsoftware development kits를 무상으로 제공한다.

안드로이드의 설계 목적은 개방성과 효율성이다. 안드로이드 플랫폼 소스를 완전히 공개하고 익숙한 프로그래밍 언어인 자바 언어를 사용하기 때문에 애플리케이션을 쉽게 개발할 수 있다. 안드로이드 플랫폼은 여러 데이터를 쉽게 처리할 수 있는 라이브러리 컴포넌트를 제공함으로써 확장성을 제공한다. 따라서 구글 맵과 같은 서비스와 쉽게 연동할 수 있다. 콘텐츠 개발자, 네트워크 사업자, 모바일 단말기 제조업체 등은 안드로이드를 통해 혁신적인 신제품을 시장에 좀 더 빠르고 낮은 가격에 공급할 수 있는 유리한 위치를 확보할 수 있다. 따라서 안드로이드의 등장으로 인하여 사용자에게 더욱 세련된sophisticated, 개인화된personalized, 유연한flexible 모바일 단말기가 출현할 것으로 보인다.

**저자 한마디 | OHA**

2007년 11월 5일 33개의 세계 주요 모바일 업체가 고객에게 혁신적인 새로운 모바일 경험을 제공하기 위하여 설립한 연합체이다. 2010년 4월 현재 68개 회사로 가입 업체가 증가하고 있다. 주요 업체로는 구글, 인텔, 삼성, LG, 모토롤라 등 인지도가 높은 단말기 제조사, 이동통신사, 반도체 회사 및 솔루션 업체들이다. OHA의 첫 번째 결실이 모바일 단말기에 사용하는 포괄적인 오픈 플랫폼인 안드로이드이다. OHA의 참여 업체에 대한 자세한 정보는 공식 웹사이트(http://www.openhandsetalliance.com)에 나와 있다.

## 안드로이드 플랫폼의 특징

안드로이드는 네이티브native 애플리케이션과 서드파티third parties 애플리케이션을 차별하지 않는 애플리케이션 중립적인 플랫폼으로서 다음과 같은 특징을 가지고 있다.

- **애플리케이션 프레임워크:** 일종의 마법사wizard를 통하여 프로그래밍할 수 있는 프레임워크를 제공한다. 컴포넌트의 재사용과 대체replacement를 가능하게 한다.
- **달빅Dalvik 가상머신virtual machine:** 모바일 디바이스를 위하여 최적화된 자바 가상머신을 제공한다. 달빅은 달빅 가상머신의 개발자 Bornstein의 조상들이 생활한 아이슬란드의 어촌 이름이다.
- **통합integrated 브라우저:** 매킨토시의 사파리safari와 구글의 크롬chrome 브라우저에서 사용한 웹킷webkit 기반의 오픈 소스 엔진이다.
- **최적화된 그래픽:** 구글이 만든 2D 그래픽 라이브러리를 사용한다. 또한 Open GL ES 1.0 스펙에 기반한 3D 그래픽 라이브러리도 제공한다.
- **SQLite:** 정형화된 데이터를 저장하고 검색하기 위하여 사용하는 초경량 데이터베이스 시스템이다.
- **미디어 지원:** 일반적인 오디오, 이미지, 비디오 포맷을 지원한다. 예를 들면, MPEG4, H.264, MP3, AAC, AMR, JPG, PNG, GIF 등과 같은 포맷이다.
- **GSM 텔레포니, 블루투스, EDGE, 3G, WiFi, 카메라, GPS, 나침반, 가속도계:** 하드웨어 의존적이지만 지원 가능하다.
- **풍부한 개발환경:** 디바이스 에뮬레이터, 디버깅 도구, 메모리 및 성능 프로파일링, 이클립스Eclipse IDEintegrated development environment를 위한 플러그인plug-in을 지원한다.

**저자 한마디 | 아키텍처, 프레임워크, 플랫폼**

아키텍처architecture는 소프트웨어의 구성, 구성요소들의 상호 인터페이스, 소프트웨어의 설계 및 업그레이드를 위한 원칙 등 소프트웨어의 주요 특징을 결정하는 모든 설계 구조를 의미한다. 소프트웨어의 개발에 직 · 간접적으로 영향을 미치면서 소프트웨어의 복잡도를 높이는 다양한 요소들을 체계적으로 다루기 위한 청사진이다. 아키텍처는 라이브러리, 프로그래밍 언어 등과 같이 구체적인 구현을 포함하지 않는다.

프레임워크framework는 애플리케이션의 개발에 기본이 되는 골격 코드이다. 프레임워크는 라이브러리와 같이 재사용되는 공통 부분은 코드로 구현되며 사용자의 요구 사항에 적합하게 확장될 부분을 최적화한 미완성 애플리케이션이다. 따라서 프레임워크는 완전한 소프트웨어 실행 환경이 아니며, 단지 소프트웨어의 특정 문제를 쉽게 애플리케이션으로 개발할 수 있도록 뼈대를 이루는 클래스와 인터페이스를 미리 제작하여 모아둔 것이다.

플랫폼platform은 소프트웨어를 실행시키기 위한 모든 구성과 구조를 포함한 환경을 의미한다. 윈도우즈Windows와 리눅스Linux는 각각 윈도우즈 프로그램과 리눅스 프로그램을 실행시킬 수 있는 플랫폼이다. 자바 런타임 환경도 자바 바이트 코드를 실행시키기 위한 플랫폼이다.

## 1.5 안드로이드 아키텍처

안드로이드는 자바 프로그래밍 인터페이스를 가진 리눅스 기반의 운영체제이다. 안드로이드는 컴파일러, 디버거, 특별한 가상머신인 달빅Dalvik뿐만 아니라 에뮬레이터까지 제공한다. 안드로이드 아키텍처는 모바일 디바이스를 위하여 디자인되었다는 것을 제외하면 대부분 일반 컴퓨팅 환경과 유사하다. 안드로이드 아키텍처는 [그림 1-5]와 같이 4개의 영역으로 구성되며 모든 주요 컴퓨팅 관련 컴포넌트를 포함하고 있다. 리눅스 커널과 라이브러리에 대한 자세한 내용은 11장을 참조하라.

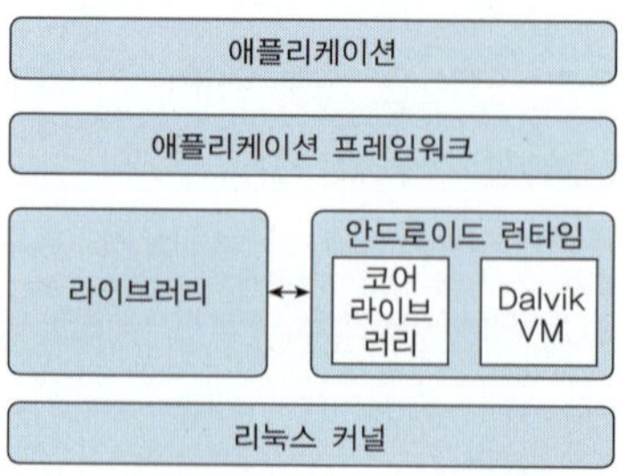


[그림 1-5] 안드로이드 아키텍처

### 리눅스 커널

리눅스 커널 영역은 리눅스 커널 버전 2.6 기반이며 리눅스 버전에 따라 지속적으로 업그레이드되고 있다. 스마트폰에서도 핵심 기능이 음성 통화이기 때문에 음성 통화의 품질과 신뢰성을 제공하려면 검증된 플랫폼이라야 한다. 메모리 및 프로세스 관리, 퍼미션[permission] 기반의 보안 모델, 드라이버 모델, 공유 라이브러리 지원 등 모든 측면에서 충분히 검증된 리눅스 기반이다. 라이선스 문제가 있는 리눅스 부분을 제거하고 모바일 디바이스에서 필요한 새로운 기능 — 알람[alarm], Ashmem[Android shared memory], 바인더[binder], 전력 관리 등 — 을 추가했다. 또한 모바일 단말기에 필요한 하드웨어를 구동하는 드라이버를 포함한다. 리눅스 커널은 안드로이드 소프트웨어 스택의 나머지 계층을 위하여 하드웨어 추상화 계층(HAL[Hardware Adaption Layer]) 역할을 담당한다.

### 라이브러리와 안드로이드 런타임

안드로이드 시스템 컴포넌트에서 사용되는 다음과 같은 C/C++ 라이브러리를 포함한다. 이와 같은 라이브러리를 애플리케이션 프레임워크를 통하여 개발자에게 제공한다.

- 임베디드 리눅스 기반의 디바이스에 적합하도록 만들어진 시스템 C 라이브러리
- PacketVideo의 OpenCore 기반의 미디어 라이브러리
- 2D와 3D 그래픽 레이어를 단일하게 관리하기 위한 서피스 매니저[surface manager]
- OpenGL ES 1.0 API 기반으로 구현된 3D 라이브러리 등

안드로이드 런타임[runtime]은 핵심 라이브러리[core library]와 달빅[Dalvik] 가상머신을 포함한다. 핵심 라이브러리는 자바 프로그래밍 언어를 위한 주요 라이브러리의 대부분을 포함한다. 달빅은 기존 선마이크로시스템스의 JVM[Java Virtual Machine]보다 작은 메모리 환경에서도 애플리케이션을 잘 실행할 수 있도록 성능을 개선한 최적화된 레지스터 기반의 가상머신이다. 또한 자바를 탑재할 때의 라이선스 문제도 해결하고 있다. 자바 컴파일러에 의하여 컴파일한 후에 다시 DX라는 도구에 의하여 변환시킨 .dex 포맷 형태의 특별한 자바 바이트 코드를 실행시키기 위한 실행환경이다.

### 애플리케이션 프레임워크

개발자는 안드로이드 핵심 애플리케이션에 사용된 프레임워크 API에 완벽하게 접근할 수 있다. 애플리케이션은 자신의 기능을 외부 애플리케이션에게 제공할 수 있으며, 다른 애플리케이션이 제공하는 기능도 사용할 수 있다. 모든 애플리케이션을 위하여 다음과 같은 다양한 서비스와 시스템을 지원한다.

- 애플리케이션을 빌드하는 데 사용될 수 있는 풍부하고 확장 가능한 리스트list, 텍스트 박스text box, 버튼button과 같은 뷰view
- 애플리케이션의 데이터를 공유하도록 하는 컨텐트 프로바이더content provider
- 문자열, 그래픽, 레이아웃 파일과 같은 비코드non-code 리소스를 접근할 수 있도록 하는 리소스 매니저resource manager
- 모든 애플리케이션이 상태 바status bar에 경고나 알림 내용을 표시할 수 있는 노티피케이션 매니저notification manager
- 애플리케이션의 생명주기life cycle와 애플리케이션 항해 역사navigation history를 관리하는 액티비티 매니저activity manager

### 애플리케이션

이메일 클라이언트, SMS 문자 메시지 프로그램, 달력, 지도, 브라우저, 연락처Contacts 등과 같은 핵심 애플리케이션을 포함한다. 모든 애플리케이션은 자바 프로그래밍 언어로 구현된다. 네이티브 애플리케이션과 서드파티 애플리케이션이 하드웨어를 접근할 때 동일한 API를 사용하고 동일한 런타임에서 실행되기 때문에 모든 면에서 동등한 실행 권한을 가진다.

## 1.6 안드로이드 애플리케이션

안드로이드 애플리케이션은 일반적으로 자바 프로그래밍 언어로 작성된다. 소스 코드는 컴파일된 후 클래스 파일을 거쳐 애플리케이션에 필요한 리소스 등과 함께 AAPTandroid asset packaging tool라는 안드로이드 도구에 의하여 하나의 패키지로 통합된다. 이와 같이 아카이브archive 파일로 압축된 안드로이드 패키지는 .apk라는 확장자를 가지며 하나의 안드로이드 애플리케이션으로 간주된다. 또한 안드로이드 패키지는 모바일 디바이스에 배포 및 설치를 위한 수단이 된다. 안드로이드 애플리케이션은 달빅 가상머신에서 다음과 같은 환경으로 수행된다.

- 기본적으로 하나의 애플리케이션은 하나의 프로세스 내에서 동작한다. 따라서 모든 애플리케이션은 원칙적으로 자신의 고유한unique 리눅스 사용자 ID를 가진다. 그러나 하나의 애플리케이션이 다수의 프로세스로 매핑mapping될 수 있다.
- 안드로이드는 어떤 애플리케이션이 시작될 필요가 있으면 프로세스를 시작하며, 더 이상 필요가 없거나 시스템 리소스가 부족하면 프로세스를 종료시킨다. 따라서 명시적으로 애플리케이션을 종료할 필요가 없다.
- 모든 프로세스는 자신의 가상머신을 가지기 때문에 다른 프로세스와는 격리되어 실행된다.
- 파일을 공유하기 위한 여러 가지 방법이 있지만 파일을 가진 애플리케이션은 일반적으로 자신만 파일에 접근할 수 있다.

### 애플리케이션 컴포넌트와 활성화

안드로이드 애플리케이션은 시스템이 필요로 할 때 인스턴스instance화되고 실행될 수 있는 4가지 유형의 컴포넌트 — 액티비티activity, 서비스service, 컨텐트 프로바이더content provider, 브로드캐스트 리시버broadcast receiver — 가 존재한다. 애플리케이션을 구성하는 컴포넌트는 매니페스트manifest 파일에 정의된다. 일반 애플리케이션과는 달리 안드로이드 애플리케이션은 모든 컴포넌트가 시작점entry point을 가지지 않는다. 안드로이드는 인텐트intent를 통하여 애플리케이션을 구동시킨다.

액티비티는 사용자와 상호작용할 수 있는 하나의 화면screen이다. 사용자 인터페이스가 있는 애플리케이션은 적어도 하나의 액티비티를 포함한다. 액티비티는 하나 이상의 뷰view를 사용하며, 뷰는 액티비티와 사용자가 상호작용하는 영역이다. 모든 액티비티는 Activity 베이스 클래스의 서브클래스로 구현된다. 만약 연락처를 위한 애플리케이션이라면 연락처 리스트 열람, 개인 연락처 열람, 연락처 편집과 같은 다수의 화면으로 구성된다. 따라서 연락처 애플리케이션은 3개 이상의 액티비티로 구성된다. 이들 액티비티는 하나의 결합된 사용자 인터페이스를 형성하기 위하여 함께 동작하지만 각 액티비티는 서로 독립적으로 존재한다. 그러나 일반적으로 애플리케이션을 구성하는 액티비티 중 하나는 메인 액티비티main activity로 매니페스트 파일에 표시된다. 각 액티비티는 그리기draw가 가능한 하나의 기본 윈도우가 부여된다. 윈도우 내의 비쥬얼visual 콘텐츠는 뷰의 계층구조에 의하여 만들어진다. 뷰 계층구조는 Activity.setContentView()라는 메소드에 의하여 액티비티의 화면에 나타난다.

서비스는 액티비티와 달리 뷰를 가진 사용자 인터페이스를 포함하지 않는다. 서비스는 미디어 플레이어로 계속해서 음악을 재생시키거나 일정한 간격으로 GPSglobal positioning system로부터 위치정보를 획득하는 것과 같은 정해지지 않는 시간 동안 백그라운드background에서 실행된다. 미디어 플레이어로 음악을 재생하는 애플리케이션은 음악 목록을 통해 재생할 음악을 선택하고 시작해야 하기 때문에 하나 이상의 액티비티를 포함할 수 있다. 그러나 액티비티가 음악 재생 자체를 제어하지 않는다. 왜냐하면 사용자가 다른 일을 시작하여 화면이 바뀐 경우에도 음악은 계속해서 재생되어야 하기 때문이다. 서비스는 Service 베이스 클래스를 확장하여 구현한다.

브로드캐스트 리시버는 방송되는 공지announcements를 수신하고 응답하는 애플리케이션 컴포넌트이다. 안드로이드 시스템은 시간대의 변경, 배터리 부족, 사진 촬영, 언어 설정 변경 등이 발생하면 사용자에게 방송한다. 애플리케이션도 데이터의 다운로드 완료 등과 같은 사건이 발생했음을 다른 애플리케이션에게 방송할 수 있다. 브로드캐스트 리시버도 사용자 인터페이스를 포함하지 않는다. 그러나 노티피케이션 매니저notification manager를 사용하여 배경 조명 발광, 디바이스 진동, 사운드 재생 등으로 사용자에게 알려줄 수 있다. 애플리케이션은 방송되는 공지에 응답하기 위하여 다수의 브로드캐스트 리시버를 가질 수 있다. 모든 브로드캐스트 리시버는 BroadcastReceiver 베이스 클래스를 확장하여 구현한다.

컨텐트 프로바이더는 애플리케이션이 보유한 파일이나 데이터베이스 등에 포함된 데이터를 다른 애플리케이션과 공유할 수 있도록 하는 메커니즘이다. 안드로이드는 기본적으로 다른 애플리케이션에 속한 파일이나 데이터를 접근할 수 없다. 그러나 컨텐트 프로바이더를 사용하면 콘텐츠의 주체에 대하여 전혀 모르더라도 다른 애플리케이션으로 하여금 데이터에 대한 질의, 삭제, 추가, 갱신 등을 수행하도록 할 수 있다. 따라서 안드로이드에서 기본적으로 내장하고 있는 컨택트contacts에 저장된 이름, 주소, 연락처 등을 다른 애플리케이션에서 컨텐트 프로바이더를 사용하여 접근할 수 있다. 컨텐트 프로바이더는 ContentProvider 베이스 클래스를 확장하여 구현한다. 그러나 애플리케이션은 컨텐트 리졸버Content Resolver 객체object를 사용하여 데이터 접근을 위한 표준 메소드를 호출한다.

컨텐트 프로바이더는 컨텐트 리졸버가 요청할 때 활성화[activation]된다. 그러나 다른 세 가지 컴포넌트 — 액티비티, 서비스, 브로드캐스트 리시버 — 는 인텐트라 불리는 비동기적인 메시지에 의하여 활성화된다. 액티비티와 서비스에 대한 인텐트는 요청되는 액션[action]과 처리할 데이터의 URI[uniform resource identifier]를 명시하는 Intent 객체이다. 브로드캐스트 리시버에 대한 인텐트는 공지된 액션을 가리킨다. 각 컴포넌트를 활성화하기 위하여 다음과 같은 메소드를 사용하면 된다. 각 메소드의 매개변수로 인텐트 객체를 전달하면 컴포넌트가 활성화된다.

- **액티비티**: Context.startActivity() 혹은 Context.startActivityForResult()
- **서비스**: Context.startService() 혹은 Context.bindService()
- **브로드캐스트 리시버**: Context.sendBroadcast(), Context.sendOrderedBroadcast(), 혹은 Context.sendStickyBroadcast()

애플리케이션 컴포넌트는 메모리가 부족할 경우 컴포넌트 생명주기에 따라 시스템에 의하여 종료될 수 있다. 그러나 명시적으로 컴포넌트를 종료시킬 수도 있다. 액티비티는 사용자와 상호작용하지 않는 경우에도 활성화 상태로 남아 있을 수 있다. 서비스도 오랜 시간 동안 활성화된 상태로 머문다. 액티비티와 서비스는 각각 finish() 혹은 finishActivity(), stopSelf() 혹은 Context.stopService() 메소드를 호출하면 종료된다. 반면, 컨텐트 프로바이더는 컨텐트 리졸버의 요청에 응답하는 동안만 활성화되어 있다. 브로드캐스트 리시버도 방송된 메시지에 응답하는 동안만 활성화되어 있다. 그러므로 컨텐트 프로바이더와 브로드캐스트 리시버는 명시적으로 종료시킬 필요가 없다.

### 프로세스와 생명주기

안드로이드에서는 모든 프로그램이 리눅스 기반에서 실행된다. 따라서 모든 프로그램은 실행될 때 하나의 프로세스[process]를 갖는다. 프로세스는 애플리케이션 컴포넌트가 실행되는 장소이다. 매니페스트 파일에서 〈process〉 엘리먼트를 사용하여 컴포넌트가 실행될 프로세스를 지정할 수 있다. 〈process〉 엘리먼트를 사용하여 각 컴포넌트가 자신만의 프로세스에서 실행되도록 할 수 있으며, 다수의 컴포넌트가 하나의 프로세스를 공유하도록 설정할 수 있다. 또한 안드로이드 시스템은 메모리가 부족할 경우 중요하지 않은 순서대로 프로세스를 메모리에서 제거한다. 이는 한

정된 하드웨어 자원을 효율적으로 이용하기 위한 방법이다. 다음은 프로세스를 중요도에 따라 분류한 것이다.

- **전경**foreground **프로세스**: 현재 포커스focus를 가지고 있는 프로세스, 즉 사용자와 상호작용하고 있는 프로세스이다. 이 프로세스는 계속 수행하지 못할 정도로 메모리가 부족한 경우와 같은 마지막 상황에서만 강제 종료된다.
- **가시**visible **프로세스**: 포커스는 없지만 화면에 보이는 프로세스이다. 예를 들면, 화면의 일부가 대화창dialog 등으로 인하여 보이지 않는 프로세스이다. 가시 프로세스는 전경 프로세스 다음으로 중요하며, 전경 프로세스가 계속 실행되기 위해서 메모리가 부족할 경우 강제 종료된다.
- **서비스**service **프로세스**: 화면에 보이지 않지만 네트워크를 통하여 파일을 다운로드하거나 배경 음악으로 mp3 파일을 재생하는 것과 같은 프로세스이다. 안드로이드 시스템은 전경 프로세스와 가시 프로세스를 계속 유지할 수 없을 정도로 메모리가 부족할 경우 이 프로세스를 강제 종료한다.
- **배경**background **프로세스**: 화면에 보이지 않지만 액티비티를 포함하는 프로세스이다. 일반적으로 많은 배경 프로세스가 존재한다. 따라서 안드로이드 시스템은 배경 프로세스에 대한 LRUleast recently used 목록을 관리함으로써 가장 최근에 사용된 배경 프로세스를 가장 나중에 메모리에서 제거시킨다.
- **공백**empty **프로세스**: 어떤 형태의 활성화된 애플리케이션 컴포넌트가 없는 프로세스이다. 이 프로세스는 일종의 캐시cache 역할을 수행하는데 다음에 실행될 컴포넌트의 구동startup 시간을 줄여준다. 안드로이드 시스템은 프로세스 캐시와 커널 캐시 사이의 전반적인 시스템 자원들의 균형을 위하여 공백 프로세스를 강제 종료시킨다.

## 안드로이드 애플리케이션의 종류

안드로이드 애플리케이션은 일반적으로 자바 코드로 만들어지지만 네이티브 코드native code 혹은 AJAXAsynchronous JavaScript and XML로도 만들어질 수 있다. 순수 자바 언어로 개발된 애플리케이션을 관리된 애플리케이션managed application이라고 하며 달빅 가상머신에서 동작한다. 따라서 애플리케이션을 개발자가 통제할 수 없고 달빅 가상머신이 메모리 보호memory protection, 가비지 컬렉션garbage collection, 생명주기 관리 등을 수행한다. 관리된 애플리케이션은 자바 언어의 특성으로 인하여 약간의 속도 저하를 감수해야 한다. 또한 하드웨어에 밀접한 관련이 있는 경우 기존의 프레임워크 API로는 개발하기 어렵다.

네이티브 코드로 작성된 애플리케이션은 달빅 가상머신에서 실행되는 자바 코드에 의하여 JNI(Java Native Interface) 형태로 호출되는 C 혹은 C++ 등으로 컴파일된 코드이다. 네이티브 코드는 자바 코드에 비하여 속도가 빠르다. 따라서 CPU의 의존도가 높은 프로그램이나 하드웨어를 직접 다루거나 기존 달빅 API로 구현하기 어려운 경우에 효과적이다. 그러나 네이티브 코드는 달빅 가상머신에 의하여 실행되지 않기 때문에 메모리 제어 등에 세심한 주의를 기울여야 한다.

AJAX 코드 방식은 웹 서버에 자바스크립트(JavaScript)와 AJAX 등으로 웹페이지를 작성하고 안드로이드의 브라우저를 통해서 수행하는 방식이다. 안드로이드에서는 웹 애플리케이션을 일반 애플리케이션처럼 개발할 수 있도록 브라우저 내에 AJAX나 HTML5의 일부 규격을 제공한다. AJAX 코드는 웹 브라우저를 통해서 수행되야 하므로 백그라운드 서비스 등을 수행할 수 없고 시스템이나 프레임워크에 접근할 수 없다.

**저자 한마디 | 안드로이드 애플리케이션 종류별 데모 코드**

구글 플랫폼 총괄 책임자 Dan Morrill은 안드로이드 애플리케이션을 자바 코드, 네이티브 코드, AJAX 코드의 3가지로 분류했다. 이는 2009년도 구글 개발자 행사에서 제시한 것으로 http://code.google.com/p/hdict에 데모 샘플 코드도 공개하고 있다.

## 1.7 안드로이드의 미래

안드로이드는 모바일 컴퓨팅의 미래를 만들어갈 강한 잠재력이 있는 모바일 플랫폼이다. 안드로이드는 오픈 소스 환경이며 여러 모바일 업체와 개발자들이 참여하고 있으며 발전 속도가 매우 빠르다. 안드로이드는 구글 및 OHA의 주도로 이루어지지만, 플랫폼에 포함되어 있는 수많은 라이브러리는 계속 향상된 버전을 적용하고 있다. 예를 들어, 리눅스 커널은 버전 2.6.18부터 시작했지만 안드로이드 1.6은 리눅스 커널 2.6.29를 사용하며, 2010년 5월에 발표한 안드로이드 2.2는 최신 리눅스 커널인 2.6.32 기반이다. 웹킷(WebKit)의 경우도 오픈 소스의 변경 사항에 따라 끊임없이 버전업을 하고 있다. 안드로이드는 2008년 10월 대만의 HTC사에서 G1이라는 단말기를 발표하면서 처음 안드로이드 1.0 버전이 공개된 이후 〈표 1-6〉과 같이 성장하고 있는 새로운 모바일 플랫폼이다.

〈표 1-6〉 안드로이드 플랫폼의 버전별 변화

| 버전 | 1.5 | 1.6 | 2.0/2.1 | 2.2 |
|---|---|---|---|---|
| 코드명 | Cupcake | Donut | Eclair | FroYo |
| 릴리스 | 2009. 4. | 2009. 9. | 2009. 10.<br>2010. 1. | 2010. 5. |
| 리눅스 커널 | 2.6.27 | 2.6.29 | 2.6.29 | 2.6.32 |
| 추가 기능 | 다국어 지원,<br>자동 완성 입력기 등 | 제스처,<br>전체 검색,<br>TTS 등 | 라이브 배경화면,<br>디지털 줌,<br>멀티터치 등 | 달빅 JIT 내장,<br>기업 위한 기능 강화,<br>USB와 무선 태더링 등 |

**저자 한마디 | 안드로이드 코드명**

안드로이드는 특이하게 빵과 같은 간식 이름을 알파벳 순서에 맞춰 코드명을 부여하고 있다. 2010년 5월에 발표한 안드로이드 2.2는 Frozen Yogurt의 약어인 FroYo이며, 다음 버전은 Gingerbread가 될 예정이라고 한다.

[그림 1-6] 안드로이드 코드명

안드로이드의 최대 강점은 플랫폼의 개방과 무료이다. 일반적으로 폐쇄적이고 독점적인 정책은 사용자로부터 외면받아 오고 있다. 운영체제의 경우 IBM OS2, 컴퓨터의 경우 애플 매킨토시, 비디오 레코더의 경우 소니Sony의 베타beta 방식 등은 성능이 매우 우수하지만 폐쇄적인 환경을 고집함으로써 성공하지 못했다. 안드로이드는 모든 소스를 오픈open하며 어떤 모바일 단말기 제조사도 안드로이드 SDK를 사용하고 수정해도 라이선스에 문제가 없다. 따라서 일개 회사에 종속적인 애플 아이폰과는 달리 안드로이드는 모든 모바일 단말기뿐만 아니라 임베디드 단말기를 위한 플랫폼으로 널리 사용될 수 있다.

안드로이드의 또 다른 강점은 개발 도구인 안드로이드 SDK의 편의성이다. 개발자를 제대로 지원하지 못하면 성공하기 어렵다. 아이폰 개발 도구는 사용하기 어렵고 주관적일 수 있는 애플리케이션 등록 과정으로 인하여 개발자를 점차 망설여지게 만든다. 또한 아이폰 애플리케이션을 개발하려면 Object-C 언어를 사용한다. Object-C 언어는 C 언어와 유사하지만 아이폰 애플리케이션 이외에는 거의 사용하지 않는 프로그래밍 언어이다. 반면 안드로이드는 C/C++ 언어로 개발하는 경우도 있지만 자바 프로그래밍 언어를 주로 사용한다. 더구나 개발 환경도 안드로이드는 이클립스라는 좋은 도구의 도움을 받을 수 있다. 심지어 안드로이드에서는 네이티브 애플리케이션과 서드파티 애플리케이션이 평등하기 때문에 미리 설치된 애플리케이션을 확장하거나 아예 대체할 수 있다. 이와 같은 안드로이드 개발 도구의 편의성과 강력함 때문에 많은 콘텐츠가 개발될 수 있다. 모바일 컴퓨팅의 미래가 사용자가 원하는 콘텐츠에 달려 있다면 안드로이드가 모바일 시장에서 승리할 가능성은 크다.

안드로이드의 약점은 플랫폼의 파편화fragmentation 문제이다. 안드로이드는 오픈 소스이다. 오픈 소스인 리눅스가 많은 배포판이 존재하는 것처럼 안드로이드도 호환성이 결여된 다양한 버전이 나타날 수 있다. 플랫폼 버전에 따라 기능이 다르다면 소비자들의 혼란을 가중시킬 수 있다. 개발자들도 플랫폼 버전에 따른 호환성 검증 과정 등을 수행해야 하기 때문에 불편하다. 플랫폼의 파편화 문제는 구글이 새로운 버전을 배포할 때 부담이 될 뿐만 아니라 모바일 시장에서 사용자들의 외면을 초래할 수 있다. 또 다른 약점은 오픈 소스 정책과 투자자를 보호할 수 있는 라이선스 정책을 적절히 유지해야 하는 것과 자바 언어에 의한 성능 저하 등이 있다.

구글은 안드로이드를 성공적인 범용 임베디드 플랫폼으로 만들려면 좋은 개발자 유치와 단말기 제조사들의 지원을 확보해야 한다. 현재 구글은 안드로이드 경진 대회(ADCAndroid Developer Challenge)와 같은 행사를 통해서 개발자들의 관심을 유도하고 있고 2009년 하반기부터 HTC뿐만 아니라 다른 여러 모바일 단말기 제조사들도 앞다투어 안드로이드 단말기를 출시하고 있다. 또한 내비게이션 단말기와 IPTV와 같은 임베디드 환경에도 안드로이드 플랫폼을 적절하고 신속하게 적용시킬 수 있는지가 성공의 관건이 될 것이다. 모바일 시장의 개방화는 시작되었다. 구글이 개방한 모바일 플랫폼에 의하여 모바일 서비스의 오픈openness화라고 하는 판도라 상자가 열렸다. 개방된 모바일 세계에서 사용의 편리함, 디자인, 견고성, 가격 등에 대하여 다른 제품과 차별화하는 것이 성공의 중요 요소가 될 것이다.

## 연 습 / 문 / 제

1. 네이티브native 애플리케이션과 서드파티third party 애플리케이션이 하드웨어를 접근 혹은 실행할 경우 안드로이드 플랫폼과 기타 플랫폼의 차이점을 서술하라.

2. 임베디드 단말에 최적화되어 메모리 보호memory protection, 가비지 컬렉션garbage collection, 라이프 사이클life cycle 관리 등의 특징을 가진 안드로이드가 제공하는 런타임runtime 환경을 무엇이라고 하는가.

3. 아래 내용에 대하여 O 혹은 X로 답하라.
   - 안드로이드 애플리케이션을 구성하는 중요한 컴포넌트는 액티비티, 인텐트, 서비스, 브로드캐스트 리시버이다.
   - 안드로이드는 애플리케이션 계층이다.
   - 안드로이드 애플리케이션은 자바 가상머신에서 실행된다.
   - 안드로이드 라이브러리 계층은 자바 언어로 구현되었다.

4. 안드로이드 플랫폼의 버전별 차이점을 조사하라.

5. AAPT가 하는 역할이 무엇인가?

6. 안드로이드 애플리케이션의 생명주기와 항해 역사를 관리하는 것은 __________이다.

Chapter 02

# 개발 환경 구축

CHAPTER

# 02 개발 환경 구축

휴대폰과 같은 임베디드 시스템embedded systems의 개발은 교차 개발 환경cross development environment에서 이루어진다. 따라서 안드로이드Android폰을 개발하려면 필요한 각종 개발 도구를 사용하여 교차 개발 환경을 구축해야 한다. 이번 장에서는 안드로이드 애플리케이션 개발에 필요한 소프트웨어를 알아본 후 웹 사이트에서 다운로드하여 교차 개발 환경을 구축해본다. 개발 환경이 구축되면 간단한 프로젝트를 생성하고 에뮬레이터에 구동시켜보자. 또한 설치한 안드로이드 SDK의 내부 구성요소의 의미를 알아보자.

## 2.1 교차 개발 환경

특정 기능을 수행하는 임베디드 시스템은 일반적으로 제품 고유의 기능을 위한 컴퓨팅 자원만으로 구성된다. 심지어 임베디드 시스템은 입력장치도 매우 제한적이며 출력장치인 디스플레이도 매우 작다. 따라서 이와 같은 제한적인 자원을 가진 임베디드 시스템에서는 필요한 소프트웨어를 개발하기가 어렵기 때문에 일반적으로 자원이 풍부한 컴퓨팅 환경의 도움을 받는다. 임베디드 시스템의 개발 환경은 [그림 2-1]과 같이 구성되며, 일반적으로 호스트 시스템host system, 타깃 시스템target system, 백엔드backend와 같이 세 가지로 구분된다.

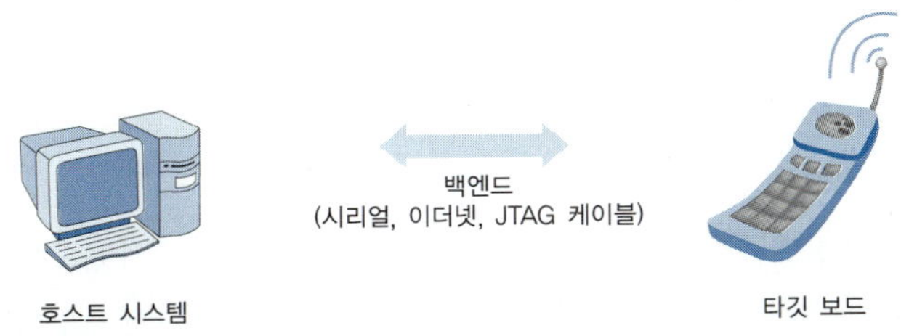


[그림 2-1] 임베디드 시스템 개발 환경

호스트 시스템은 모바일 디바이스와 같은 임베디드 시스템을 개발하기 위한 자원, 즉 컴퓨팅 환경을 제공하는 시스템이다. 일반적으로 운영체제로는 윈도우 XP 혹은 윈도우 7이며, 램RAM 용량이 1GB 이상의 개인용 컴퓨터라면 안드로이드 애플리케이션을 개발하기 위한 호스트 시스템으로 무리 없이 사용할 수 있다. 호스트 시스템에서 타깃 시스템을 위한 커널kernel, 애플리케이션 등을 개발하고, 이를 호스트 시스템과 타깃 시스템 간에 통신하기 위한 매개체인 백엔드를 통하여 타깃 시스템으로 다운로드하여 사용한다.

타깃 시스템은 개발된 임베디드 시스템 소프트웨어를 테스트하고 구동할 수 있는 시스템이다. 안드로이드 디바이스를 위한 실습용 타깃 보드의 종류는 다양하지만 이 책에서는 휴대용 핸드헬드 및 범용 디바이스에 적합한 소형의 저전력, 고성능 프로세서인 PXA320을 탑재한 (주)하이버스(http://www.hybus.net)의 X-Hyper320TKU라는 툴킷을 사용한다. 그러나 호스트 환경에서 개발된 안드로이드 애플리케이션을 타깃 환경에서뿐만 아니라 에뮬레이터에서도 실행 및 테스트할 수 있기 때문에 타깃 시스템이 반드시 필요한 것은 아니다. 제3부 실제편의 실습 일부의 경우 X-Hyper320TKU 툴킷이 필요하다.

임베디드 시스템의 개발 환경은 교차 개발 환경으로 실제 소프트웨어가 수행될 타깃 시스템과 소프트웨어를 개발하는 호스트 시스템의 환경 — 예를 들면 하드웨어 아키텍처 혹은 운영체제 등 — 이 다르다. 따라서 호스트 시스템에 툴체인toolchain을 설치해야 한다. 툴체인이란 타깃 시스템을 위한 소프트웨어 개발에 필요한 모든 환경을 의미한다. 안드로이드폰과 같은 디바이스에서 동작하는 애플리케이션을 개발하기 위한 툴체인은 다음과 같으며 모두 무료로 사용할 수 있다.

- 자바 개발 도구, 즉 JDKJava Development Kit
- 안드로이드 SDKSoftware Development Kit

- 이클립스eclipse
- 자바 네이티브 인터페이스, 즉 JNIJava Native Interface

위의 소프트웨어 중 JDK와 안드로이드 SDK는 안드로이드 애플리케이션을 빌드하는 데 반드시 필요하다. 개발자가 특별한 개발 환경을 고집하지 않는다면 무료 통합 개발 환경(IDEIntegrated Development Environment)인 이클립스가 필요하다. 아울러 C와 C++ 같은 자바가 아닌 다른 언어로 개발된 애플리케이션이나 라이브러리를 자바 환경에서 사용할 수 있도록 하는 도구인 JNI는 3부에서 다룰 것이다.

## 2.2 소프트웨어 다운로드

먼저 안드로이드 애플리케이션 개발에 필요한 소프트웨어를 저장하기 위한 폴더(여기서는 D:\android\software)를 생성한 후 JDK, 안드로이드 SDK 그리고 이클립스를 다운로드한다.

### 실습 2-1 JDK 다운로드

JDK는 선마이크로시스템스Sun Microsystems에서 무료로 배포하며 자바 애플리케이션의 컴파일 및 실행 등을 지원한다. JREJava Runtime Environment는 자바 애플릿과 같은 프로그램을 실행시키는 환경으로 JDK의 일부이기 때문에 자바 애플리케이션을 개발할 수 없음을 유의하라.

(1) JDK를 위한 웹 사이트 http://java.sun.com/javase/downloads/index. jsp를 방문한 후 [Download JDK] 버튼을 클릭한다. 안드로이드 플랫폼을 사용하려면 JDK 버전 5 이상을 사용해야 함을 유의하라. 여기서는 JDK 6 Update 18을 사용한다.

(2) 플랫폼 선택 화면에서 Windows 항목을 선택하고 라이선스에 동의한 후 [Download] 버튼을 클릭한다.

(3) 'Login for Download(Optional)' 창은 무시하고 창을 닫는다.

(4) 다운로드할 파일인 jdk-6u18-windows-i586.exe를 클릭한다.

(5) '파일 다운로드 – 보안 경고' 창이 나타나면 [저장] 버튼을 클릭한다.

(6) '다른 이름으로 저장' 창이 나타나면 앞서 생성한 D:\android\software 폴더를 선택한 후 [저장] 버튼을 클릭한다.

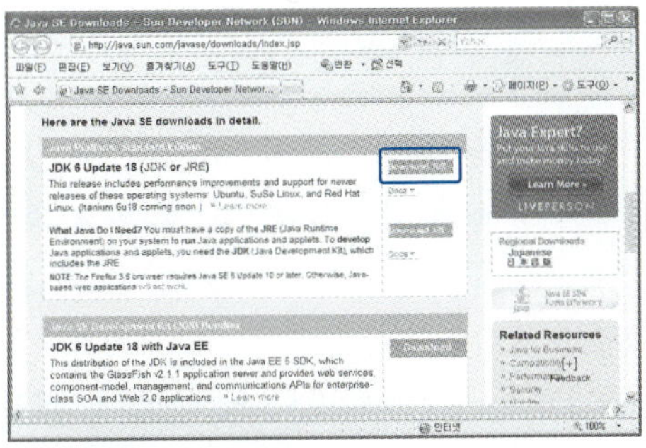


(a) JDK 다운로드 사이트

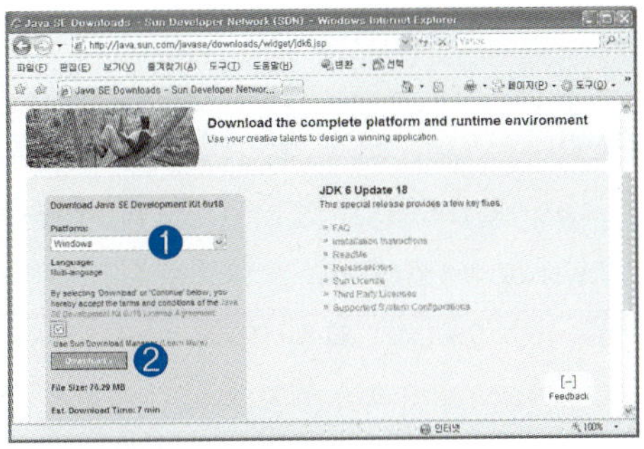


(b) JDK 플랫폼 선택

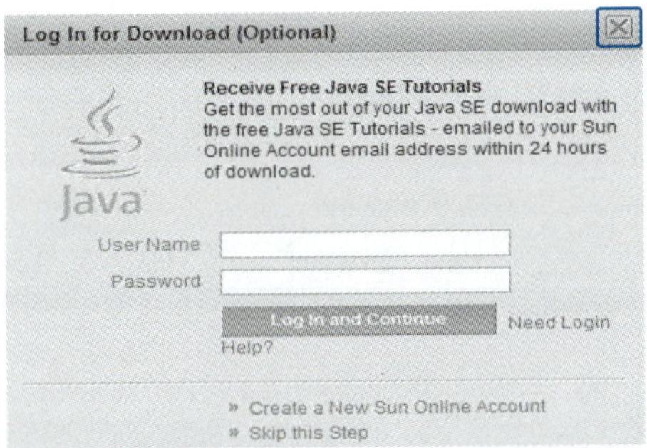


(c) JDK 다운로드를 위한 로그인

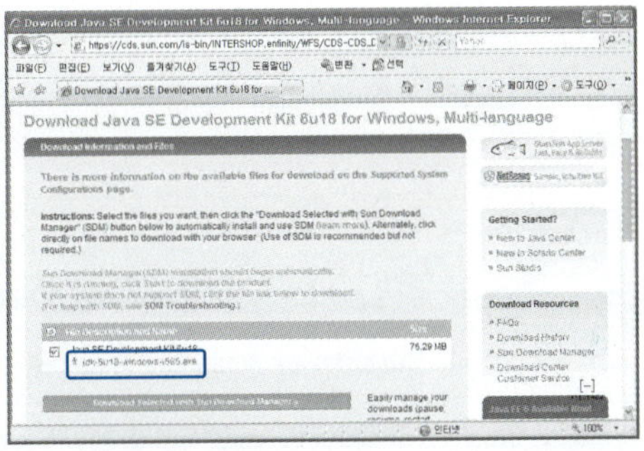


(d) JDK 파일 선택

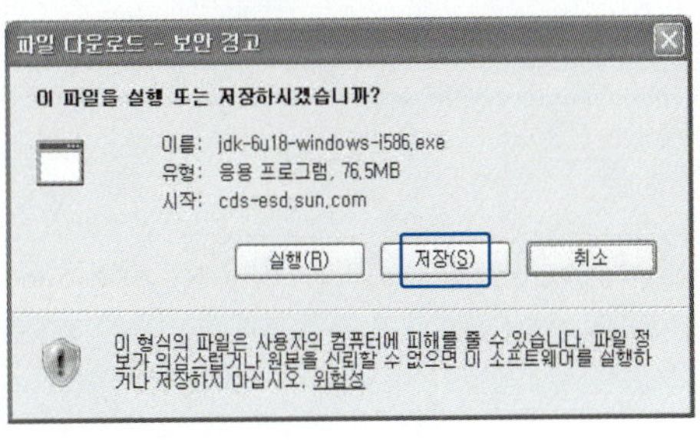


(e) 파일 다운로드

(f) 다른 이름으로 저장

[그림 2-2] JDK 다운로드 과정

## 실습 2-2 안드로이드 SDK 다운로드

안드로이드 SDK는 애플리케이션 개발을 위한 에뮬레이터, API(Application Programming Interface), 디버깅 도구, 안드로이드 문서, 샘플 프로그램 등을 제공하는 도구를 의미한다.

(1) 안드로이드 SDK를 위한 웹 사이트 http://developer.android.com/sdk/index.html를 방문한 후 윈도우 운영체제를 위한 android-sdk-r04-windows.zip 파일을 클릭한다.

(2) 〈실습 2-1〉의 과정 (5)와 (6)을 동일하게 수행하여 안드로이드 SDK 2.2 파일인 android-sdk-r07-windows.zip을 D:\android\software 폴더에 저장한다.

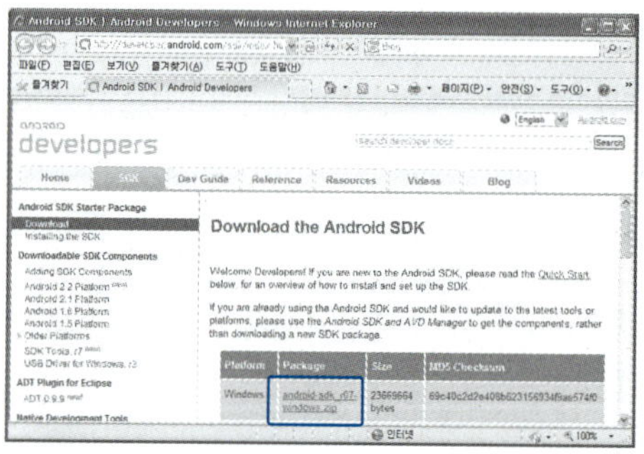


(a) 안드로이드 SDK 다운로드 사이트

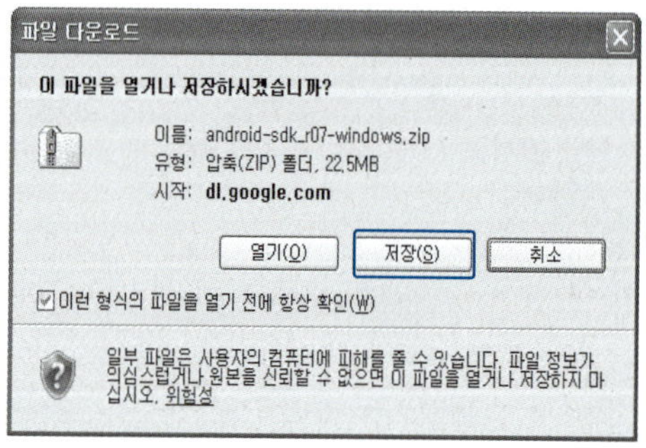


(b) 파일 다운로드

(c) 다른 이름으로 저장

[그림 2-3] 안드로이드 SDK 다운로드 과정

## 실습 2-3 이클립스 다운로드

이클립스는 자바를 개발하는 데 필요한 다양한 편의 기능이 통합된 것으로 IBM에서 개발하여 오픈소스로 기증한 자바 기반의 확장 가능한 개발 도구를 제작하는 플랫폼이다. 자바 개발 도구Java Development Tool를 포함한 표준 플러그인이 미리 포함되어 있다. 자바 언어로 만들어졌지만 자바 프로그램 개발에만 국한된 것은 아니다. C/C++, PHP 등과 같은 프로그램 개발을 위해서도 사용될 수 있다.

(1) 이클립스를 위한 웹 사이트 http://www.eclipse.org/downloads를 방문한 후 'Eclipse IDE for Java EE Developers'를 클릭한다.

(2) 'Edipse IDE for Java EE Developers' 화면에서 운영체제에 적합한 항목을 클릭한다. 여기서는 오른쪽에 있는 'Windows 32bit'를 클릭한다.

(3) [그림 2-4]의 (c)에 표시된 를 클릭한다.

(4) 〈실습 2-1〉의 과정 (5)와 (6)을 동일하게 수행하여 이클립스 버전 3.6, 즉 Helios 버전인 eclipse-jee-helios-SR1-win32.zip 파일을 D:\android\software 폴더에 저장한다. 안드로이드 SDK를 사용하려면 이클립스 버전 3.4 이상을 사용해야 함을 유의하라.

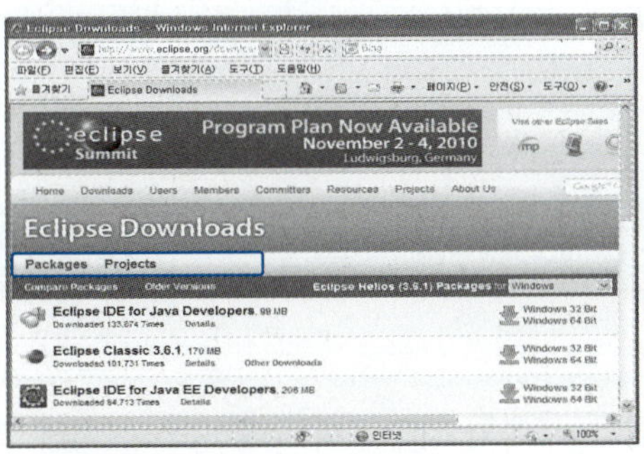


(a) 이클립스 다운로드 사이트

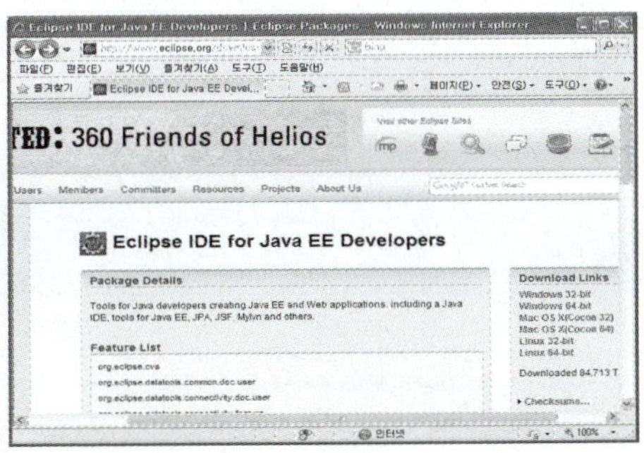


(b) 운영체제에 적합한 링크 선택

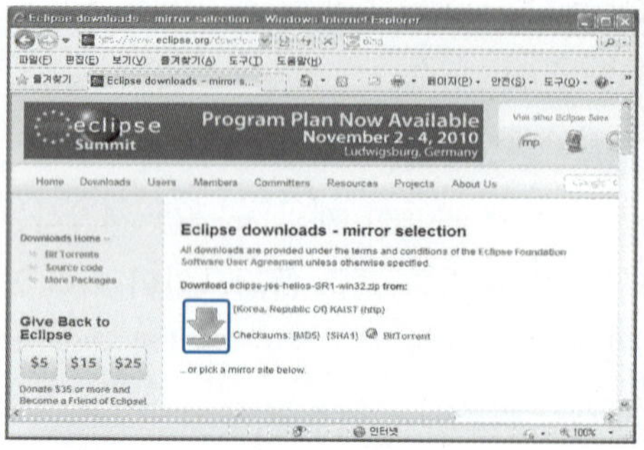


(c) 이클립스 미러 사이트 선택

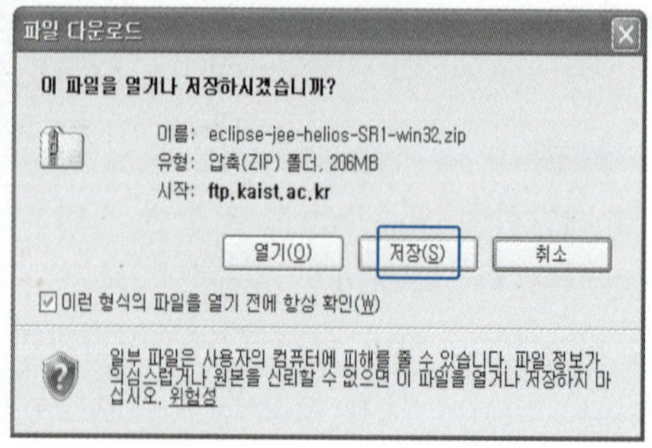


(d) 파일 다운로드

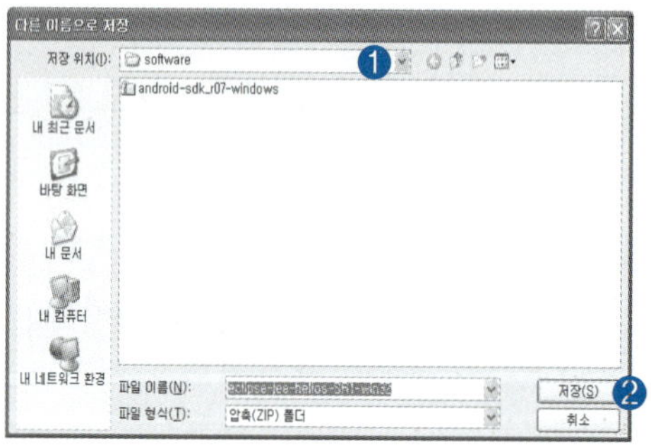


(e) 다른 이름으로 저장

[그림 2-4] 이클립스 다운로드 과정

## 2.3 JDK와 안드로이드 SDK 설치

〈실습 2-1〉과 〈실습 2-2〉에서 다운로드받은 JDK와 안드로이드 SDK를 설치하고 시스템 환경 변수에 경로를 추가하는 과정을 살펴본다.

### 실습 2-4 JDK 설치 및 경로 설정

JDK 설치 과정은 매우 간단하다. 설치 과정 (6)부터는 이클립스 통합 개발 환경에서는 필요 없다. 이클립스 환경이 아니라 윈도우 혹은 리눅스 환경에서 JDK 개발 도구를 사용하는 경우를 위하여 시스템 변수에 경로를 설정하는 것이다.

(1) 다운로드한 JDK 실행 파일 D:\android\software\jdk-6u18-windows-i586.exe를 더블클릭하여 설치를 시작한다.
(2) 라이선스 동의 화면이 나타나면 [Accept] 버튼을 클릭한다.
(3) 설치할 프로그램 선택 화면이 나타나면 [Next] 버튼을 클릭한다. 일부 항목의 설치를 원하지 않는다면 마우스 오른쪽 버튼을 클릭하여 설치하지 않을 수도 있다.
(4) JDK를 설치할 폴더에 대해서도 [Next] 버튼을 클릭한다.
(5) 종료 화면에 등록 과정을 무시하고 [Finish] 버튼을 클릭하면 JDK 설치가 끝난다.
(6) 바탕화면의 '내 컴퓨터'에서 마우스 오른쪽 버튼을 클릭한 후 속성 항목을 클릭한다. '시스템 등록 정보' 창이 나타나면 [고급] 탭을 클릭한 후 하단 부의 [환경 변수] 버튼을 클릭한다.
(7) '환경 변수' 창의 하단 시스템 변수 부분에 Path 혹은 PATH라는 경로 변수가 있다면 변수를 선택한 후 [편집] 버튼을 클릭한다. 경로 변수가 없다면 시스템 변수에 대한 [새로 만들기] 버튼을 클릭한다.
(8) '시스템 변수 편집' 혹은 '새 시스템 변수' 창의 변수 값에 'C:\Program Files\Java\jdk1.6.0_18\bin'를 추가한 후 [확인] 버튼을 클릭한다. 만약 '시스템 변수 편집' 창이라면 경로와 경로를 구분하기 위하여 ';'을 사용한다.

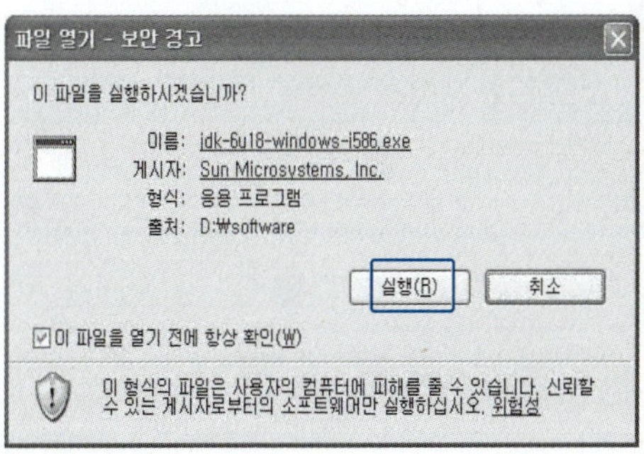


(a) 파일 열기

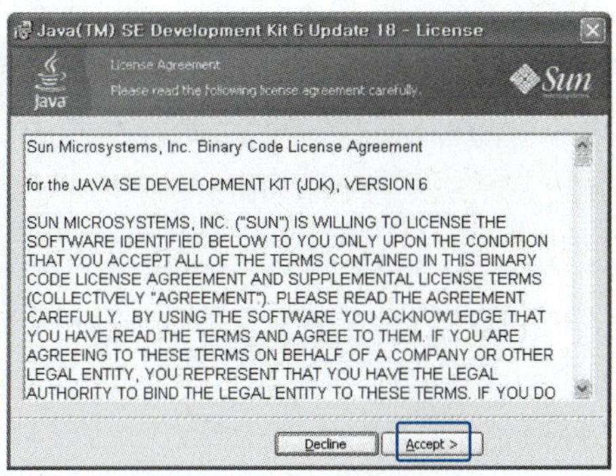


(b) JDK 라이선스

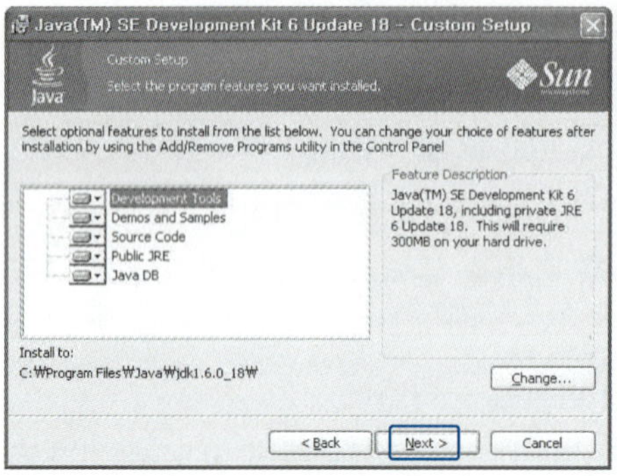


(c) JDK 설치 파일 선택

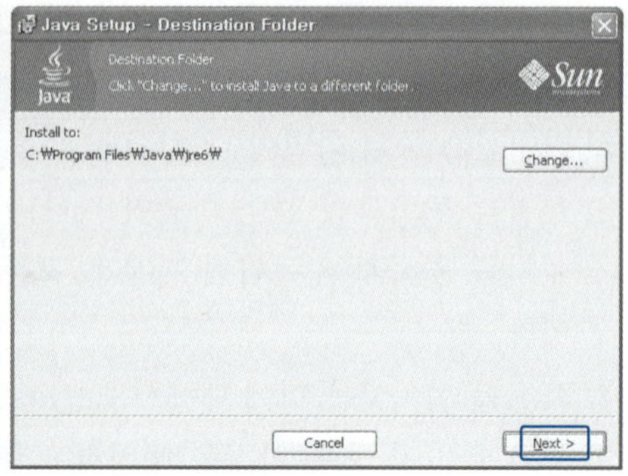


(d) JDK 설치 폴더 선택

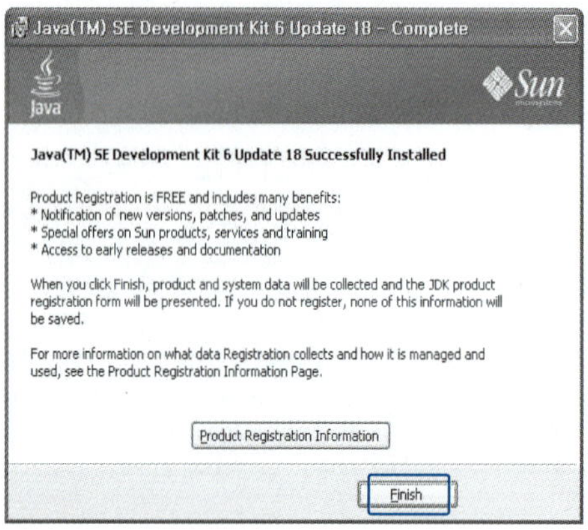


(e) JDK 등록

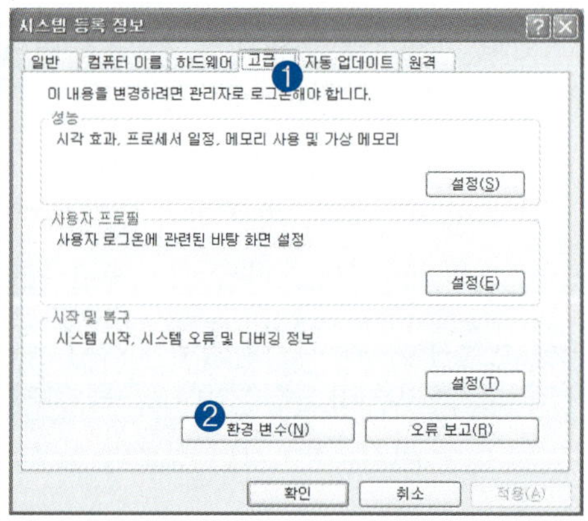


(f) 시스템 등록 정보

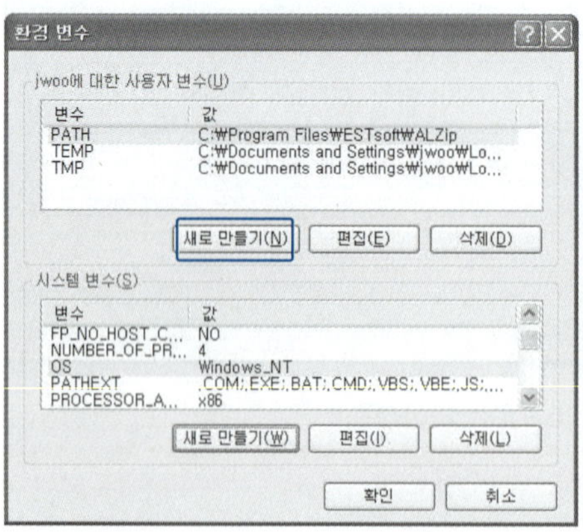


(g) 환경 변수

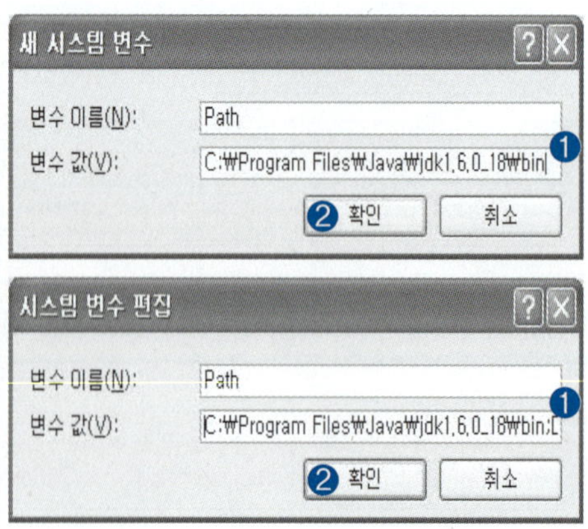


(h) 새 시스템 변수와 시스템 변수 편집

**[그림 2-5]** JDK 설치 과정

### 실습 2-5 안드로이드 SDK 설치 및 경로 설정

〈실습 2-2〉에 의하여 다운로드한 안드로이드 SDK는 별도의 설치 프로그램이 없는 ZIP 파일이다. 따라서 ZIP 파일을 풀고 경로 설정만 하면 된다. 만약 이클립스 환경만 사용한다면 설치 과정 (3)은 필요 없다.

(1) 안드로이드 SDK 파일 D:\android\software\android-sdk-r05-windows.zip을 더블클릭하여 D:\android 폴더에 압축을 푼다.
(2) D:\android 폴더에 이동하여 android-sdk-windows 폴더를 android-sdk로 폴더 이름을 수정한다. 이 과정은 폴더 이름을 짧게 하기 위한 과정이므로 반드시 할 필요는 없다.
(3) 〈실습 2-4〉의 경로 설정 과정 (6)~(8)과 같이 수행하여 '시스템 변수 편집' 창에 D:\android\android-sdk\tools를 Path라는 시스템 변수에 추가한다.

## 2.4 이클립스 설치 및 설정

이클립스를 안드로이드 애플리케이션 개발 목적으로 사용하려면 이클립스에 ADT[Android Development Toolkit] 플러그인 추가, 안드로이드 SDK 경로 추가, 안드로이드 SDK 업데이트와 같은 여러 가지 작업을 수행해야 한다.

### 실습 2-6 이클립스 설치

배포된 이클립스 패키지는 압축된 ZIP 파일이며 별도의 설치 파일이 없다. ZIP 파일을 원하는 폴더에 풀면 기본적인 설치가 끝난다.

(1) 이클립스 작업 공간을 위하여 D:\android\workspace 폴더를 생성한다.
(2) 다운로드받은 D:\android\software\eclipse-jee-helios-SR1-win32.zip 압축 파일을 D:\android 폴더에 압축을 푼다.
(3) D:\android\eclipse 폴더에 있는 eclipse 실행 파일을 마우스 오른쪽 버튼을 클릭하여 바로 가기 만들기를 선택한다.

(4) 새로 생성된 eclipse 바로 가기 아이콘을 바탕화면으로 이동한다.

(5) 바탕화면의 eclipse 아이콘을 더블클릭하여 실행한다.

(6) 'Workspace Launcher' 창이 나타나면 Workspace 항목에 설치 과정 (1)에서 생성한 D:\android\workspace로 변경하고 기본값[default]으로 체크한다.

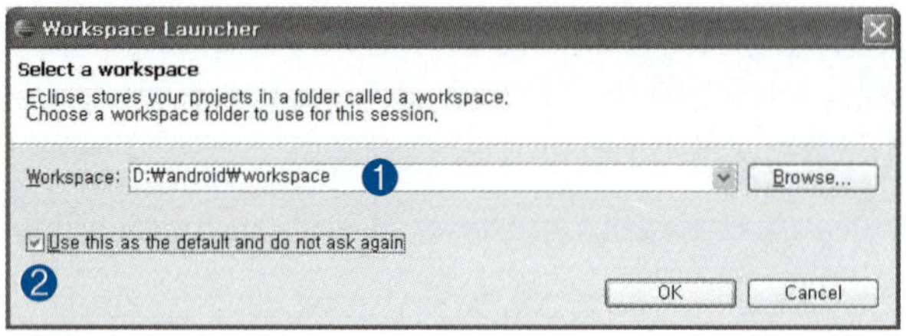


[그림 2-6] 이클립스 작업 공간

(7) 이클립스 화면이 나타나면 내부에 있는 환영[Welcome] 창을 닫는다.

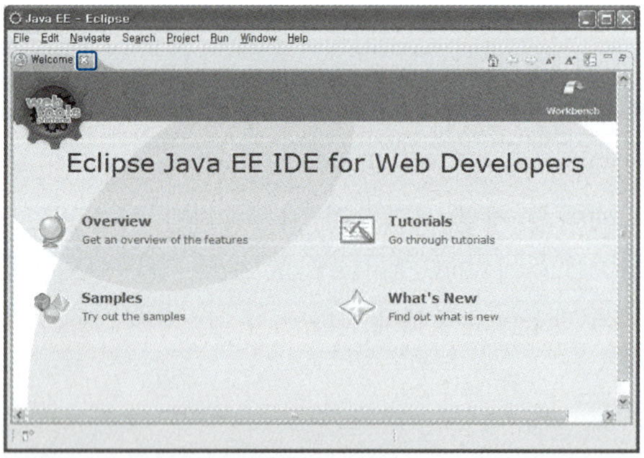


[그림 2-7] 이클립스 환영 화면

### 실습 2-7 ADT 플러그인 설치

(1) 이클립스에서 Help 메뉴를 클릭한 후 'Install New Software' 항목을 선택한다.

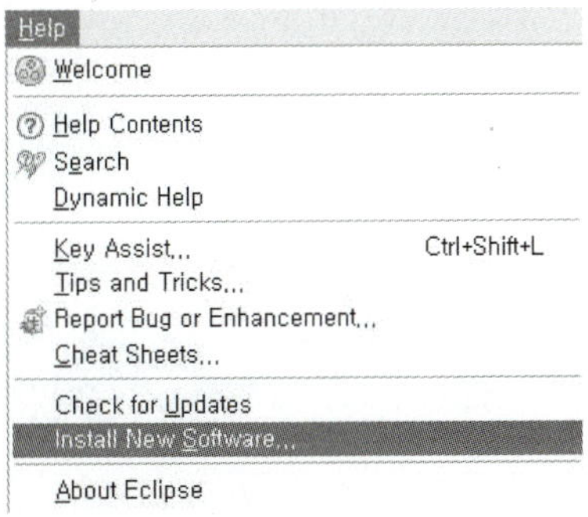


[그림 2-8] 이클립스 Help 메뉴

(2) Install 마법사wizard에서 [Add...] 탭을 선택하여 'Add Site' 창이 나타나도록 한다. 'Add Site' 마법사의 Location 필드에 https://dl-ssl.google.com/android/eclipse 사이트 주소를 입력하고 [OK] 버튼을 클릭한다. Name 필드에는 빈칸으로 남겨두거나 임의의 이름(예를 들면 ADT Plug-in)을 입력한다.

(3) Install 마법사의 중앙에 Developer Tools라는 항목을 체크하면 [Next] 버튼이 활성화되고 이 [Next] 버튼을 클릭한다. Install 마법사에 Install Details 내용이 나타나면 [Next] 버튼을 클릭한다. Install 마법사에 라이선스 내용이 나타나면 동의 항목을 체크하고 [Finish] 버튼을 클릭한다. Install 마법사를 통하여 각종 플러그인이 설치되는 모습이 나타난다. 설치 과정은 비교적 오랜 시간이 소요된다.

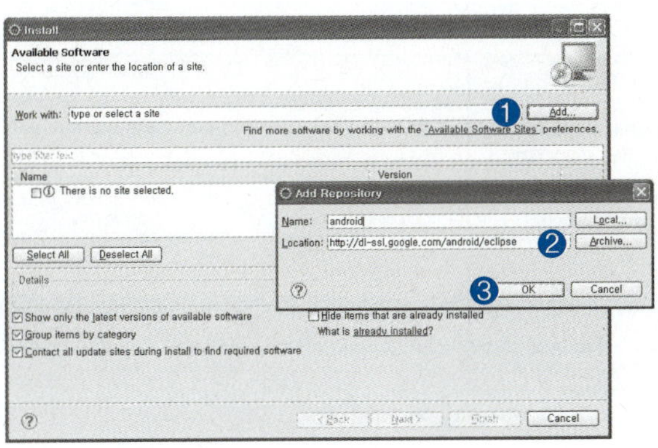


(a)

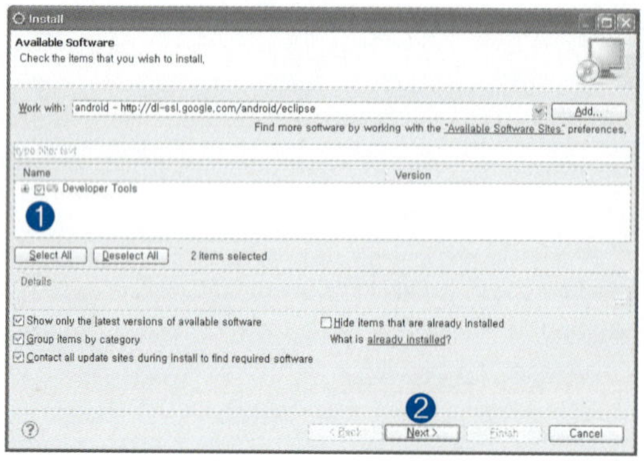
Install
Available Software
Check the items that you wish to install.
Work with: android - http://dl-ssl.google.com/android/eclipse
Add...
Find more software by working with the "Available Software Sites" preferences.
Name
Version
Developer Tools
1
Select All
Deselect All
2 items selected
Details
Show only the latest versions of available software
Group items by category
Contact all update sites during install to find required software
Hide items that are already installed
What is already installed?
2
< Back
Next >
Finish
Cancel

(b)

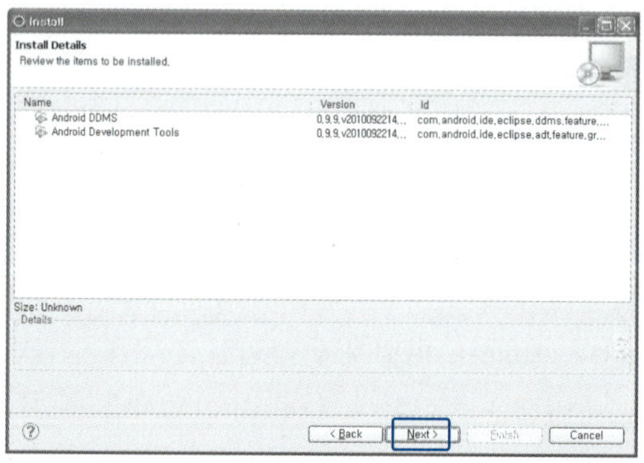
Install
Install Details
Review the items to be installed.
Name
Version
Id
Android DDMS
0.9.9.v2010092214...
com.android.ide.eclipse.ddms.feature....
Android Development Tools
0.9.9.v2010092214...
com.android.ide.eclipse.adt.feature.gr...
Size: Unknown
Details
< Back
Next >
Finish
Cancel

(c)

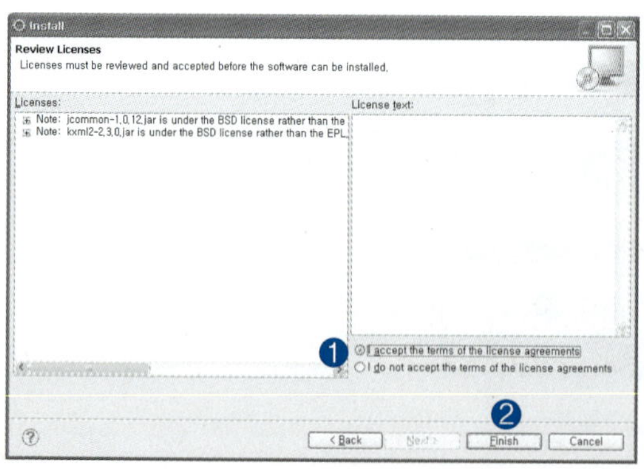
Install
Review Licenses
Licenses must be reviewed and accepted before the software can be installed.
Licenses:
Note: jcommon-1.0.12.jar is under the BSD license rather than the
Note: kxml2-2.3.0.jar is under the BSD license rather than the EPL.
License text:
1
I accept the terms of the license agreements
I do not accept the terms of the license agreements
2
< Back
Next >
Finish
Cancel

(d)

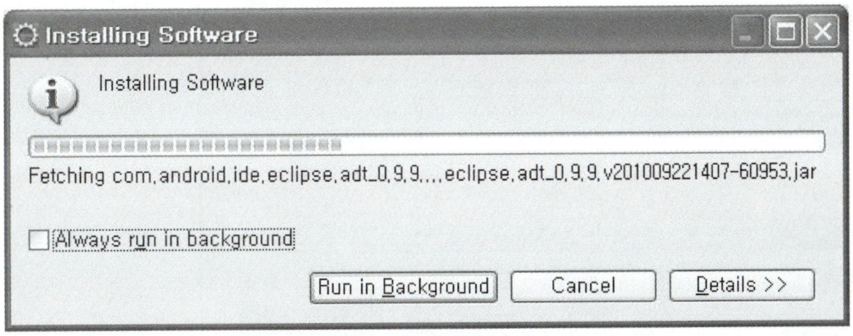


(e)

[그림 2-9] 이클립스에 ADT 플러그인을 추가할 때의 Install 마법사

(4) 각종 플러그인을 설치하는 도중 'Security Warning' 창이 나타나면 [OK] 버튼을 클릭한다.

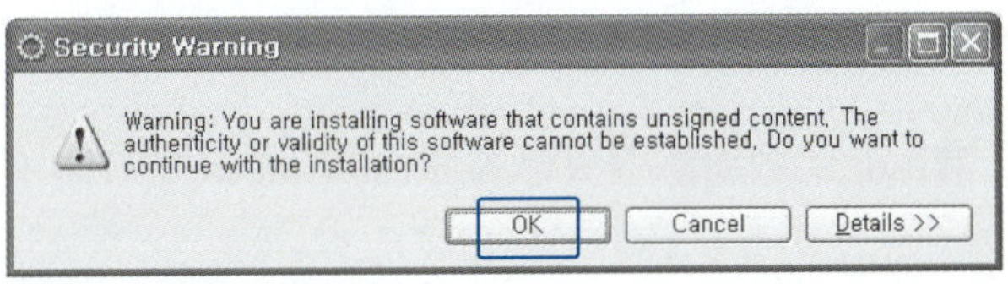


[그림 2-10] 보안 경고

(5) 플러그인 설치가 끝나면 'Software Update' 창이 나타나며 이클립스를 다시 시작하라는 메시지에 대하여 [Restart Now] 버튼을 클릭한다.

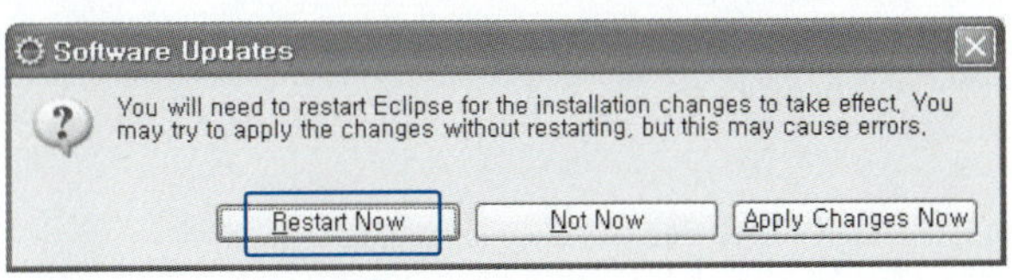


[그림 2-11] 소프트웨어 업데이트 적용을 위한 재시작

**저자 한마디 | ADT 플러그인 파일 다운로드**

ADT 플러그인을 설치하는 데 오랜 시간이 소요되기 때문에 ADT 플러그인 파일을 미리 다운로드받을 수 있다. 다운로드받은 ADT-0.9.6.zip 혹은 ADT-0.9.7.zip 파일을 〈실습 2-7〉의 과정 (3)을 나타내는 [그림 2-9]의 (a)에 있는 'Add Site' 마법사의 Location 필드에 [Archive] 버튼을 사용하여 입력한 후 동일한 과정을 수행하면 된다.

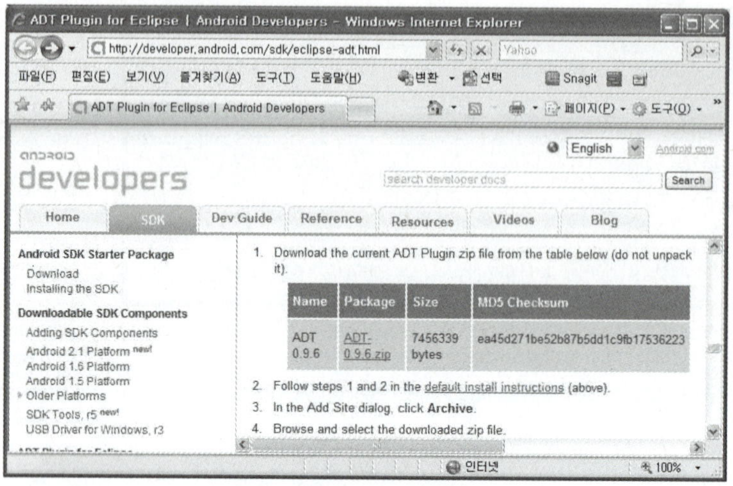

[그림 2-12] ADT 플러그인 다운로드 사이트

## 실습 2-8 안드로이드 SDK 경로 설정

(1) 이클립스가 다시 시작되면 Window 메뉴를 클릭한 후 Preferences 항목을 선택한다.

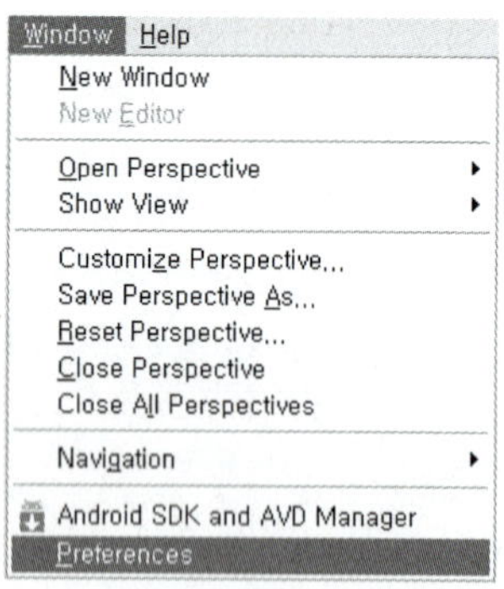


[그림 2-13] 이클립스 Window 메뉴

(2) Preferences 창이 나타나면 왼쪽 부분의 Android를 선택한다. Preferences 마법사의 오른쪽에 있는 SDK Location 항목을 위하여 [Browse] 버튼을 클릭한다.

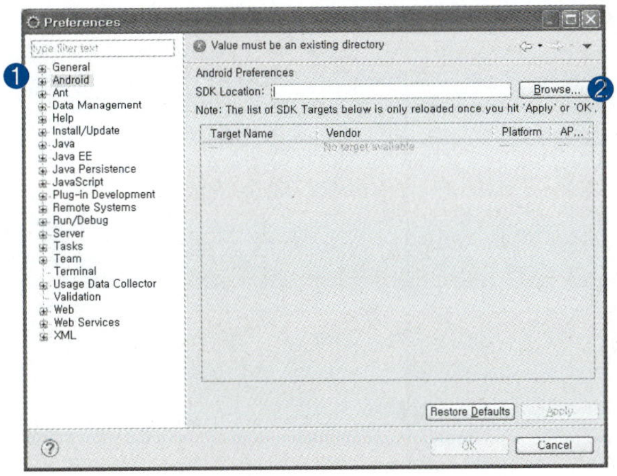


[그림 2-14] 이클립스 Preferences 마법사

(3) '폴더 찾아보기' 창이 나타나면 D:\android\android-sdk 폴더를 선택하고 [확인] 버튼을 클릭한다.

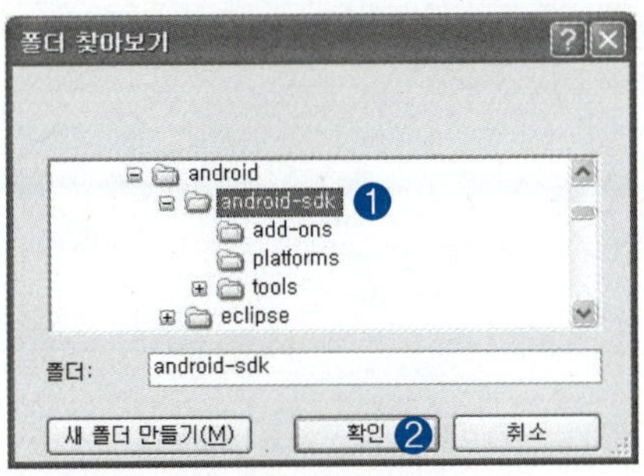


[그림 2-15] 폴더 찾아보기

(4) Preferences 마법사의 하단에 있는 [Apply] 버튼과 [OK] 버튼을 차례대로 클릭한다.

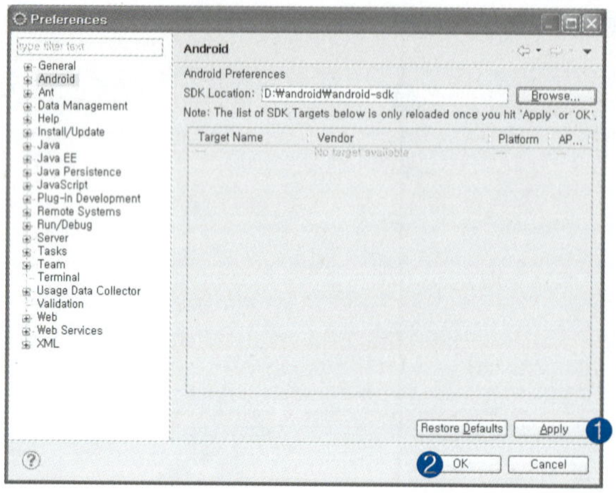


[그림 2-16] SDK 경로가 입력된 이클립스 Preferences 마법사

## 실습 2-9 안드로이드 SDK 업데이트

(1) 이클립스 툴바에서 [Android AVD and SDK manager] 버튼을 클릭하거나 이클립스의 Window 메뉴를 클릭한 뒤 [Android AVD and SDK Manager] 항목을 선택한다.

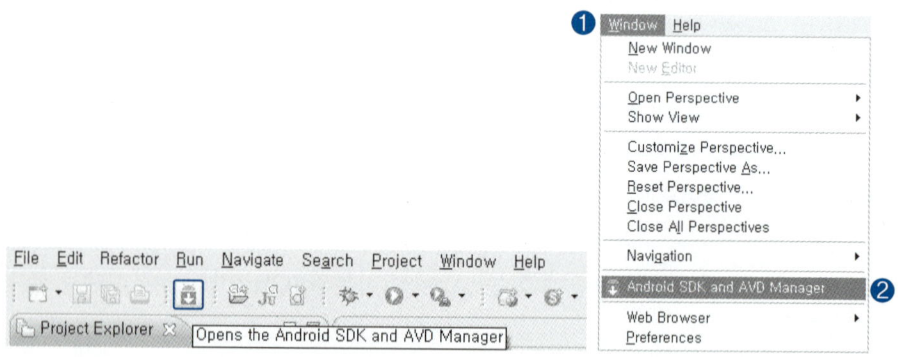


(a) (b)

[그림 2-17] 이클립스 툴바와 Window 메뉴

(2) 'Android SDK and AVD Manager' 마법사가 뜨면 왼쪽 리스트에 있는 Available Packages 항목과 오른쪽에 나타난 저장소repository에 대한 체크박스를 차례대로 선택하면 업데이트 목록이 나타난다. 목록에 나타난 패키지 중 최

신 버전만 선택하여 설치하면 된다. 여기서는 편의상 모든 패키지를 설치한다. 최신 버전 패키지는 다음과 같다.

- Documentation for Android SDK, API 8, revision 1
- SDK Platform Android 2.2, API 8, revision 2
- Samples for SDK API 8, revision 1
- Google APIs by Google Inc., Android API 8, revision 2

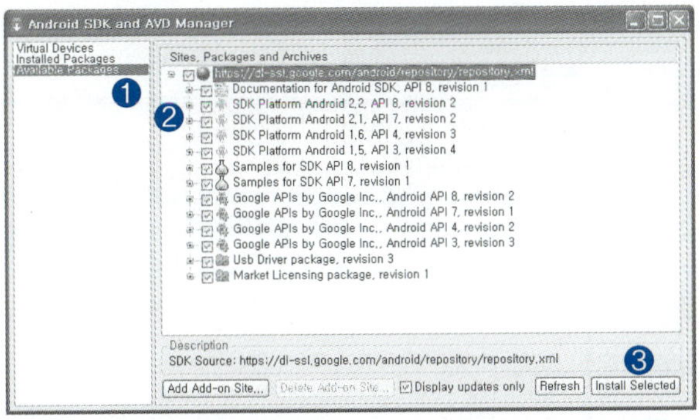


[그림 2-18] 안드로이드 SDK와 AVD 관리자

(3) 'Choose Packages to Install' 마법사가 나타나면 'Accept All' 항목을 선택하고, 라이선스 약관에 동의한 후 [Install Accepted] 버튼을 클릭한다.

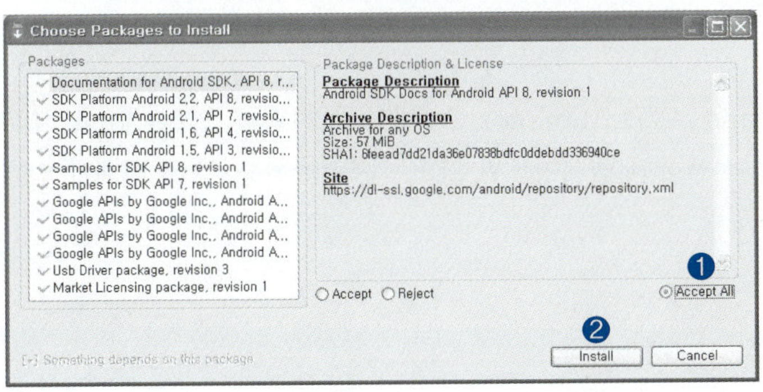


[그림 2-19] 설치할 패키지 선택 및 라이선스 동의

(4) 'Installing Archives' 마법사를 통하여 SDK 파일의 다운로드 및 설치하는 과정을 보여준다. 이 과정은 컴퓨터와 네트워크 환경마다 다소 차이가 있지만 20~40분이 소요된다. 각종 레벨의 안드로이드 SDK 플랫폼, 문서, Google API를 다운

로드하고 설치하는 과정을 볼 수 있다. 설치 도중 'ADB Restart' 창이 나타나면 [Yes] 버튼을 클릭한다. 다시 시작한 후 USB 장치를 지원하기 위한 ADB[Android Debug Bridge]를 업데이트 완료하면 'Installing Archives' 마법사를 닫는다.

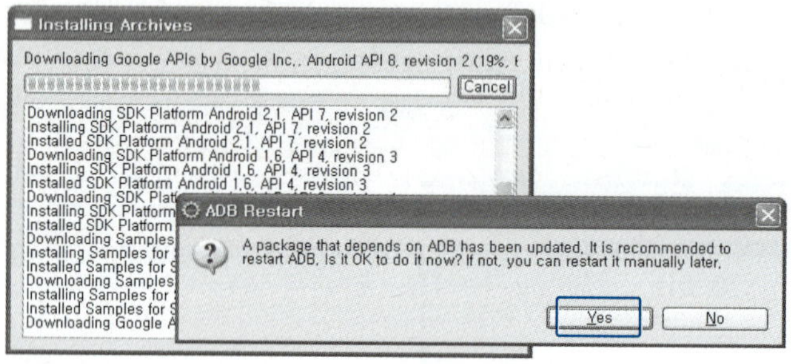


(a)

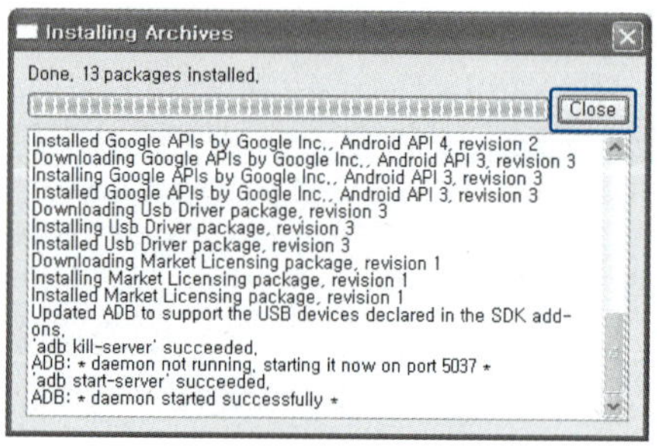


(b)

[그림 2-20] 안드로이드 SDK 업데이트 패키지의 다운로드 및 설치 과정

(5) 'Android SDK and AVD Manager' 마법사의 왼쪽에 있는 'Installed Packages' 항목을 선택하면 업데이트된 SDK 목록이 나타나는데 14개가 업데이트된 것을 알 수 있다.

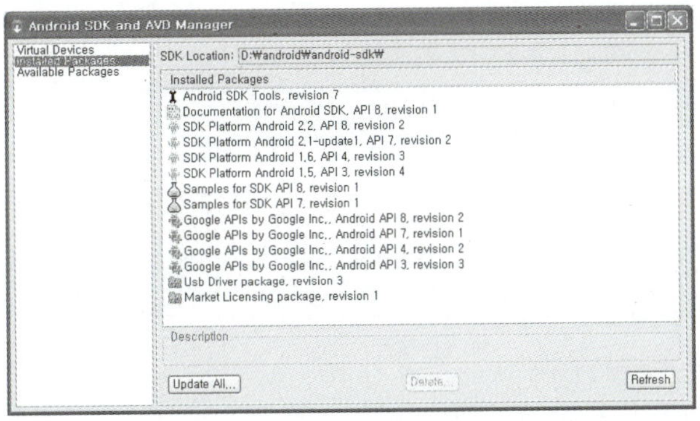


[그림 2-21] 안드로이드 SDK 업데이트 패키지의 설치된 리스트

## 2.5 AVD와 가상 SD 카드 생성

안드로이드 플랫폼에서는 안드로이드 SDK에 포함된 에뮬레이터를 이용하여 애플리케이션을 실행할 수 있다. 에뮬레이터를 다양한 환경에서 동작시키기 위하여 안드로이드 SDK 1.5 버전 이후부터 AVD(Android Virtual Devices)를 생성해야 한다. AVD는 가상의 안드로이드 단말기를 의미하며 애플리케이션을 화면에 표시하고 키 조작 등을 테스트할 수 있다. 안드로이드 애플리케이션을 실행하려면 최소 1개의 AVD가 필요하다. 각 AVD마다 하나의 안드로이드 에뮬레이터를 구동할 수 있다. 다양한 AVD를 생성하면 여러 버전의 안드로이드 디바이스를 위한 애플리케이션을 각각의 버전과 SDK Add-On에 맞게 테스트할 수 있다. 예를 들어, 카메라를 포함한 디바이스, SD 카드를 포함한 디바이스, SDK 1.5 버전을 탑재한 디바이스, SDK 2.0을 탑재한 디바이스에서 안드로이드 애플리케이션이 정상적으로 동작하는지 테스트하려면 대응하는 구성을 가진 적절한 AVD를 생성하면 된다.

### 실습 2-10 AVD와 SD 카드 만들기

(1) 〈실습 2-9〉의 과정 (1), 즉 이클립스 툴바에서 [Android AVD and SDK Manager] 버튼을 클릭한다.

(2) 'Android AVD and SDK Manager' 마법사의 왼쪽 항목 중 'Virtual Devices'를 선택하고 오른쪽에 있는 [New...] 버튼을 클릭한다.

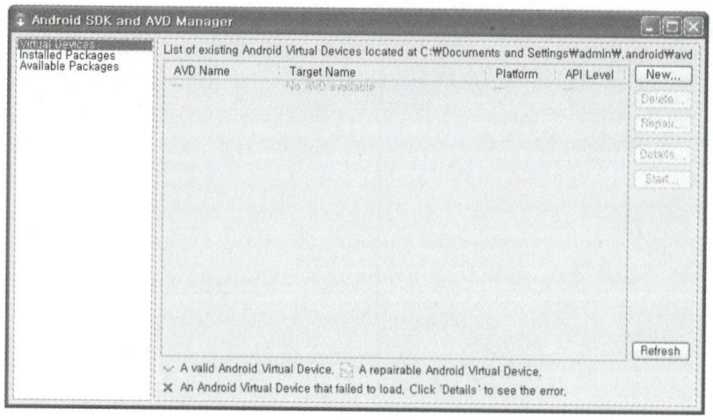

[그림 2-22] 안드로이드 SDK와 AVD 관리자

(3) 'Create new AVD' 마법사의 Name 항목에 적절한 디바이스 이름(예를 들면 myAVD)을 입력한다. Target 항목의 오른쪽에 있는 확장 버튼을 누르면 사용할 수 있는 SDK 플랫폼 API 버전 혹은 Google API 버전이 나타난다. 원하는 버전을 선택한다. 만약 Google Map API를 사용하려면 Google Map API 버전을 선택한다. [그림 2-23]에서 (a)와 (c)는 'Android 2.2 – API Level 8'을 선택한 것이며, (b)는 'Google Map API(Google Inc) – API Level 8'을 선택한 것이다. SD 카드를 포함하려면 'Create new AVD' 창의 'SD Card' 항목에 대하여 적절한 값을 입력한다. 새롭게 생성하려면 Size 라디오 버튼을 체크한 후 SD 카드의 용량과 단위를 입력한다. 만약 기존에 생성한 SD 카드를 사용하려면 File을 선택한 후 [Browse...] 버튼을 눌러 가상 SD 카드 파일을 선택한다. [그림 2-23]에서 (c)는 100MiB의 SD 카드를 포함하는 AVD를 생성하는 것이다.

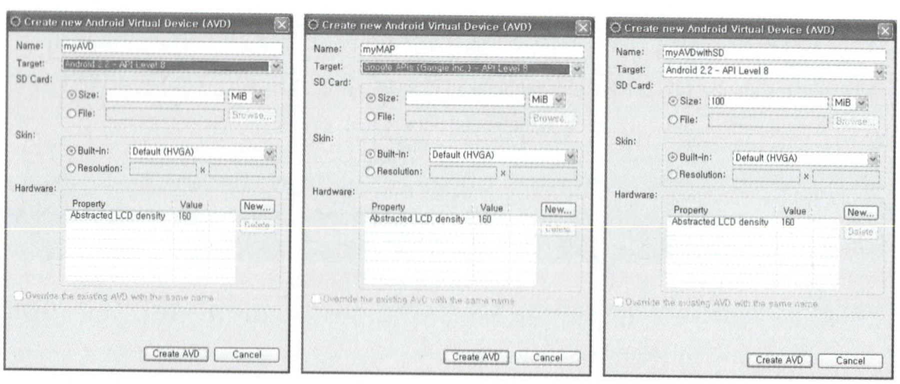

(a) (b) (c)

[그림 2-23] AVD 생성

(4) 'Create new AVD' 마법사의 Skin 항목도 원하는 내장built-in된 것 중 하나를 선택하거나 원하는 해상도resolution를 직접 입력한다. 여기서는 기본값으로 내장된 HVGA를 그대로 둔 채로 아래 부분에 있는 [Create AVD] 버튼을 클릭한다.

(5) 'Android Virtual Device Manager' 마법사를 통하여 생성된 AVD를 나타내면 [OK] 버튼을 클릭한다.

(6) 생성된 AVD를 확인하려면 AVD 생성하기 (1)을 수행한다. 'Android AVD and SDK Manager' 마법사의 왼쪽에 'Virtual Devices' 항목을 선택하면 오른쪽에 생성된 AVD를 볼 수 있다.

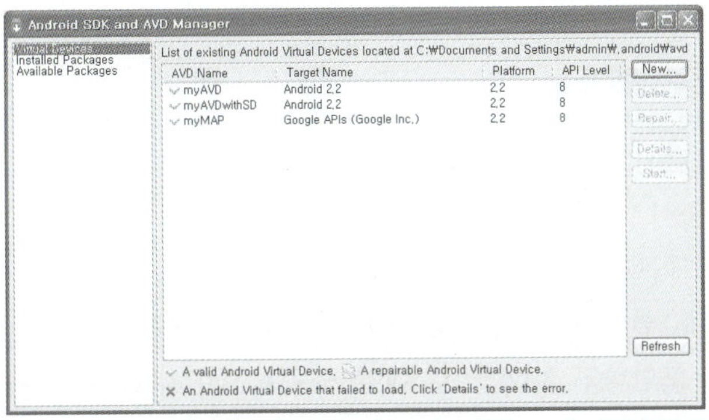


[그림 2-24] 사용할 수 있는 AVD 리스트

**저자 한마디 | MiB**

MB는 Mega Bytes의 약어이며 $10^6$bytes이다. MiB는 Mega Binary Bytes의 약어로 메비Mebi 바이트 혹은 메가 이진 바이트로 부르며 $2^{20}$bytes를 의미한다. 일반적으로 MB와 MiB를 구분 없이 MB라고 표현한다. 그러나 저장장치 파일의 크기나 저장장치의 빈 공간의 크기를 정확하게 파악해야 할 경우 구분해서 사용한다. KB와 KiB, GB와 GiB 등도 유사한 의미를 가진다.

## 2.6 안드로이드 SDK 둘러보기

안드로이드 SDK는 안드로이드 애플리케이션을 개발하고, 테스트 및 디버깅을 수행하는 데 필요한 모든 API들과 도구를 의미한다. 2.3에서 설치된 안드로이드 SDK의 폴더를 살펴보면 [그림 2-25]와 같다. 각 폴더와 하위 폴더를 살펴보면 안드로이드 SDK의 주요 구성요소를 알 수 있다.

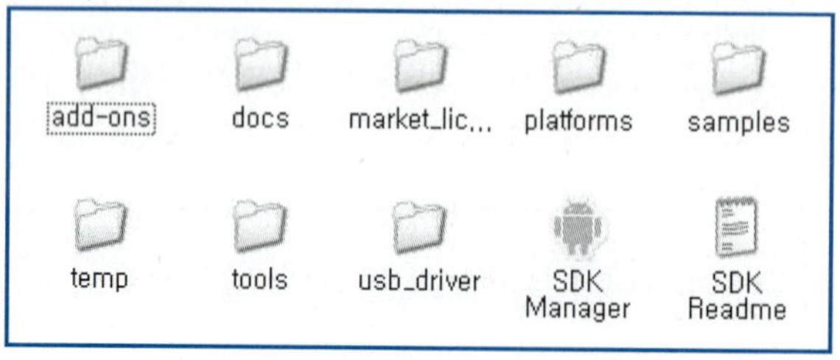


[그림 2-25] 안드로이드 SDK 폴더

### 안드로이드 SDK의 중요 구성요소

- **안드로이드 API**: 안드로이드 SDK 설치 폴더 중 add-ons 폴더에 버전별로 API 파일을 포함하고 있다. 구글이 네이티브 안드로이드 애플리케이션을 개발하기 위하여 사용한 것과 동일한 라이브러리이다.
- **개발 도구**: 안드로이드 SDK 설치 폴더 중 tools 아래에 에뮬레이터를 포함한 다양한 도구 및 배치 파일을 포함하고 있다. 일부 개발 도구는 platforms 폴더 아래에 버전별 하위 폴더에 존재한다. 안드로이드 애플리케이션의 개발, 즉 컴파일, 디버그, 테스트하는 데 사용된다. 이클립스상에서 개발하는 경우 이 도구들을 직접 다루지는 않는다.
- **풍부한 문서**: 안드로이드 SDK 설치 폴더 중 docs 아래에 HTML 형식의 안드로이드 개발자 가이드Android Developer's Guide로 수록되어 있다. 안드로이드 SDK의 각종 패키지, 클래스에 대한 설명과 안드로이드 개발을 시작하는 방법과 원리를 설명한다. Java의 경우 Java SDK Documentation과 유사하다. 안드로이드 개발자를 위한 HTML 문서가 http://developer.android.com/guide/index.html 사이트에도 있으니 계속 참고하는 것도 많은 도움이 된다. 어떤 개발 환경에서든지 개발 도구에 익숙해지는 것은 중요하다.
- **샘플 코드**: 안드로이드 SDK 설치 폴더 중 platforms 아래에 플랫폼 버전 별로 다양한 예제 프로그램을 수록하고 있다. 예제 프로그램 코드는 안드로이드 API 기능에 대한 사용법을 잘 나타낸다. 이클립스 프로젝트에 제공된 샘플 코드를 추가하여 실행할 수 있다.

## 중요한 안드로이드 개발 도구

- 에뮬레이터emulator: 달빅Dalvic 가상머신(VMVirtual Machine)의 구현으로 하드웨어 중립적이다. 안드로이드용 애플리케이션이 실제 모바일 디바이스에서 동작하는 모습을 PC로 확인할 수 있도록 하는 도구이다. 대부분 이클립스에서 구동시키기 때문에 사용하지 않지만 다양한 옵션을 포함하여 실행시킬 수 있다. 에뮬레이터는 특정한 모바일 디바이스의 구성과는 무관하며 다양한 디바이스의 외양을 흉내내기 위하여 4가지 스킨, 즉 HVGA 가로 모드, HVGA 세로 모드, QVGA 가로 모드, QVGA 세로 모드를 지원한다. 에뮬레이터를 구동하는 것은 리눅스 시스템을 부팅하는 것이기 때문에 오랜 시간을 요구한다. 그러나 에뮬레이터를 구동한 후 계속해서 애플리케이션을 테스트할 수 있기 때문에 매번 에뮬레이터를 구동할 필요가 없다.

[그림 2-26] 안드로이드 에뮬레이터

- ADBAndroid Debug Bridge: 안드로이드 에뮬레이터 혹은 안드로이드 디바이스에 접속할 수 있도록 하는 클라이언트/서버 애플리케이션을 의미한다. 에뮬레이터 혹은 안드로이드 디바이스에 명령어 기반으로 애플리케이션 설치 및 제거 혹은 파일 추가 및 삭제 등과 같은 다양한 작업을 수행할 수 있다. 안드로이드 디바이스 혹은 에뮬레이터의 상태를 관리한다.
- MKSDCARD: 하드디스크의 일부분을 안드로이드 에뮬레이터에서 가상의 SD 카드로 생성할 수 있도록 하는 도구이다.
- DXDavic Executable: 달빅 가상머신에 구동할 수 있는 안드로이드 애플리케이션으로 변환하는 도구이다. 변환 과정을 완료하면 *.class 파일은 *.dex라는 확장자를 가진 파일로 변환된다.

- AAPT(Android Asset Packaging Tool): 배포할 수 있는 안드로이드 패키지 파일을 생성하는 도구이다. 패키지 과정을 완료하면 *.apk라는 확장자를 가진 파일을 생성한다. AAPT는 압축 관련 기능과 안드로이드를 위한 리소스 컴파일 기능이 통합된 도구라고 볼 수 있다.
- AIDL(Android Interface Definition Language): 안드로이드 디바이스에서 2개의 프로세스가 IPC(Inter Process Communication)를 사용하여 대화할 수 있는 코드를 작성하기 위한 언어이다. COM 혹은 CORBA(Common Object Request Broker Architecture)와 유사한 인터페이스 기반이지만 좀 더 가볍다.
- SQLite3: 소규모의 관계형 데이터베이스 파일, 즉 모바일 디바이스를 위한 데이터베이스 파일을 제어하는 도구이다.
- DDMS(Dalvic Debug Monitor Service): 활성화된 스레드를 감시하거나 중단하는 도구이다. 활성화된 모든 에뮬레이터의 파일 시스템을 탐색하는 도구이다.

**저자 한마디 | 에뮬레이터 방향 바꾸기**

안드로이드 에뮬레이터의 키는 호스트 환경의 키에 사상(mapping)되어 있다. 호스트 환경에 있는 에뮬레이터는 실제 휴대폰과는 달리 터치 스크린(touch screen)이 아니다. 따라서 에뮬레이터에서는 마우스를 사용하여 화면을 조작한다, 에뮬레이터는 기본적으로 세로(portrait) 방향으로 나타난다. [Ctrl]+[F11] 혹은 [Ctrl]+[F12]를 사용하면 가로(landscape) 방향과 세로 방향으로 상호 방향을 전환할 수 있다. [그림 2-27]은 가로 방향의 에뮬레이터 화면과 키 패드(keypad)를 보여준다.

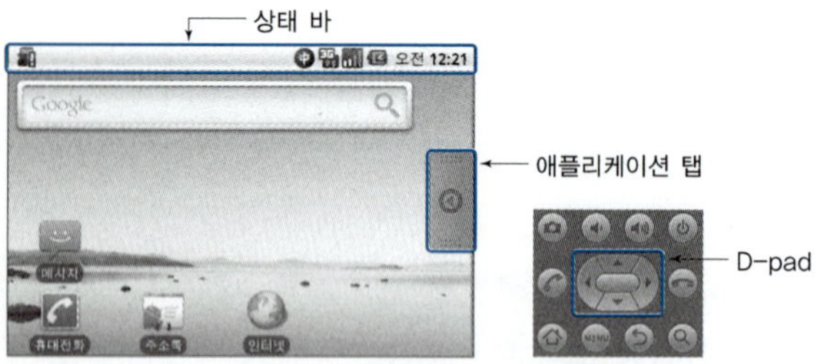


[그림 2-27] 가로 방향 에뮬레이터와 키패드

## 연습문제

1. 에뮬레이터와 시뮬레이터를 비교하여 설명하라.

2. 에뮬레이터와 호스트 환경인 PC의 키key는 매핑되어 있다. 에뮬레이터의 발신 버튼, 끊기 버튼, 검색 버튼, 전원 버튼 등에 대응하는 PC의 키가 무엇인지 조사하라.

3. 안드로이드의 리소스 파일을 컴파일하고 안드로이드 패키지 파일을 생성하는 도구를 무엇이라고 하는가?

4. 안드로이드 디바이스에서 2개의 프로세스가 IPC를 사용하여 대화할 수 있는 코드를 작성하기 위한 언어는?

5. AVD는 무엇의 약어인가?

6. 타깃 시스템을 위한 소프트웨어 개발에 필요한 모든 환경을 의미하는 용어는?

7. 안드로이드 애플리케이션 개발에 필수적인 2가지 소프트웨어는 무엇인가?

Chapter 03

# 안드로이드 프로그램의 첫걸음

CHAPTER

# 03 안드로이드 프로그램의 첫걸음

애플리케이션 개발을 위한 교차 개발 환경 아래에서 간단한 예제 프로젝트를 생성한 후 프로젝트를 구성하는 파일을 살펴본다. 프로젝트에 포함된 각종 소스 코드의 의미와 구성 파일들의 관계를 알아본다. 또한 C/C++ 혹은 자바 언어와 같이 외부 리소스를 사용하지 않고 코드로만 문자열을 출력하는 애플리케이션을 작성하고 이를 이해하며 확장 및 응용해본다.

## 3.1 프로젝트 생성하기

안드로이드 개발 환경의 정상적인 구축을 점검하기 위하여 간단한 예제 프로그램을 만들어보자. 'Android' 라는 이름의 프로젝트를 생성하고 에뮬레이터에 구동해보자.

### 실습 3-1 Android 프로젝트의 생성과 에뮬레이터 구동

(1) [그림 3-1]의 (a)처럼 이클립스의 툴바에 있는 안드로이드 프로젝트 생성 아이콘을 클릭한다. 혹은 (b)와 같이 이클립스에서 File → New → Project 메뉴를 차례대로 선택하고, 'New Project' 마법사가 나타나면 'Androd/Android Project' 를 선택한 후 [Next] 버튼을 클릭한다.

(a) 이클립스 툴바

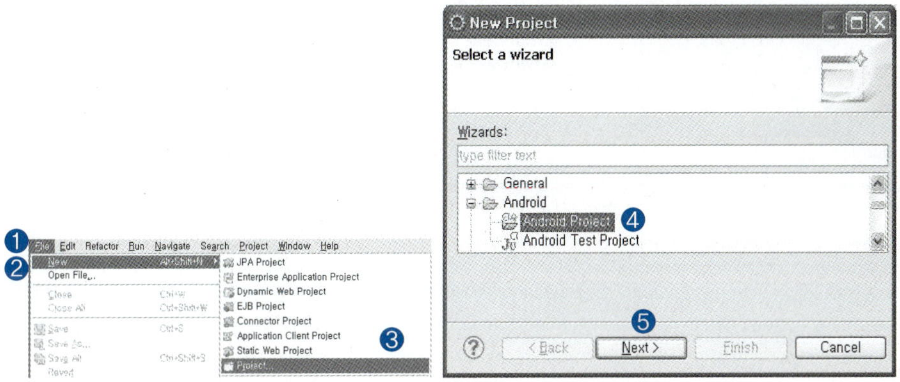

(b) 이클립스 메뉴와 New Project 마법사

[그림 3-1] 프로젝트 생성 시작

(2) 'New Android Project' 마법사의 Project name, Application name 그리고 Activity name 항목에 'Android'를 입력하고 Package name 항목에는 'com.corea.Android'를 입력한다. 그리고 빌드 타깃Build Target의 Target name에는 'Android 2.2'를 체크한다. Target name을 체크하면 안드로이드 SDK 최소 버전Min SDK Version 항목은 Target name에 아무런 값이 입력되지 않을 경우 수동적으로 Target name에 대응하는 버전 값을 입력해야 한다. 끝으로 [Finish] 버튼을 클릭한다. 여기서 빌드 타깃에 나타나는 타깃의 종류는 안드로이드 SDK 업데이트를 위한 패키지의 선택에 따라 다를 수 있음을 유의하라.

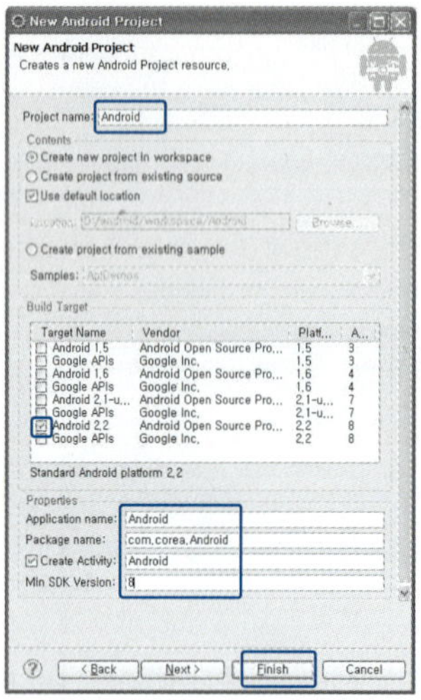


[그림 3-2] New Android Project 마법사

(3) 이클립스의 왼쪽 부분인 패키지 익스플로러package explorer 창에 방금 생성한 'Android' 라는 이름의 프로젝트를 확인한다. 자바 코드를 단 한 줄도 작성하지 않았지만 간단한 예제 프로젝트의 개발을 완성한 것이다. 만약 [그림 3-3]의 (b)와 같이 프로젝트 폴더의 왼쪽에 ! 혹은 × 표시가 나타나면 자바 소스 코드의 임의의 자리에 공백을 추가한 후 다시 제거한 뒤 저장하면 ! 혹은 × 표시가 사라진다.

(a) (b)

[그림 3-3] 이클립스의 패키지 익스플로러

(4) 완성된 예제 프로젝트를 에뮬레이터에 구동하기 위하여 패키지 익스플로러에 있는 'Android' 프로젝트를 마우스 오른쪽 버튼으로 클릭한다. 팝업 창으로 나타난 컨텍스트 메뉴context menu에서 'Run As' → 'Android Application' 을 클릭한다. 혹은 이클립스 툴바에 있는 [Run As] 버튼을 클릭하면 'Run As' 마법사가 나타난다. 'Android Application' 을 선택한 후 [OK] 버튼을 클릭한다.

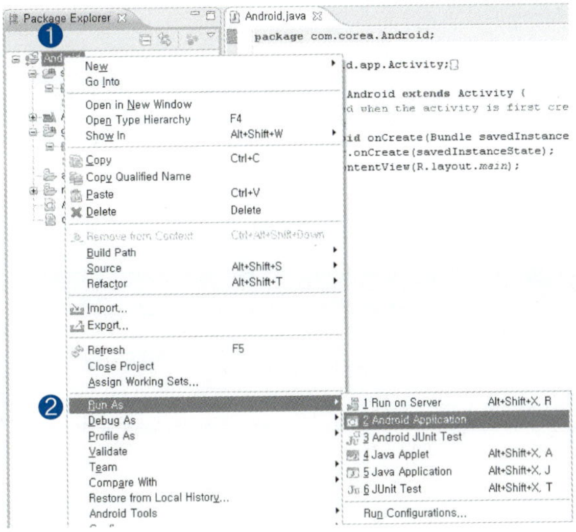


(a) 이클립스의 패키지 익스플로러

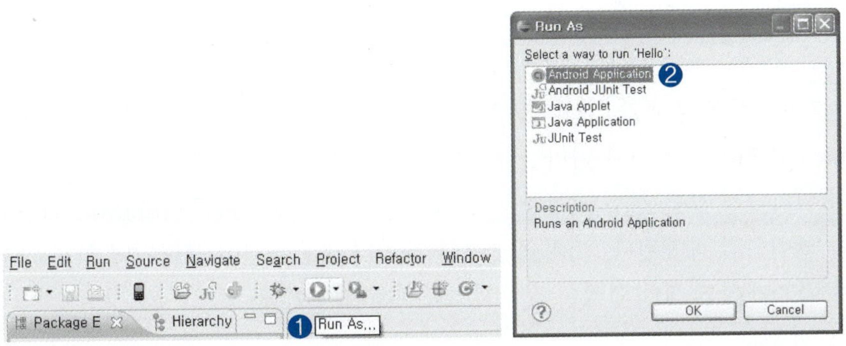


(b) 이클립스 툴바

[그림 3-4] 프로젝트 실행을 위한 Run As 화면

(5) 에뮬레이터가 수 분 동안 부팅booting된다. 부팅되는 과정은 이클립스 하단부의 콘솔console 탭을 클릭하면 관찰할 수 있다. [그림 3-5]는 에뮬레이터의 부팅과 애플리케이션의 실행 과정을 나타내는 콘솔 화면이다. 에뮬레이터를 부팅하는 것은 리눅스를 올리는 것이기 때문에 상당한 시간이 필요하다. 수 분이 지나면 콘솔에서 'Success'라는 문자열이 나타난다. 한 번 애플리케이션을 적재loading한 후 재시작하지 않는다면 또 다른 애플리케이션 실행에 오랜 시간이 걸리지 않는다.

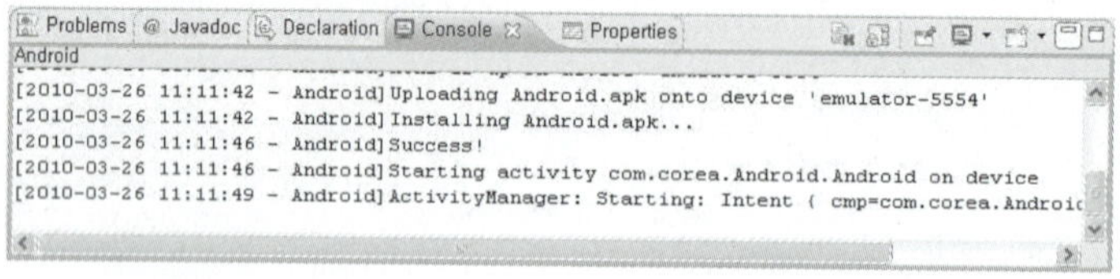


[그림 3-5] 이클립스의 콘솔

**저자 한마디 | 이클립스 콘솔**

이클립스의 오른쪽 아래에 콘솔 탭이 없다면 [그림 3-6]에서 보는 바와 같이 이클립스 메뉴에서 Window→Show View→Console을 선택하면 콘솔이 나타난다.

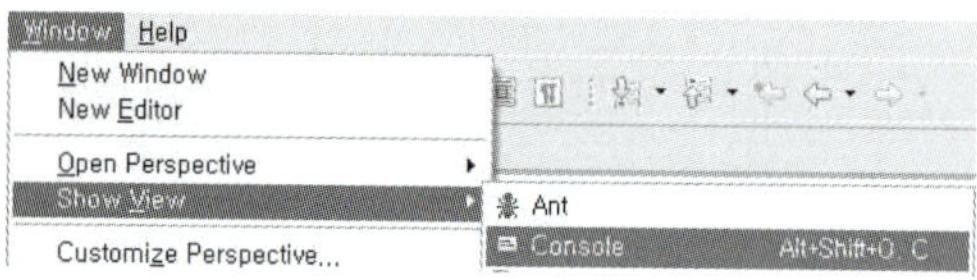


[그림 3-6] 콘솔 열기

(6) 애플리케이션의 결과가 [그림 3-7]과 같이 에뮬레이터 화면에 "Hello World, Android!"라는 문자열로 나타난다. 그러나 에뮬레이터에 애플리케이션 수행 결과가 나타나지 않을 경우도 있다. 이는 락lock이 걸려 있기 때문인데 [MENU] 버튼을 클릭하면 해제된다. 이와 같이 에뮬레이터에 문자열이 출력되면 안드로이드 애플리케이션 개발 환경이 정상적으로 구축된 것이다.

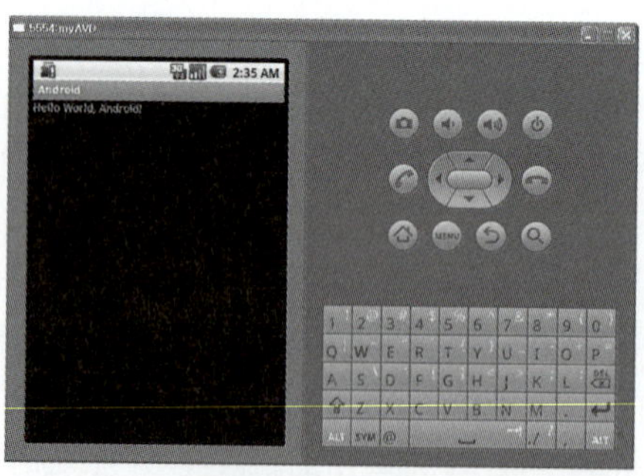


[그림 3-7] 간단한 예제 프로젝트의 구동

**저자 한마디 | 프로젝트 파일 경로**

프로젝트 이름, 애플리케이션 이름, 패키지 이름, 액티비티 이름과 에뮬레이터의 화면 및 파일 구조를 비교하면 [그림 3-8]과 같다. 에뮬레이터에 출력된 문자열 "Hello World, Android!"에서 마지막 단어 'Android'는 기본적으로 액티비티의 이름이며, 타이틀 바title bar에 있는 문자열 'Android'는 애플리케이션 이름이다. 타이틀 바는 상태 바 아랫부분, 즉 "Hello World, Android!"라는 출력 문자열의 윗부분을 의미한다. 이클립스의 작업 공간인 workspace 폴더 아래에 프로젝트 이름과 동일한 하위 폴더가 생성된다. 패키지 이름은 소스 코드 혹은 리소스 등이 위치한 폴더의 계층 구조를 나타낸다. 패키지 이름은 최소 1개의 마침표(.)를 포함하는 2개 이상의 단어를 지정하여 고유한 이름을 사용해야 한다. 따라서 〈실습 3-1〉을 위한 소스 코드 Android.java는 workspace/Android/src/com/corea/Android 폴더에서 찾을 수 있다.

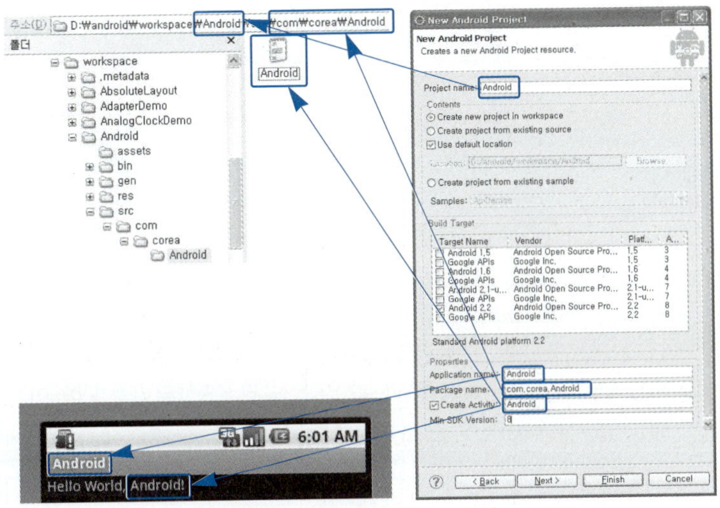

[그림 3-8] New Android Project 마법사, 에뮬레이터 및 폴더 구조

## 3.2 프로젝트 파일 및 소스 코드 이해

앞절에서 실습한 예제 프로젝트 'Android'를 사용하여 안드로이드 애플리케이션을 구성하는 파일은 무엇이며 생성된 소스 코드가 무슨 의미를 가지는지 간단하게 살펴본다.

## 프로젝트 구성 파일

새로운 프로젝트를 생성하면 기본적으로 만들어지는 여러 가지 폴더와 파일을 관찰할 수 있다. 모든 안드로이드 애플리케이션은 적어도 [그림 3-9]와 같은 폴더와 파일을 포함한다.

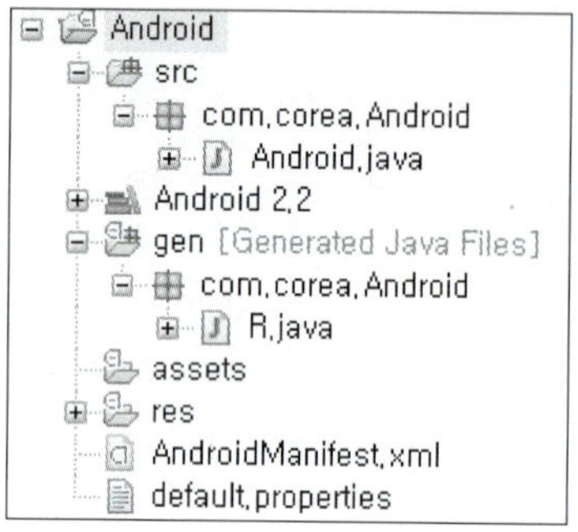


[그림 3-9] 안드로이드 프로젝트 구성 파일

안드로이드 프로젝트는 소스 코드를 위한 src와 gen 폴더가 있으며, 리소스 관리를 위한 drawable, layout, values, assets 등과 같은 폴더로 구성된다. 또한 안드로이드 라이브러리, 매니페스트manifest 파일인 AndroidManifest.xml, 그리고 default.properties 파일을 포함한다. 애플리케이션을 구성하는 소스 코드는 일반 소스 코드와 자동 생성 코드가 있다. 일반 소스 코드는 src 폴더, 자동 생성 코드는 gen 폴더 아래에 모두 자바 형식을 갖춘 코드로 존재한다. Android 2.2 폴더 아래에는 android.jar라는 압축 파일이 있으며, default.properties 파일은 애플리케이션의 빌드 대상과 기타 적절한 빌드 시스템 옵션을 정의한다. assets 폴더는 드물게 사용되며 원시 파일 포맷raw file format을 유지하는 파일을 포함한다.

### ● src 폴더

일반 소스 코드는 액티비티, 서비스, 컨텐트 프로바이더 혹은 기타 애플리케이션 구성에 필요한 자바 형식의 소스 파일들로 구성된다. 새로운 프로젝트를 생성하면 일반적으로 src 폴더 아래에 액티비티 이름으로 된 기본적 형태의 액티비티 소스 코드를 생성해준다. 이 소스 코드는 단순히 개발자의 편의를 위하여 안드로이드의 기본 틀을 제공하는 것이다. 〈실습 3-1〉을 수행하면 [그림 3-10]과 같이 폴더 구조와 자바 코드가 나타나며 자바 코드는 임의로 수정될 수 있다.

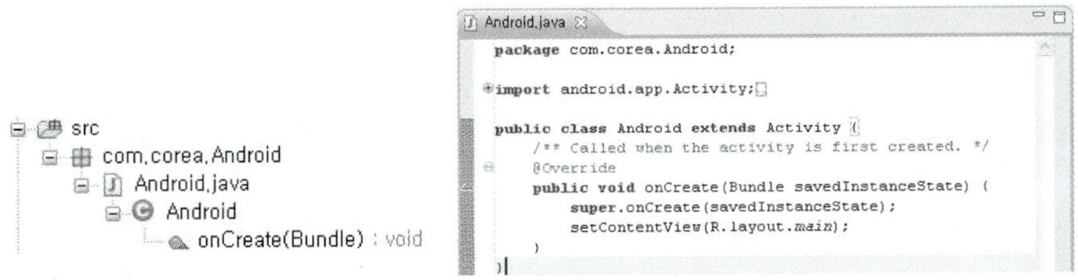


(a) src 폴더 구조 (b) 일반 소스 코드

[그림 3-10] src 폴더와 일반 소스 코드

● gen 폴더

자동 생성 코드는 Android.java와 같은 일반 소스 코드에게 외부 리소스 파일에 대한 정보를 제공한다. 안드로이드 애플리케이션은 소스 코드뿐만 아니라 레이아웃, 그림, 문자열 등 여러 가지 외부 리소스를 포함하기 때문에 [그림 3-11]과 같이 접근할 주소가 포함된 R.java를 포함한다. 이 파일은 액티비티 이름과 상관없이 모두 동일하게 R.java라는 파일로 존재한다. ADT 플러그인이 된 이클립스를 사용하는 경우 리소스를 변경할 때마다 리소스의 주소가 업데이트되어 R.java 파일에 나타낸다. 즉, 리소스를 추가, 삭제 혹은 변경하면 자동적으로 R.java 파일을 갱신하여 올바른 리소스 주소를 일반 소스 코드에게 제공한다. 따라서 R.java 파일은 일반 코드와는 달리 임의로 수정할 수 없다.

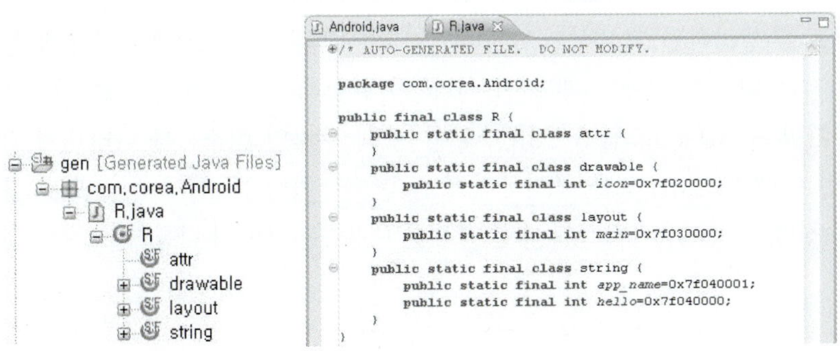


(a) gen 폴더 구조 (b) 자동 생성 소스 코드

[그림 3-11] gen 폴더와 자동 생성 소스 코드

● res 폴더

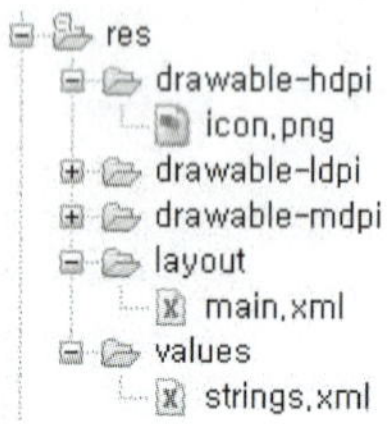


[그림 3-12] res 폴더

안드로이드 애플리케이션은 이미지 파일이나 레이아웃 등과 같은 외부 리소스를 포함한다. 이와 같은 리소스는 [그림 3-12]와 같이 res 폴더에 존재한다. 이미지 파일은 drawable 폴더 아래에 존재하며 jpg, png 등과 같은 파일 형식을 지원한다. 안드로이드의 프로젝트는 안드로이드의 로고인 icon.png를 기본적으로 포함한다. 해상도(고해상도, 중해상도, 저해상도)에 따라 다양한 이미지를 사용할 수 있도록 각 환경에 맞는 별도의 폴더, 즉 고해상도를 위한 drawable-hdpi, 중해상도를 위한 drawable-mdpi, 저해상도를 위한 drawable-ldpi로 관리한다. 레이아웃은 애플리케이션 화면을 구성하는 파일을 의미하며 layout 폴더 아래에 존재한다. 안드로이드 프로젝트를 생성하면 기본적으로 main.xml이란 레이아웃 파일도 layout 폴더에 생성한다. 문자열과 같은 애플리케이션에서 사용하는 여러 가지 값들을 포함하는 리소스를 관리하기 위하여 values라는 폴더 아래에 strings.xml 파일도 안드로이드 프로젝트를 생성하면 기본적으로 만들어진다. 이와 같은 프로젝트 생성과 동시에 만들어지는 리소스 외에도 개발자는 res 폴더 아래에 애니메이션 등 다양한 리소스를 추가할 수 있다. [그림 3-13]은 레이아웃과 문자열 리소스를 나타내며 각각 왼쪽 화면 아래의 XML 탭을 클릭하면 오른쪽 화면처럼 XML 소스 코드를 볼 수 있으며 수정할 수 있다. 리소스에 대한 자세한 내용은 4장에서 다룬다.

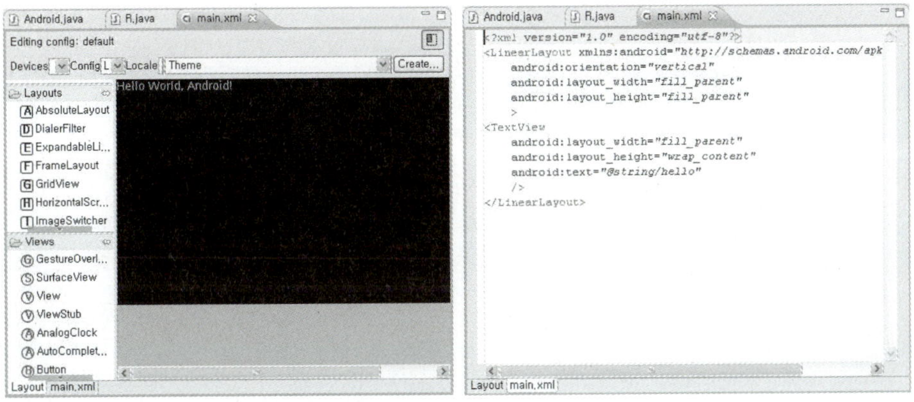


(a) 레이아웃

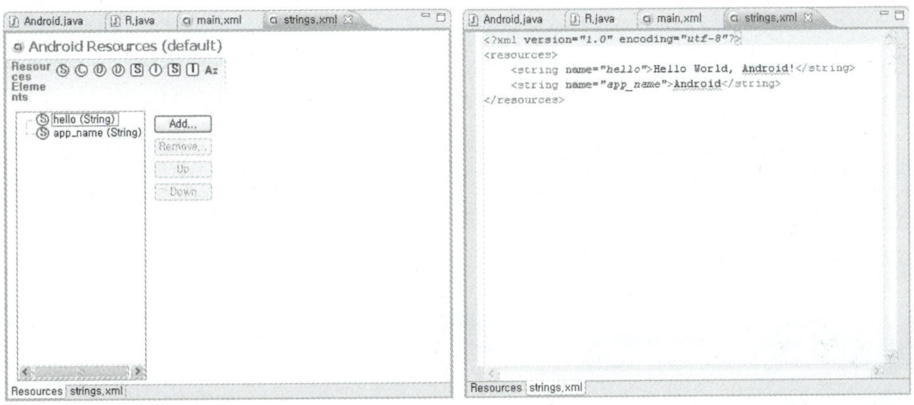


(b) 문자열

[그림 3-13] 레이아웃과 문자열 리소스

### ● 매니페스트 파일

안드로이드 프로젝트의 구성 파일 목록을 포함하는 AndroidManifest.xml 파일을 [그림 3-14]에 나타내었다. 매니페스트 파일은 애플리케이션의 프로필과 같은 역할을 수행하는 파일로서 프로젝트의 루트 폴더 아래에 있다. 애플리케이션의 이름과 버전, 액티비티 혹은 서비스 등과 같은 애플리케이션 컴포넌트의 정의, 사용 권한, 사용하는 라이브러리 등과 같은 애플리케이션의 뼈대를 구성하는 정보를 포함한다.

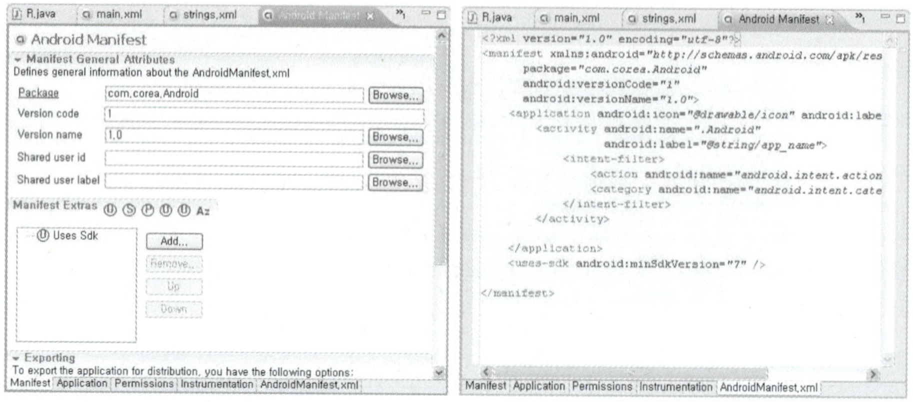


[그림 3-14] 매니페스트 파일

## 프로그램 소스 이해

이클립스 패키지 익스플로러 창에서 Android.java를 더블클릭하면 이클립스의 가운데 창에 [그림 3-10]의 (b)와 같은 소스 파일이 열린다. 소스 파일의 import 문장 왼쪽에 있는 ⊕를 클릭하면 ⊖로 변경된다. 이때 import 문장이 확장되며 〈코드 3-1〉과 같이 전체 소스를 보여준다.

〈코드 3-1〉 Android.java

```
package com.corea.Android;

import android.app.Activity;
import android.os.Bundle;

public class Android extends Activity {
    /** Called when the activity is first created. */
    @Override
    public void onCreate(Bundle savedInstanceState) {
        super.onCreate(savedInstanceState);
        setContentView(R.layout.main);
    }
}
```

01 패키지 이름을 정의한다.
03 액티비티에 필요한 라이브러리를 임포트한다.
04 액티비티의 실행 및 종료에 따른 상태 정보를 저장하기 위하여 Bundle 라이브러리를 임포트한다.
06 Activity 클래스의 자식 클래스child class로 Android 클래스를 정의한다.
09 액티비티가 최초로 실행될 때 호출되는 메소드로 Activity 클래스에서 정의된 onCreate() 메소드를 오버라이드override한다. onCreate() 메소드는 액티비티의 초기화 작업을 수행한다.
10 super는 부모 클래스parent class를 의미한다. 따라서 부모 클래스인 Activity 클래스에 정의된 onCreate() 메소드를 동일하게 실행한다. 매개변수인 Bundle 형식의 savedInstanceState 객체는 액티비티 사이에 상태 정보를 교환하기 위한 수단으로 사용된다. 새로운 화면이 아니라면 매개변수인 Bundle 객체를 사용하여 마지막으로 저장된 화면을 보여준다. Bundle 클래스는 프로그램 실행에 필요한 다양한 메소드 ―예를 들면 toString(), getString() 등 ―도 정의하고 있음을 주목하라.
11 setContentView()는 레이아웃 혹은 뷰view를 액티비티 화면으로 표시하며 메소드 원형은 다음과 같다.

```
public void setContentView(int layoutResID)
public void setContentView(View view)
```

여기서는 첫 번째 메소드 원형을 사용하고 있다. 즉, 액티비티 화면에 레이아웃의 주소인 R.layout.main을 사용하여 문자열을 표시한다.

**저자 한마디 | 오버로딩과 오버라이딩**

오버로딩overloading은 하나의 클래스 내에서 동일한 이름의 메소드를 여러 개 정의하는 것, 즉 중복 정의를 의미한다. 예를 들면, 덧셈 연산을 위한 메소드 add()는 정수형 처리를 위한 int add(int, int)도 있고 실수형 처리를 위한 double add(double, double)도 있다. 동일한 클래스 내에서 두 가지 모두를 정의할 경우 오버로딩이라고 한다. add() 메소드를 호출할 경우 매개변수의 형식이나 개수에 따라 int add(int, int) 혹은 double add(double, double)가 선택된다. 오버라이딩overriding은 상속 관계에 있는 두 클래스 중 자식 클래스에서 부모 클래스의 메소드를 다시 정의하는 것이다. 메소드의 매개변수의 형식과 개수도 동일하다. 안드로이드 애플리케이션 개발에서 자주 사용되는 방법이다.

R.layout.main은 res/layout 폴더 아래의 main.xml 파일을 안드로이드 SDK가 자동으로 생성한 R.java 파일의 내부 클래스inner class에 정의된 상수이며, 액티비티 화면에 표시할 레이아웃에 대한 포인터를 의미한다. Android 프로젝트를 위한 R.java 소스 코드는 〈코드 3-2〉와 같으며 res 폴더의 하위 폴더에 있는 리소스를 내부 클래스로 정의하고 있다. 이미지를 위한 drawable 폴더는 해상도와 관계없이 R.java에는 하나의 내부 클래스로 정의되어 있음을 주목하라. R.layout.main은

〈코드 3-2〉에서 10번 라인에 있는 main이란 상수를 의미한다.

**〈코드 3-2〉 R.java**

```
01 package com.corea.Android;
02
03 public final class R {
04     public static final class attr {
05     }
06     public static final class drawable {
07         public static final int icon=0x7f020000;
08     }
09     public static final class layout {
10         public static final int main=0x7f030000;
11     }
12     public static final class string {
13         public static final int app_name=0x7f040001;
14         public static final int hello=0x7f040000;
15     }
16 }
```

레이아웃은 뷰들을 화면상에 배치하고 구성하는 일종의 뷰 그룹[View Group]이다. 뷰는 화면상에서 UI[User Interface]를 구성하는 기본 빌딩 블록[basic building block]이며, 텍스트 박스, 편집 박스, 그림, 버튼 등과 같은 기본적인 화면 구성 요소를 의미한다. Android 프로젝트를 위한 레이아웃은 〈코드 3-3〉과 같다. 레이아웃은 일반적으로 XML 형식으로 코드 외부에 구성되는 것이 일반적이지만 소스 코드 내부에 자바 코드로 구성될 수 있다. 레이아웃과 뷰 그리고 뷰 그룹에 대한 자세한 내용은 5장에서 다룰 것이다.

**〈코드 3-3〉 main.xml**

```
<?xml version="1.0" encoding="utf-8"?>
<LinearLayout xmlns:android="http://schemas.android.com/apk/res/android"
    android:orientation="vertical"
    android:layout_width="fill_parent"
    android:layout_height="fill_parent"
    >
<TextView
    android:layout_width="fill_parent"
```

```
09      android:layout_height="wrap_content"
10      android:text="@string/hello"
11      />
12  </LinearLayout>
```

01 일반적인 XML 파일과 마찬가지로 XML 버전과 인코딩 방식을 나타낸다.
02 안드로이드 SDK가 제공하는 하나의 레이아웃으로 선형 구조를 선언한다. URL[Uniform Resource Locater]은 안드로이드 스키마[schema]에 관한 이름 공간[name space]을 의미한다.
03 안드로이드 화면에 구성요소를 세로로 배치한다.
04 화면 구성요소인 위젯을 컨테이너, 즉 부모가 가지는 넓이 모두를 할당한다.
05 화면 구성요소인 위젯을 컨테이너, 즉 부모가 가지는 높이 모두를 할당한다.
07 문자열을 표시할 수 있는 공간을 정의한다. 레이블과 동일하다.
09 화면 구성요소인 위젯 자체를 표시할 수 있는 필요한 높이만 할당한다.
10 텍스트 뷰에 포함할 문자열을 제공한다. 실제로 포함될 문자열은 res/values/strings.xml 파일에 존재한다. @ 기호로 시작하는 것은 리소스 파일에 저장된 정보를 가리킨다. 리소스를 참조하지 않고 다음과 같이 직접 문자열을 제공할 수도 있다.
android:text="Hi, Android!"
12 선형 구조의 레이아웃 선언을 마친다.

문자열 hello는 res/values 폴더에 있는 strings.xml에 있으며 〈코드 3-4〉의 3번 라인과 같이 app_name이라는 문자열과 함께 선언되어 있다. app-name은 〈코드 3-5〉의 8번 라인에서 사용하며 [그림 3-8]의 Application name에 의하여 생성된 문자열이다.

**〈코드 3-4〉 strings.xml**

```
01  <?xml version="1.0" encoding="utf-8"?>
02  <resources>
03      <string name="hello">Hello World, Android!</string>
04      <string name="app_name">Android</string>
05  </resources>
```

매니페스트 파일은 안드로이드 애플리케이션의 신분[identity]에 대한 정보를 기술하는 XML 파일로서 프로젝트의 루트 폴더에 존재한다. 즉, 안드로이드가 애플리케이션을 구동할 때 필요한 구성 정보인 메인 액티비티[main activity], 아이콘, 라이브러리 및 모듈, 퍼미션permission 등을 지정한다.

**〈코드 3-5〉 AndroidManifest.xml**

```
01 <?xml version="1.0" encoding="utf-8"?>
02 <manifest xmlns:android="http://schemas.android.com/apk/res/android"
03       package="com.corea.Android"
04       android:versionCode="1"
05       android:versionName="1.0">
06   <application android:icon="@drawable/icon" android:label="@string/app_name">
07         <activity android:name=".Android"
08                   android:label="@string/app_name">
09             <intent-filter>
10                 <action android:name="android.intent.action.MAIN" />
11                 <category android:name="android.intent.category.LAUNCHER" />
12             </intent-filter>
13         </activity>
14 
15     </application>
16     <uses-sdk android:minSdkVersion="7" />
17 
18 </manifest>
```

06~15 : Android 애플리케이션은 하나의 액티비티로 구성되어 있다. 따라서 <application> 엘리먼트element 내부에 하나의 activity 엘리먼트가 존재한다. 만약 화면이 2개 이상으로 구성된 애플리케이션이라면 2개 이상의 <application> 엘리먼트를 선언해야 한다. 또한 애플리케이션이 서비스, 브로드캐스트 리시버, 컨텐트 프로바이더를 포함한다면 각각 <service>, <receiver>, <provider> 엘리먼트를 선언해야 한다. 일반적으로 매니페스트 파일에 선언되지 않으면 시스템에 보이지 않으며 결코 실행될 수 없다.

07~13 : 애플리케이션을 구성하는 액티비티를 선언한다.

07~08 : activity 엘리먼트는 액티비티의 이름과 레이블을 기술한다. 액티비티 이름으로 'Android'가 아니라 '.Android'로 되어 있음을 유의하라

09~12 : 해당 액티비티의 인텐트 필터를 정의한다. 인텐트 객체는 활성화할 컴포넌트를 명시적으로 지정할 수 있다. 그러나 활성화할 컴포넌트를 명시적으로 지정하지 않는다면 안드로이드는 인텐트를 처리할 수 있는 최선의 컴포넌트를 찾아야 한다. 이를 위하여 인텐트 필터intent-filter는 안드로이드에게 인텐트의 잠재적 대상이 될 수 있는 컴포넌트를 찾아낼 수 있는 정보들을 명시한다. android.intent.action.MAIN은 인텐트 필터의 동작action을 나타내는 엘리먼트

로 애플리케이션의 시작점을 나타낸다. android.intent.category.LAUNCHER는 인텐트 필터의 범주category를 나타내는 엘리먼트로 해당 액티비티를 [그림 3-15]에 있는 애플리케이션 런처application launcher에 노출하라는 의미이다. 이와 같은 동작과 범주를 가진 인텐터 필터는 해당 액티비티를 애플리케이션 기동 시 최초에 수행될 액티비티로 지정한다는 의미이다. 애플리케이션 컴포넌트는 여러 개의 인텐트 필터를 가질 수 있으며, 각각 다른 필터링 정보를 선언할 수 있다. 만약 컴포넌트가 어떤 인텐트 필터도 포함하지 않는다면 명시적으로 지정하는 인텐트에 의해서만 활성화될 수 있다.

16 : 최소 SDK 버전을 의미한다.

(a) 홈 화면 (b) 애플리케이션 런처

[그림 3-15] 안드로이드 화면

지금까지 살펴본 소스 코드를 통하여 안드로이드 애플리케이션의 동작 과정을 알 수 있다. [그림 3-16]은 〈실습 3-1〉의 Android라는 프로젝트에서 어떠한 과정을 통하여 에뮬레이터에 "Hello World, Android!"라는 문자열을 출력하는지 보여준다. 애플리케이션 수행은 안드로이드 매니페스트 파일에 나타난 진입점 액티비티인 Android 클래스를 활성화함으로써 시작된다.

Android 클래스의 setContentView() 메소드를 통하여 R.layout.main을 에뮬레이터 화면에 출력을 시도한다. R.layout.main은 R 클래스의 서브클래스 layout의 내부 상수인 main 값을 의미한다. 또한 R.layout.main은 main.xml에 의하면 hello라는 문자열을 참조한다. 따라서 R 클래스의 서브클래스 string의 내부 상수 hello의 주소를 참조한다. 궁극적으로 Android 클래스의 setContentView() 메소드는 R 클래스로부터 참조한 R.layout.main과 strings.xml에 있는 hello의 주소를 사용하여 "Hello World, Android!"라는 문자열을 에뮬레이터에 출력한다.

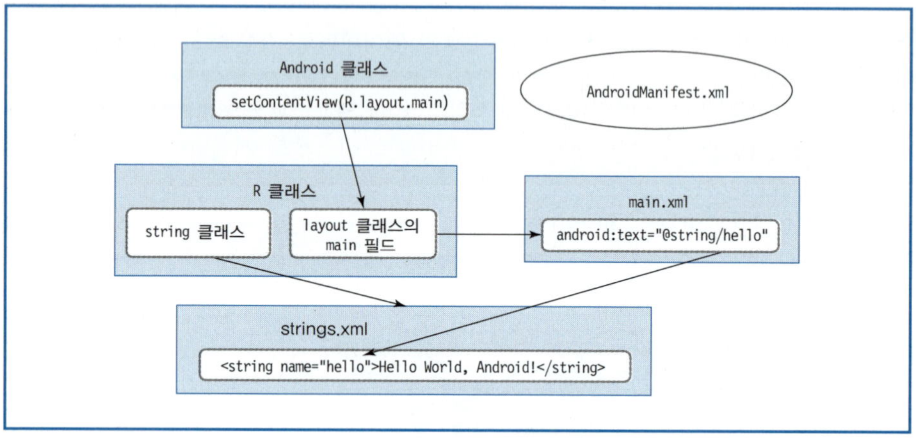


[그림 3-16] 문자열 출력 과정

## 3.3 코드로 문자열 표시하기

〈실습 3-1〉에서 살펴본 프로젝트는 소스 코드와 UI 리소스를 분리한 애플리케이션이다. 이번에는 C 언어나 자바 언어와 같이 UI를 코드에 통합하는 방식으로 코드를 작성해보며, 또한 코드에 대한 의미를 알아본다. 이 프로젝트는 〈실습 3-1〉과는 달리 res 폴더 아래에 있는 각종 리소스를 사용하지 않는다.

### 실습 3-2 코드로 문자열 표시하기

(1) 〈실습 3-1〉의 과정 (1)을 수행한다.

(2) 〈실습 3-1〉의 과정 (2)를 수행하되 Project name, Application name, 그리고 Create Activity 항목에 Hello를 입력하고, Package name 항목에는 com.corea.Hello라고 입력한다.

(3) 이클립스의 패키지 익스플로러 창에 방금 생성한 'Hello'라는 프로젝트를 확인한다. src 폴더 아래에 있는 Hello.java를 더블클릭한다.

(4) import 문장 옆의 ⊕를 클릭하여 import 문장을 펼친다. 이 과정은 import 문장의 변화를 관찰하기 위한 것으로 반드시 수행할 필요는 없다.

(5) 소스 코드를 다음과 같이 수정한다.

```
setContentView(R.layout.main);
                ⇩
TextView hello = new TextView(this);
hello.setText("Hello, Android!");
setContentView(hello);
```

(6) [Ctrl] + [Shift] + [O]를 클릭한다.

(7) 〈실습 3-1〉의 과정 (4)~(6)을 수행하면 〈실습 3-1〉과 동일한 "Hello, Android!"라는 문자열을 에뮬레이터에 출력한다.

〈실습 3-2〉의 과정 (5)를 수행하는 도중 [그림 3-17]과 같은 화면이 나타난다. 이클립스의 자바 편집기 창은 객체 변수 뒤에 메소드를 추가하기 위하여 마침표를 입력하면 객체가 사용할 수 있는 모든 메소드를 보여준다. 여기서는 hello 객체, 즉 TextView 클래스에서 사용할 수 있는 모든 메소드를 보여준다. 또한 [그림 3-17] 혹은 [그림 3-18]에서 보는 바와 같이 소스 코드 수정 도중 오류가 발생한다. 그러나 이클립스는 오류를 개발자에게 미리 알려주기 때문에 쉽게 수정할 수 있다. [그림 3-18]의 (a)에 나타난 11번 라인의 오류는 TextView 클래스를 위한 라이브러리를 임포트하지 않았기 때문에 발생한 것이다. 이를 해결하려면 〈실습 3-2〉의 과정 (6)과 같이 [Ctrl] + [Shift] + [O]를 클릭하면 된다. 이는 적절한 import 문장(여기서는 android.widget.TextView)을 이클립스가 자동으로 삽입해준다. 만약 유사한 라이브러리가 2개 이상이 나타나면 개발자가 적절한 라이브러리를 선택해야 한다.

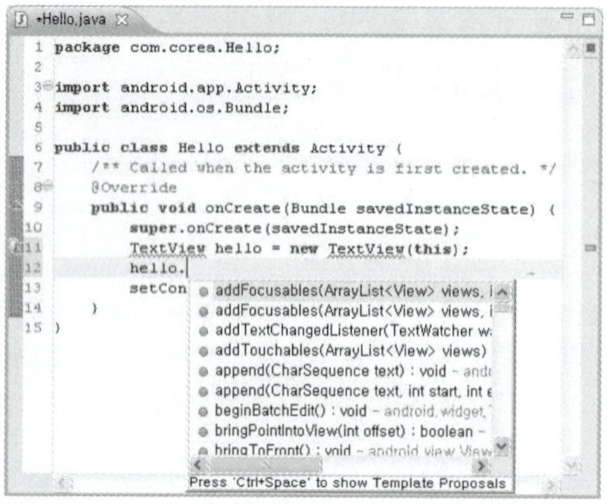


[그림 3-17] 객체의 해당 메소드 참조 및 추가

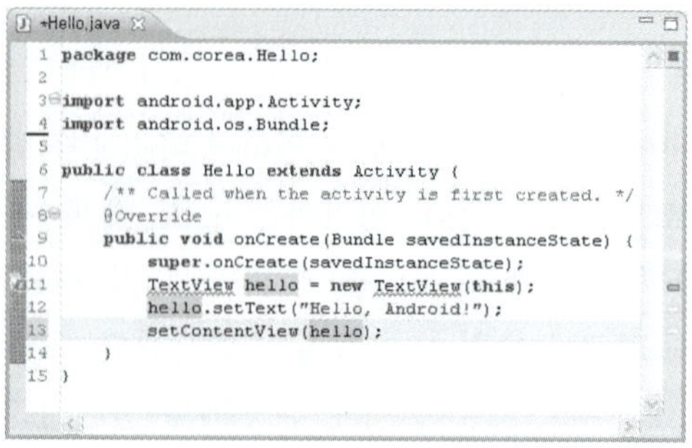


(a) [Ctrl] + [Shift] + [O] 누르기 전

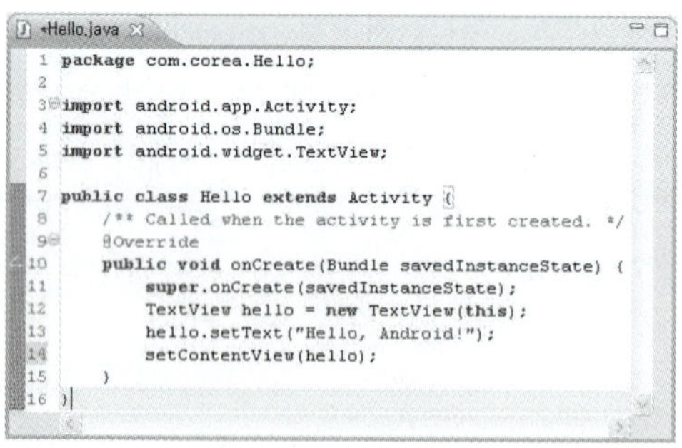


(b) [Ctrl] + [Shift] + [O] 누르기 후

[그림 3-18] 자동으로 import 문장 삽입하기

이제 문자열 출력 프로그램인 〈코드 3-6〉을 살펴보자. 〈코드 3-1〉과 비교하면 5번 라인이 추가되고 12~14번 라인이 수정된 코드이다.

〈코드 3-6〉 문자열 출력 프로그램

```
01 package com.corea.Hello;
02
03 import android.app.Activity;
04 import android.os.Bundle;
05 import android.widget.TextView;
06
07 public class Hello extends Activity {
08     /** Called when the activity is first created. */
09     @Override
10     public void onCreate(Bundle savedInstanceState) {
11         super.onCreate(savedInstanceState);
12         TextView hello = new TextView(this);
13         hello.setText("Hello, Android!");
14         setContentView(hello);
15     }
16 }
```

05 액티비티의 레이아웃에 TextView를 출력하기 위하여 해당 라이브러리를 임포트 한다.

12 액티비티에 출력할 hello라는 TextView 객체를 생성하기 위하여 TextView 생성자[constructor]를 이용한다. TextView 생성자 원형을 살펴보면 다음과 같다.

```
Public TextView(Context context)
Public TextView(Context context, AttributeSet attrs)
Public TextView(Context context, AttributeSet attrs, int defStyle)
```

여기서는 첫 번째 생성자 원형을 사용한다. 그러나 생성자 원형의 매개변수는 Context이지만 소스 코드에는 this를 포함하고 있다. this는 클래스 자신을 의미하기 때문에 여기서는 Activity를 상속한 Hello로서 Context가 아니다. 이를 위하여 Activity의 상속도를 알아보면 다음과 같다.

```
Java.lang.Object
    android.content.Context
        android.content.ContextWrapper
            android.view.ContextThemeWrapper
                android.app.Activity
```

Activity는 Context를 상속한 클래스이다. 따라서 Hello라는 Context에 출력할 TextView 객체인 hello를 생성하는 의미이다.

13 TextView 객체인 hello에 setText()라는 메소드를 사용하여 "Hello, Android!" 문자열을 설정한다. setText() 메소드는 TextView XML 파일에서 android:text

속성과 유사하다. setText() 메소드 원형은 다음과 같으며 매개변수로 문자열 혹은 리소스의 주소를 사용할 수 있다. 여기서는 전자에 해당한다.

```
public void setText(CharSequence text)
public void setText(int resid)
```

14 TextView 객체인 hello를 Hello 액티비티에 출력한다. TextView는 View를 상속한 클래스이기 때문에 <코드 3-1>의 11번 라인과는 다르다. 여기서는 레이아웃의 주소가 아니라 텍스트 뷰를 액티비티 화면에 표시한다.

## 3.4 문자열 출력 프로그램 응용

앞서 두 가지의 실습 프로젝트를 통하여 "Hello, Android!"라는 문자열을 에뮬레이터에 표시해보았다. 이번에는 문자열의 색상과 크기를 변경하여 출력해보고, 또한 문자열 대신에 이미지를 출력해보도록 하자. 〈실습 3-4〉를 위해서는 미리 wavelogo.gif라는 이미지를 준비해야 한다.

### 실습 3-3 문자열 출력 프로그램에서 색상과 크기의 변화

(1) 〈실습 3-1〉의 과정 (1)을 수행한다.

(2) 〈실습 3-1〉의 과정 (2)를 수행하되 Project name, Application name, 그리고 Create Activity 항목에 ColorSize를 입력하고, Package name 항목에는 com.corea.ColorSize라고 입력한다.

(3) 이클립스의 패키지 익스플로러 창에 방금 생성한 'ColorSize' 라는 프로젝트를 확인한다. res/layout 폴더 아래에 있는 main.xml를 더블클릭한 후 이클립스의 자바 편집기 하단에 있는 main.xml이란 탭을 선택한다.

(4) main.xml 내용을 〈코드 3-7〉과 같이 수정한다.

(5) 〈실습 3-1〉의 과정 (4)~(6)을 수행하면 [그림 3-19]와 같은 내용을 에뮬레이터에 출력한다.

[그림 3-19] 문자열 출력 프로그램에서 색상과 크기의 변화

〈코드 3-7〉 색상과 크기를 변화한 문자열 출력을 위한 레이아웃

```
<?xml version="1.0" encoding="utf-8"?>
<LinearLayout xmlns:android="http://schemas.android.com/apk/res/android"
    android:orientation="vertical"
    android:layout_width="fill_parent"
    android:layout_height="fill_parent"
    android:background="#ffffffff">
<TextView
    android:layout_width="fill_parent"
    android:layout_height="wrap_content"
    android:text="빨강"
    android:background="#ffff0000" />
<TextView
    android:layout_width="wrap_content"
    android:layout_height="100dp"
    android:text="초록"
    android:textColor="#ff000000"
    android:textSize="50sp"
    android:background="#ff00ff00" />
</LinearLayout>
```

이와 같이 안드로이드 애플리케이션은 소스 코드와 UI를 별도로 관리할 수 있기 때문에 리소스만 변경해도 다른 결과를 표시할 수 있다. 〈실습 3-3〉은 소스 코드를 변경하지 않고 리소스 중의 하나인 레이아웃 XML 파일만 수정함으로써 화면 내용을 바꿀 수 있음을 보여준다. 〈코드 3-7〉은 〈코드 3-3〉과 마찬가지로 선형 레이아웃이지만 2개의 텍스트 뷰를 포함하고 있다. 〈코드 3-7〉에서 변경된 부분을 살펴보면 다음과 같다.

06 레이아웃의 배경색을 흰색으로 표시한다.
11 첫 번째 텍스트 뷰의 배경색을 빨간색으로 표시한다.
14 두 번째 텍스트 뷰의 높이를 100dp로 할당한다.
16 두 번째 텍스트 뷰에 있는 문자열을 검은색으로 표시한다.
17 두 번째 텍스트 뷰에 있는 문자열의 크기를 50sp로 표시한다.
18 두 번째 텍스트 뷰의 배경색을 초록색으로 표시한다.

TextView와 같은 뷰를 XML 파일에서 사용할 때 background와 text 등과 같은 속성을 사용하지만 소스 코드에서 사용할 때는 setBackground()와 setText() 등과 같은 메소드를 사용한다. 대부분의 뷰에서는 일반적으로 속성과 메소드를 함께 제공한다. 〈표 3-1〉은 TextView에 대한 속성과 대응하는 메소드를 보여준다. 여기서 gravity는 뷰 안에서의 문자열의 위치를 나타내며, top, bottom, left, right, center 등과 같은 값을 사용할 수 있다. 또한 visibility를 위한 값으로 3가지가 있다. 뷰가 화면에 보이려면 visible, 뷰가 보이지 않지만 공간을 차지할 경우엔 invisible, 뷰가 보이지도 않고 공간도 차지하지 않으면 gone을 사용하면 된다.

〈표 3-1〉 TextView의 속성과 메소드

| 속성 | 메소드 | 의미 |
|---|---|---|
| background | setBackgroundColor() | 배경색 설정 |
| gravity | setGravity() | 문자열이 표시될 위치 |
| text | setText() | 문자열 표시 |
| textColor | setTextColor() | 문자색 설정 |
| textSize | setTextSize() | 문자의 크기 설정 |
| textStyle | setTextStyle() | 문자 스타일 설정 |
| visibility | setVisibility() | 문자열의 가시성 설정 |

뷰에 나타날 색상값은 항상 # 문자로 시작한다. 색상값은 비트 수와 투명도를 나타내는 알파값의 사용 여부에 따라 4가지 형태 — #RGB, #ARGB, #RRGGBB, #AARRGGBB — 로 나타낸다. 일반적으로 #AARRGGBB를 이용하며, 각 문자는 16진수로 표현된다. 알파값을 나타내는 AA가 클수록 불투명하다. 따라서 AA 값이 'FF' 이면 완전 불투명하며 '00' 이면 완전 투명함을 나타낸다. R, G, B는 빨강red, 초록green, 파랑blue을 의미한다.

뷰에 나타날 문자의 크기는 px(픽셀), in(인치), mm(밀리미터), pt(포인트), dp(밀도 독립 픽셀density-independent pixel), sp(축척 독립 픽셀scale-independent pixel) 등을 사용한다.

**저자 한마디 | 에뮬레이터에 설치된 애플리케이션 지우기**

(1) [Home] → 애플리케이션 탭 → 설정(Settings) → 응용프로그램(Applications) → 응용프로그램 관리(Manage Applications) 메뉴 혹은 버튼을 차례대로 클릭한다.
(2) 삭제할 애플리케이션을 선택하여 클릭한다.
(3) [제거(Uninstall)] 버튼을 클릭한다.

[그림 3-20] 애플리케이션 지우기

## 실습 3-4 이미지 출력 프로그램

(1) 〈실습 3-1〉의 과정 (1)을 수행한다.
(2) 〈실습 3-1〉의 과정 (2)를 수행하되 Project name, Application name, 그리고 Create Activity 항목에 WaveLogo를 입력하고, Package name 항목에는 com.corea.WaveLogo라고 입력한다.
(3) 이클립스의 패키지 익스플로러 창에 방금 생성한 'WaveLogo'라는 프로젝트를 확인한다.
(4) 준비된 wavelogo라는 이미지를 res/drawable-ldpi에 복사한다.

[그림 3-21] wavelogo.gif 이미지의 복사

(5) 이클립스의 패키지 익스플로러 창에 있는 res/drawable-ldpi 폴더 아래에 보면 아직 wavelog라는 이미지가 없다. 패키지 익스플로러 창을 재생refresh하기 위하여 마우스 오른쪽 버튼을 클릭한다. 팝업 창이 나타나면 Refresh 항목을 선택한다.

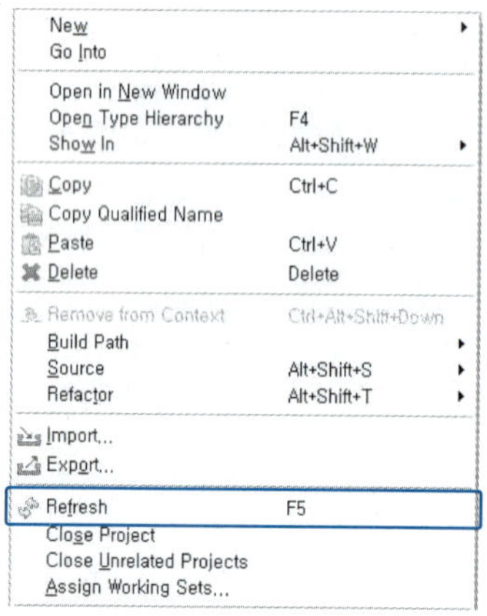


[그림 3-22] 패키지 익스플로러 창의 재생

(6) 이클립스의 패키지 익스플로러 창에 있는 res/drawable-ldpi 폴더 아래에 wavelog라는 이미지를 관찰한다.

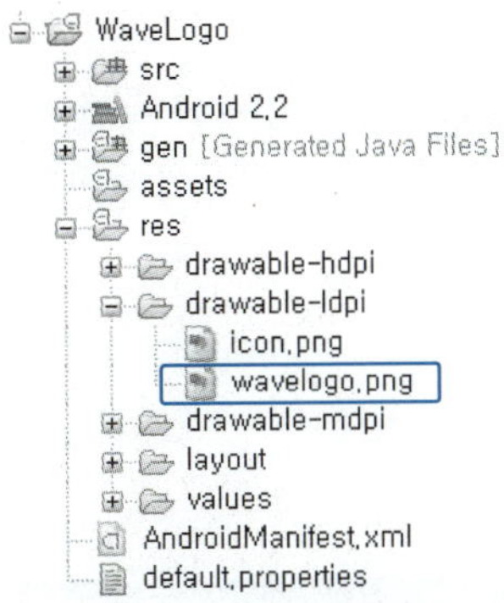


[그림 3-23] 재생된 패키지 익스플로러 창

(7) res/layout 폴더 아래에 있는 main.xml을 더블클릭한 후 이클립스의 자바 편집기 하단에 있는 main.xml이란 탭을 클릭한다.

(8) 〈코드 3-3〉의 main.xml 내용에서 07~11라인을 〈코드 3-8〉과 같이 수정한다.

(9) 〈실습 3-1〉의 과정 (4)~(6)을 수행하면 [그림 3-24]와 같은 이미지를 에뮬레이터에 출력한다.

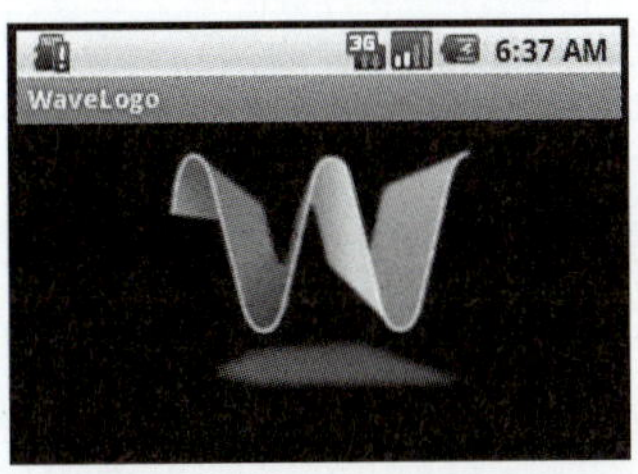


[그림 3-24] 에뮬레이터에 이미지 출력하기

〈코드 3-8〉 이미지 출력하기를 위한 레이아웃

```
07  <ImageView
08      android:layout_width="fill_parent"
09      android:layout_height="wrap_content"
10      android:src="@drawable/wavelogo"
11  />
```

07 이미지 뷰를 위한 엘리먼트
10 이미지 뷰에 포함할 이미지를 제공한다. @ 기호에 의한 내용에 포함될 이미지는 res/drawable 폴더에 wavelogo라는 이미지라는 것을 알 수 있다. 이미지의 확장자는 알 수 없음을 유의하라. 안드로이드는 png, 9-patch, jpg, gif 등과 같은 다양한 이미지 형식을 지원하고 있다.

## 3.5 프로젝트에 새로운 파일 혹은 속성 추가

대부분의 안드로이드 애플리케이션은 하나 이상의 액티비티로 구성되거나 다양한 리소스를 이용한다. 더구나 인터넷을 사용할 수도 있고 데이터베이스에 접근할 수도 있다. 심지어 외부 라이브러리를 이용할 수도 있다. 그런데 〈실습 3-1〉에서 보는 바와 같이 프로젝트를 생성하면 기본적으로 액티비티 파일은 하나만 생성되고 리소스도 레이아웃과 문자열 정도로 매우 간단하다. 이 절에서는 새로운 액티비티를 추가하려면 어떻게 해야 하는지, 레이아웃과 같은 리소스도 하나 이상을 사용하려면 어떻게 해야 하는지를 살펴본다. 또한 안드로이드에서 인터넷 혹은 데이터베이스와 같은 특정 기능을 사용하거나 외부 라이브러리를 사용하기 위해서는 권한이나 외부 라이브러리를 AndroidManifest.xml 파일에 추가해야 한다. 이를 위하여 AndroidManifest.xml 파일을 직접 편집할 수도 있지만, 여기서는 안드로이드 매니페스트 편집기를 이용하는 방법에 대하여 알아본다. 〈실습 3-5〉부터 〈실습 3-8〉은 프로젝트에 파일 혹은 속성을 추가하는 실습이기 때문에 애플리케이션을 실행하더라도 정상적인 결과가 나타나지 않음을 유의하라.

### 실습 3-5 프로젝트에 액티비티 추가하기

(1) 패키지 익스플로러에서 액티비티를 추가하고자 하는 프로젝트(여기서는 Android)의 AndroidManifest 파일을 더블클릭하여 매니페스트 파일을 연다. 자바 편집기 하단에 있는 Application 탭을 선택한 후 'Application Nodes'에 있는 [Add] 버튼을 클릭한다. 이 화면에서 프로젝트의 여러 가지 속성을 설정하거나 여러 가지 애플리케이션 컴포넌트를 등록할 수 있다.

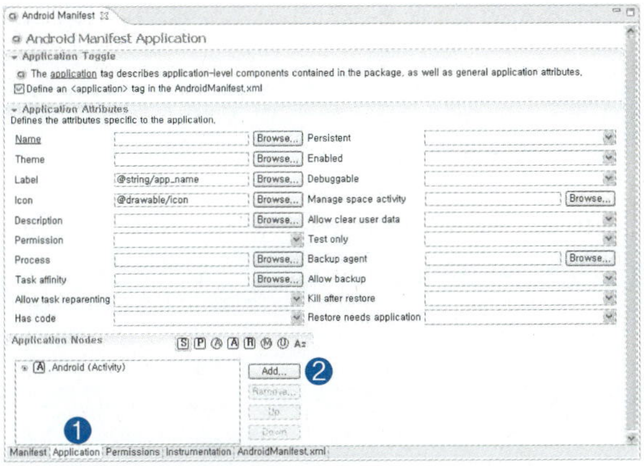

[그림 3-25] 매니페스트 파일 열기

(2) 나타난 마법사에서 Activity 항목을 선택한 후 [OK] 버튼을 클릭한다.

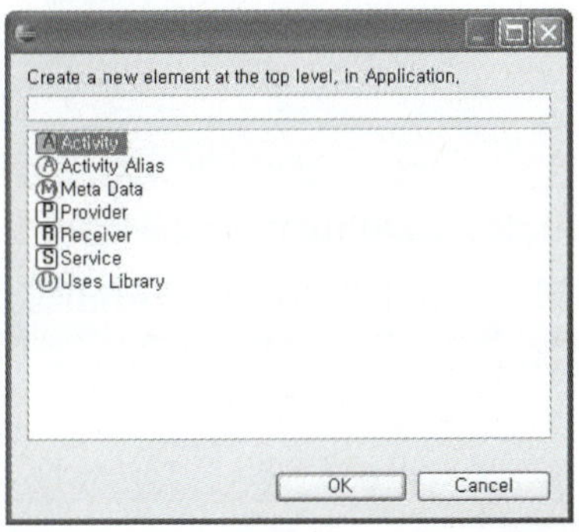

[그림 3-26] 프로젝트에 추가할 애플리케이션 컴포넌트 선택

(3) 매니페스트 화면의 Application Nodes 부분에 새로운 Activity를 위한 노드가 생성된 것을 확인한다. 이는 매니페스트 파일에 새로운 액티비티를 선언한 것이다. 그러나 아직 액티비티의 이름이 없고 단순히 액티비티의 뼈대만 추가한 정도이다.

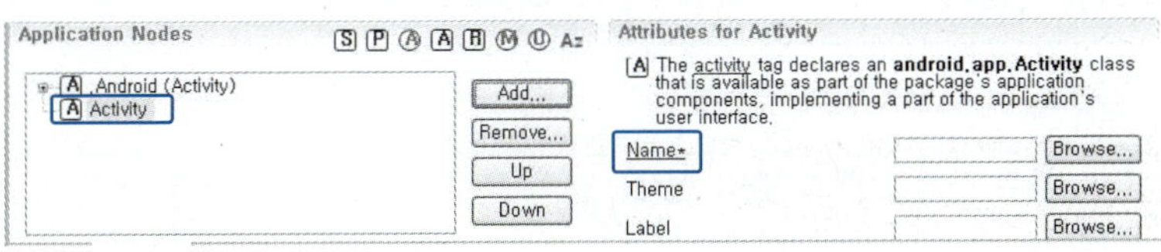

[그림 3-27] 액티비티 요소가 추가된 Application Nodes

(4) 실질적인 자바 클래스를 생성하기 위하여 [그림 3-27]의 오른쪽에 있는 Name* 부분을 클릭한다.

(5) 'New Java Class'라는 마법사가 나타나면 Name 항목에 적절한 클래스 이름(여기서는 'NewAndroid')을 입력한다. 또한 'Inherited abstracted methods' 항목을 체크한 후 [Finish] 버튼을 클릭하면 이클립스의 자바 편집기 창에 NewAndroid.java 소스 코드가 나타난다.

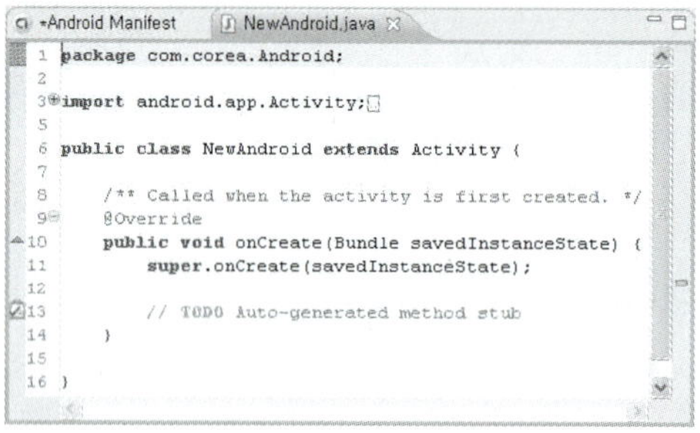


[그림 3-28] 프로젝트에 추가할 액티비티 이름 입력

(6) 변경된 매니페스트 파일을 관찰하기 위하여 AndroidManifest 파일을 클릭한 후 Androidmanifest.xml 탭을 선택한다. 그런 후 15번 라인에 NewAndroid 액티비티를 위한 엘리먼트가 추가된 것을 관찰한다.

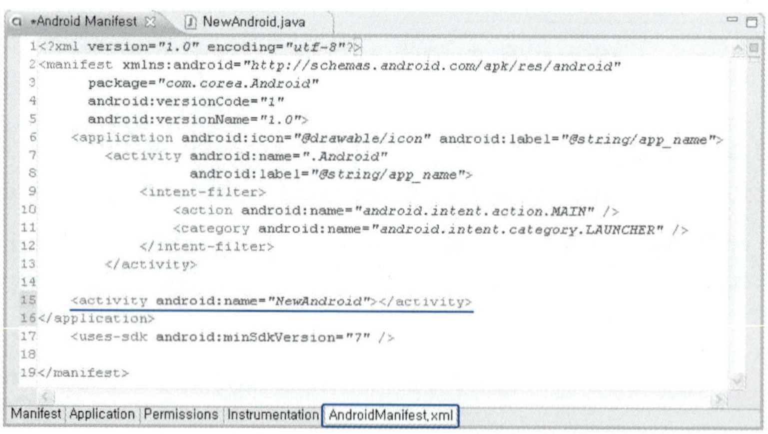


[그림 3-29] 액티비티에 추가할 클래스 멤버 선택

## 실습 3-6 프로젝트에 자바 파일 추가하기

(1) 패키지 익스플로러에 있는 하나의 프로젝트(여기서는 Android)를 선택한다. src 폴더에 속한 패키지(com.corea.Android)를 오른쪽 마우스로 클릭한다.

(2) 나타난 팝업 창에서 New → Class 항목을 선택한다.

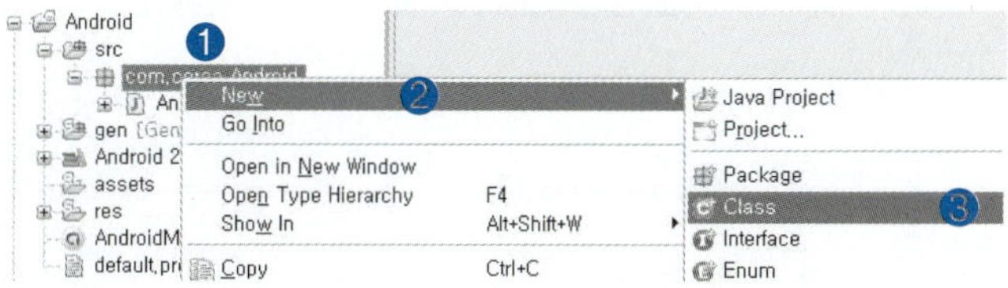


[그림 3-30] 프로젝트에 추가할 클래스 항목 선택

(3) 'New Java Class' 마법사가 나타나면 클래스 이름을 입력한다. 슈퍼클래스 항목에 슈퍼클래스 이름을 입력한 후 [Ctrl] + [Space] 키를 클릭한다. 입력한 클래스 이름과 관련된 다양한 라이브러리가 나타나면 하나를 선택한다. 여기서는 'Activity' 라고 입력했기 때문에 Activity와 관련된 다양한 라이브러리가 나타난다. 따라서 'Activity - android.app' 를 선택한다. 이는 매니페스트 파일과 관계없이 단순히 액티비티를 추가하는 경우이다.

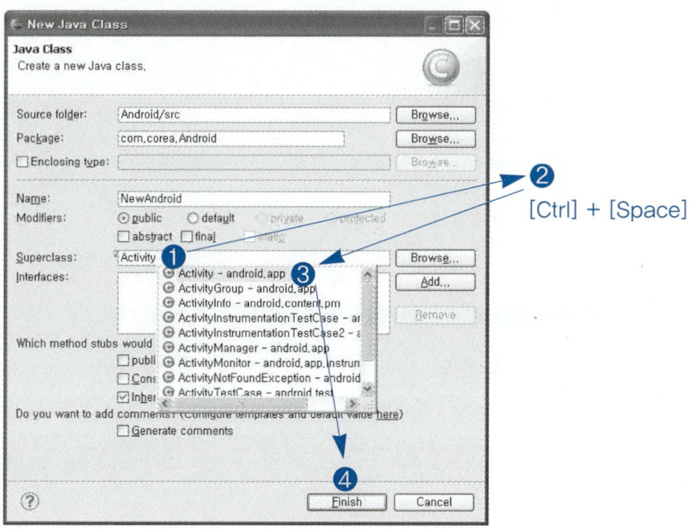


[그림 3-31] 추가할 자바 클래스의 슈퍼클래스 선택

(4) 'New Java Class' 마법사 하단에 있는 [Finish] 버튼을 클릭하면 자바 편집기에 기본 소스가 나타난다.

[그림 3-32] 추가된 자바 클래스

## 실습 3-7 프로젝트에 XML 파일 추가하기

(1) 패키지 익스플로러에 있는 하나의 프로젝트(여기서는 Android)를 선택한다. src 폴더에 속한 패키지(com.corea.Android)를 오른쪽 마우스로 클릭한다.

(2) 나타난 팝업 창에서 New → Other 항목을 선택한다.

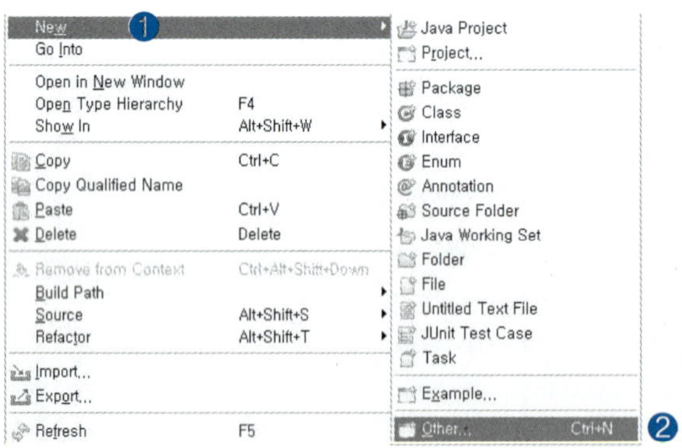


[그림 3-33] 프로젝트에 추가할 구성 요소 선택

(3) 'New' 마법사가 나타나면 XML → XML 항목을 선택한 후 [Next] 버튼을 클릭한다.

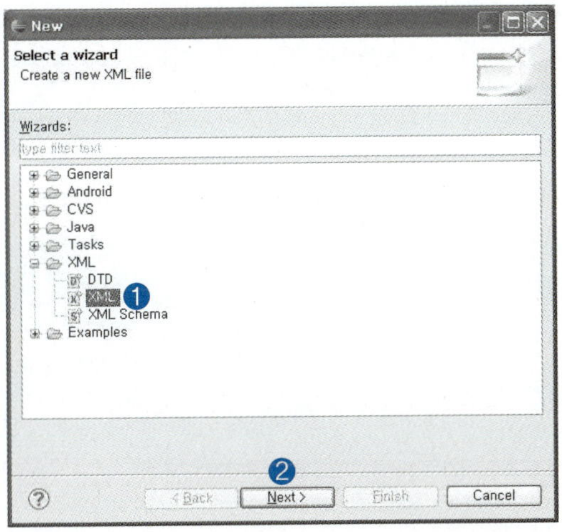


[그림 3-34] 프로젝트에 추가할 구성요소로 XML 선택

(4) 'New XML File' 마법사가 나타나면 적절한 파일 이름(여기서는 colors.xml)을 입력한 후 [Finish] 버튼을 클릭한다. 여기서 필요하다면 XML 파일이 추가될 폴더의 위치를 변경한다.

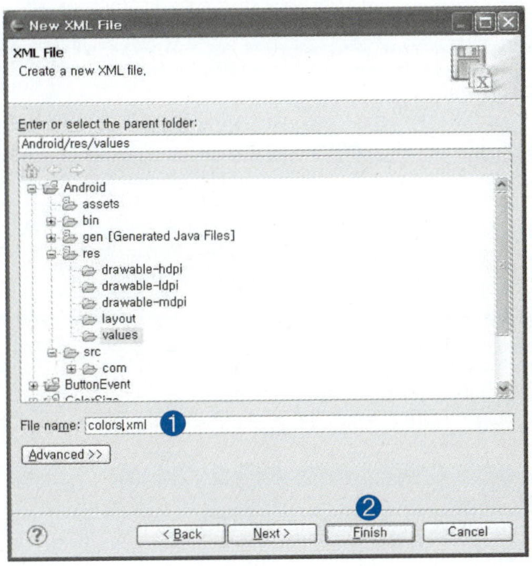


[그림 3-35] 프로젝트에 추가할 XML 파일 이름 입력

(5) 추가된 XML 파일을 관찰한다. 생성된 파일은 완전한 내용이 아니기 때문에 오류가 있는 것으로 나타난다. 필요한 내용을 추가하면 오류 표시가 사라진다.

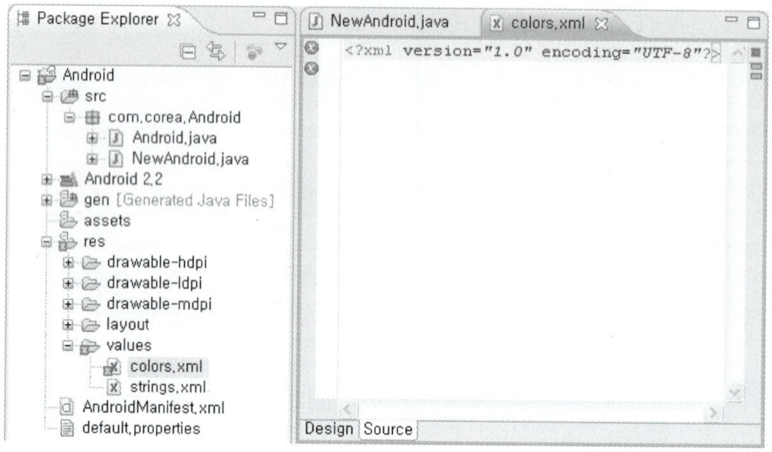

[그림 3-36] 프로젝트에 추가된 XML 파일

## 실습 3-8 매니페스트 파일에 퍼미션 추가하기

(1) 안드로이드 매니페스트 파일을 열고 매니페스트 편집기의 퍼미션Permission 탭을 클릭한다. 그리고 애플리케이션에게 사용할 권한을 추가하기 위하여 [Add] 버튼을 클릭한다.

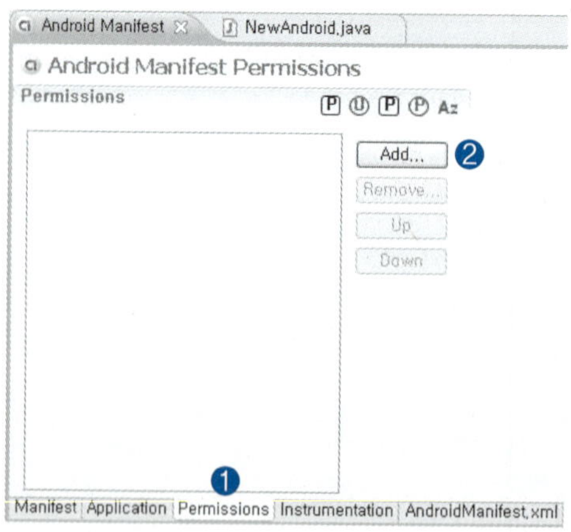

[그림 3-37] Android Manifest Permissions

(2) 'Uses Permission'을 선택한 후 [OK] 버튼을 클릭한다.

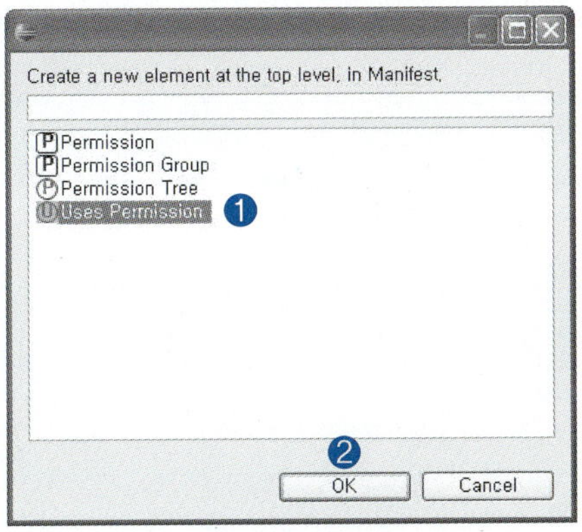


[그림 3-38] 권한 종류 선택

(3) 안드로이드 매니페스트 편집기 오른쪽에 'Attributes for Uses Permission'에 관한 내용이 나타난다.

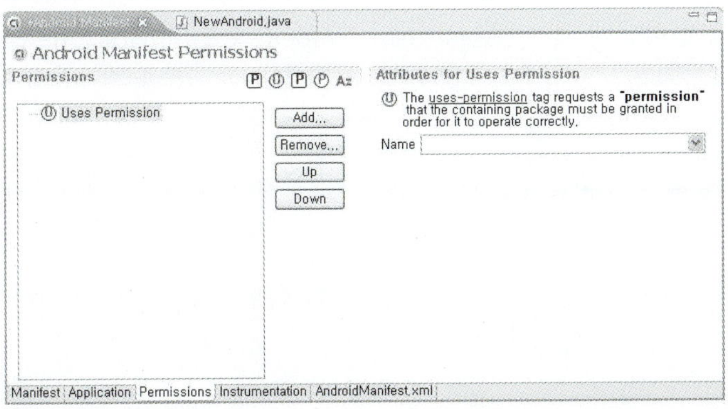


[그림 3-39] 사용할 권한을 위한 속성

(4) Name 항목에 애플리케이션에서 필요한 권한을 선택하면 매니페스트 파일에 추가된다. 권한을 추가한 후 AndroidManifest.xml 탭을 클릭하여 추가된 권한을 확인한다. 매니페스트 파일이 수정되었음을 확인한다.

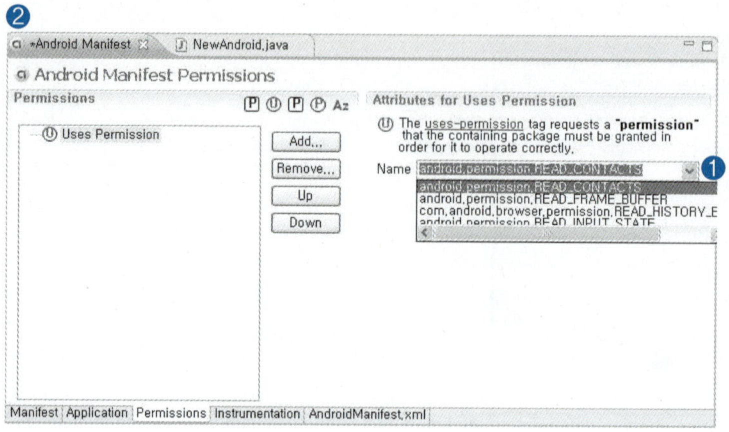


[그림 3-40] 권한 추가

## 실습 3-9 외부 라이브러리 추가

(1) 안드로이드 매니페스트 파일을 열고 매니페스트 편집기의 Application 탭을 클릭한다. 그리고 편집기 하단에 있는 'Application Nodes' 화면의 [Add] 버튼을 클릭한다.

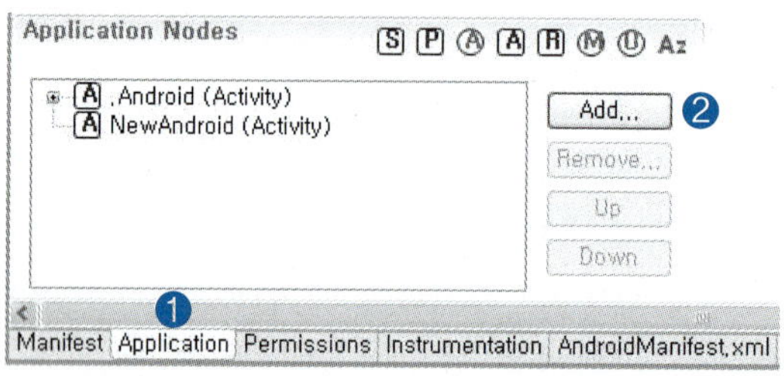


[그림 3-41] 라이브러리 추가를 위한 애플리케이션 노드

(2) 'Uses Library' 항목을 선택한 후 [OK] 버튼을 클릭한다.

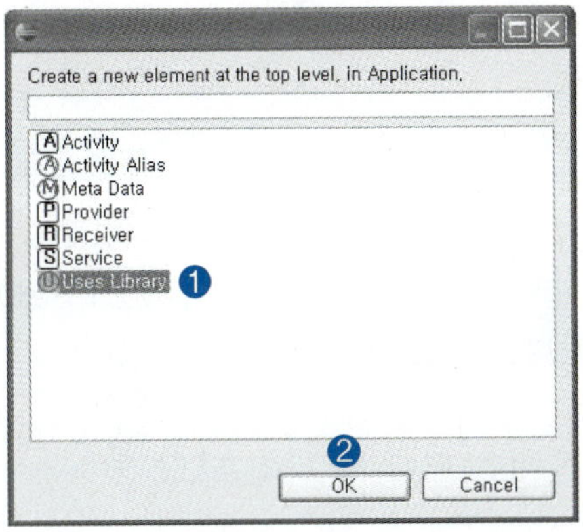


[그림 3-42] Uses Library 항목 선택

(3) 안드로이드 매니페스트 편집기 오른쪽에 'Attributes for Uses Library' 라는 속성 창이 나타난다. Name 항목에 필요한 외부 라이브러리를 선택하고 Required 항목에 true 값을 선택한다. AndroidManifest.xml 탭을 클릭하여 추가된 라이브러리를 확인한다. 〈실습 3-8〉의 (4)와 마찬가지로 매니페스트 파일이 수정되었음을 확인한다.

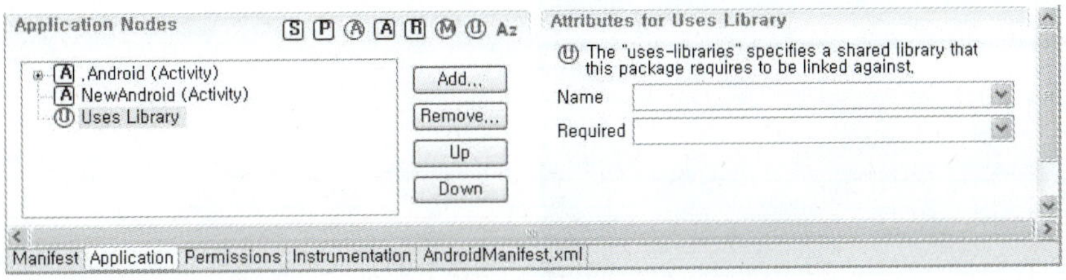


[그림 3-43] 사용할 라이브러리를 위한 속성

## 연 습 / 문 / 제

1. 〈실습 3-1〉에서 생성된 프로젝트 코드 중 〈코드 3-4〉에서 3번 라인의 내용 "Hello World, Android!" 문자열을 "Hi, Android!"로 바꾼 후 실행해보라.

2. TextView 속성 visibility를 변화시켜 다음을 출력하는 레이아웃 XML 파일을 보여라.

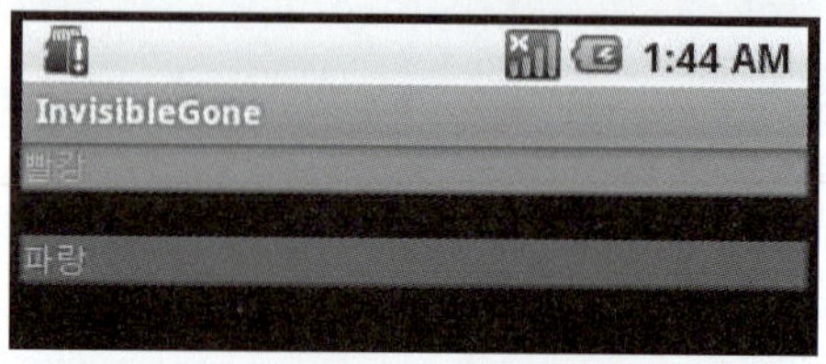


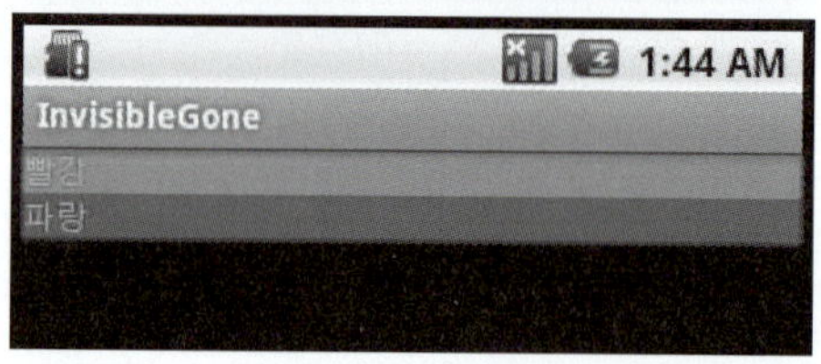


3. 〈실습 3-5〉와 〈실습 3-6〉을 실행한 후 AndroidManifest.xml 파일을 비교하라.

4. 리소스 폴더 res 아래에 원시 파일[raw file]을 위한 폴더 raw를 생성하고 그 아래에 test.txt 파일을 추가하라.

5. 안드로이드는 리눅스 커널 기반의 모바일 플랫폼이다. 에뮬레이터에서 홈 버튼 → 애플리케이션 탭을 누르면 애플리케이션 런처 화면이 나타난다. 'Dev Tools' 아이콘을 클릭한 후 'Terminal Emulator' 메뉴를 클릭하면 리눅스 화면이 나타난다. 'ls'와 같은 간단한 리눅스 명령을 실행해보라.

Chapter 04

# 액티비티와 리소스

CHAPTER

# 04 액티비티와 리소스

이 장은 앞장에서 실습한 애플리케이션 컴포넌트 중 핵심 요소인 액티비티에 대하여 자세히 살펴본다. 액티비티와 애플리케이션의 관계, 프로세스와 태스크에 대한 개념 등을 알아본다. 특히 액티비티에서 사용할 수 있는 메소드의 종류와 액티비티의 생명주기를 살펴본다. 또한 리소스와 R 클래스와의 관계를 서술하며, 코드에서 리소스를 접근하는 방법에 대하여 실습을 통하여 공부한다. 끝으로 모든 개발자가 직면하는 오류 문제를 효과적으로 대처하기 위하여 안드로이드가 제공하는 DDMS에 대하여 자세히 살펴본다.

## 4.1 액티비티의 이해

액티비티는 실제 사용자와 상호작용을 하기 때문에 애플리케이션의 컴포넌트 중에서 가장 중요한 요소라고 할 수 있다. 이 절에서는 먼저 액티비티와 태스크의 관계에 대하여 알아본 후 액티비티의 상태와 생명주기에 대하여 자세히 살펴본다.

### 액티비티와 태스크

안드로이드 애플리케이션은 액티비티, 서비스, 컨텐트 프로바이더, 브로드캐스트 리시버가 느슨하게 결합된loosely-coupled 컴포넌트로 구성된다. 결합된 컴포넌트에 대한 내역은 안드로이드 매니페스트manifest 파일에 담겨 있다. 느슨한 결합은 다른 시스템과 차별화할 수 있는 안드로이드 시스템의 중요한 특징이다. [그림 4-1]에서 보는 바와 같이 안드로이드 시스템에서는 애플리케이션에 포함된 컴포넌트를 다른 애플리케이션의 컴포넌트와 결합하여 사용할 수 있다. 예를 들면, 액티비티는 다른 애플리케이션에 존재하는 액티비티까지 호출할 수 있다. 따라서 실행 측면에서 보면 애플리케이션 컴포넌트는 경계가 없다. 특히 화면에 표시되면서 사용자와 상호작용하는 액티비티는 애플리케이션의 단위보다 태스크task 단위로 관리된다.

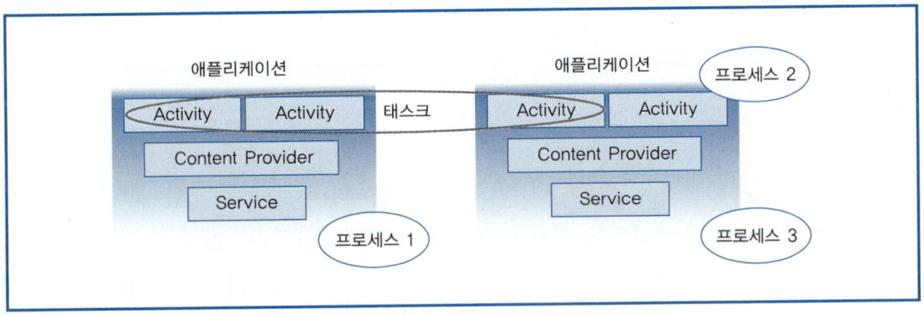


[그림 4-1] 애플리케이션과 태스크

태스크는 [그림 4-1]과 같이 연관된 액티비티의 집합으로서 사용자가 실질적으로 하나의 애플리케이션처럼 간주하는 실행 단위이다. 안드로이드 애플리케이션은 매니페스트 파일에 〈application〉 엘리먼트로 명시되지만 태스크는 그와 같은 엘리먼트가 없는 액티비티 스택activity stack에 불과하다. 스택의 최하단bottom에는 태스크를 시작한 액티비티인 루트 액티비티root activity가 존재하며, 스택의 최상위에는 현재 실행 중인 액티비티가 존재한다. 새로운 액티비티가 시작되면 액티비티 스택에 추가push되며 실행 상태의 액티비티가 된다. 사용자가 BACK 키를 누르면 현재 실행 중인 액티비티는 스택에서 제거pop되며, 이전 액티비티가 실행 액티비티로 재개resume된다. 액티비티의 시작과 종료에 의하여 차례대로 하나씩 스택에 쌓여가고, 역순서대로 스택에서 제거된다. [그림 4-2]는 3개의 액티비티 A, B, C로 구성된 태스크가 차례로 실행될 때 액티비티 스택에서 변화하는 과정을 나타낸다. 메소드 startActivity()와 finish()는 각각 새로운 액티비티의 시작과 종료를 의미하는 메소드 중의 하나이다. 스택의 최상단top에 있는 파란색으로 채워진 사각형은 실행 상태의 액티비티를 나타내며, 스택의 최하단에 있는 점선 테두리 안의 사각형은 루트 액티비티를 나타낸다.

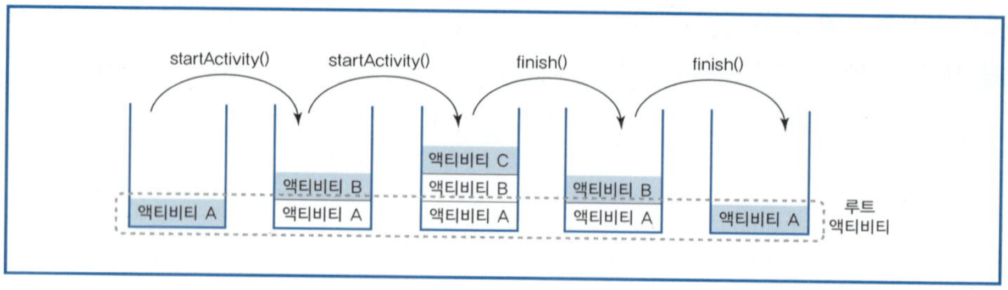


[그림 4-2] 액티비티 스택

태스크로 구성된 모든 액티비티는 일반적으로 하나의 단위로 동작한다. 예를 들어, 다수의 액티비티로 구성된 2개의 태스크 $T_1$과 $T_2$를 가정한다. 먼저 태스크 $T_1$이 실행 중이다. 조금 후에 태스크 $T_1$을 백그라운드로 밀어내고 태스크 $T_2$를 실행시킨다. 태스크 $T_2$의 루트 액티비티가 화면에 보인다. 그런 다음 태스크 $T_1$을 다시 실행하면 태스크 $T_1$을 구성하는 모든 액티비티가 차례대로 스택의 최상단에 위치한다. 따라서 사용자가 BACK 키를 누르면 화면에는 직전에 있었던 태스크 $T_2$의 루트 액티비티가 보이지 않고 태스크 $T_1$의 이전 액티비티가 보여지게 된다. 예를 들면, [그림 4-3]과 같은 경우 태스크를 구성하는 액티비티가 하나의 단위로 동작함을 알 수 있다. 에뮬레이터의 홈 화면에서 애플리케이션 탭을 누른다. 애플리케이션 런처 화면에서 설정 아이콘을 누른다. 설정 화면에서 BACK 키를 누르면 애플리케이션 런처 화면이 나타나지 않고 홈 화면이 나타난다.

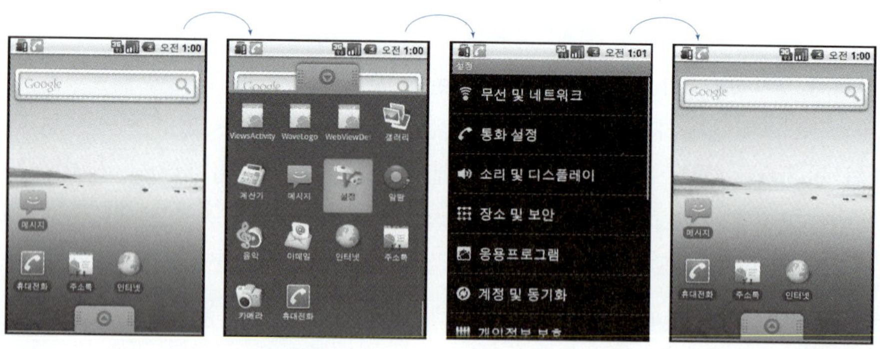


[그림 4-3] 태스크와 액티비티

**저자 한마디 | 액티비티와 윈도우의 차이**

액티비티는 사용자와 상호작용하기 위한 기본 단위로서 윈도우 형태를 취한다. 그러나 액티비티는 윈도우와 달리 크기를 변경하거나 최소화/최대화할 수 없다. 액티비티는 화면 전체에서 상태 표시줄을 제외한 나머지 크기로 고정되어 있다. 만약 2개 이상의 액티비티가 사용되면 하나의 액티비티만 화면에 표시되며 나머지는 액티비티 스택에 감춰져 보이지 않는다. 또한 액티비티는 윈도우와 달리 인텐트를 사용하여 다른 액티비티를 불러낼 수 있다. 여러 개의 액티비티를 서로 연계시키면 원하는 작업을 수행하는 하나의 태스크를 구성할 수 있다.

## 액티비티 상태와 생명주기

모바일 사용자는 웹 브라우징을 하다가 전화가 오면 통화를 하고, SMS 메시지를 수신하기도 하다가 언제든지 마음 내키는 대로 게임을 실행할 수도 있다. 이와 같은 시나리오는 전체 시스템에 영향을 미칠 수 있기 때문에 안드로이드 플랫폼의 자원 관리 정책에 의하여 모든 액티비티들은 언제든지 중단되거나 종료될 수 있어야 한다. 안드로이드 애플리케이션은 모바일 디바이스에서 구동되는 것을 목적으로 하기 때문에 데스크톱 애플리케이션에 비하여 더욱 효율적인 메모리 관리가 필요하다. 안드로이드 애플리케이션의 수명lifetime은 인텐트에 의하여 안드로이드 시스템이 애플리케이션 컴포넌트를 인스턴스instance화함으로써 시작하며 그 인스턴스가 파괴될 때 종료된다. 애플리케이션 컴포넌트는 생명주기life cycle를 가진다. 애플리케이션 컴포넌트의 주요 요소인 액티비티도 효율적인 메모리 관리를 위하여 액티비티의 생성과 소멸 과정에 생명주기가 있다. 액티비티가 중지paused 상태 혹은 정지stopped 상태일 경우 해당 프로세스가 메모리에서 제거될 수 있고, 또한 사용자에게 다시 보이게 될 때 이전 상태로 복구되어야 한다. 액티비티는 다음 중 하나의 상태에 속한다.

- **활성active 혹은 실행running 상태**: 액티비티가 전경 화면에 존재할 경우, 즉 액티비티 스택의 최상위에 위치하여 사용자의 동작에 포커스를 가지고 있다.
- **중지paused 상태**: 액티비티가 포커스를 잃어버렸지만 여전히 사용자에게 보이는 경우이다. 즉, 액티비티가 전체 화면을 확보하지 못하거나 다른 액티비티에 의하여 액티비티 스택의 최상위 자리를 빼앗긴 경우를 말한다. 중지 상태에 있는 액티비티는 모든 상태와 정보를 유지하고 있으며 윈도우 매니저에게 부착되어 완전히 살아 있다. 그러나 메모리가 극도로 부족할 경우 시스템에 의하여 종료될 수 있다.
- **정지stopped 상태**: 비록 모든 상태와 정보를 아직 보유하고 있지만 다른 액티비티

에게 완전히 가려진 경우이다. 더 이상 사용자에게 보이지 않으며, 다른 곳에서 메모리가 필요할 때 흔히 종료된다.

액티비티가 중지 상태이거나 정지 상태이면 안드로이드 시스템은 그 액티비티를 종료할 수 있다. 또한 해당 프로세스를 죽이는 방식으로 메모리에서 제거할 수 있다. 사용자에게 다시 보여지게 되면 이전 상태로 완전히 회복되어야 한다. 안드로이드 시스템에서 개발자가 프로세스를 직접 통제할 수 없다. 안드로이드 메모리 관리자가 가용 메모리의 상황에 따라 프로세스를 정리한다. 따라서 개발자는 액티비티의 상태가 바뀔 때마다 액티비티의 상태를 관리하기 위하여 Activity 클래스에 정의된 콜백callback 메소드에 전적으로 의존해야 한다. Activity 클래스에 정의된 콜백 메소드 중 중요한 7가지 메소드는 〈표 4-1〉과 같다. 이외에도 세심한 관리를 위하여 onPostCreate() 혹은 onPostResume()와 같은 메소드도 존재한다. 이와 같은 메소드는 액티비티의 상태가 변할 때 적절한 작업을 수행하기 위하여 오버라이드될 수 있다.

〈표 4-1〉 Activity 클래스의 주요 메소드

| 메소드 | 용도 |
|---|---|
| onCreate() | 액티비티가 최초로 생성될 때 호출된다. 뷰의 생성과 리스트와 같은 데이터 바인딩data binding 등과 같은 정적static 초기화 작업을 수행한다. 또한 이전에 저장된 번들Bundle 형식의 데이터에 접근할 수 있다. |
| onRestart() | 액티비티가 다시 시작될 때 호출된다. 아직 스택에 남아 있을 때는 새로 시작되는 것이 아니라 멈추었던 실행이 재개되는 것이다. |
| onStart() | 액티비티가 화면에 보이는 단계에서 호출된다. |
| onResume() | 사용자와 상호작용할 때 호출된다. 액티비티 스택의 최상위에 위치한다. |
| onPause() | 절전 상태이거나 다른 액티비티를 재개resume할 때 호출된다. 일반적으로 변경되지 않는 내용의 저장, 애니메이션과 같은 CPU 소모 작업들의 중지와 같은 일을 위하여 사용된다. 액티비티를 동일한 상태로 재시작할 수 있도록 하기 위하여 상태 정보를 저장해야 한다. |
| onStop() | 다른 액티비티가 재개되어 해당 액티비티를 덮을 때 호출된다. 호출된 후에는 사용자에게 해당 액티비티 화면이 더 이상 보이지 않게 된다. |
| onDestory() | 액티비티가 메모리에서 제거될 때 호출된다. 액티비티가 종료되거나 시스템이 일시적으로 메모리를 확보하기 위하여 액티비티를 정리할 때 호출될 수 있다. |

이와 같은 7가지의 콜백 메소드가 함께 사용되어 액티비티에 대한 생명주기가 정의된다. 안드로이드 액티비티는 자신의 수명lifetime을 제어하지 않는다. 안드로이드 액티비티는 안드로이드 메모리 관리자가 사용 가능한 메모리 상황에 따라 액티비티의

수명을 제어한다. 액티비티 수명은 다음과 같은 3가지 관점으로 나눠볼 수 있다.

- **전체 수명**entire/full lifetime: onCreate()의 첫 번째 호출에서 시작하여 onDestroy() 호출 사이의 기간인 액티비티의 전 생애를 의미한다. 액티비티는 onCreate()에서 전역global 상태를 초기화하며 onDestory()에서 확보한 모든 자원을 해제한다.
- **가시 수명**visible lifetime: onStart() 호출에서 시작하여 대응하는 onStop() 호출 동안인 액티비티가 보이는 기간을 의미한다. 이는 반드시 사용자와 상호 작용을 하지 않을 수 있다. 이 기간에는 액티비티를 보여주기 위하여 필요한 자원을 유지할 수 있다. onStart()와 onStop()는 사용자에게 액티비티를 노출하거나 혹은 사라지게 하기 위하여 여러 번 호출될 수 있다.
- **활성 수명**active/foreground lifetime: onResume()와 대응하는 onPause() 호출 사이의 기간을 의미한다. 이 기간 동안 액티비티는 액티비티 스택의 최상위에 위치하며 사용자와 상호작용을 수행한다. 액티비티는 활성 상태와 중지 상태 사이에서 자주 바뀔 수 있기 때문에 onResume()와 onPause()의 코드는 가볍게 구현해야 한다.

[그림 4-4]는 액티비티가 상태를 이동하는 경로를 설명한다. 상태 천이state transition는 비결정적이며 안드로이드 메모리 관리자가 사용할 수 있는 메모리의 상황에 따라 전적으로 결정한다. 직사각형은 액티비티가 상태 천이될 때 수행할 연산을 위하여 개발자가 오버라이드해야 할 콜백 메소드를 나타낸다.

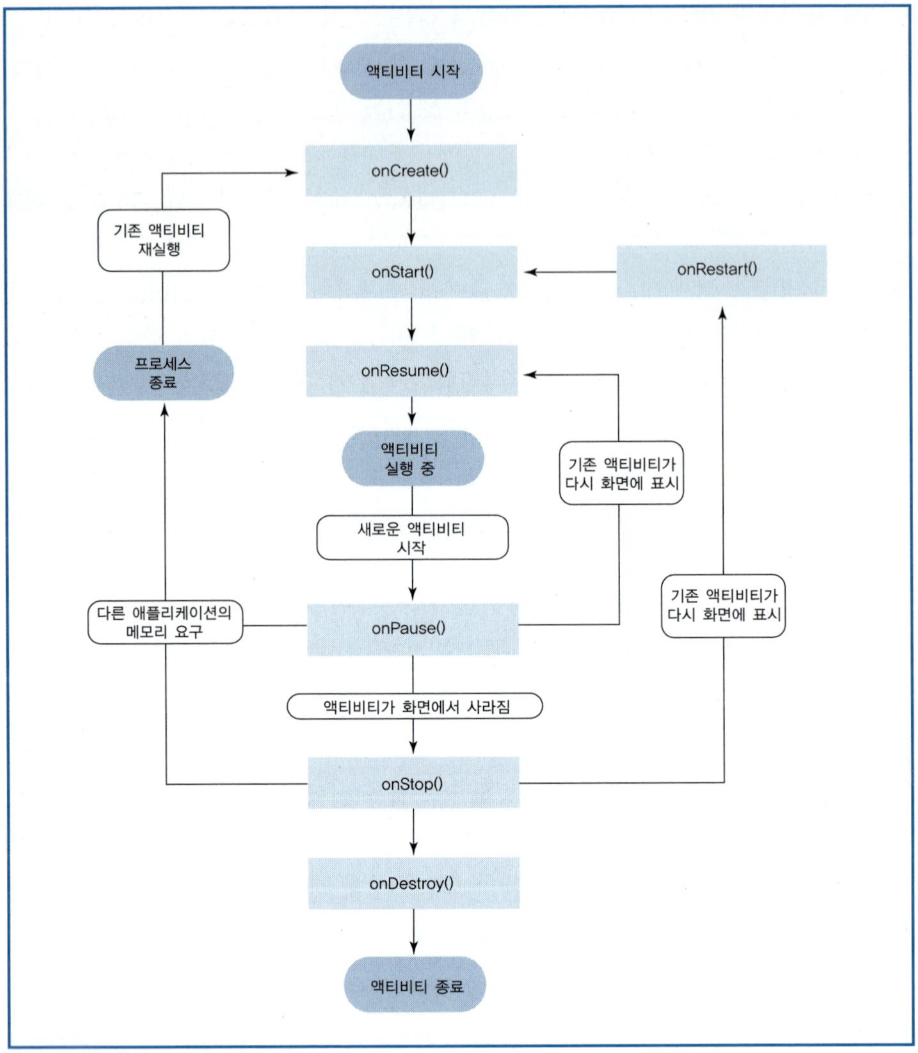


[그림 4-4] 액티비티의 상태 천이

## 액티비티 상태 저장하기

일반적으로 중지 혹은 정지된 액티비티는 사용자가 다시 사용할 것을 대비하여 메모리에 상주한다. 그러다가 메모리가 부족하게 되면 안드로이드 메모리 관리자에 의하여 강제로 종료되어 메모리에서 제거된다. 강제로 종료된 상태의 액티비티를 다시 호출하면 액티비티를 onCreate() 메소드를 사용하여 새롭게 생성해야만 액티비티를 실행할 수 있다. 그러나 강제 종료되지 않은 상태의 액티비티라면 다시 생성할 필요 없이 다시 화면에 표시하면 되기 때문에 메모리에 상주하는 액티비티를 다시 시작하면 된다. 액티비티가 중지되는 것은 화면에 표시되지 않고 사용자와 상호작용하지 않고 있는 상태이지만 메모리에 존재한다. 따라서 현재 액티비티의 상태를 번들[Bundle] 형태로 저장하면 다시 시작할 때 이전 상태로 화면에 액티비티를 표시할 수 있다. 만약 사용자가 텍스트 등을 입력하다가 액티비티가 종료될 경우 작업한 내용이 없어지면 곤란하다. 이와 같은 상황을 방지하기 위하여 액티비티의 상태를 번들로 저장한다. 새롭게 액티비티가 시작할 경우 onCreate() 메소드의 매개변수인 번들 객체에는 null을 포함하고 있다.

활성 상태로 변할 때 저장된 UI 상태를 복원하기 위하여 onSaveInstance State()라는 메소드를 사용한다. onPause() 혹은 onStop() 이후 메모리가 부족할 경우 프로세스가 메모리에서 제거될 수 있기 때문에 메모리에서 제거되기 전에 액티비티 상태를 저장해야 한다. 매개변수로 액티비티의 동적 상태를 기록할 수 있는 번들 객체를 사용한다.

onSaveInstanceState() 메소드는 항상 호출되지 않기 때문에 액티비티 상태를 일시적으로 저장하기 위하여 사용해야 한다. onRestoreInstanceState() 메소드는 onCreate() 혹은 onStart() 이후 저장된 액티비티 상태를 복원하기 위하여 호출한다. onSaveInstanceState()와 onRestoreInstanceState()는 생명주기 메소드가 아니기 때문에 항상 호출되지 않는다. 필요에 따라 개발자가 해당 코드의 메소드를 오버라이드하여 구현해야 한다. 매개변수로 사용되는 savedInstanceState는 저장된 인스턴스의 상태, 즉 액티비티의 UI 상태를 의미한다.

## 4.2 리소스의 이해

안드로이드 애플리케이션은 기능[function]과 리소스[resources]로 구성되어 있다. 애플리케이션의 기능은 애플리케이션 실행에 관계되는 모든 알고리즘을 포함하는 코드를 의미하며, 리소스는 애플리케이션이 사용하는 레이아웃, 텍스트 문자열, 이미지, 아이콘, 오디오, 동영상, 테마 등과 같은 외부 요소들을 의미한다. 모든 안드로이드 애플리케이션은 리소스를 위한 폴더(res/)를 프로젝트의 최상위에 가진다. 여기서는 안드로이드 애플리케이션에서 일반적으로 사용되는 표준 리소스의 종류와 코드에서 참조하는 방법 등을 살펴본다.

## 리소스 생성

리소스resource는 비코드non-code 파일, 즉 외부 파일이다. 리소스는 개발자가 코드에서 참조하며 빌드 시점에 애플리케이션 내부로 컴파일된다. 안드로이드는 XML, PNG, JPEG 파일을 포함하는 다양한 종류의 리소스 파일을 지원한다. 리소스의 구문 및 포맷 그리고 저장될 장소는 리소스의 형식에 의존한다. 일반적으로 세 가지 형식의 파일, 즉 비트맵bitmap 파일, 원시raw 파일, XML 파일을 사용하여 리소스를 생성한다. 특히, XML 파일은 포함된 내용에 따라 다른 포맷을 지원한다. 예를 들면, 레이아웃, 뷰, 문자열, 색상, 배열 값 등은 XML 포맷으로 정의될 수 있다.
개발자는 프로젝트 계층 구조의 res/ 폴더 아래에 적절한 하위 폴더를 생성하여 리소스를 저장한다. 리소스 파일 이름은 영문 소문자와 숫자 그리고 밑줄로만 구성되어야 한다. 또한 이미지와 애니메이션과 같은 리소스 이름은 파일 이름과 동일한 변수로 참조되기 때문에 유효한 자바 식별자identifier 형식으로 파일 이름을 정해야 한다. 다음 내용은 리소스의 형식과 저장될 하위 폴더를 나타낸다. 모든 폴더는 res/ 폴더의 하위 폴더이다.

- anim/: 애니메이션과 관련된 XML 파일을 저장한다.
- drawable/: png, 9.png, .jpg 등과 같은 이미지 파일을 저장한다. 이곳에 저장된 이미지는 무손실 이미지 압축을 사용해서 자동으로 압축된다. 동일 품질의 이미지를 생성하지만 더 적은 메모리를 요구한다. 그러나 빌드하는 동안 이미지의 이진 파일이 변경될 수 있음을 유의해야 한다.
- layout/: 화면 레이아웃과 관련된 파일을 저장한다.
- values/: 문자열, 색상, 크기, 스타일, 배열 등을 표현하는 XML 파일을 저장한다. 해당하는 파일의 이름은 임의로 사용할 수 있지만 대부분 전형적으로 사용하는 파일 이름이 존재한다. 예를 들면, 문자열은 strings.xml, 색상은 colors.xml 등이다.
- raw/: 디바이스에 직접적으로 복사되는 원시 파일을 저장한다. 애플리케이션 빌드 과정이 만들어내는 압축 파일로 컴파일되지 않고 추가된다. 만약 이미지를 이곳에 저장하면 최적화되지 않은 상태로 이용된다.

〈표 4-2〉는 리소스의 형식, 저장될 폴더, 파일 이름, 핵심 XML 엘리먼트 이름을 나타내지만 권장 사항이다. 예를 들면, 메뉴와 같은 형식의 파일을 res/menu/ 폴더가 아니라 res/values/ 폴더에 저장해도 무방하다. 또한 색상 파일을

bright_colors.xml과 dark_colors.xml과 같이 두 가지로 분류하여 저장해도 무방하다.

〈표 4-2〉 대표적인 안드로이드 리소스

| 형식 | 폴더 | 파일 이름 | 핵심 XML 엘리먼트 이름 |
|---|---|---|---|
| 문자열 | values/ | strings.xml | 〈string〉 |
| 문자열 배열 | | arrays.xml | 〈string-array〉 |
| 색상 | | colors.xml | 〈color〉 |
| 크기 | | dimens.xml | 〈dimen〉 |
| 스타일 | | styles.xml | 〈style〉 |
| 테마 | | themes.xml | |
| 이미지 | drawable/ | | |
| 애니메이션 | anim/ | | 〈set〉, 〈alpha〉, 〈scale〉 등 |
| 메뉴 | menu/ | | 〈menu〉 |
| 원시 파일 | raw/ | | |
| 레이아웃 | layout/ | | |

리소스는 애플리케이션이 빌드될 때 가능한 한 효율적으로 컴파일되어 애플리케이션 패키지에 포함된다. 특히, XML 파일은 효율성을 위하여 빠른 적재[loading] 포맷인 이진[binary] 파일로 컴파일된다. 리소스는 최종적으로 APK 파일 내로 통합된다. 안드로이드는 코드에서 리소스를 참조하기 위하여 사용할 수 있는 R이라 불리는 포장[wrapper] 클래스를 생성한다. R 클래스는 리소스 파일의 경로와 이름에 따라 해당하는 서브클래스를 포함한다.

## 리소스 접근

생성된 리소스는 개발자에 의하여 이용되어야 한다. 리소스를 사용하는 방법은 다음과 같이 3가지로 나눌 수 있다.

- **코드에서 리소스 접근하기:** 코드에서 리소스를 인스턴스화하기 위하여 호출하는 방법
- **리소스에서 다른 리소스에 접근하기:** 리소스에서 다른 리소스 값을 재사용하는 방법
- **택일적[alternative] 리소스 접근하기:** 문화권이나 디스플레이의 해상도에 따라 다른

리소스가 적재load되도록 하는 방법

먼저 코드에서 리소스를 참조하려면 다음과 같이 R.java 파일에 정의된 R 클래스와 하위 클래스의 멤버 변수를 통하여 접근한다.

```
R.리소스_형식.리소스_이름
혹은
android.R.리소스_형식.리소스_이름
```

여기서 리소스_형식은 리소스의 특정 형식을 보유하는 R 클래스의 서브클래스이며, 리소스_이름은 XML 파일에서 정의된 리소스에 대한 name 속성이거나 (이미지의 경우) 확장자를 없앤 리소스 파일 이름이다. 애플리케이션 내에 있는 리소스는 패키지 이름 없이 단순히 R.리소스_형식.리소스_이름으로 참조된다. 안드로이드는 화면 스타일과 버튼 배경과 같은 다수의 네이티브 리소스native resources를 포함하고 있는데, 이를 참조하려면 android.R.리소스_형식.리소스_이름을 사용한다.
자바 코드에서 문자열을 참조하는 경우를 살펴보자. 예를 들어, 〈코드 4-1〉과 같은 XML 파일에 있는 문자열 hello를 접근하는 방법은 다음과 같다.

```
String myString = getResources().getString(R.string.hello);
```

여기서 R.string.hello는 R 클래스의 서브클래스 string에 있는 변수 hello를 의미한다. 이 변수값은 리소스 테이블상에서 자신과 대응하는 리소스 위치에 대한 참조일 뿐 리소스 자체의 인스턴스instance가 아니다. 리소스 자체의 인스턴스가 필요한 경우 Resource 클래스의 도우미 메소드helper methods를 사용해야 한다. 즉, 컨텍스트context 메소드인 getResources()를 호출하면 애플리케이션의 리소스를 대표하는 Resources 객체를 반환한다. 액티비티는 컨텍스트의 파생 클래스임을 주목하라. Resources 클래스(android.content.res.Resources)는 사용 가능한 리소스의 형식에 따라 다양한 게터 메소드getter methods를 가지고 있다. 〈코드 4-1〉은 문자열을 참조하기 때문에 리소스에서 getString()을 이용하여 인수 R.string.hello가 참조하는 실제 문자열을 myString이라는 변수로 반환할 수 있다. 〈코드 4-1〉은 res/values/strings.xml 리소스 파일이다.

〈코드 4-1〉 문자열 리소스

```
<?xml version="1.0"encoding="utf-8"?>
<resources>
    <string name="hello">HelloWorld,Android!</string>
    <string name="app_name">Android</string>
</resources>
```

자바 코드에서 〈코드 4-2〉에 있는 문자열 배열 fruits를 참조하려면 다음과 같은 방법을 사용하면 된다.

```
String[] fruits = getResources().getStringArray(R.array.fruits);
```

앞서 살펴본 문자열을 참조하는 경우와 마찬가지로 getResources() 메소드를 호출하여 애플리케이션의 컨텍스트를 대표하는 리소스를 가지고 온다. 그러나 리소스 형식이 문자열 배열 형식이기 때문에 getStringArray()라는 게터 메소드를 사용한다. 〈코드 4-2〉는 res/values/arrays.xml 리소스 파일이다.

〈코드 4-2〉 문자열 배열 리소스

```
<?xml version="1.0"encoding="utf-8"?>
<resources>
    <string-array name="fruits">
        <item>apple</item>
        <item>banana</item>
    </string-array>
    <string-array name="animal">
        <item>tiger</item>
        <item>lion</item>
    </string-array>
</resources>
```

자바 코드에서 〈코드 4-3〉에 정의된 색상 textColor를 참조하려면 다음과 같은 방법을 사용하면 된다.

```
int myColor = getResources().getColor(R.color.textColor);
```

앞서 살펴본 경우와 마찬가지로 getResources() 메소드를 호출하여 애플리케이션의 컨텍스트를 대표하는 리소스를 가지고 온다. 리소스 형식이 색상이기 때문에 getColor()라는 게터 메소드를 사용한다.
〈코드 4-3〉은 res/values/colors.xml 리소스 파일이다.

**〈코드 4-3〉 색상 리소스**

```
<?xml version="1.0"encoding="utf-8"?>
<resources>
    <color name="backgroundColor">#006600</color>
    <color name="textColor">#ffeecc</color>
</resources>
```

자바 코드에서 〈코드 4-4〉에 정의된 텍스트 크기 textPointSize를 참조하려면 다음과 같은 방법을 사용하면 된다.

```
float myTextSize = getResources().getDimension(R.dimen.textPointSize);
```

앞서 살펴본 경우와 마찬가지로 getResources() 메소드를 호출하여 애플리케이션의 컨텍스트를 대표하는 리소스를 가지고 온다. 리소스 형식이 크기[dimension]이기 때문에 getDimension()이라고 하는 게터 메소드를 사용한다. 〈코드 4-4〉는 res/values/dimens.xml 리소스 파일이다.

**〈코드 4-4〉 크기 리소스**

```
<?xml version="1.0"encoding="utf-8"?>
<resources>
    <dimen name="smallSize">6pt</dimen>
    <dimen name="textPointSize">11pt</dimen>
    <dimen name="largeSize">20pt</dimen>
</resources>
```

지금까지 살펴본 리소스 파일은 모두 res/values 폴더 아래에 위치한 문자열, 색상 등과 같은 단순한 파일이다. 이제는 코드에서 레이아웃 내부에 정의된 리소스를 참조하는 방법에 대하여 살펴보자. 자바 코드에서 〈코드 4-5〉에 정의된 ImageView를 참조하려면 다음과 같은 방법을 사용하면 된다.

```
ImageView iv = (ImageView)findViewById(R.id.ImageView01);
```

여기서 findViewById()는 액티비티 메소드로서 주어진 이름에 해당하는 뷰를 반환return한다. 메소드 앞의 '(ImageView)' 는 캐스트cast 연산자로서 반환된 View 형식을 ImageView 형식으로 형 변환type conversion하는 것이다. 〈코드 4-5〉의 "@+id/ImageView01"은 android 내의 리소스가 아니라 외부 리소스이기 때문에 R 클래스에 ImageView01이라는 식별자identifier를 신규로 등록하라는 의미이다. 〈코드 4-5〉는 res/layout/main.xml 레이아웃 리소스 파일이다.

**〈코드 4-5〉 레이아웃 내부에 정의된 리소스**

```
<?xml version="1.0"encoding="utf-8"?>
<LinearLayout xmlns:android="http://schemas.android.com/apk/res/android"
    android:orientation="vertical"
    android:layout_width="fill_parent"
    android:layout_height="fill_parent"
    android:background="#ffffffff">
<ImageView
    android:id="@+id/ImageView01"
    android:layout_width="fill_parent"
    ...
</LibearLayout>
```

자바 코드에서 res/drawable 폴더 아래에 있는 flag.png라는 이미지 파일을 참조하려면 어떻게 해야 하는가? 이미지는 XML로 구성된 파일이 아니기 때문에 리소스 자체의 인스턴스instance이다. 따라서 이미지 참조는 단순히 확장자를 제거한 파일 이름으로 하면 된다. 즉, flag.png를 참조하기 위하여 R.drawable.flag를 사용하면 된다.

안드로이드에서는 코드에서 리소스를 참조하는 경우도 자주 발생하지만 리소스에서도 다른 리소스를 참조하는 경우가 매우 빈번하다. 안드로이드는 이와 같은 경우를 위하여 다음과 같은 접근 방법을 제공한다.

```
@[패키지_이름:]리소스_형식/리소스_이름
```

〈코드 4-6〉과 같은 리소스 별명alias에 대한 예를 살펴보면 리소스 내부에서 다른 리소스를 참조할 수 있음을 알 수 있다. hi는 문자열 형식의 hello라는 자원을 참조한다는 의미이므로 hi와 hello는 동일하다. 따라서 R.string.hello 대신에 R.string.hi를 사용해도 동일하다는 의미이다.

**〈코드 4-6〉 리소스 별명 만들기**

```
<?xml version="1.0"encoding="utf-8"?>
<resources>
    <string name="hello">Hello World, Android!</string>
    <string name="app_name">Android</string>
    <string name="hi">@string/hello</string>
</resources>
```

리소스 내에서 시스템 리소스를 참조하려면 패키지가 다르기 때문에 〈코드 4-7〉과 같이 android라는 패키지 이름을 사용하여 "@android:color/opaque_red" 혹은 "@color/android:opaque_red"와 같이 표현하면 된다.

**〈코드 4-7〉 리소스에서 시스템 리소스 사용**

```
<TextView
    android:layout_width="fill_parent"
    android:layout_height="wrap_content"
    android:text="빨강"
    android:textColor="@android:color/opaque_red"
/>
```

안드로이드 시스템은 비코드non-code 내용을 리소스 외부화externalization함으로써 유지, 업데이트, 관리를 용이하게 할 뿐만 아니라 서로 다른 하드웨어와 국제화internalization를 지원한다. 리소스를 외부화함으로써 안드로이드 디바이스의 하드웨어 구성, 언어, 위치에 기반한 대첫값을 정의하여 리소스를 동적으로 선택할 수 있다. 즉, 개발자가 특별한 코드를 작성하지 않더라도 특정 언어, 해상도, 키보드를 위하여 서로 다른 리소스 값들을 안드로이드 디바이스에 자동적으로 적용하여 애플리케이션의 현지화localization를 성취할 수 있다. 이는 안드로이드가 선택적alternate 리소스를 지원하기 때문이다.

리소스를 선택적으로 사용하려면 폴더 이름에 적용될 설정을 위해 〈표 4-3〉과 같이 수식어qualifiers가 하이픈(-)과 함께 덧붙여져야 한다. 다수의 수식어가 덧붙여질 수도 있다. 수식어에 대한 자세한 내용은 안드로이드 개발자 매뉴얼을 참조하라. 선택적 리소스를 참조하는 방법은 안드로이드 리소스 컴파일러인 aapt가 수식어에 대한 처리를 사전에 수행하여 R 클래스를 간단하게 생성하기 때문에 매우 단순하다. 프로젝트 내부의 res 폴더 아래에 3가지 종류의 이미지 폴더, 즉 drawable-hdpi, drawable-mdpi, drawable-ldpi가 있다. 각 폴더에는 동일한 그림이지만 해상도가 다른 동일한 이름의 myImage.png라는 이미지 파일이 존재한다고 가정해보자. 안드로이드 리소스 컴파일러인 aapt가 이미지 변수를 수식되지 않은undecorated 이름의 하위 클래스로 R 클래스에 포함시킨다. 즉, 하이픈 기호와 수식어인 hdpi, mdpi, ldpi가 없는 drawable이라는 하위 클래스를 R 클래스에 포함시킨다. 사용자가 애플리케이션을 실행시키면 스크린의 해상도를 참조하여 상황에 적합한 리소스만 에뮬레이터에 적재한다. 따라서 다음과 같은 이미지 리소스에 대하여,

```
MyApp/res/drawable-mdpi/myImage.png
```

아래와 같은 방법으로 참조된다.

```
R.drawable.myImage (코드)
@drawable/myImage (XML)
```

〈표 4-3〉 선택적 리소스를 위한 수식어 일부

| 수식어 | 내용 |
|---|---|
| 언어 | kr(한글), en(영어), fr(불어) 등 |
| 화면 크기 | small, normal, large |
| 화면 방향 | port(세로), land(가로) |
| 화면 픽셀 밀도 | ldpi(120dpi), mdpi(160dpi), hdpi(240dpi) |

**저자 한마디 | 에뮬레이터를 한글로 설정하기**

(1) [Home] → 애플리케이션 탭 → Custom Locale 메뉴 혹은 아이콘을 클릭한다.
(2) ko 혹은 ko_KR 메뉴를 선택하여 클릭한 상태로 있으면 System Locale 대화창이 나타난다.
(3) System Locale 대화창의 Apply 메뉴를 클릭한다.

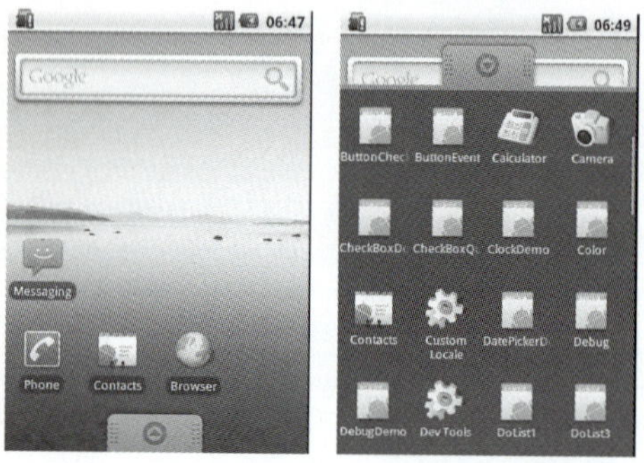


[그림 4-5] 에뮬레이터를 한글로 설정하기

## 4.3 리소스의 응용

지금까지 액티비티와 리소스에 대한 개념을 살펴보았다. 이 절에서는 액티비티 내부에서 리소스를 사용하는 다양한 예제를 실습한다. 간단한 이미지를 액티비티 화면에 출력해본다. 5장에서 학습할 위젯 중 하나인 버튼을 사용하여 이벤트 처리 과정도 실습한다. 또한 액티비티에 간단한 메시지를 출력하기 위한 토스트toast에 대한 내용도 살펴본다. 아울러 선택적 리소스를 위한 실습으로 설정에 따라 한국어와 영어를 지원하는 애플리케이션을 살펴본다.
리소스를 응용하는 간단한 애플리케이션을 실습해보자. 〈실습 3-4〉와 동일한 내용이지만 XML 파일을 이용한 리소스의 응용이 아니라 코드 내에서 직접 이미지 뷰를 생성하여 화면에 표시해본다. 〈실습 4-1〉과 〈실습 3-4〉를 비교할 필요가 있다.

### 실습 4-1 간단한 이미지 출력하기

(1) 3장에서 학습한 대로 HelloImage라는 프로젝트를 생성한다.

(2) 이미지(android.jpg)를 res/drawable-mdpi 폴더 아래에 복사한다. drawable-hdpi 혹은 drawable-ldpi 폴더에 복사해도 무방하다. 이미지 이름은 소문자와 숫자, 밑줄로만 구성되어야 함을 유의하라.

(3) 복사한 이미지를 이클립스에 반영하기 위하여 이클립스의 패키지 익스플로러 내부에 오른쪽 마우스를 클릭한다.

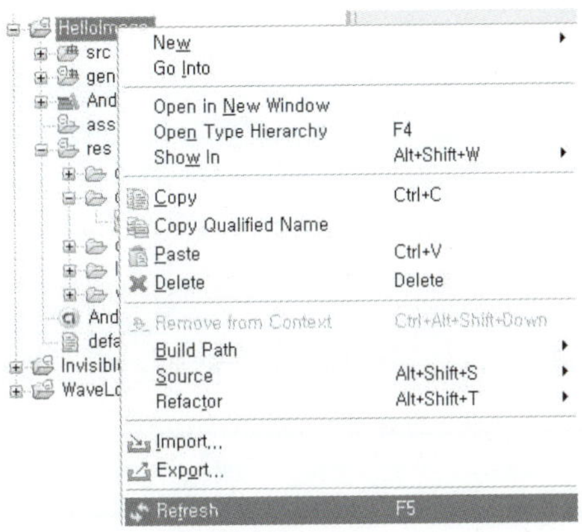


[그림 4-6] 패키지 익스플로러 재생

(4) 컨텍스트 메뉴의 Refresh 항목을 선택하면 복사한 이미지가 패키지 익스플로러에 나타난다.

(5) res/layout/main.xml 파일의 내용에서 TextView 엘리먼트 부분을 〈코드 4-8〉과 같이 수정한다.

(6) 소스 코드의 setContentView(R.layout.main);을 〈코드 4-9〉와 같이 수정한다.

(7) [Ctrl] + [Shift] + [O]를 눌러 ImageView 클래스를 위한 라이브러리를 임포트한 후 소스 파일을 저장한다.

(8) 프로젝트를 실행하면 [그림 4-7]과 같은 이미지가 에뮬레이터에 표시된다.

[그림 4-7] HelloImage 프로젝트의 실행 결과

〈코드 4-8〉 ImageView 리소스

```
07 <ImageView
08     android:id="@+id/image"
09     android:layout_width="fill_parent"
10     android:layout_height="wrap_content"
11     android:src="@drawable/android"
12     />
```

07 이미지 뷰 엘리먼트 선언
08 R 클래스에 image라는 식별자를 신규로 등록
11 이미지의 소스로 res/drawable 폴더 아래 android를 사용

〈코드 4-9〉 HelloImage 액티비티 소스 코드

```
12         ImageView image = new ImageView(this);
13         image.setImageResource(R.drawable.android);
14         setContentView(image);
```

12 액티비티 내에 이미지 뷰를 생성. this는 HelloImage 액티비티를 의미
13 이미지 뷰에 R.drawable.android가 가리키는 이미지를 설정
14 이미지 뷰를 HelloImage 액티비티에 표시

버튼과 같은 위젯을 액티비티 화면에 추가할 경우 사용자의 동작을 수행하기 위하여 이벤트와 관련된 처리를 해야 한다. 시스템으로부터 이벤트를 통보받기 위하여 이벤트 리스너를 정의한 후 뷰에 등록하면 된다. 뷰 클래스는 On〈something〉Listener

라는 내장 인터페이스nested interfaces를 포함하고 있다. 각 인터페이스는 대응하는 On〈something〉()이라는 콜백 메소드를 가지고 있다. 여기서 〈something〉은 Click, Touch, Key 등을 사용하며, 각각 클릭click, 화면 터치, 키 입력과 같은 사용자의 동작을 의미한다. 따라서 버튼을 클릭할 경우 뷰에 통보되길 원한다면 OnClickListener를 구현하고 처리될 내용을 onClick()이라는 콜백 메소드에 정의한 후 setOnClickListener()라는 메소드를 사용하여 뷰에 등록한다. 이벤트는 2가지 방법으로 등록될 수 있다. 〈코드 4-10〉은 뷰 클래스에 이미 존재하는 On〈something〉Listener라는 리스너를 만들고 뷰에 연결하는 방식으로 구현한 것이다. 〈코드 4-11〉은 클래스를 만들 때 On〈something〉 Listener를 액티비티의 일부로 구현한 방식이다. 〈코드 4-10〉에서 만약 buttonListener를 한 번만 참조한다면 setOnClickListener() 메소드의 내부에 두어도 상관없다. 〈실습 4-2〉는 버튼을 클릭하면 이벤트가 발생하여 텍스트 뷰에 있는 문자열의 색이 변경되는 예제이다.

**〈코드 4-10〉 뷰 클래스에 존재하는 인터페이스의 이용**

```
public class ExampleActivity extends Activity {
    private OnClickListener buttonListener = new OnClickListener() {
        public void onClick(View v) {
            // 클릭이 발생하면 할 일을 추가
        }
    };

    protected void onCreate(Bundle savedValues) {
        Button button = (Button)findViewById(R.id.btn);
        // 레이아웃에서 버튼을 찾아 객체로 정의
        button.setOnClickListener(buttonListener);
        // 리스너를 버튼 객체에 연결
        ...
    }
}
```

**〈코드 4-11〉 클래스를 확장할 때 리스너를 포함**

```
public class ExampleActivity extends Activity implements OnClickListener {
    protected void onCreate(Bundle savedValues) {
        ...
        Button button = (Button)findViewById(R.id.btn);
        // 레이아웃에서 버튼을 찾아 객체로 정의
```

```
        button.setOnClickListener(this);
        // 리스너를 버튼 객체에 연결
    }

    // OnClickListener callback 시 할 일 정의 오버라이드
    public void onClick(View v) {
        // 클릭이 발생하면 할 일을 추가
    }
    ...
}
```

**저자 한마디 | 콜백callback 메소드**

일반적인 경우 사용자가 호출함으로써 시스템에 전달되어 호출된 메소드를 실행한다. 그러나 콜백 메소드의 경우 일반 메소드와 반대 방향으로 시스템이 해당 메소드를 호출한다. 콜백 메소드는 주로 이벤트 처리와 같은 경우에 사용된다.

### 실습 4-2 버튼과 이벤트

(1) 3장에서 학습한 대로 ButtonEvent라는 프로젝트를 생성한다.

(2) 이클립스에서 패키지 익스플로러에 있는 ButtonEvent 프로젝트의 res/values 폴더에 색상 리소스를 위한 colors.xml 파일을 생성한다.

(3) 색상 리소스 colors.xml 파일의 내용을 〈코드 4-12〉와 같이 수정한 후 저장한다.

(4) 레이아웃 내부에 〈코드 4-13〉처럼 텍스트 위젯의 내용을 수정하고 버튼을 추가한 후 저장한다.

(5) 자바 소스 코드의 내용을 〈코드 4-14〉처럼 수정한 후 [Ctrl] + [Shift] + [O]를 동시에 클릭한다.

(6) 프로젝트를 실행하면 다음과 같은 화면이 에뮬레이터에 표시된다. Button을 클릭하면 "Hello World, ButtonEvent!"라는 문자열이 파란색으로 변경되며 에뮬레이터 하단에 "Click!"이란 토스트가 잠시 나타난다.

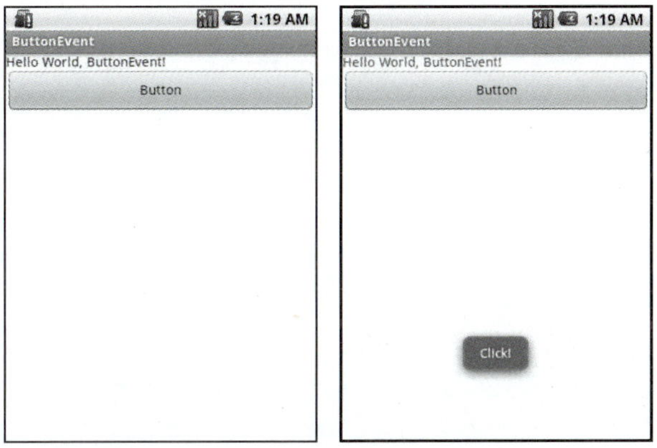


[그림 4-8] ButtonEvent 프로젝트의 실행 결과

**〈코드 4-12〉 ButtonEvent 프로젝트를 위한 색상 리소스**

```
01 <?xml version="1.0" encoding="UTF-8"?>
02 <resources>
03     <color name="black">#ff000000</color>
04     <color name="red">#ffff0000</color>
05     <color name="green">#ff00ff00</color>
06     <color name="blue">#ff0000ff</color>
07     <color name="white">#ffffffff</color>
08 </resources>
```

02 resources라는 엘리먼트를 선언한다.

03~07 color 엘리먼트를 선언하고 속성을 사용하여 red, green, blue, white 색상을 정의한다. 색상값은 알파값을 포함한 RRGGBB 방식을 사용한다. 여기에 정의된 색상은 모두 안드로이드 리소스에 이미 저장되어 있지만 사용자가 직접 리소스를 생성해보는 것이다.

**〈코드 4-13〉 ButtonEvent 프로젝트를 위한 레이아웃**

```
<?xml version="1.0" encoding="utf-8"?>
<LinearLayout xmlns:android="http://schemas.android.com/apk/res/android"
    android:orientation="vertical"
    android:layout_width="fill_parent"
    android:layout_height="fill_parent"
    android:background="@color/white"
    >
<TextView
```

```
09      android:layout_width="fill_parent"
10      android:layout_height="wrap_content"
11      android:id="@+id/text"
12      android:textColor="@color/black"
13      android:text="@string/hello"
14      />
15  <Button
16      android:layout_width="fill_parent"
17      android:layout_height="wrap_content"
18      android:id="@+id/ok"
19      android:text="Button"
20      />
21  </LinearLayout>
```

02 선형 레이아웃을 선언한다.
06 레이아웃의 배경색을 흰색으로 정한다. 여기서 흰색은 <코드 4-12>에서 정의된 흰색이다. 만약 안드로이드 시스템에서 정의된 것을 사용하려면 "@android:color/white" 혹은 "@color/android:white"를 사용하면 된다.
08 텍스트 뷰 엘리먼트를 선언한다.
11 텍스트 뷰 엘리먼트를 위한 식별자 text를 신규로 등록한다.
12 텍스트 뷰에 나타날 문자열의 색상을 colors.xml에 정의한 색상에서 black을 사용한다.
13 텍스트 뷰에 나타날 문자열을 strings.xml에 정의한 hello를 사용한다.
15 버튼 엘리먼트를 선언한다.
18 버튼 엘리먼트를 위한 식별자 ok를 신규로 등록한다.
19 버튼 엘리먼트에 레이블로 Button 문자열을 표시한다.

〈코드 4-14〉 ButtonEvent 프로젝트를 위한 자바 소스

```
    public void onCreate(Bundle savedInstanceState) {
        super.onCreate(savedInstanceState);
        setContentView(R.layout.main);

        final Button button = (Button)findViewById(R.id.ok);
        button.setOnClickListener(new Button.OnClickListener() {
            public void onClick(View v) {
                TextView view = (TextView)findViewById(R.id.text);
                //view.setTextColor(Color.BLUE);
```

```
22                view.setTextColor(getResources().getColor(R.color.blue));
23                Toast.makeText(ButtonEvent.this,
24                        "Click!",Toast.LENGTH_SHORT).show();
```

17 R 클래스에 생성된 ok 변수를 사용하여 버튼 객체를 생성한다.
18 버튼 객체에 대한 이벤트에 동작하기 위하여 리스너listener를 생성하고 버튼에 등록한다.
19 버튼을 클릭할 경우 수행할 일을 onClick()에 구현한다. 여기서 onClick()과 같은 메소드를 콜백callback 메소드라고 한다.
20 R 클래스에 생성된 text 변수를 사용하여 텍스트 뷰 객체를 생성한다.
21 주석 처리된 부분으로 22번 라인을 대체할 수 있다. Color.BLUE는 android.graphics.Color 클래스에 등록된 색상이다. 22번 라인 대신에 21번 라인으로 대체하려면 [Ctrl] + [Shift] + [o]를 클릭하여 android.graphics.Color 클래스를 임포트해야 한다.
22 텍스트 뷰에 있는 문자열의 색상을 파란색으로 설정한다.
23 토스트toast를 이용하여 잠깐 동안 이벤트 발생을 알린다.

토스트는 설정이 변경되거나 이벤트 등이 발생했을 때 사용자에게 알려주는데, 유용한 화면에 팝업popup되는 하나의 메시지이다. 토스트는 실행 중인 액티비티의 포커스를 빼앗지 않고 잠시 표시되었다가 사라진다. 사용 방법도 매우 간단하여 makeText() 메소드로 인스턴스를 생성한 후 show() 메소드를 사용하여 화면에 표시하면 된다. makeText() 메소드의 API를 살펴보면 다음과 같다.

```
public static Toast makeText(Context context, int resId, int duration)
public static Toast makeText(Context context, CharSequence text, int duration)
```

토스트를 표시할 시간duration의 장단에 Toast.LENGTH_LONG, Toast.LENGTH_SHORT를 사용한다.

### 실습 4-3 2개 국어를 지원하는 애플리케이션

(1) 3장에서 학습한 대로 AlternateDemo라는 프로젝트를 생성한다.

(2) 이클립스에서 패키지 익스플로러에 있는 AlternateDemo 프로젝트의

res/values 폴더를 선택한 후 마우스 오른쪽 버튼을 클릭한다. 나타난 컨텍스트 메뉴에서 Delete 항목을 선택하여 values 폴더를 삭제한다.

(3) res 폴더를 선택한 후 마우스 오른쪽 버튼을 클릭한다. 나타난 컨텍스트 메뉴에서 New → Folder 항목을 선택한다.

(4) 폴더 이름에 values-ko로 입력한 후 [Finish] 버튼을 클릭하여 values-ko라는 새로운 폴더를 생성한다.

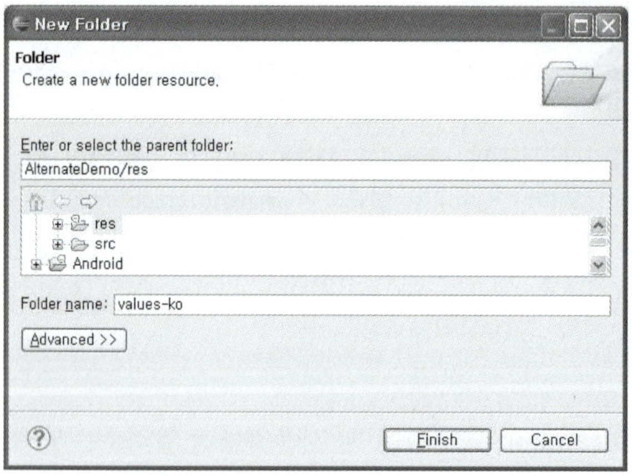


[그림 4-9] 새로운 폴더 생성

(5) values-ko 폴더 아래에 strings.xml이라는 XML 파일을 추가한다.

(6) 과정 (4)와 (5)를 동일하게 수행한다. 단, 과정(4)에서 values-ko 폴더 대신에 values-en 폴더를 생성한다.

(7) values-ko/strings.xml과 values-en/strings.xml에 각각 〈코드 4-15〉와 〈코드 4-16〉처럼 입력한 후 저장한다.

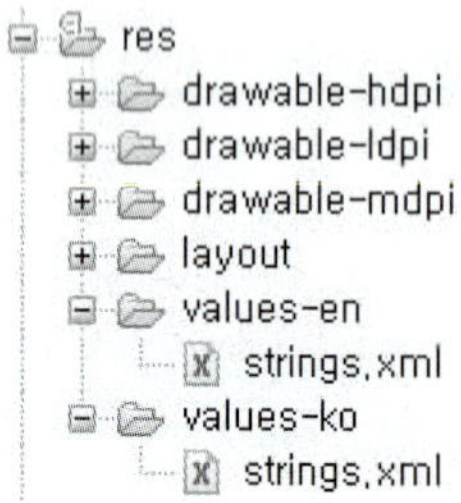


[그림 4-10] 변경된 res 폴더 구조

(8) 프로젝트를 실행한다. 그리고 한글/영어로 설정을 변경한 후 애플리케이션 탭을 클릭하여 AlternateDemo 아이콘을 클릭하여 프로젝트를 다시 실행한다.

[그림 4-11] 2개 국어 지원 애플리케이션 결과

〈코드 4-15〉 res/values-ko/strings.xml

```
<?xml version="1.0" encoding="UTF-8"?>
<resources>
    <string name="hello">안녕하세요, AlternateDemo!</string>
    <string name="app_name">AlternateDemo</string>
</resources>
```

〈코드 4-16〉 res/values-en/strings.xml

```
<?xml version="1.0" encoding="UTF-8"?>
<resources>
    <string name="hello">Hello World, AlternateDemo!</string>
    <string name="app_name">AlternateDemo</string>
</resources>
```

## 4.4 애플리케이션 디버깅

아무리 훌륭한 개발자라도 오류에서 자유로울 수 없다. 애플리케이션을 개발하려면 간단한 문법 오류syntax error를 포함한 다양한 문제에 당면하게 된다. 따라서 개발자에게 디버깅debugging 도구는 필수적이다. 이 절에서는 먼저 오류의 종류를 서술한 후 안드로이드 애플리케이션 개발에 유용한 DDMS에 대하여 살펴본다.

### 오류의 종류와 DDMS

자바 언어로 코딩된 〈코드 4-17〉은 변수 n2에는 $n^2$, 변수 n3에는 $n^3$, 변수 m에는

n/d를 저장하고자 한다. 그러나 이 코드는 3가지 종류의 오류를 나타낸다.

〈코드 4-17〉 오류의 종류

```
int n, n2, n3, d;
n2 = n * n:                    // syntax error
n3 = n2 * n2;                  // semantic error
m  = n / d;                    // if d == 0, runtime error
```

문법 오류syntax error는 프로그래밍 언어의 문법에 적합하지 않은 코드를 사용함으로써 발생하는 오류로서 컴파일 시간compile time에 인식된다. 논리 오류logical error는 내용 오류semantic error와 런타임 오류runtime error로 구분할 수 있다. 내용 오류는 프로그램을 실행할 경우 오류는 발생하지 않지만 잘못된 결과를 출력하는 경우이다. 따라서 개발자가 잘못된 알고리즘으로 코딩한 것이기 때문에 문제를 정확히 파악하여 잘못된 부분을 수정해야 한다. 그러나 문법 오류 혹은 런타임 오류는 개발 도구를 통하여 다양한 방법으로 도움을 받을 수 있다.

안드로이드 애플리케이션을 개발하는 경우 자바 퍼스펙티브Java Perspective에 나타나는 자바 편집기java editor를 통하여 문법 오류 등을 쉽게 발견할 수 있다. 또한 문법상에는 오류가 없지만 실행 도중에 오류가 발생할 경우 소스 코드 내에 중단점breakpoint을 추가하여 원하는 라인까지 실행하면서 필요한 정보를 얻어 오류를 수정할 수 있다. 그러나 안드로이드 SDK는 개발자에게 더욱 강력한 도구인 DDMSDalvik Debug Monitoring Service를 제공한다. 개발자는 DDMS를 통하여 에뮬레이터 혹은 단말기 내의 로그log 내용, 실행 중인 프로세스에 대한 조작, 화면 캡쳐 등과 같은 작업을 할 수 있다. DDMS는 ADT 플러그인에서 DDMS 퍼스펙티브를 지원해주므로 이클립스 내에서 DDMS를 바로 사용할 수 있다.

**저자 한마디 | 퍼스펙티브**

퍼스펙티브란 이클립스에서 특정 목적에 적합한 창window들의 집합을 의미한다. 자바 퍼스펙티브는 자바 애플리케이션을 개발하기 위하여 패키지 탐색기 창, 자바 편집기 창 등을 포함한다.

### 실습 4-4 DDMS 퍼스펙티브 추가하기

(1) 이클립스 메뉴의 Window → Open Perspective → Other...를 선택한다. 만약

메뉴 내에 포함되어 있다면 DDMS 항목을 선택하면 과정 (2)부터 수행할 필요가 없다.

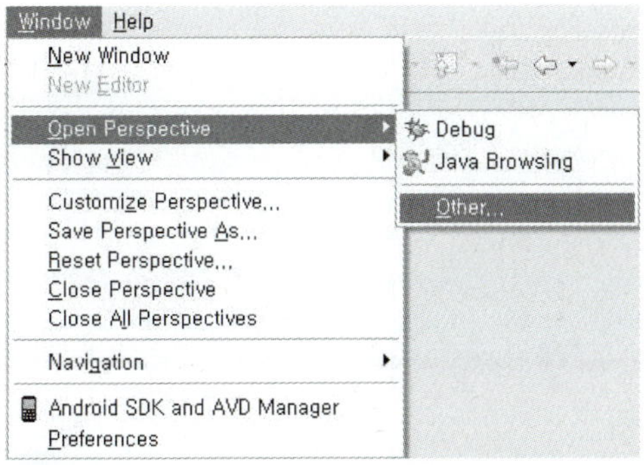


[그림 4-12] 퍼스펙티브 열기

(2) Open Perspective 마법사에서 DDMS를 선택한 후 OK 버튼을 클릭한다.

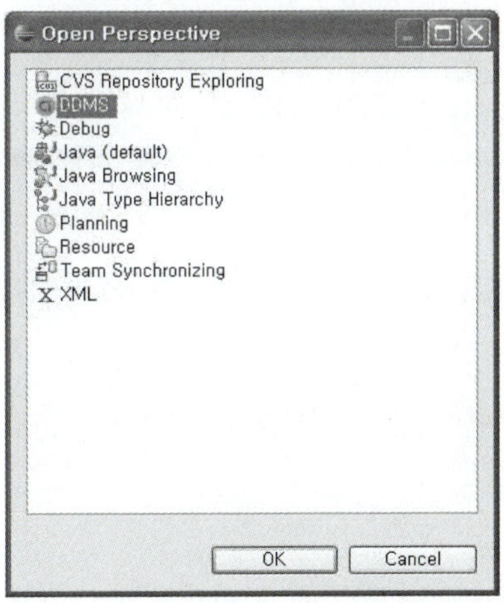


[그림 4-13] Open Perspective 마법사

(3) 이클립스 오른쪽 상단 퍼스펙티브 선택 버튼에 DDMS가 추가된 것을 확인한다. Java/DDMS 퍼스펙티브를 변경하려면 오른쪽 상단에 있는 퍼스펙티브 선택 버튼 중 원하는 버튼을 클릭하면 된다.

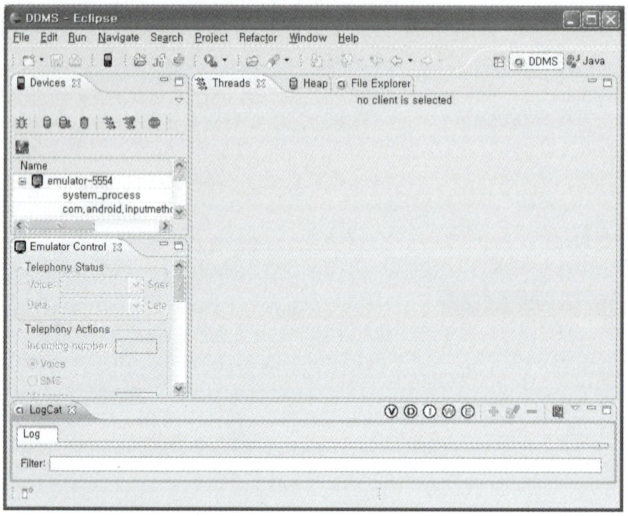

[그림 4-14] DDMS 퍼스펙티브

## DDMS 역할

DDMS는 안드로이드 SDK가 개발자에게 제공하는 강력한 도구로서 프로그래밍의 디버깅과 모니터링을 서비스하며 주요 기능은 다음과 같다.

- 프로세스 관리process control
- 에뮬레이터 제어emulator control
- 로그 관리logcat
- 파일 관리file explorer
- 화면 캡처screen capture

DDMS 퍼스펙티브의 Devices 창은 현재 에뮬레이터나 모바일 디바이스에서 실행되고 있는 프로세스들의 목록을 보여준다. 주로 프로세스를 강제로 종료시킬 때에 많이 사용하며, Heap 메모리 업데이트 및 해당 프로세스의 스레드thread를 확인할 수 있는 옵션을 켜고 끄는 데에도 사용한다. 예를 들어, [그림 4-15]에 있는 ButtonEvent 프로세스를 강제로 종료하려면 먼저 ButtonEvent 프로세스를 선택한 후 stop 버튼을 클릭하면 된다. Devices 창의 상단에 있는 stop 버튼 오른쪽의 Screen Capture 버튼을 클릭하면 에뮬레이터나 모바일 디바이스의 현재 화면을 캡처할 수 있다.

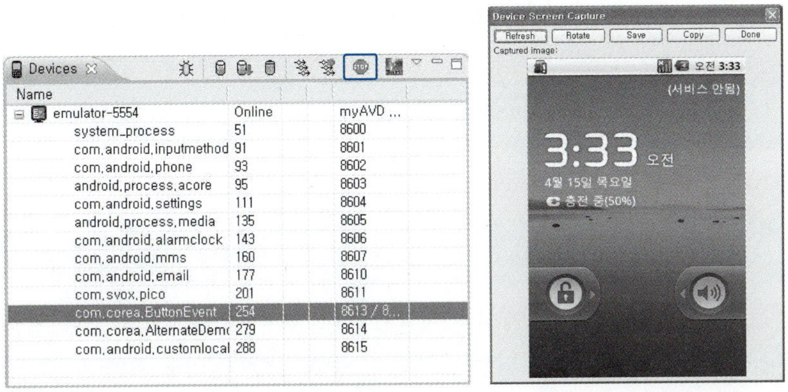


[그림 4-15] 프로세스 강제 종료와 화면 캡쳐

DDMS 퍼스펙티브의 에뮬레이터 조작 화면은 에뮬레이터의 통신 상태 조절 및 가상의 위치 정보를 설정할 수 있다. 또한 에뮬레이터에 가상으로 전화를 걸거나 SMS를 전송할 수도 있다. 그러나 실제 모바일 디바이스를 연결했을 때는 에뮬레이터 조작 화면을 사용할 수 없다.

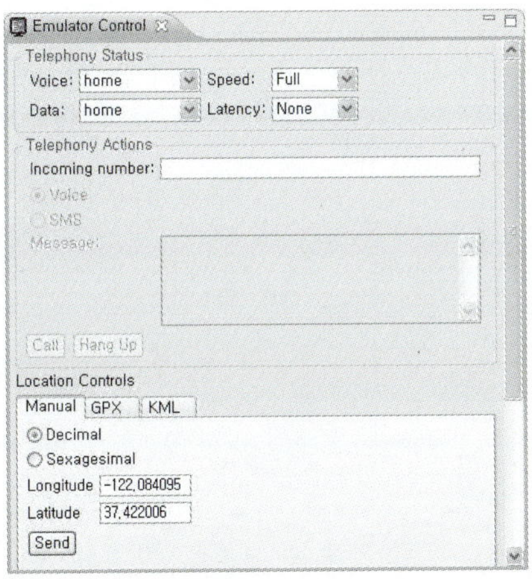


[그림 4-16] 에뮬레이터 제어

로그 관리 창은 DDMS 퍼스펙티브에서 가장 많이 사용하는 창 중의 하나이다. 에뮬레이터 및 모바일 디바이스의 상태와 관련된 로그들을 확인할 수 있다. 또한 런타임 오류가 발생한 경우 출력되는 로그를 확인함으로써 구체적으로 어디에서 문제가 발생했는지 알 수 있다.

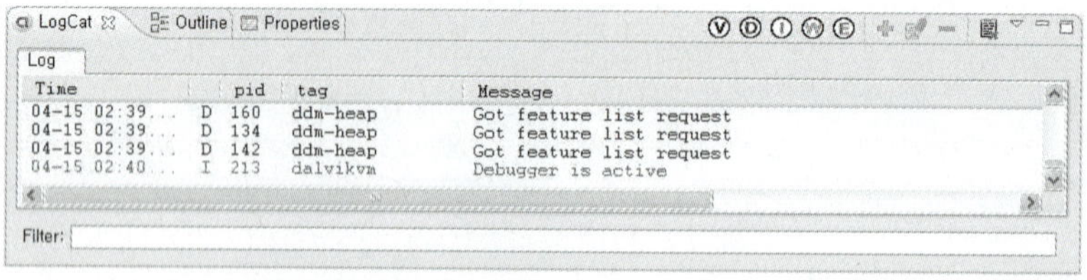


[그림 4-17] 로그 관리

파일 관리 창은 DDMS 퍼스펙티브에서 에뮬레이터와 모바일 디바이스 내의 파일을 탐색하거나 파일 넣기 혹은 컴퓨터로 가져오기 등과 같은 작업을 수행할 수 있다. 파일 관리 창은 리눅스 터미널에서 파일을 자세히 보기 위한 명령인 'ls -l'을 수행한 결과와 같은 파일의 크기, 파일 생성일자 및 시간 그리고 drwx와 같은 표기로 파일 접근 권한을 보여주고 있다.

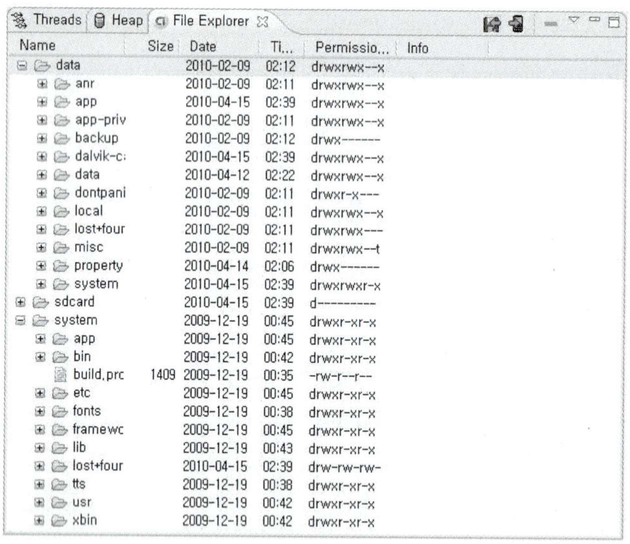


[그림 4-18] 파일 관리

## 로그캣

프로그래밍 과정 중 개발자는 찾기 어렵고 해결하기 어려운 문제에 직면할 경우가 자주 있다. 안드로이드는 이와 같은 경우 [그림 4-17]과 같은 아주 유익한 로그캣 장을 제공한다. 다른 개발자들에게 디버깅을 요청할 때도 로그캣 출력은 매우 중요하다. 로그캣은 안드로이드 애플리케이션을 실행하는 동안 발생한 모든 일에 대한 정보를 제공한다. 특히 문법 오류가 아닌 다른 종류의 오류 메시지가 출력될 경우 많은 도움을 제공한다. DDMS 화면을 조작하다가 로그캣 혹은 Devices 창 등이 모두 사라지면 이클립스의 왼쪽에 사라진 창에 해당하는 버튼이 나타난다. 관련된 창의 버튼을 클릭하면 다시 나타난다. 만약 나타나지 않으면 3장의 콘솔 열기처럼 이클립스 메뉴에서 Window→Show View→Logcat을 클릭하면 로그캣 창이 나타난다. 혹은 이클립스 왼쪽 하단에 'Show View as a Fast View' 라는 버튼을 클릭하면 나타나는 [그림 4-19]의 (b)에서 LogCat을 선택하면 된다.

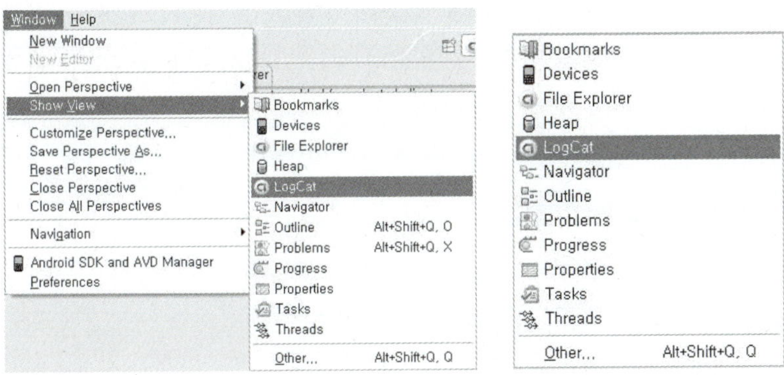


(a) 이클립스 메뉴 (b) Show View as a Fast View

[그림 4-19] 로그캣 열기

로그캣은 android.util.Log 클래스를 이용하여 출력된 메시지를 5단계 수준으로 출력할 수 있다. 로그캣 창의 오른쪽 상단을 보면 [그림 4-20]과 같은 다양한 문자 혹은 로고로 구성된 툴바가 있다.

[그림 4-20] 로그캣 메뉴

툴바에 있는 V, D, I, W, E라는 5개의 문자는 수백 줄에 달하는 로그 메시지 중에서 필요한 내용만 걸러내는 역할을 수행하며, 각 문자의 의미는 다음과 같다.

- V^verbose: 모든 메시지 보기
- D^debug: Debug, Information, Warning, Error 수준의 메시지 보기

- I$^{information}$: Information, Warning, Error 수준의 메시지 보기
- W$^{warning}$: Warning, Error 수준의 메시지 보기
- E$^{error}$: Error 수준의 메시지 보기

로그캣을 전체 화면으로 보면 에뮬레이터의 시작 과정부터 안드로이드의 부팅 과정 및 애플리케이션 적재 및 실행 과정에 대한 모든 메시지가 나타난다. 로그캣의 오른쪽 상단에 있는 'Maximize' 버튼을 클릭하면 로그캣 창이 이클립스 화면 전체를 덮는다. 이때 나타나는 수백 줄에 달하는 로그 메시지 중에서 로그캣 툴바에 있는 V, D, I, W, E라는 문자를 이용하면 원하는 수준의 내용만 표시된다. 또한 로그캣 창의 하단에 있는 Filter는 원하는 문자열을 포함하는 로그 메시지만 표시하기 위하여 사용된다.

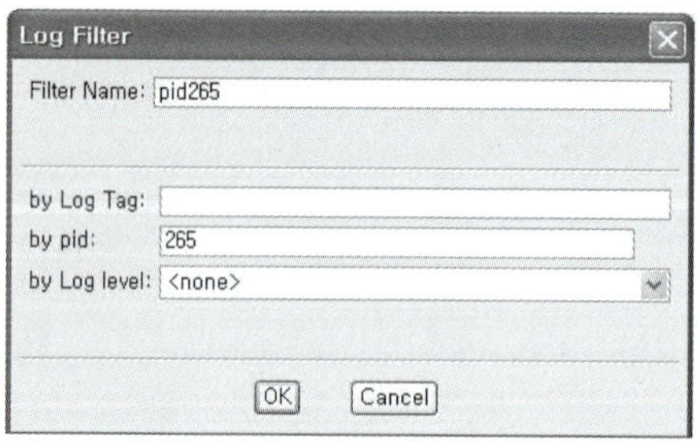


(a) 로그 필터

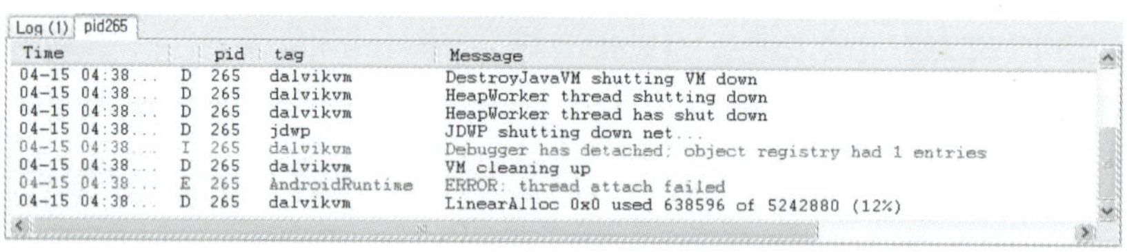


(b) 로그 메시지

[그림 4-21] 로그 필터와 로그 메시지

5개의 필터 문자 오른쪽에 초록색 십자 모양을 클릭하면 사용자 정의 필터를 생성할 수 있다. 초록색 십자 버튼을 클릭하면 Log Filter 창이 나타나며 필터 이름으로 임의의 이름을 입력한 후 로그 태그$^{tag}$, 프로세스 식별자$^{process\ id}$, 로그 수준$^{log\ level}$ 중 하나를 선택하여 입력하면 로그캣 창에 새로운 탭이 나타난다. 이와 같은 탭을 사용하여 해당되는 프로세스나 로그 수준 등에 대한 로그 메시지를 관찰하며 프로

## 5.1 위젯

android.view 패키지를 통해 〈표 5-1〉과 같이 다양한 뷰 객체들을 제공하는 뷰 클래스들은 사용자에게 정보를 표시하거나 사용자 입력을 받아들이는 컴포넌트로 동작한다.

〈표 5-1〉 대표적인 뷰 종류

| 이름 | 클래스 | 개요 |
|---|---|---|
| 텍스트 뷰 | TextView | 텍스트를 표시함 |
| 편집텍스트 | EditText | 편집 가능한 텍스트를 표시함 |
| 자동 완성 텍스트 뷰 | AutoCompleteTextView | 사용자의 입력에 맞춰 텍스트를 완성함 |
| 이미지 뷰 | ImageView | 아이콘이나 사진 등 이미지를 표시함 |
| 비디오 뷰 | VideoView | 비디오를 재생함 |
| 버튼 | Button | 기본적인 누름 버튼 |
| 컴파운드 버튼 | CompoundButton | 체크와 해제, 두 가지 상태를 갖는 누름 버튼 |
| 체크박스 | CheckBox | 체크와 해제, 두 가지 상태를 갖는 체크박스 |
| 라디오 버튼 | RadioButton | 체크와 해제, 두 가지 상태를 갖는 라디오 버튼 |
| 라디오 그룹 | RadioGroup | 복수의 라디오 버튼 중, 하나만을 체크 상태로 하는 버튼 그룹 |
| 이미지 버튼 | ImageButton | 이미지를 표시할 수 있는 누름 버튼 |
| 날짜 선택 | DatePicker | 연/월/일을 달력에서 선택함 |
| 시각 선택 | TimePicker | 시각을 선택함 |
| 아날로그 시계 | AnalogClock | 현재 시각을 표시하는 아날로그 시계 |
| 디지털 시계 | DigitalClock | 현재 시각을 표시하는 디지털 시계 |
| 경과 시간 타이머 | Chronometer | 경과 시간을 표시함 |
| 진행 바 | ProgressBar | 기다리는 시간이나 경과 시간을 표시함 |
| 줌 슬라이더 | ZoomSlider | 이미지나 지도의 줌 레벨을 설정함 |

[그림 5-1]은 각종 뷰, 뷰 그룹 클래스들의 상속 관계를 나타낸다. 예를 들면, 뷰 객체들의 레이아웃을 담당하는 ViewGroup도 TextView 클래스와 마찬가지로 뷰 클래스에서 상속되는 하나의 파생 클래스임을 알 수 있다.

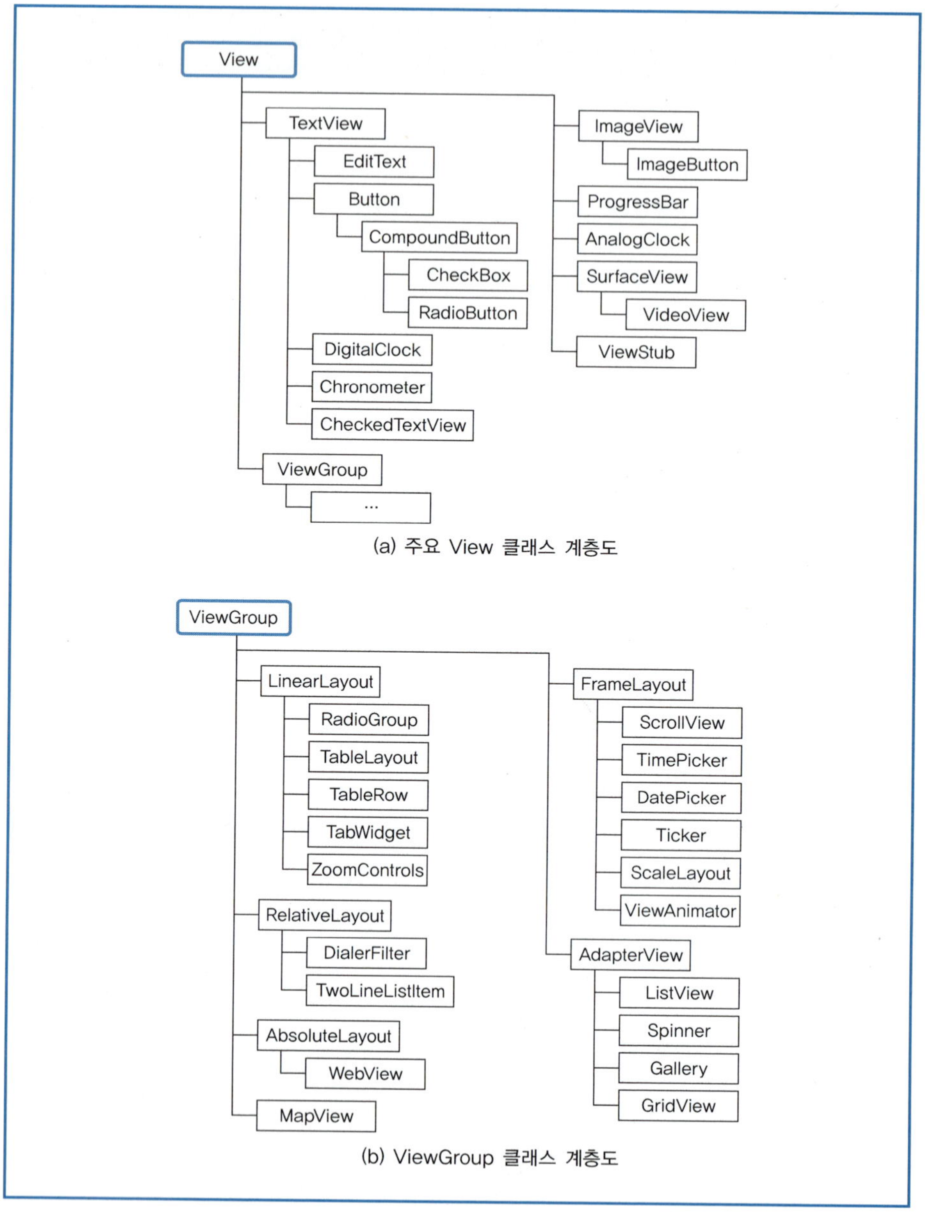


[그림 5-1] 뷰 클래스 계층도

## 체크박스

체크박스 버튼은 한 목록에서 여러 개를 선택할 때 흔히 사용된다. 안드로이드의 체크박스 위젯은 체크 버튼과 텍스트로 구성된다. 기본적인 버튼과 비슷한 체크박스의 설정/해제에 따른 상태 변화는 운영체제가 처리한다. 즉, 체크박스의 상태 변경에 따른 표시는 운영체제가 담당하므로, 개발자는 체크박스의 상태 변경에 따른 응용프로그램의 반응만 처리하면 된다. 그러면 체크박스를 나타내는 사용자 인터페이스를 만들어보자.

### 실습 5-1 체크박스

(1) CheckBoxDemo라는 프로젝트를 생성한다.
(2) 〈코드 5-1〉을 res/layout 폴더의 main.xml에 복사한다.
(3) 〈코드 5-2〉를 CheckBoxDemo.java에 복사한다.
(4) 프로젝트를 실행하면 [그림 5-2]과 같은 화면이 에뮬레이터에 나타난다.

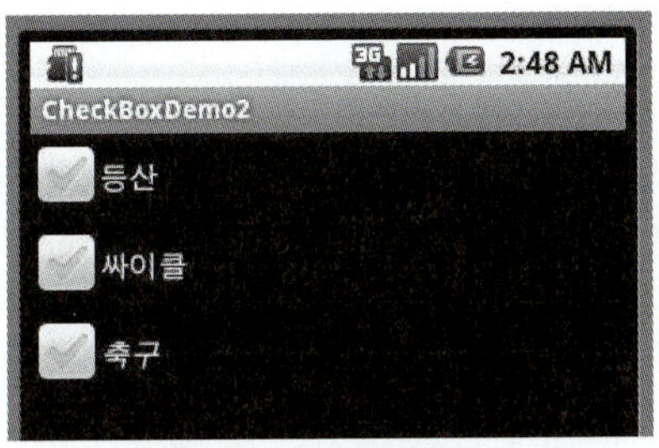


[그림 5-2] 체크박스

〈코드 5-1〉 main.xml

```
<LinearLayout xmlns:android="http://schemas.android.com/apk/res/android"
    android:orientation="vertical"
    android:layout_width="fill_parent"
    android:layout_height="fill_parent"
    >
<CheckBox
    android:id="@+id/plain_cb"
    android:text="등산"
    android:layout_width="wrap_content"
    android:layout_height="wrap_content"
/>
<CheckBox
    android:id="@+id/serif_cb"
    android:text="싸이클"
```

```
16      android:layout_width="wrap_content"
17      android:layout_height="wrap_content"
18      android:typeface="serif"
19  />
20  <CheckBox
21      android:id ="@+id/italic_cb"
22       android:text="축구"
23       android:layout_width="wrap_content"
24       android:layout_height="wrap_content"
25       android:textStyle="italic"
26  />
27  </LinearLayout>
```

| | |
|---|---|
| 02 | 3개의 체크박스들을 선형 레이아웃으로 배치한다. |
| 03 | 체크박스들을 수직 방향으로 나열한다. |
| 04~05 | 선형 레이아웃의 폭과 높이가 화면 전체를 차지하도록 설정한다. |
| 07 | 첫 번째 체크박스 뷰를 정의한다. |
| 08 | 체크박스 뷰의 id를 plain_cb로 정한다. |
| 09 | "등산"이란 문자열을 체크박스 뷰 옆에 표시한다. |
| 10~11 | 체크박스 뷰 plain_cb가 화면에서 차지하는 폭과 높이는 plain_cb가 포함한 내용만큼만 차지하도록 설정한다. |
| 15 | "싸이클"이란 문자열을 체크박스 뷰 옆에 표시한다. |
| 18 | 표시될 문자열의 서체를 "serif"로 정한다. |
| 22 | "축구"란 문자열을 체크박스 뷰 옆에 표시한다. |
| 25 | 표시될 문자열의 글꼴을 "이탤릭체"로 정한다. |

아래 코드가 위에 정의된 리소스를 화면에 표시한다.

〈코드 5-2〉 checkBoxDemo.java

```
public class CheckBoxDemo extends Activity {
    /** Called when the activity is first created. */
    @Override
    public void onCreate(Bundle savedInstanceState) {
        super.onCreate(savedInstanceState);
        setContentView(R.layout.main);
    }
}
```

06 Activity 클래스를 상속하는 사용자 클래스로 CheckBoxDemo를 정의한다.
09 CheckBoxDemo 클래스가 생성하는 액티비티의 초기화 작업을 위해 맨 처음 호출된다.
10 안드로이드 내부에서 액티비티 초기화 작업을 수행할 수 있도록 상위 클래스에게 발생한 이벤트를 전달한다.
11 res/layout 폴더의 main.xml에서 정의한 레이아웃대로 사용자 인터페이스를 화면에 표시한다.

## 라디오 버튼

라디오 버튼Radio Button은 사용자가 여러 항목 중에서 하나만 선택할 때 유용하다. 체크박스 객체처럼 라디오 버튼 객체는 라디오 버튼과 텍스트로 구성된다. 이 텍스트는 text 속성으로 설정한다. 라디오 버튼이 설정/해제 두 가지 상태를 갖는 것은 체크박스와 동일하다. 다만, 하나의 라디오 버튼을 선택하면, 다른 라디오 버튼의 설정은 자동적으로 해제되어 항상 하나의 라디오 버튼만이 설정된다는 점이 체크박스와 다른 점이다. 이러한 특징의 라디오 버튼은 라디오 그룹으로 묶어 사용된다. 그러면, 라디오 버튼들을 나타내는 사용자 인터페이스를 만들어보자.

### 실습 5-2 라디오 버튼

(1) RadioButtonDemo라는 프로젝트를 생성한다.
(2) 〈코드 5-3〉을 res/layout 폴더의 main.xml에 복사한다.
(3) 프로젝트를 실행하면 [그림 5-3]과 같은 화면이 에뮬레이터에 표시된다.

[그림 5-3] 라디오 버튼

〈코드 5-3〉 main.xml

```
07 <RadioGroup
08     android:id="@+id/widget1"
09     android:layout_width="wrap_content"
10     android:layout_height="wrap_content"
11 >
12 <RadioButton
13     android:id="@+id/widget2"
14     android:layout_width="wrap_content"
15     android:layout_height="wrap_content"
16     android:text="KBS"
17     android:checked="true"
18     android:layout_gravity="left"
19 />
...
38 </RadioGroup>
```

| | |
|---|---|
| 07 | 라디오 버튼들을 사용하기 위해서는 RadioGroup을 정의한다. |
| 08 | 라디오 그룹의 id는 widget1로 정한다. |
| 09~10 | 라디오 그룹이 화면에서 차지할 영역은 자신이 포함하고 있는 내용만큼만 차지한다. |
| 12 | 라디오 버튼을 정의한다. |
| 13 | 라디오 버튼의 id는 widget2로 정한다. |
| 16 | 라디오 버튼 옆에 문자열 "KBS"가 표시된다. |
| 17 | 라디오 버튼의 속성 checked를 true로 설정하여 라디오 버튼에 설정 표시가 나타난다. |
| 18 | 라디오 버튼의 속성 layout_gravitiy를 left로 설정하여 라디오 버튼을 왼쪽에 붙인다. |
| 38 | 라디오 버튼 그룹의 종료를 나타내는 RadioGroup 태그이다. |

## 편집텍스트

편집텍스트EditText는 사용자로부터 텍스트를 입력받을 때 사용된다. 편집텍스트는 TextView에서 파생된 것으로 편집텍스트의 기능은 대부분 TextView에 구현되어 있다. 편집텍스트 클래스에는 입력과 관련된 여러 기능들이 활성화되어 있는데, 몇 가지 특성들을 알아보자. hint 특성은 사용자가 입력을 시작하게 되면 미리 설정한 텍스트 내용이 사라지는 기능이다. 이것은 사용자에게 무엇을 해야 하는지를 알려주는 데 효과적이다. phoneNumber 특성은 사용자의 입력 범위를 제한하는 역할을 한다. 사용자가 편집텍스트에서 입력하고자 하면 자동으로 숫자 키패드가 뜨면서 숫자만을 입력하도록 이끌어준다. 따라서 잘못된 입력을 방지하는 데 효과적이다. password 특성은 패스워드 입력 시 사용되는 특성으로 사용자가 입력하는 패스워드가 화면에 나타나지 않고, 대신에 점이 표시된다.

## 실습 5-3 편집텍스트

(1) EditTextDemo라는 프로젝트를 생성한다.
(2) 〈코드 5-4〉를 res/layout 폴더의 main.xml에 복사한다.
(3) 프로젝트를 실행하면 [그림 5-4]와 같은 화면이 에뮬레이터에 표시된다.

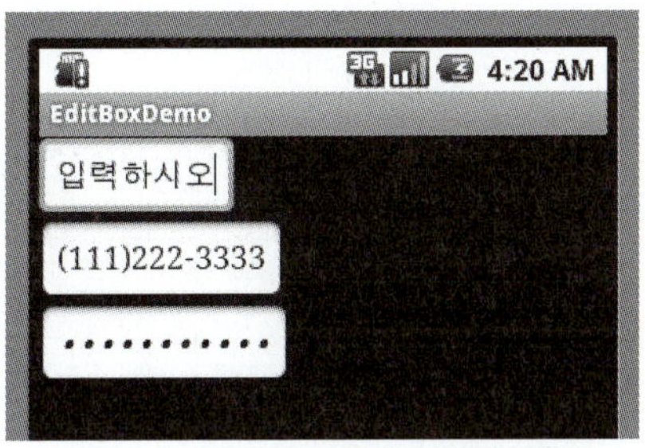


[그림 5-4] EditBoxDemo 실행 화면

〈코드 5-4〉 main.xml

```
<LinearLayout xmlns:android="http://schemas.android.com/apk/res/android"
    android:orientation="vertical"
    android:layout_width="fill_parent"
    android:layout_height="fill_parent"
    >
<EditText
    android:id ="@+id/edittext1"
     android:hint="입력하시오"
     android:layout_width="wrap_content"
     android:layout_height="wrap_content"
/>
<EditText
    android:id ="@+id/edittext2"
```

```
15         android:text="(111)222-3333"
16         android:layout_width="wrap_content"
17         android:layout_height="wrap_content"
18         android:typeface="serif"
19         android:phoneNumber="true"
20 />
21 <EditText
22         android:id ="@+id/password"
23         android:text="SuperSecret"
24         android:layout_width="wrap_content"
25         android:layout_height="wrap_content"
26         android:textStyle="bold|italic"
27         android:password="true"
28 />
29 </LinearLayout>
```

07 편집텍스트를 사용하기 위해서 EditText를 정의한다.
08 이 편집텍스트의 id는 edittext1으로 정한다.
09 편집텍스트가 hint 특성을 통해 입력할 종류가 무엇인지 미리 알려준다. 사용자가 입력을 개시하면 미리 설정된 텍스트는 사라진다.
15 두 번째 편집텍스트가 전화번호 입력을 받는다는 것을 미리 제시한다. 이 속성은 hint 특성과 달리 미리 입력된 내용들을 지우고 새로 숫자를 입력해야 한다.
18 이 편집텍스트에서 사용될 서체로 "serif"를 설정한다.
19 이 편집텍스트는 전화번호를 입력하는 용도로 사용된다.
22 이 편집텍스트의 id를 password로 정한다.
23 편집텍스트에 나타날 초깃값을 설정한 것으로 문자 대신에 문자 개수만큼 점으로 나타난다.
26 이 편집텍스트에서 사용될 글꼴로 볼드체와 이택릭체를 설정한다.
27 이 편집텍스트가 패스워드를 보관하는 용도로 사용된다.

## 토글 버튼

동작 방식이 체크박스와 유사한 토글 버튼Toggle Button은 어떤 대상의 켜짐 또는 꺼짐 상태를 표시하는 데 주로 사용된다. 체크박스와 마찬가지로 토글 버튼의 체크 유무에 따른 상태 변경은 운영체제에 의해 처리된다. 체크박스에서는 텍스트가 체크박스 옆에 표시되는데, 토글 버튼에서는 텍스트가 버튼 안에 표시된다는 점이 다르다. 리소스 파일에서 켜진 상태와 꺼진 상태를 나타내는 텍스트를 별도로 설정할 수 있다.

텍스트 설정을 위해 사용되는 속성은 textOn과 textOff이다. 보통 이 둘은 기본값으로 "ON"과 "OFF"가 사용된다. 토글 버튼을 체크함에 따라 토글 버튼의 텍스트가 바뀌는 것을 실습을 통해 알아보자. 또한 이 실습에서는 토글 버튼 클릭 시 텍스트 뷰와 토스트 메시지를 통해 상태 변화가 함께 표시된다.

## 실습 5-4 토글 버튼

(1) ToggleButtonDemo라는 프로젝트를 생성한다.
(2) 〈코드 5-5〉를 res/layout 폴더의 main.xml에 복사한다.
(3) 〈코드 5-6〉을 ToggleButtonDemo.java에 복사한다.
(4) 프로젝트를 실행하면 [그림 5-5]와 같은 화면이 에뮬레이터에 표시된다.

(a) 초기 화면

(b) OFF 상태의 토글 버튼 클릭 후 화면

(c) ON 상태의 토글 버튼 클릭 후 화면

[그림 5-5] 토글 버튼

〈코드 5-5〉 main.xml

```
06 <ToggleButton
07     android:id="@+id/togglebutton"
08     android:layout_width="wrap_content"
09     android:layout_height="wrap_content" />
10 <TextView
11     android:id="@+id/textview01"
12     android:layout_width="fill_parent"
13     android:layout_height="wrap_content"
14     android:text="@string/hello"/>
15 </LinearLayout>
```

| | |
|---|---|
| 06 | 토글 버튼 요소를 정의한다. |
| 07 | 토글 버튼의 id를 "togglebutton"으로 정한다. |
| 10~11 | 텍스트 뷰를 정의하고 id는 "textview01"로 정한다. |
| 14 | hello가 가진 값으로 텍스트가 화면에 표시된다. |

〈코드 5-6〉 ToggleButtonDemo.java의 일부

```
        final ToggleButton toggleB =
            (ToggleButton)findViewById(R.id.togglebutton);
        toggleB.setOnClickListener(new OnClickListener() {
            public void onClick(View v) {
                // Perform action on clicks
                TextView tv = (TextView)findViewById(R.id.textview01);
                if (toggleB.isChecked()) {
                   Toast.makeText(ToggleButtonDemo.this, "활성됨",
                                    Toast.LENGTH_SHORT).show();
                    tv.setText("Toggle button is enabled");
                } else {
                    Toast.makeText(ToggleButtonDemo.this, "비활성됨",
                                    Toast.LENGTH_SHORT).show();
                    tv.setText("Toggle button is disabled");
                }
            }
        });
```

17 togglebutton이란 id를 통해 토글 버튼 위젯을 찾아 toggleB에게 할당한다.
18 toggleB 위젯에 OnClickListener를 설정한다.
19 toggleB 위젯 클릭 시 호출되는 콜백 메소드를 정의한다. 이 메소드에 클릭 시 수행해야 할 작업을 정의하고 있다.
21 textview01이란 id를 통해 텍스트뷰 위젯을 찾아 tv에게 할당한다.
22 toggleB가 체크되었는지 확인하기 위해 isChecked() 메소드를 호출한다.
23 체크되어 있으면, 즉 ON 상태이면 LENGTH_SHORT 동안 토스트 메시지로 "활성됨"을 표시하고 사라진다.
24 토글 버튼 밑에 "...enabled"을 표시한다.
26 체크되어 있지 않으면, 즉 OFF 상태이면 LENGTH_SHORT 동안 토스트 메시지로 "비활성됨"을 표시하고 사라진다.
27 토글 버튼 밑에 "...disabled"을 표시한다.

## 5.2 레이아웃

개성 있는 사용자 인터페이스를 만들기 위해서는 자신의 취향에 적합한 화면을 설계하는 것이 중요하다. 이러한 목적으로 사용되는 것이 레이아웃이다. 특별한 종류의 View인 레이아웃은 ViewGroup를 통해 구현한다.

### View와 ViewGroup 간 관계

ViewGroup 클래스를 이용하면 View 객체들을 화면에 조직적으로 표현할 수 있다. View 객체와 마찬가지로, ViewGroup 객체 역시 화면 공간의 사각형 영역을 제어한다. 그러나 ViewGroup은 다른 위젯들을 담는 컨테이너container라는 점에서 통상적인 위젯과 구별된다. 위젯들을 담는 그릇에 해당하는 ViewGroup 객체를 부모 뷰라 하고, 그 안에 포함된 위젯들을 자식 뷰라고 한다. 화면의 모든 뷰는 [그림 5-6]과 같은 계층 구조로 구성된다. 모든 화면 요소들은 자식들을 가질 수 있으며 최상단 꼭대기에는 ViewGroup이 존재한다.

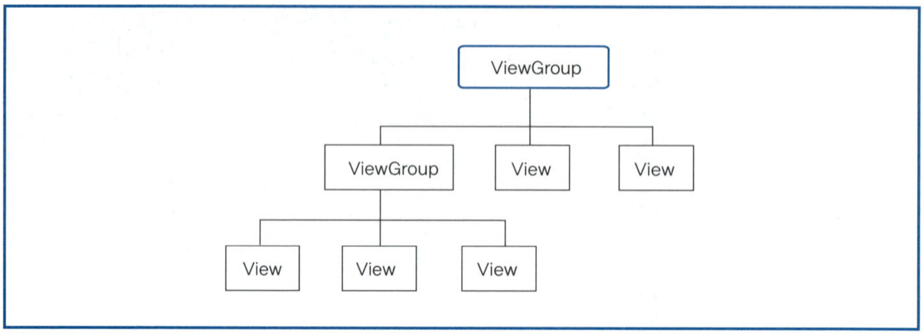


[그림 5-6] 뷰의 계층 구조

안드로이드에서 화면 레이아웃은 ViewGroup과 LayoutParams 객체들로 이루어진다. 화면의 모든 뷰는 배경색, 색깔 등의 속성을 명시한다. 영역 정보, 상대 위치, 절대 위치, 여백 속성 등은 LayoutParams에 의해서 정의된다. 코드에서 ViewGroup에 자식 뷰 객체들을 추가하는 경우에는 addView() 메소드를 사용한다. 리소스 파일에서는 ViewGroup 객체를 정의하는 요소 안에 자식 뷰 요소를 포함하면 된다. 예를 들어, 〈LinearLayout〉 요소를 먼저 정의하고, 그 안에 〈TextView〉 요소들을 포함하면 된다. ViewGroup에서 파생된 클래스들은 크게 두 가지 범주인 레이아웃와 뷰 컨테이너로 구별된다. 안드로이드 SDK에서는 개발자가 설계한 레이아웃 구조를 시각적으로 표시해주는 계통 구조 표시기를 제공하고 있다.

## 레이아웃 종류

레이아웃 클래스는 View의 일종으로서 자식들을 어떻게 배치할 것인가를 다룰 뿐,

〈표 5-2〉 대표적인 뷰 그룹

| 이름 | 클래스 | 개요 |
|---|---|---|
| 선형 레이아웃 | LinearLayout | 수평 방향 또는 수직 방향에 자식 뷰를 배치함. 자식 뷰가 화면에 포함될 수 없는 경우에는 스크롤바가 표시됨 |
| 절대 레이아웃 | AbsoluteLayout | 픽셀 단위로 자식 뷰의 위치를 절대 좌표로 지정함 |
| 상대 레이아웃 | RelativeLayout | 자식 뷰 간의 상대 관계나 부모 뷰와의 관계로 뷰를 배치함 |
| 프레임 레이아웃 | FrameLayout | 왼쪽 상단을 기준으로 뷰를 배치하는 가장 기본적인 레이아웃 |
| 표 레이아웃 | TableLayout | 테이블 형식으로 뷰를 배치함. 보통 내부에 테이블 행 레이아웃을 지정함 |

화면에 무엇인가를 나타내지는 않는다. 레이아웃은 〈표 5-2〉와 같이 선형 레이아웃, 상대 레이아웃, 절대 레이아웃, 프레임 레이아웃, 표 레이아웃 등이 있으며, View 객체들을 화면에 다양하게 배치하는 데 사용된다. 일반적으로 레이아웃 객체들은 사용자와 직접 상호작용을 하지 않으며, 레이아웃 클래스 안의 뷰 객체들이 사용자와 상호작용한다.

## 뷰 그룹의 공통 속성

화면에 체크박스를 가로로 두 개 배치한다고 하자. 각 체크박스를 설명하는 텍스트에 따라 체크박스가 차지하는 영역이 달라진다. 체크박스 두 개가 차지하는 영역이 화면의 가로 크기와 일치하지 않는 경우가 종종 발생한다. 이 경우 남는 여분의 영역을 처리하는 방법을 제시해야 한다. 이와 같이 화면 크기와 배치된 위젯 크기가 다른 경우들에 대해, 뷰 그룹은 layout_width와 layout_height 속성을 제공한다. wrap_content는 해당 위젯의 내용을 표시할 수 있는 만큼 공간을 차지한다. fill_parent는 상위 컨테이너의 나머지 위젯들이 사용하고 남은 공간 전부를 차지한다. 또한 각 속성을 특정 수치로 지정할 수도 있다. 예를 들어, layout_width를 80px로 지정하였다면 위젯의 폭이 80픽셀만큼 차지한다. layout_margin으로 시작하는 속성은 상하좌우 방향의 여백 크기를 지정한다. 각 방향별로 여백의 크기를 따로 정할 수 있다. 한 예로, layout_marginTop은 위젯 위쪽의 여백 크기를 정하는 속성이다.

〈표 5-3〉 뷰 그룹의 공통 특성

| 속성명 | 적용 대상 | 의미 | 값 |
|---|---|---|---|
| layout_width | 부모 뷰,<br>자식 뷰 | 뷰의 폭, 자식 뷰는<br>필수적으로 명시 | 수치, fill_parent,<br>wrap_content |
| layout_height | 부모 뷰,<br>자식 뷰 | 뷰의 높이, 자식 뷰는<br>필수적으로 명시 | 수치, fill_parent,<br>wrap_content |
| layout_margin | 자식 뷰 | 뷰 상하좌우의 여분 공간 | 수치 |
| layout_marginTop | 자식 뷰 | 뷰 위쪽의 여분 공간 | 수치 |
| layout_marginBottom | 자식 뷰 | 뷰 아래쪽의 여분 공간 | 수치 |
| layout_marginRight | 자식 뷰 | 뷰 오른쪽의 여분 공간 | 수치 |
| layout_marginLeft | 자식 뷰 | 뷰 왼쪽의 여분 공간 | 수치 |

## 레이아웃 속성

레이아웃 속성으로는 방향, 그래비티, 채우기, 가중치, 패딩 등이 있다. 방향 속성은 위젯들을 가로로 배치할 것인지 세로로 배치할 것인지 결정한다. 리소스 파일의 LinearLayout 요소에 android:orientation 속성을 추가하고, 배치 방향에 따라 horizontal 혹은 vertical로 설정한다. 프로그램 코드에서 방향을 설정할 경우에는 setOrientation() 메소드를 이용하여 상수인 HORIZONTAL 또는 VERTICAL을 넘겨준다.

그래비티Gravity는 〈표 5-4〉와 같이 위젯들이 배치되는 방향을 정하는 속성이다. 기본적으로 위젯들은 왼쪽 상단을 기준으로 정렬된다. 가로로 배치되는 위젯들은 왼쪽에서 오른쪽으로 정렬된다. 세로로 배치하는 경우에는 left, center_horizontal, right를 사용하여 왼쪽, 가운데, 오른쪽으로 정렬할 수 있다. 이들은 때로 OR 조건을 통해 다수의 속성을 지정할 수 있다.

안드로이드에서 각 액티비티를 위한 레이아웃 구성 시 리소스 파일을 사용한다. 리소스 파일에서 레이아웃 관련 내용을 정의하면 액티비티가 이를 화면에 표시한다. 화면에 출력되는 문자열 같은 정적인 형태의 뷰는 실행 시간에 사용자와 상호작용하지 않는 특성이 있으므로, 코드 참조 없이 리소스 파일에서 정의된 대로 화면에 표시하면 된다. onCreate() 메소드와 setContentView() 메소드는 보통 리소스 파일과 연관되어 있다. 이러한 접근 방식에 의해 코드 대신에 XML로 사용자 인터페이스를 구성하여 쉽게 레이아웃을 정의할 수 있다.

〈표 5-4〉 레이아웃의 그래비티 속성

| 속성값 | 의미 |
|---|---|
| top | 컨테이너 위로 접근함 |
| bottom | 컨테이너 아래로 접근함 |
| left | 컨테이너 왼쪽으로 접근함 |
| right | 컨테이너 오른쪽으로 접근함 |
| center_vertical | 컨테이너 수직 방향의 중앙에 배열함 |
| center_horizontal | 컨테이너 수평 방향의 중앙에 배열함 |
| fill_vertical | 수직 방향을 컨테이너 크기로 확대하여 배열함 |
| fill_horizontal | 수평 방향을 컨테이너 크기로 확대하여 배열함 |
| center | 컨테이너 수평 방향과 수직방향의 중앙에 배치함 |
| fill | 수평 방향과 수직 방향을 컨테이너 크기로 확대하여 배치함 |

## 선형 레이아웃

선형 레이아웃Linear Layout은 위젯이나 다른 하위 컨테이너들을 가로나 세로 방향으로 나열한다. 선형 레이아웃으로 개발자가 원하는 작업을 하려면, 방향, 채우기, 가중치Weight, 그래비티, 패딩Padding 등의 특성들을 잘 활용해야 한다.

### 실습 5-5 선형 레이아웃

(1) LinearLayoutDemo라는 프로젝트를 생성한다.
(2) 〈코드 5-7〉을 res/layout 폴더의 main.xml에 복사한다.
(3) 프로젝트를 실행하면 [그림 5-7]과 같이 에뮬레이터에 나타난다.

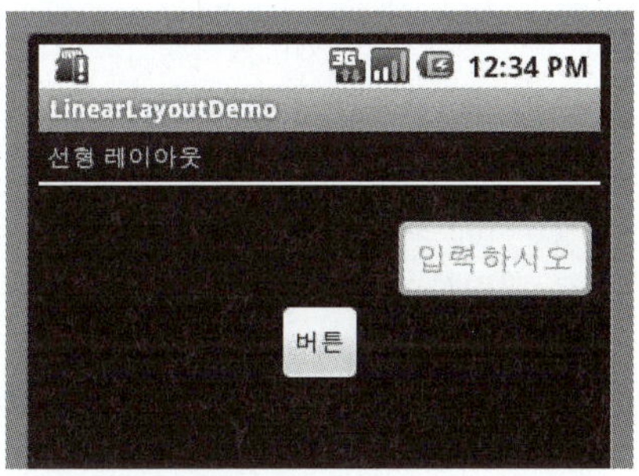


[그림 5-7] 선형 레이아웃 실행 화면

〈코드 5-7〉 main.xml

```
<LinearLayout xmlns:android="http://schemas.android.com/apk/res/android"
    android:orientation="vertical"
    android:layout_width="fill_parent"
    android:layout_height="fill_parent"
    android:gravity="top|left">
<TextView
    android:layout_width="wrap_content"
    android:layout_height="wrap_content"
    android:layout_margin="5px"
    android:text="선형 레이아웃 "/>
<View
    android:layout_width="fill_parent"
    android:layout_height="2px"
```

```
15      android:background="#FFFFFF" />
16  <EditText
17      android:id="@+id/EditText01"
18      android:layout_width="wrap_content"
19      android:layout_height="wrap_content"
20      android:layout_gravity="right"
21      android:layout_marginTop="20px"
22      android:layout_marginRight="5px"
23      android:hint="입력하시오"/>
24  <Button android:text="버튼"
25      android:id="@+id/Button01"
26      android:layout_width="wrap_content"
27      android:layout_height="wrap_content"
28      android:layout_gravity="center_horizontal"/>
29  </LinearLayout>
```

| | |
|---|---|
| 03 | 위젯들을 수직 방향으로 배치한다. |
| 04~05 | 위젯들이 화면 전체를 차지한다. |
| 06 | 위젯들을 위쪽으로 배치하면서 또한 왼쪽으로 정렬한다. |
| 10 | 텍스트 뷰 위젯의 상하좌우에 5px만큼씩 여분의 공간을 둔다. |
| 11 | "선형 레이아웃"이라는 텍스트가 위쪽 왼쪽에 표시된다. |
| 12 | 뷰 위젯을 정의한다. |
| 13~14 | 뷰 위젯의 높이는 2px이고, 폭은 부모 위젯의 폭과 동일한 크기가 된다. |
| 15 | 이 뷰의 색이 RGB="FFFFFF"이므로 2px 굵기의 흰색 선이 표시된다. |
| 20 | 편집텍스트의 배치 방향을 오른쪽으로 정한다. |
| 21~22 | 편집텍스트의 위쪽 여백은 20px만큼 띄우고, 오른쪽 여백은 5px만큼 띄운다. |
| 23 | 편집텍스트에 "입력하시오"라는 글씨가 엷게 나타나서 글을 입력할 수 있음을 암시한다. |
| 24 | "버튼"이라고 버튼에 표시된다. |
| 28 | 버튼을 수평 방향의 가운데에 정렬한다. |

## 절대 레이아웃

절대 레이아웃Absolute Layout은 자식 뷰들의 위치를 x, y 좌표로 정확하게 표기할 때 유용하다. 화면의 위젯들이 픽셀 수준에서 정밀하게 조정해야 하는 경우에 주로 사용된다. 이러한 배치 방식은 유연성이 떨어지기 때문에 화면 크기가 다른 기기들에서는 레이아웃이 깨질 수가 있다. 이러한 이유로, 이 레이아웃은 화면 전체가 아니라 일부 영역에 대한 세밀한 표시가 요구되는 상황에 한정하여 사용하는 것이 좋다.

### 실습 5-6 절대 레이아웃

(1) AbsoluteLayout이라는 프로젝트를 생성한다.
(2) 〈코드 5-8〉을 res/layout 폴더의 main.xml에 복사한다.
(3) 프로젝트를 실행하면 [그림 5-8]과 같이 에뮬레이터에 나타난다.

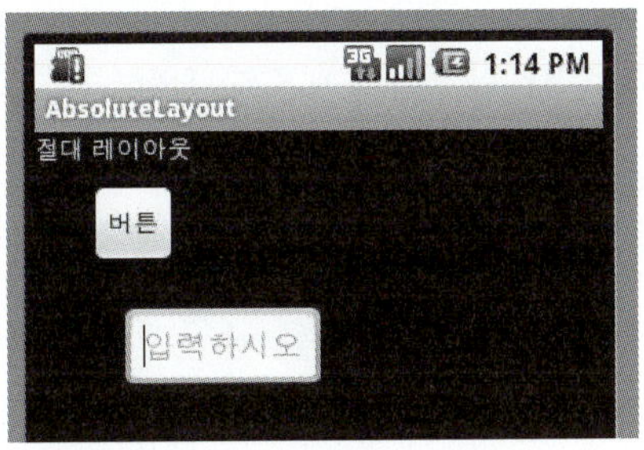


[그림 5-8] 절대 레이아웃

〈코드 5-8〉 main.xml

```
<AbsoluteLayout xmlns:android="http://schemas.android.com/apk/res/android"
    android:orientation="vertical"
    android:layout_width="fill_parent"
    android:layout_height="fill_parent">
<TextView
    android:layout_width="fill_parent"
    android:layout_height="wrap_content"
    android:text="절대 레이아웃"
    android:layout_y="0px" android:layout_x="0px"/>
<EditText android:hint="입력하시오"
    android:id="@+id/EditText01"
    android:layout_width="wrap_content"
    android:layout_height="wrap_content"
    android:layout_x="50px" android:layout_y="100px"/>
<Button android:text="버튼"
    android:id="@+id/Button01"
    android:layout_width="wrap_content"
    android:layout_height="wrap_content"
```

```
20        android:layout_x="30px" android:layout_y="30px"/>
21    </AbsoluteLayout>
```

09 화면에 표시될 텍스트는 "절대 레이아웃"이다.
10 화면의 왼쪽 상단을 기준으로 x, y 좌표 값이 각각 0px, 0px인 지점에 텍스트 뷰를 배치한다. 이 지점은 바로 화면의 왼쪽 상단 그 자체이다.
11 편집텍스트에 "입력하시오"라는 글씨가 엷게 나타나서 글을 입력할 수 있음을 암시한다.
15 화면의 왼쪽 상단을 기준으로 x, y 좌표 값이 50px, 100px인 지점에 편집텍스트를 배치한다.
20 화면의 왼쪽 상단을 기준으로 x, y 좌표 값이 30px, 30px인 지점에 버튼을 배치한다.

## 표 레이아웃

표 레이아웃TableLayout에서는 자식 뷰들을 행과 열로 이루어진 표 형태로 배치한다. 행이나 열의 개수를 지정할 수 있고, 특정 열의 폭에 맞춰 늘이거나 줄일 수 있다. 이 레이아웃에서는 개별 자식 뷰들을 가로로 배치하는 TableRow 클래스를 사용한다. TableRow 클래스는 수평 방향의 선형 레이아웃에 해당되는데, 이러한 TableRow들이 수직 방향으로 나열된 것이 표 레이아웃이다.

기본적으로 표 레이아웃은 필요한 행의 개수만큼 TableRow 객체를 만들어 사용한다. 열의 개수는 안드로이드가 자동으로 결정하고, 사용자는 간접적으로 열의 개수를 조절할 수 있다. 안드로이드는 가장 많은 위젯이 들어 있는 행을 기준으로 열의 개수를 결정한다. 예를 들어, 두 개의 행이 있는데 하나의 행에 위젯이 두 개 들어 있고, 다른 행에는 위젯이 네 개 들어 있다면, 이 레이아웃에서 열의 개수는 가장 큰 값인 4가 된다. TableRow의 각 열은 하나의 뷰 객체를 포함하며, 각 행의 열에게는 0에서 시작하는 번호가 자동으로 부여된다.

기본 설정으로 각 열의 폭은 해당 열에 들어 있는 위젯 가운데 가장 넓은 위젯을 기준으로 한다. 남아 사용되지 않은 열들을 다른 위젯이 확장하여 사용할 수 있다. android:stretchColumns 속성은 특정 열이 확장되어 사용되지 않은 열들을 사용할 수 있게 한다. 특정 위젯에 android:layout_span 속성을 적용하면, 해당 위젯을 두 개 이상의 열에 확장하여 배치할 수 있다. 또한 위젯이 들어갈 열을 명시적으로 지정하려면 android:layout_column 속성에 열 번호를 지정해주면 된다. 이러한 속성들이 〈표 5-5〉에 정리되어 있다.

〈표 5-5〉 표 레이아웃 속성

| 속성 | 값 | 의미 |
|---|---|---|
| collapseColumns | 0부터 시작하는 열의 번호를 쉼표로 구분 | 열들을 숨김 |
| shrinkColumns | 0부터 시작하는 열의 번호를 쉼표로 구분 | 텍스트가 길 때는 접어서 표시 |
| stretchColumns | 0부터 시작하는 열의 번호를 쉼표로 구분 | 열의 폭을 넓힘 |
| layout_column | 0부터 시작 | 뷰가 표시될 열 번호 |
| layout_span | 양수 | 뷰가 차지할 열들의 개수 |

실습을 통해 〈표 5-6〉과 같은 3×4 크기의 표를 만들어보자. 첫 번째 행과 두 번째 행에서 두 번째 열이 이후 2, 3번 열의 영역까지 확장하고, 세 번째 행의 0, 1번 열은 사용되지 않는다. 세 번째 행은 2번 열부터 버튼이 배치된다. 각 행이나 열 번호가 0부터 시작함을 기억하자.

〈표 5-6〉 실습을 통해 만들고자 하는 표 레이아웃

<table>
<tr><td>텍스트 뷰</td><td colspan="3">편집텍스트(열 확장됨)</td></tr>
<tr><td>텍스트 뷰</td><td colspan="3">편집텍스트(열 확장됨)</td></tr>
<tr><td>사용 안 됨</td><td>사용 안 됨</td><td>전송 버튼<br>(배치될 열 번호 지정됨)</td><td>취소 버튼</td></tr>
</table>

## 실습 5-7 표 레이아웃

(1) TableLayout이라는 프로젝트를 생성한다.
(2) 〈코드 5-9〉를 res/layout 폴더의 main.xml에 복사한다.
(3) 프로젝트를 실행하면 [그림 5-9]와 같이 에뮬레이터에 나타난다.

[그림 5-9] 표 레이아웃

〈코드 5-9〉 main.xml

```
<TableLayout xmlns:android="http://schemas.android.com/apk/res/android"
    android:orientation="vertical"
    android:layout_width="fill_parent"
    android:layout_height="fill_parent"
    android:stretchColumns="1">
<TableRow
    android:layout_width="fill_parent"
    android:layout_height="wrap_content">
<TextView
    android:layout_width="wrap_content"
    android:layout_height="wrap_content"
    android:text="이름" />
<EditText android:hint="이름 입력"
    android:id="@+id/EditText01"
    android:layout_width="fill_parent"
    android:layout_height="wrap_content"
    android:layout_span="3"
     />
</TableRow>
<TableRow
    android:layout_width="fill_parent"
    android:layout_height="wrap_content">
<TextView
    android:layout_width="wrap_content"
    android:layout_height="wrap_content"
    android:text="소속기관" />
<EditText android:hint="소속기관 입력"
    android:id="@+id/EditText02"
    android:layout_width="fill_parent"
    android:layout_height="wrap_content"
    android:layout_span="3"
     />
</TableRow>
<TableRow
    android:layout_width="fill_parent"
    android:layout_height="wrap_content">
<Button android:text="전송"
    android:id="@+id/Button01"
```

```
40        android:layout_width="wrap_content"
41        android:layout_height="wrap_content"
42        android:layout_column="2" />
43    <Button android:text="취소"
44        android:id="@+id/Button02"
45        android:layout_width="wrap_content"
46        android:layout_height="wrap_content" />
47    </TableRow>
48    </TableLayout>
```

02 뷰 객체들을 표 레이아웃으로 배치한다.
06 번호가 "1"인 열을 다른 열들까지 포함하도록 확장한다.
07 표의 한 행을 정의한다.
08 현재 정의하고 있는 행의 폭은 부모 뷰가 정의한 영역 전부를 차지한다.
10 첫 번째 열인 텍스트 뷰를 배치한다. 열 번호는 "0"으로 자동 지정된다.
14 편집텍스트에 "이름 입력"이라는 글씨가 옅게 나타나서 글을 입력할 수 있음을 암시한다. 열 번호가 "1"로 자동 지정된다.
16 편집텍스트의 폭은 텍스트 뷰가 차지한 영역을 빼고, 나머지 부분을 모두 차지한다.
18 layout_span 속성은 편집텍스트가 이후 열 3개를 차지하도록 확장함을 의미한다.
21 새로운 행을 정의한다.
30 편집텍스트의 폭은 텍스트 뷰가 차지한 영역을 빼고, 나머지 부분을 모두 차지한다.
32 layout_span 속성은 편집텍스트가 이후 열 3개를 차지하도록 확장함을 의미한다.
38 버튼에 "전송"이라는 텍스트를 표시한다.
42 이 버튼을 "2"번 열에 배치한다.
43 버튼에 "취소"라는 텍스트를 표시한다. 이 버튼의 열 번호는 자동적으로 "3"이 지정된다.

## 상대 레이아웃

상대 레이아웃Relative Layout은 자식 뷰들을 상대적인 관계에 따라 배치한다. 예를 들어, 자식 A는 자식 B의 옆에, 자식 C는 자식 B의 아래에 두라고 상대적인 배치를 정해주면, 상대 레이아웃은 그에 맞게 자식 뷰들의 위치를 결정한다. 상대 레이아웃과 자식 뷰들에 적용할 수 있는 특성들은 android.widget.RelativeLayout.LayoutParams에서 찾아볼 수 있다.

상대 레이아웃에서 가장 간단한 위젯 배치 방법은 자식 뷰들이 부모 뷰를 기준으로 배치되는 관계를 정해주는 것이다. 〈표 5-7〉은 자식 뷰들과 부모 뷰 간의 관계를 설정하는 속성들을 보여준다. 이들 속성은 true 또는 false로 설정한다.

〈표 5-7〉 부모 뷰 기준의 상대 배치

| 속성 | 값 | 의미 |
|---|---|---|
| layout_alignParentTop | true/false | 뷰를 부모의 위쪽에 붙일 것인지 여부 |
| layout_alignParentBottom | true/false | 뷰를 부모의 아래쪽에 붙일 것인지 여부 |
| layout_alignParentLeft | true/false | 뷰를 부모의 왼쪽에 붙일 것인지 여부 |
| layout_alignParentRight | true/false | 뷰를 부모의 오른쪽에 붙일 것인지 여부 |
| layout_centerHorizontal | true/false | 뷰를 부모의 수평 방향 중앙에 붙일 것인지 여부 |
| layout_centerVertical | true/false | 뷰를 부모의 수직 방향 중앙에 붙일 것인지 여부 |
| layout_centerParent | true/false | 뷰를 부모의 수직, 수평 방향의 중앙에 붙일 것인지 여부 |

상대 레이아웃에서는 부모 뷰와 상대적인 관계 외에도 다른 위젯을 기준으로 배치하는 방법이 있다. 이렇게 기준이 될 위젯을 지정해주기 위해서는 먼저 기준이 될 위젯을 참조할 수 있어야 한다. 아래 방식으로 기준이 될 위젯을 참조한다.

- 참조할 위젯의 이름을 android:id 속성으로 미리 지정해야 한다. 예를 들면, 위젯의 이름은 @+id/widget_a와 같이 정의한다.
- 다른 위젯에서 기준 위젯을 참조하고자 하면, @[+]id/widget_a처럼 참조한다. 여기서 [ ]의 +는 사용해도 좋고 사용하지 않아도 동일한 효과를 갖는다.

안드로이드에서는 리소스 파일에 나타나는 순서대로 위젯을 생성하고 속성들을 지정한다. 따라서 리소스 파일에서 현재 위젯보다 아래 부분에서 정의된 위젯들에 대해서는 현재 위젯에서 참조할 수 없음을 유의해야 한다. 기준이 될 뷰를 대상으로 현재 위젯의 위치를 상대적으로 정해주는 속성들이 〈표 5-8〉에 정리되어 있다.

〈표 5-8〉 기준 뷰를 대상으로 상대 배치

| 속성 | 값 | 의미 |
|---|---|---|
| layout_above | 대상 뷰의 id | 현 위젯을 대상 뷰의 위쪽에 붙임 |
| layout_below | 대상 뷰의 id | 현 위젯을 대상 뷰의 아래쪽에 붙임 |
| layout_toLeftOf | 대상 뷰의 id | 현 위젯을 대상 뷰의 왼쪽에 붙임 |
| layout_toRightOf | 대상 뷰의 id | 현 위젯을 대상 뷰의 오른쪽에 붙임 |

또한 기준이 될 뷰를 대상으로 특정 위젯들을 정렬할 수 있다. 〈표 5-9〉에 제시된 정렬 속성들의 종류에 따라 현 위젯들을 정렬할 수 있다.

〈표 5-9〉 기준 뷰를 대상으로 한 정렬 속성

| 속성 | 값 | 의미 |
|---|---|---|
| layout_alignRight | 대상 뷰의 id | 현 위젯을 대상 뷰의 오른쪽에 붙임 |
| layout_alignLeft | 대상 뷰의 id | 현 위젯을 대상 뷰의 왼쪽에 붙임 |
| layout_alignTop | 대상 뷰의 id | 현 위젯을 대상 뷰의 위쪽에 붙임 |
| layout_alignBottom | 대상 뷰의 id | 현 위젯을 대상 뷰의 아래쪽에 붙임 |
| layout_alignBaseline | 대상 뷰의 id | 대상 뷰와 텍스트 기준선이 일치하도록 배치 |

이러한 표 레이아웃과 관련된 속성들을 활용하는 실습을 해보자. 이 실습에서 편집텍스트에 입력한 글자들이 원래 힌트 형식으로 제시된 범위보다 작아지면 편집텍스트가 작아져서 버튼이 오른쪽으로 옮겨지고, 편집텍스트에 넣을 글자들이 제시된 범위보다 크게 되면, 편집텍스트가 커져서 버튼이 왼쪽으로 밀리고 있는 모습을 볼 수 있다.

## 실습 5-8 상대 레이아웃

(1) RelativeLayout이라는 프로젝트를 생성한다.
(2) 〈코드 5-10〉을 res/layout 폴더의 main.xml에 복사한다.
(3) 프로젝트를 실행하면 [그림 5-10]과 같이 에뮬레이터에 나타난다.

(a) 초기 실행 화면 (b) 입력 필드의 내용 후

[그림 5-10] 상대 레이아웃

〈코드 5-10〉 main.xml

```
02 <RelativeLayout xmlns:android="http://schemas.android.com/apk/res/android"
03     android:orientation="vertical"
04     android:layout_width="fill_parent"
05     android:layout_height="fill_parent">
06 <TextView
07     android:id="@+id/Text01"
08     android:layout_width="fill_parent"
09     android:layout_height="wrap_content"
10     android:text="이것은 상대 레이아웃"/>
11 <EditText android:hint="입력하시오"
12     android:id="@+id/EditText01"
13     android:layout_width="wrap_content"
14     android:layout_height="wrap_content"
15     android:layout_alignParentRight="true"/>
16 <Button android:text="버튼"
17     android:id="@+id/Button01"
18     android:layout_width="wrap_content"
19     android:layout_height="wrap_content"
20     android:layout_toLeftOf="@id/EditText01"
21     android:layout_below="@id/Text01"/>
22 </RelativeLayout>
```

02 상대 레이아웃을 정의한다.
10 화면에 "이것은 상대 레이아웃"이라고 표시한다.
11 편집텍스트를 정의하고 "입력하시오"를 hint로 표시한다.
15 layout_alignParentRight 속성에 의해 편집텍스트는 부모인 상대 레이아웃의 오른쪽에 정렬된다.
16 버튼 뷰를 정의한다.
20 버튼 뷰는 layout_toLeftOf에 의해 편집텍스트 왼쪽에 배치된다.
21 버튼 뷰는 layout_below에 의해 텍스트 뷰 아래에 배치된다.

## 프레임 레이아웃

프레임 레이아웃FrameLayout은 가장 단순한 레이아웃으로 각 자식 뷰들을 화면의 왼쪽 상단을 기준으로 배치한다. 여러 자식 뷰들이 추가되면 새로 정의되는 자식 뷰들은 이전의 자식 뷰 위에 중첩되어 쌓인다. 따라서 이 레이아웃의 맨 마지막에 추가된 자식 뷰가 맨 위에 놓이고 화면에 표시된다. 다만, 이전의 뷰들은 새로 추가된 뷰에 의해 중첩되었지만, 뷰의 크기에 따라 화면에 보일 수도 있고 보이지 않을 수도 있다. 프레임 레이아웃의 크기는 가장 큰 자식 뷰에 의해 결정된다. 자식 뷰는 가시 상태VISIBLE 또는 보이지 않는INVISIBLE 상태 설정에 따라 보일 수도 있고 보이지 않을 수도 있다. 프레임 레이아웃을 설정하는 속성들은 〈표 5-10〉에 나와 있다. foreground 속성은 그려질 수 있는 리소스 id, 테마 id, 색 등을 지정하는 데 사용된다.

〈표 5-10〉 프레임 레이아웃 속성

| 속성 | 값 | 의미 |
|---|---|---|
| foreground | 리소스 ID, 테마 ID, 색 | 프레임에 표시할 이미지나 색을 지정 |
| foregroundGravity | left, center 등<br>그래비티 값 | foreground의 이미지 배치 방법.<br>디폴트 또는 fill |
| measureAllchildren | true/false | true인 경우 크기가 결정될 때 모든 요소를 측정. false인 경우에는 VISIBLE 상태의 자식 뷰들만 측정 |

다음 실습에서는 세 개의 자식 뷰들로 이루어진 프레임 레이아웃을 만들어본다. 맨 처음 추가된 뷰가 텍스트 뷰이고, 그 다음이 편집텍스트이고, 마지막으로 버튼 뷰를 추가한다. 실행 결과를 보면 리소스 파일에서 뷰들이 나타난 순서대로 화면의 밑으로부터 차례로 중첩되어 나타나고 있음을 볼 수 있다. 마지막에 추가된 버튼 뷰가 화면의 맨 위에 표시되었음을 확인할 수 있다.

## 실습 5-9 프레임 레이아웃

(1) FrameLayout이라는 프로젝트를 생성한다.
(2) 〈코드 5-11〉을 res/layout 폴더의 main.xml에 복사한다.
(3) 프로젝트를 실행하면 [그림 5-11]과 같이 에뮬레이터에 나타난다.

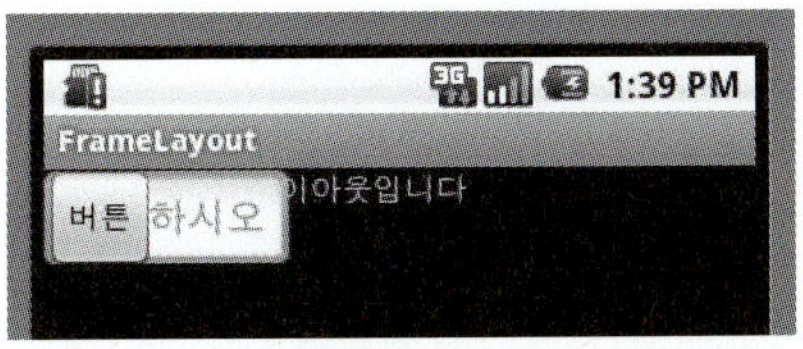


[그림 5-11] 프레임 레이아웃

〈코드 5-11〉 main.xml

```
<FrameLayout xmlns:android="http://schemas.android.com/apk/res/android"
    android:orientation="vertical"
    android:layout_width="fill_parent"
    android:layout_height="fill_parent"
    >
<TextView
    android:layout_width="fill_parent"
    android:layout_height="wrap_content"
    android:text="이것은 프레임 레이아웃입니다"
    />
<EditText android:hint="입력하시오"
    android:id="@+id/EditText01"
    android:layout_width="wrap_content"
    android:layout_height="wrap_content"/>
<Button android:text="버튼"
    android:id="@+id/Button01"
    android:layout_width="wrap_content"
    android:layout_height="wrap_content"/>
</FrameLayout>
```

## 연습/문/제

1. 위젯과 뷰란 무엇인가? 또한 이들의 차이점을 설명하라.

2. 텍스트 뷰와 편집텍스트란 무엇인가? 또한 이들의 차이점을 설명하라.

3. 체크박스와 라디오 버튼이란 무엇인가? 또한 이들의 차이점을 설명하라.

4. 다음 리소스 코드를 설명하라.

```
<EditText
    android:id ="@+id/edittext2"
     android:text="(111)222-3333"
...
     android:phoneNumber="true"
/>
<EditText
     android:id ="@+id/password"
     android:text="SuperSecret"
...
     android:password="true"
```

5. 〈실습 5-2〉에 YTN이라는 라디오 버튼을 추가하고, 네 개의 라디오 버튼들을 가운데로 정렬하며, 초기에 표시된 라디오 버튼을 KBS가 아니라 MBC가 되도록 수정하라.

6. 이벤트와 인터페이스가 무엇인지 설명하라.

7. 다음 코드에서 이벤트가 처리되는 과정을 설명하라.

```
        final ToggleButton toggleB =
            (ToggleButton)findViewById(R.id.togglebutton);
        toggleB.setOnClickListener(new OnClickListener() {
            public void onClick(View v) {
                // Perform action on clicks
...
                if (toggleB.isChecked()) {
                    Toast.makeText(ToggleButtonDemo.this, "활성됨",
                                    Toast.LENGTH_SHORT).show();
                    tv.setText("Toggle button is enabled");
...
                }
            }
        });
```

8. 뷰 그룹과 레이아웃은 무엇인가?

9. 레이아웃의 종류에 대하여 설명하라.

10. 다음 리소스 코드에 대하여 설명하라.

```
<EditText
    android:id="@+id/EditText01"
    android:layout_width="wrap_content"
    android:layout_height="wrap_content"
    android:layout_gravity="right"
    android:layout_marginTop="20px"
    android:layout_marginRight="5px"
    android:hint="입력하시오"/>
```

11. 〈실습 5-6〉에서 텍스트 뷰, 편집텍스트, 버튼들의 절대 좌표를 수정하여 이들의 위치를 이동하여보라.

12. 〈실습 5-7〉에서 버튼들이 맨 처음 행의 첫 번째 열부터 나타나고, 두 개의 다른 행은 두 번째 열부터 나타나도록 수정하여보라.

13. 〈실습 5-8〉에서 버튼이 왼쪽 상단에 위치하고, 편집텍스트가 버튼의 하단 중앙에 위치하며, 텍스트 뷰는 편집텍스트의 하단 오른쪽에 배치되도록 수정하라.

14. 〈실습 5-9〉에서 텍스트 뷰, 편집텍스트, 버튼이 나타나는 순서가 역순이 되도록 수정하라.

15. 대부분의 개발 환경이 사용자 인터페이스를 XML로 정의하는 방식을 채택하고 있는 추세이다. 안드로이드에서도 마찬가지로 사용자 인터페이스를 XML로 정의하고, 필요시 실행 시간에 자바 코드에서 동작을 규정하는 모델을 사용하고 있다. 다른 도구에서 이러한 사용자 인터페이스 모델이 어떻게 활용되고 있는지 조사해보라.

16. 다음 중 뷰와 관련된 설명으로 적합하지 않은 것은 무엇인가?
① 뷰는 사용자에게 정보를 표시하거나 사용자의 입력을 받아들이는 컴포넌트이다.
② 뷰의 종류로는 텍스트 뷰, 편집텍스트, 이미지 뷰, 누름 버튼, 체크박스 등이 있다.
③ 여러 위젯을 화면에 배치한다.
④ 위젯은 뷰가 화면에 직접 나타난 것이다.

17. 다음 중 뷰그룹(ViewGroup)과 관련된 설명으로 적합하지 않은 것은 무엇인가?
① 뷰그룹 클래스에 의해 뷰 객체들을 화면에 조직적으로 배치할 수 있다.
② 뷰그룹은 다른 위젯들을 담는 컨테이너로 동작한다.
③ 뷰그룹의 주요 파생 클래스로는 레이아웃과 뷰 컨테이너가 있다.
④ 뷰 객체들은 뷰그룹에 의해 직접 화면에 표현된다.

18. 다음 중 레이아웃 종류와 관련된 설명으로 적합하지 않은 것은 무엇인가?
① 선형 레이아웃은 수평 방향 또는 수직 방향으로 자식 뷰를 배치한다.
② 프레임 레이아웃에서 여러 자식 뷰들이 추가될 때, 새로 정의되는 자식 뷰는 이전의 자식 뷰 아래에 놓인다.
③ 상대 레이아웃은 자식 뷰나 부모 뷰와의 상대적인 관계를 통해 뷰를 배치한다.
④ 절대 레이아웃은 픽셀 단위의 좌표를 통해 자식 뷰를 배치한다.

Chapter

06

# 사용자 인터페이스(Ⅱ)

6.1 리스트 뷰

6.2 대화창

6.3 메뉴

CHAPTER

# 06 사용자 인터페이스(Ⅱ)

입력된 내용 중에서 하나를 선택하는 위젯은 전통적으로 리스트 박스list box, 콤보 박스combo box, 드롭다운 리스트dropdown list 등이 사용되었다. 안드로이드에서도 여러 가지 중에서 선택할 수 있는 선택 위젯widgets류를 제공한다. 액티비티가 사용자에게 무엇인가를 알려야 할 때 팝업 메시지가 자주 사용된다. 많이 사용되는 방식은 대화창dialog에 기반을 둔 방식이다. 안드로이드에서 애플리케이션 수준의 옵션 메뉴option menu와 컨텍스트 메뉴context menu를 제공한다.

## 6.1 리스트 뷰

이 절에서는 데이터 소스로부터 뷰에게 데이터를 전달하는 어댑터와 데이터를 화면에 표현하는 어댑터 뷰 개념을 배우고, 이 중에서 많이 사용되는 리스트 뷰를 중심으로 실습을 해본다. 그리고 SimpleAdapter를 통해 배열을 대상으로 어댑터를 활용하는 방법을 익힌다.

### 어댑터

안드로이드는 고정적인 배열에서 XML 파일, 데이터베이스에 이르기까지 다양한 종류의 값을 읽어오는 공통의 인터페이스를 어댑터adapter 형식으로 제공한다. 달리 말하면, 어댑터는 서로 관련이 없는 클래스들 간에 공통된 인터페이스를 제공해준다. 이러한 어댑터는 선택 위젯에게 데이터를 제공할 뿐만 아니라, 각 데이터 항목들을 위젯 내부에 표시하는 위젯 클래스로의 변환도 수행한다.
화면을 크게 동적인 화면과 정적인 화면으로 나누어보면, 동적인 화면은 게임 화면처럼 이미지들이 자유롭게 움직이는 화면을 의미한다. 동적인 화면에서 개발자는 다양한 색과 도형들을 사용한다. 이에 반해 정적인 화면은 주로 글자들이 나열되고 표준화된 객체들이 사용된다. 정적인 화면을 구성하는 데 중요한 것 중 하나가 리스트list이다. 문자열이나 이미지들이 나열될 수도 있고, 글자와 이미지가 혼합되어 나열될 수도 있다. 이러한 리스트들의 형태는 layout 디렉터리 아래에 xml 파일로 정의할 수 있다. 물론, 코드 내에서 레이아웃 객체를 만들어 layoutParam을 이용하여 정의할 수도 있다.

사용자 인터페이스인 뷰와 데이터를 연결하는 어댑터는 [그림 6-1]처럼 데이터 소스와 사용자 뷰 사이를 연결하는 다리 역할을 한다. 안드로이드는 데이터를 위젯으로 보내주는 어댑터 집합을 제공하고 있다. 이러한 어댑터는 데이터를 공급하는 기능과 각 데이터를 화면에 표시하는 뷰 선택 기능의 두 가지를 모두 포함하고 있다. 개발자가 이를 적절히 활용하면 다양한 데이터 소스들을 쉽게 다룰 수 있다.

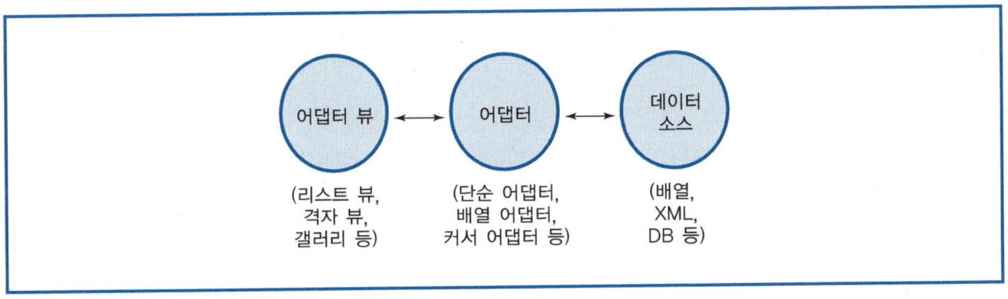


[그림 6-1] 어댑터와 어댑터 뷰 관계

안드로이드는 ArrayAdapter, CursorAdapter, SimpleAdapter 등의 어댑터를 제공한다. ArrayAdapter는 데이터 소스가 배열인 어댑터이고, CursorAdapter는 데이터베이스나 컨텐트 프로바이더로부터 반환된 데이터들을 받으며, SimpleAdapter는 XML 파일의 내용을 데이터 소스로 받는다. 먼저, 리스트를 간단하게 표시하는 데 유용한 ArrayAdapter를 알아보자. ArrayAdapter의 경우, 배열을 ArrayAdapter에 넣어주는 것으로 어댑터를 사용하는 준비는 끝난다. 다음에 보여지는 ArrayAdapter는 화면에 한 줄씩 리스트를 만들어준다.

안드로이드에서는 행 레이아웃row layout 리소스에 대한 몇 가지 표준을 제공한다. 이들은 안드로이드 SDK가 설치된 platforms\android-8\data\res\layout 폴더에 있다. 대표적인 종류로 simple_list_item_1과 simple_list_item_2 등이 있다. 이들 각각은 android.R.layout.simple_list_item_1과 android.R.layout.simple_list_item_2

로 참조할 수 있고, <표 6-1>처럼 구성되어 있다. 리소스 simple_list_item_1의 텍스트 뷰는 text1이라는 이름으로 참조 가능하다.

<표 6-1> 시스템 리소스

| 리소스 ID | 내용 | 텍스트 뷰 명칭 |
|---|---|---|
| simple_list_item_1 | 한 개의 텍스트 뷰로 구성된 레이아웃 | text1 |
| simple_list_item_2 | 두 개의 텍스트 뷰로 구성된 레이아웃 | text1, text2 |

<코드 6-1> ArrayAdapter 사용 예

```
ArrayAdapter adapter1 = new ArrayAdapter(this,
        android.R.layout.simple_list_item_1, mStrings);
```

ArrayAdapter 클래스의 생성자는 매개변수 3개를 받는다. 첫 번째 매개변수는 컨텍스트로서 액티비티 자신을 넘겨주고 있다. 두 번째 매개변수는 사용할 뷰의 리소스 ID를 지정하는데, 여기에서는 안드로이드에 내장된 시스템 리소스인 android.R.layout.simple_list_item_1로 행 레이아웃을 설정하고 있다. 이 리소스는 문자열을 하나의 텍스트 뷰로 배치한다. 세 번째 매개변수는 데이터 소스로 배열을 지정한다. 이 배열이 화면에 나타날 데이터를 포함하고 있다. 그런데 이 어댑터에 의한 텍스트 뷰가 화면상에 리스트 뷰 형태로 표현될 것인지, 스피너 형태로 표현될 것인지는 이 어댑터와는 무관하다.

## 어댑터 뷰

사용자가 뷰 그룹에 데이터들을 채워넣고 싶을 때가 있다. 이러한 경우에 뷰와 외부 데이터 소스 사이에 연관을 맺어주어야 한다. 뷰 그룹으로부터 어댑터 뷰AdapterView를 정의하고, 각 자식 뷰는 어댑터를 통해 데이터들을 받으면 된다. 일반적으로 어댑터는 배열 데이터와 같은 외부 데이터와 어댑터 뷰 사이에서 매개해주는 역할을 하고, 어댑터 뷰는 어댑터가 넘겨주는 데이터를 화면상의 위젯에 표시하는 역할을 한다.

구체적으로 어댑터 뷰는 데이터로 레이아웃을 채우는 역할과 사용자에 의한 항목 선택 이벤트를 처리하는 역할의 두 가지를 담당한다. 또한 어댑터 뷰 객체의 setOnItemClickListener() 메소드를 통해 AdapterView.OnItemClickListener를 등록한다.

항목 선택 이벤트가 발생하면 호출될 onItemClick()를 OnItemClickListener 안에 포함한다. onItemClick() 메소드에 애플리케이션에서 필요한 작업을 처리한다. ViewGroup에서 간접적으로 상속되는 파생 클래스들에는 다른 뷰들을 담는 컨테이너[container] 역할을 하는 것들이 있다. 이들은 5장의 레이아웃 클래스들과 달리 일반적인 위젯처럼 사용자와 상호작용을 한다. 이러한 상호작용을 통해 사용자는 컨테이너에 담긴 뷰 객체를 표준적인 방식에 따라 탐색할 수 있다. 기능에 따라 ListView, GridView, Gallery 등의 AdapterView 파생 컨테이너, ViewFlipper, ImageSwitcher, TextSwitcher 등의 전환식 컨테이너, 뷰 객체들을 여러 탭으로 구조화하는 TabHost 그리고 대화창 등으로 나뉜다. 안드로이드는 〈표 6-2〉와 같은 ViewGroup 컨테이너를 기본으로 제공하고 있다.

〈표 6-2〉 뷰 그룹 컨테이너

| 이름 | 클래스 | 개요 |
|---|---|---|
| 리스트 뷰 | ListView | 스크롤 가능한 리스트 |
| 그리드 뷰 | GridView | 격자 구조상에 이미지를 배치함 |
| 갤러리 | Gallery | 리스트에서 지정된 이미지를 수평 방향으로 스크롤하면서 표시함 |
| 스크롤 뷰 | ScrollView | 수직 방향으로 뷰들을 스크롤함 |
| 스피너 | Spinner | 행에 텍스트 박스 내에서 지정한 리스트의 한 항목을 표시함. 수평 방향 또는 수직 방향으로 뷰를 스크롤함 |
| 서피스 뷰 | SurfaceView | 이미지를 그리는 용도의 뷰 |
| 탭 호스트 | TabHost | 탭에 의해 표시를 변환함 |
| 뷰 플리퍼 | ViewFlipper | 슬라이드 쇼와 같이 자동적으로 엘리먼트를 변환함 |

어댑터 뷰의 파생 클래스 중에서 리스트 뷰[ListView], 그리드 뷰[GridView], 갤러리[Gallery]는 같은 종류의 뷰를 반복해서 나타내는 특징이 있다. 리스트 뷰는 뷰들을 수직 방향의 목록 형태로 나타내고, 수직 스크롤을 지원한다. 그리드 뷰는 뷰들을 고정된 개수의 열들로 이루어진 격자 형태로 나타낸다. 갤러리는 뷰들을 수평 방향의 목록 형태로 배치한다.

### 리스트 뷰

화면에 표시할 내용들이 리스트 형태로 되어 있는 경우, 리스트 뷰를 사용하면 좋다. ListActivity 클래스는 데이터들을 쉽게 리스트 형태로 만들어준다. 이러한 이유로 리스트 뷰를 이용하는 액티비티는 일반적으로 Activity 대신에 ListActivity로부터 상속받는다. 리스트 뷰의 ID로는 @android:id/list를 사용하며, 리스트에 존재하는 항목들을 표시한다. 리스트가 비어 있는 경우를 나타내기 위하여 또 다른 리소스 ID가 @android:id/empty인 텍스트 뷰를 사용한다. 리스트 뷰에 대한 더욱 자세한 사항은 android.widget.ListView를 참조하라.

보통 액티비티를 출력하기 위해 setContentView(int)를 통해 레이아웃 파일을 사용한다. 〈코드 6-3〉에서는 레이아웃 파일을 읽어오는 작업이 없다는 점에 주의하자. 대신에 setListAdapter()를 사용하고 있다. setListAdapter()는 자동적으로 리스트 뷰를 생성하고, 데이터 소스로부터 데이터를 출력할 뷰를 생성하여 리스트 뷰에게 제공한다. 아래 코드에서 setListAdapter() 메소드는 리스트 뷰에 나타날 항목들을 연결해주는 배열 어댑터 adapter를 매개변수로 받는다. 배열 어댑터의 생성자는 애플리케이션 컨텍스트, 각 리스트 항목을 위한 레이아웃, 리스트 뷰에 삽입할 객체 목록을 전달받는다.

### 실습 6-1 리스트 뷰: ListActivity로부터 상속

(1) ListItemClickDemo라는 프로젝트를 생성한다.
(2) 〈코드 6-2〉를 복사하여 main.xml을 수정한다.
(3) 〈코드 6-3〉을 복사하여 ListItemClickDemo.java를 수정한다.
(4) 프로젝트를 실행하면 [그림 6-2]와 같은 실행 결과가 나타난다.

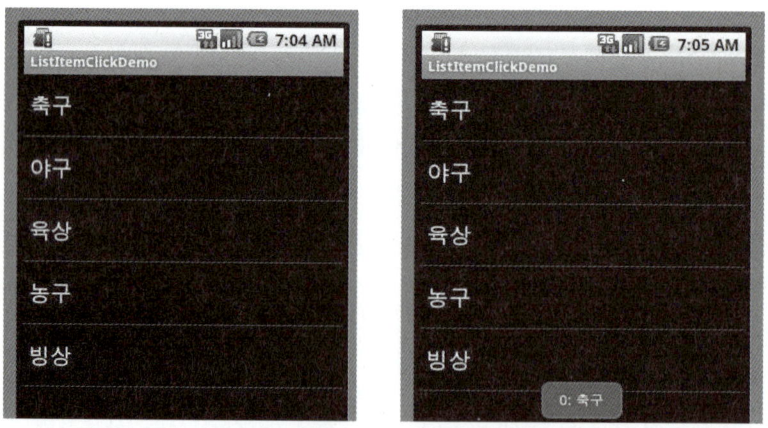


(a) 초기 화면 (b) '축구' 클릭 후 화면

[그림 6-2] 리스트 뷰(ListActivity)

〈코드 6-2〉 main.xml

```
02 <LinearLayout xmlns:android="http://schemas.android.com/apk/res/android"
03     android:orientation="vertical"
04     android:layout_width="fill_parent"
05     android:layout_height="fill_parent"
06     >
07 <ListView android:id="@android:id/list"
08     android:layout_width="fill_parent"
09     android:layout_height="fill_parent"
10     android:stackFromBottom="false"
11     />
12 </LinearLayout>
```

02 선형 레이아웃으로 정의한다.
07 ListView 엘리먼트를 정의하고, 리소스 ID를 list로 지정한다.
08~09 리스트 뷰의 폭과 높이는 부모인 선형 레이아웃이 차지한 영역 모두를 차지한다.
10 리스트가 아래로부터 올라오면서 나타나는 레이아웃 속성을 false로 설정하였으므로 위에서부터 리스트가 보여진다.

〈코드 6-3〉 ListItemClickDemo.java의 일부

```
import android.app.ListActivity;
...
import android.widget.ArrayAdapter;
import android.widget.ListView;
import android.widget.Toast;

public class ListItemClickDemo extends ListActivity {
    private static final String[] sports = new String[] {
        "축구", "야구", "육상", "농구", "빙상"
    };
    private ArrayAdapter<String> adapter;
...
    public void onCreate(Bundle savedInstanceState) {
        super.onCreate(savedInstanceState);
...
        adapter = new ArrayAdapter<String>(this,
```

```
23                  android.R.layout.simple_list_item_1, sports);
24          setListAdapter(adapter);
25      }
26      @Override
27      protected void onListItemClick(ListView lv, View v, int position, long id) {
28          // TODO Auto-generated method stub
29          Toast.makeText(this, id+": "+sports[position],
                        Toast.LENGTH_SHORT).show();
30      }
31  }
```

| | |
|---|---|
| 10 | 클래스 ListItemClickDemo가 ListActivity로부터 상속받는다. |
| 11~12 | 5개의 원소를 갖는 배열 sports를 선언한다. |
| 14 | ArrayAdapter 객체 하나를 선언한다. |
| 22~23 | 시스템 리소스인 android.R.layout.simple_list_item_1에 의거 배열 sports 내 값들을 하나씩 텍스트 뷰로 변환하는 배열 어댑터 객체 adapter를 생성한다. |
| 24 | ArrayAdapter 객체 adapter를 어댑터 뷰인 ListView와 연결한다. ListActivity로부터 상속받았기 때문에 이 메소드를 직접 호출할 수 있다. |
| 27 | 리스트의 선택 상태 변경 이벤트 발생 시 호출된다. 위젯과 선택된 항목 번호 등을 넘겨받는다. id는 선택된 항목 번호(맨 처음이 0부터 시작), position은 배열 내 선택된 항목 번호이다. |
| 29 | 선택된 항목 번호를 배열 원소로 지정하여 특정 sports 배열 원소를 접근한다. |

다음 실습에서는 〈실습 6-1〉에서 사용한 ListActivity 대신에 Activity로부터 상속받아 리스트를 만들어보자. ListActivity를 상속받은 경우에는 어댑터 뷰의 하위 클래스인 ListView를 명시하지 않고 사용할 수 있었으나, 여기에서는 ListView 클래스를 명시해야 한다. setAdapter()는 어댑터를 어댑터 뷰에 연결시키는 메소드이다. 여기에서는 ArrayAdpter 객체를 ListView 객체에 연결시킨다. 〈실습 6-1〉에서는 위에서 리스트가 나타났지만, 이번 실습에서는 아래에서 나타나게 해본다. setStackFromBottom() 메소드가 이러한 설정을 하는데, 설정값이 true이면 아래로부터 리스트가 나타나고, false이면 위에서부터 나타난다.

## 실습 6-2 리스트 뷰: Activity로부터 상속

(1) ListViewClickDemo라는 프로젝트를 생성한다.

(2) 〈코드 6-2〉를 main.xml로 복사한다.

(3) 〈코드 6-4〉를 ListViewClickDemo.java로 복사한다.

(4) 프로젝트를 실행하면 [그림 6-3]과 같은 실행 결과가 나타난다.

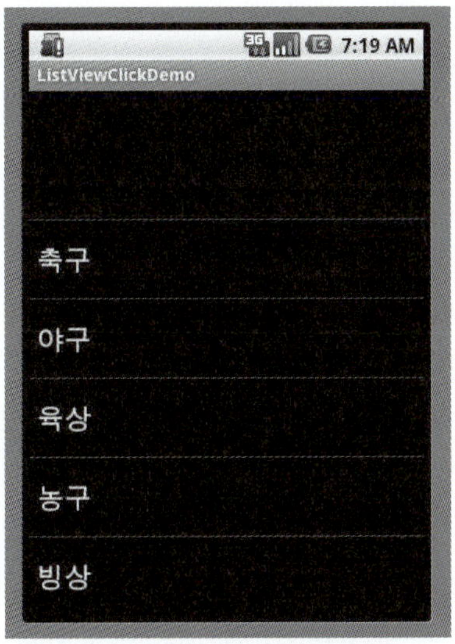


[그림 6-3] 리스트 뷰(Activity)

〈코드 6-4〉 일부

```
import android.app.ListActivity;
...
import android.widget.ArrayAdapter;
import android.widget.ListView;
import android.widget.Toast;

public class ListViewClickDemo extends Activity {
    private static final String[] sports = new String[] {
        "축구", "야구", "육상", "농구", "빙상"
    };
    /** Called when the activity is first created. */
    @Override
    public void onCreate(Bundle savedInstanceState) {
```

```
17         super.onCreate(savedInstanceState);
18         setContentView(R.layout.main);
19         ListView list = (ListView)findViewById(R.id.list);
20         list.setAdapter(new ArrayAdapter<String>(this,
21                 android.R.layout.simple_list_item_1, sports));
22         list.setStackFromBottom(true);
23     }
24 }
```

19 리소스 ID가 list인 리스트 뷰를 찾아 ListView 객체인 list에게 할당한다.
20 ArrayAdapter 객체를 ListView 객체와 연결되도록 설정한다.
22 리스트가 아래로부터 나타나도록 설정한다.

### 어댑터 활용

ArrayList는 객체들을 리스트List처럼 처리하는 자료구조이다. 내부적으로는 배열로 저장하고 있어, 리스트 특성을 갖는 동적 배열이라 할 수 있다. Vector 클래스처럼 내부에 포함하고 있는 원소들이 증감하는 동적 배열 형태이다. 〈실습 6-3〉에서는 ArrayList 객체인 fruitlist가 HashMap 객체들을 포함한다. HashMap 클래스는 Map의 하위 클래스로서 키와 값의 쌍으로 구성된 객체들을 포함한다. HashMap의 put() 메소드는 객체들을 HashMap에 추가하고, remove() 메소드는 HashMap에서 객체들을 삭제한다. 이 실습에서 HashMap 객체인 map은 문자열 두 개로 구성된다.

SimpleAdapter는 정적 데이터를 리소스 파일에서 정의한 뷰로 사상하는 어댑터이다. 여기에서 Map 객체들을 포함하는 ArrayList가 리스트를 채우는 데이터 소스로 사용된다. ArrayList 내 맵 객체 각각은 리스트상에서 행으로 표현되는 데이터를 포함한다. 사용자는 맵 객체의 키를 값으로 사상하는 방법과 행을 정의하는 리소스 파일 두 가지를 명시해야 한다. 이러한 SimpleAdapter는 다음과 같이 5개의 매개변수를 갖는다.

```
public SimpleAdapter (Context context, List<? extends Map<String, ?>> data, int
resource, String[ ] from, int[ ] to)
```

첫 번째 매개변수는 SimpleAdapter와 연관된 뷰가 실행되는 컨텍스트 객체를 나타내고, 두 번째 매개변수는 Map 객체들로 이루어지는 List 객체, 세 번째 매개변수는 행의 레이아웃을 정의하는 리소스 파일에 대한 리소스 ID, 네 번째 매개변수는 ArrayList의 행을 구성하는 키 배열, 다섯 번째 매개변수는 키에 대응하는 배열을 명시한다.
이 실습에서 main.xml이 ListView 엘리먼트를 정의하고, 리스트의 각 행을 두 개의 텍스트 뷰로 배치하는 선형 레이아웃은 row.xml에서 정의한다.

### 실습 6-3 어댑터 활용

(1) SimpleAdaperDemo라는 프로젝트를 생성한다.
(2) 〈코드 6-5〉를 res/layout 폴더의 main.xml에, 〈코드 6-6〉은 res/layout 폴더의 row.xml에 복사한다.
(3) 〈코드 6-7〉~〈코드 6-8〉을 SimpleAdaperDemo.java에 복사한다
(4) 프로젝트를 실행하면 처음에 3개 항목이 추가되었다가 나중에 한 개 항목이 삭제되어, 실행 결과에는 2개 항목만이 [그림 6-4]와 같이 화면에 나타난다.

[그림 6-4] 실행 화면

〈코드 6-5〉 main.xml 일부

```
07 <ListView
08     android:id="@+id/fruits"
09     android:layout_width="wrap_content"
10     android:layout_height="wrap_content"
11     />
```

08 ListView 객체의 리소스 ID를 fruits로 정한다

〈코드 6-6〉 row.xml 일부

```
02 <LinearLayout
03     xmlns:android="http://schemas.android.com/apk/res/android"
04     android:paddingTop="4dip"
05     android:paddingBottom="6dip"
06     android:layout_width="fill_parent"
07     android:layout_height="wrap_content"
08     android:orientation="horizontal">
09 <TextView android:id="@+id/seq"
10     android:layout_width="50dip"
11     android:layout_height="wrap_content"/>
12 <TextView android:id="@+id/fruit"
13     android:layout_width="70dip"
14     android:layout_height="wrap_content" />
15 </LinearLayout>
```

02 리스트의 각 행은 선형 레이아웃으로 정의한다.
04 위젯의 위쪽에 "4dip"만큼 여백을 둔다. dip[device-independent pixels]는 가상적인 160dpi의 해상도를 가진 화면에서 픽셀 수를 뜻한다.
05 위젯의 아래쪽에 "6dip"만큼 여백을 둔다.
08 위젯들을 수평 방향으로 배치한다.
09 텍스트 뷰 위젯의 ID를 seq라 정한다.
10 텍스트 뷰 위젯이 "50dip"만큼 폭을 차지한다.
11 텍스트 뷰 위젯이 차지하는 높이는 자신의 내용만큼 차지한다.

〈코드 6-7〉 SimpleAdaperDemo.java의 일부( I )

```
import java.util.ArrayList;
import java.util.HashMap;
...
import android.widget.SimpleAdapter;

public class SimpleAdapterDemo extends Activity {
...
    public void onCreate(Bundle savedInstanceState) {
...
        ListView list = (ListView) findViewById(R.id.fruits);

```

```
19          ArrayList<HashMap<String, String>> fruitlist
20              = new ArrayList<HashMap<String, String>>();
21          HashMap<String, String> map = new HashMap<String, String>();
22          map.put("seq", "5");
23          map.put("fruit", "사과");
24          fruitlist.add(map);
...
31          map = new HashMap<String, String>();
32          map.put("seq", "3");
33          map.put("fruit", "감");
34          fruitlist.add(map);
```

03~09 필요한 클래스들을 포함한다.
17 fruits라는 리소스 ID를 통해 ListView 객체를 찾는다.
19~20 HashMap 객체를 포함하는 ArrayList 객체 fruitlist를 빈 상태로 생성한다.
21 HashMap 객체 map을 빈 상태로 생성한다.
22 map 객체의 키 "seq"에 값 "5"를 저장한다.
23 map 객체의 키 "fruit"에 값 "사과"를 저장한다.
24 ArrayList 객체 fruitlist에 HashMap 객체 map <"5", "사과">를 추가한다.
34 ArrayList 객체 fruitlist에 HashMap 객체 map <"3", "감">을 추가한다.

〈코드 6-8〉 SimpleAdaperDemo.java의 일부(Ⅱ)

```
36          map = new HashMap<String, String>();
37          map.put("seq", "2");
38          map.put("fruit", "배");
39          fruitlist.remove(map);
40
41          SimpleAdapter sa
42              = new SimpleAdapter(this, fruitlist, R.layout.row,
43                  new String[] {"seq", "fruit"},
44                  new int[] {R.id.seq, R.id.fruit});
45          list.setAdapter(sa);
46      }
```

39 ArrayList 객체 fruitlist에서 HashMap 객체 map <"2", "배">를 삭제한다.
42 현 액티비티의 컨텍스트인 this, HashMap 객체 2개를 포함하는 ArralyList 객체 fruitlist, 행 레이아웃을 정의한 XML 리소스 파일의 ID인 R.layout.row를 인자

지정하여 SimpleAdapter를 생성한다.
43 HashMap 객체의 키는 "seq"와 "fruit"로 지정한다.
44 HashMap 객체의 키 값들은 행 레이아웃의 두 텍스트 뷰인 R.id.seq와 R.id.fruit으로 사상된다.

## 6.2 대화창

팝업[popup] 메시지는 윈도우즈 운영체제에서 사용하는 경고 메시지와 유사하다. 경고 메시지는 사용자에게 시스템의 현재 상태 및 오류 사항 등을 알려주는 데 사용된다. 안드로이드에서도 액티비티 또는 다른 형태의 프로그램이 사용자에게 무엇인가를 알려야 할 때 팝업 메시지를 이용한다. 가장 많이 이용하는 방식이 〈표 6-3〉과 같은 대화창[Dialog]에 기반한 방식으로 사용자의 간단한 반응을 받기 위해 창을 여는 작업이다. 예를 들면, 날짜 선택 시 DatePickerDialog 창에서 버튼을 눌러 쉽게 날짜를 선택할 수 있다.

〈표 6-3〉 대표적인 대화창

| 클래스 | 개요 |
|---|---|
| AlertDialog | 아이콘, 메시지, 버튼 3개를 가짐 |
| DatePickerDialog | 달력에서 날짜를 제공함 |
| ProgressDialog | 실행 상태를 통지하는 진행 바 |
| TimePickerDialog | 시간을 제공함 |
| ZoomDialog | 줌 레벨을 선택함 |

대화창 기반의 경고 대화창[AlertDialog]은 윈도우즈의 모달[modal] 대화창 방식과 유사하다. 경고 대화창에서 버튼을 누르지 않으면 진행하던 작업으로 돌아가거나 다른 작업으로 진행할 수 없다. 이러한 특성으로 인해 작업의 결과나 경고 등 중요한 메시지를 사용자에게 전달할 때 경고 대화창을 사용한다. 액티비티상의 작은 창을 띄워서 사용자에게 통지하거나 확인을 요구하는 대화창(android.app.Dialog)은 뷰 클래스를 계승하지 않는다. 따라서 레이아웃을 정의하는 리소스 파일로 대화창을 생성할 수 없고 코드로 생성해야 한다.

대화창 중에서 자주 사용되는 경고 대화창은 AlertDialog.Builder를 사용하여 생성한 후 경고 대화창의 세부 사항을 설정한다. setTitle()은 경고 대화창의 제목을 설정하고, setMessage()는 경고 대화창에 표시할 메시지를 설정한다. 경고 대화창은 최대 세 개까지 버튼을 설정할 수 있다. 버튼은 setPositiveButton(), setNeutralButton(), setNegativeButton() 메소드로 생성되고 기능 차이는 없으므로, 개발자는 단지 무슨 버튼이 눌렸는지 식별하기만 하면 된다. 각 메소드는 버튼에 나타나는 텍스트, 이벤트 리스너 DialogInterface.OnClickListener()를 매개변수로 받고, DialogInterface.OnClickListener() 안에 버튼 클릭 시 호출될 이벤트 처리 메소드 onClick()을 정의한다. show() 메소드는 경고 대화창을 화면에 표시하고, dismiss()와 cancel() 메소드는 경고 대화창을 제거하여 화면에서 사라지게 한다.

### 실습 6-4 대화창

(1) AlertDialogDemo라는 프로젝트를 생성한다.
(2) 〈코드 6-9〉를 res/layout 폴더의 main.xml에 복사한다.
(3) 〈코드 6-10〉~〈코드 6-11〉을 AlertDialogDemo.java에 복사한다
(4) 프로젝트를 실행하면 [그림 6-5]와 같이 실행된다. 초기 화면 (a)에서 '경고창'이라고 표시된 버튼을 누르면 (b)와 같이 경고 대화창이 나타난다. "시간 초과"라는 메시지를 출력한다. 여기서 계속이나 종료 버튼을 누르면 경고 대화창이 사라진다.

(a) 초기 화면 (b) 경고 대화창 활성 화면

[그림 6-5] 경고 대화창

〈코드 6-9〉 main.xml

```
02 <LinearLayout xmlns:android="http://schemas.android.com/apk/res/android"
03     android:orientation="horizontal"
04     android:layout_width="fill_parent"
05     android:layout_height="fill_parent"
06      >
07     <Button
08         android:id="@+id/alert"
09         android:text="경고창"
10         android:layout_width="wrap_content"
11         android:layout_height="wrap_content"
12         android:layout_gravity="left" />
13 </LinearLayout>
```

08 버튼의 리소스 id를 alert로 정한다.
09 버튼에 표시될 문자열을 "경고창"으로 한다.
12 버튼을 화면 왼쪽에 붙인다.

〈코드 6-10〉 AlertDialogDemo.java의 코드 일부(Ⅰ)

```
04 import android.app.AlertDialog;
05 import android.content.DialogInterface;
...
10 public class MessageDemo extends Activity implements View.OnClickListener {
11     Button alert;
12 
13     /** Called when the activity is first created. */
14     @Override
15     public void onCreate(Bundle savedInstanceState) {
16         super.onCreate(savedInstanceState);
17         setContentView(R.layout.main);
18 
19         alert=(Button)findViewById(R.id.alert);
20         alert.setOnClickListener(this);
21     }
```

04~05 경고 대화창 관련 클래스들을 포함한다.
19 리소스 ID가 alert인 엘리먼트를 찾아 버튼 뷰 객체인 alert와 연결한다.
20 버튼 뷰 alert에 OnClickListener()를 설정한다.

〈코드 6-11〉 AlertDialogDemo.java의 코드 일부(Ⅱ)

```
23      public void onClick(View view) {
24              new AlertDialog.Builder(this)
25                  .setTitle("경고")
26                  .setMessage("시간 초과!")
27                  .setPositiveButton("계속",
                        new DialogInterface.OnClickListener() {
28                          public void onClick(DialogInterface dialog, int id) {
29                              dialog.dismiss();
30                          }
31                  })
32                  .setNegativeButton("종료",
                        new DialogInterface.OnClickListener() {
33                          public void onClick(DialogInterface dialog, int id) {
34                              dialog.cancel();
35                          }
36                  })
37                  .show();
38      }
39  }
```

23 버튼 클릭 시 호출되는 콜백 메소드이다.
24 경고 대화창을 생성한다.
25 경고 대화창의 제목을 지정한다.
26 경고 대화창의 메시지를 지정한다.
27 Positive 버튼을 새로 생성하고, 인터페이스를 정의한다.
28 클릭 이벤트 발생 시 경고 대화창 객체, 순서 값을 넘겨받는 콜백 메소드를 정의한다.
29 경고 대화창을 제거한다.
32 Negative 버튼을 새로 생성하고, 인터페이스를 정의한다.
33 클릭 사건 발생 시 경고 대화창 객체, 순서 값을 넘겨받는 콜백 메소드를 정의한다.
34 경고 대화창을 제거한다. 효과상으로는 dismiss() 메소드와 동일하다.

## 날짜 선택창

날짜 선택창DatePickerDialog은 달력을 기준으로 연/월/일을 선택하는 DatePicker를 포함하는 간단한 대화창이다. 날짜 선택창에서 사용자가 선택한 날짜 값을 받아올 수 있도록 OnDateSetListener()를 설정한다. 날짜 선택창에서 연, 월, 일 값을 선택하면 onDateSet() 메소드가 호출된다. 이 메소드를 통해 사용자가 선택한 연, 월, 일 값을 화면에 표시한다.

문자열을 생성하는 StringBuilder 클래스에 속하는 대부분의 메소드들은 자기 자신에 대한 포인터 this를 반환한다. 따라서 메소드들의 연속 호출이 가능하다. append() 메소드는 현 문자열에 새로 문자열을 추가한다. 생성자 StringBuilder()의 호출은 16개 문자를 갖는 문자열 객체를 생성한다. Calendar 클래스에서 달은 0부터 시작하여 값이 부여되므로 달 산정 시 유의해야 한다.

## 실습 6-5 날짜 선택창

(1) DatePickerDemo라는 프로젝트를 생성한다.
(2) 〈코드 6-12〉를 res/layout 폴더의 main.xml에 복사한다.
(3) 〈코드 6-13〉~〈코드 6-18〉을 DatePickerDemo.java에 복사한다
(4) 프로젝트를 실행하면 [그림 6-6]과 같이 실행된다. 초기 화면 (a)에서 '날짜 설정' 버튼을 누르면 (b)와 같이 날짜 선택창이 나타난다. 여기서 +/− 버튼을 이용하여 새로운 날짜를 설정한 후 set 버튼을 누르면 새로운 날짜가 텍스트 뷰에 표시된다.

(a) 초기 화면

(c) 새로 설정된 화면

(b) 날짜 선택창

[그림 6-6] 날짜 선택창

〈코드 6-12〉 날짜 선택창의 main.xml

```
07 <TextView android:id="@+id/dateDisplay"
08     android:layout_width="wrap_content"
09     android:layout_height="wrap_content"
10     android:text=""/>
11 <Button android:id="@+id/pickDate"
12     android:layout_width="wrap_content"
13     android:layout_height="wrap_content"
14     android:text="날짜 설정"/>
```

07 텍스트 뷰의 리소스 ID를 dateDisplay로 지정한다.
10 초기에 표시될 문자열의 내용은 설정하지 않았다.
11 버튼 뷰의 리소스 ID를 pickDate로 지정한다.
14 "날짜 설정"이란 문자열을 버튼에 표시한다.

〈코드 6-13〉 DatePickerDemo.java(I)

```
03 import java.util.Calendar;
...
06 import android.app.DatePickerDialog;
...
11 import android.widget.DatePicker;
```

03 날짜를 다루기 위해 Calendar 클래스를 포함한다.
06 DatePicker 뷰를 포함하는 DatePickerDialog를 포함한다.
11 달력을 기준으로 연/월/일을 선택하기 위한 DatePicker 클래스를 포함한다.

〈코드 6-14〉 DatePickerDemo.java(II)

```
14 public class DatePickerDemo extends Activity {
...
22     static final int DATE_DIALOG_ID = 0;
...
31         mDateDisplay = (TextView) findViewById(R.id.dateDisplay);
32         mPickDate = (Button) findViewById(R.id.pickDate);
33
34         // add a click listener to the button
```

```
35        mPickDate.setOnClickListener(new View.OnClickListener() {
36            public void onClick(View v) {
37                showDialog(DATE_DIALOG_ID);
38            }
39        });
```

14 Activity를 상속받아 DatePickerDemo 클래스를 정의한다.
22 상수 DATE_DIALOG_ID를 0으로 선언한다.
31 리소스 ID가 R.id.dateDisplay인 텍스트 뷰를 찾아 객체 mDateDisplay에 할당한다.
32 리소스 ID가 R.id.pickDate인 버튼을 찾아 객체 mPickDate에 할당한다.
35 버튼 클릭 이벤트를 처리하기 위해 버튼 mPickDate에 OnClickListener()를 등록한다.
36 버튼의 클릭 이벤트를 처리할 메소드 OnClick()을 정의한다.
37 경고 대화창 DATE_DIALOG_ID를 화면에 나타낸다.

〈코드 6-15〉 DatePickerDemo.java(III)

```
41        // get the current date
42        final Calendar c = Calendar.getInstance();
43        mYear = c.get(Calendar.YEAR);
44        mMonth = c.get(Calendar.MONTH);
45        mDay = c.get(Calendar.DAY_OF_MONTH);
46
47        // display the current date
48        updateDisplay();
```

42 현재 날짜로 설정된 Calendar 클래스의 객체 하나를 생성하여 Calendar 객체 c에게 할당한다.
43 Calendar 객체 c를 통해 연도를 읽어와 mYear에게 할당한다.
44 Calendar 객체 c를 통해 몇 월인지 읽어와 mMonth에게 할당한다.
45 Calendar 객체 c를 통해 며칠인지 읽어와 mDay에게 할당한다.
48 설정된 날짜를 표시할 메소드 updateDisplay()를 호출한다.

〈코드 6-16〉 DatePickerDemo.java(IV)

```
52      protected Dialog onCreateDialog(int id) {
53          switch (id) {
54          case DATE_DIALOG_ID:
55              return new DatePickerDialog(this,
56                          mDateSetListener,
57                          mYear, mMonth, mDay);
58          }
59          return null;
60      }
```

52 showDialog() 실행에 따라 이 메소드가 호출된다. onCreateDialog(int id)의 매개변수 id에게 0이 전달된다.
54 상수 DATE_DIALOG_ID의 경우가 수행된다.
55 DatePickerDialog()를 생성하여 반환한다.

〈코드 6-17〉 DatePickerDemo.java(V)

```
62      private void updateDisplay() {
63          mDateDisplay.setText(
64              new StringBuilder()
65                      // Month is 0 based so add 1
66                      .append(mYear).append("년 ")
67                      .append(mMonth + 1).append("월")
68                      .append(mDay).append("일"));
69      }
```

63 텍스트 뷰 객체인 mDateDisplay에 setText() 메소드를 통해 연월일 정보를 표시한다.
64 생성 초기에 크기가 16인 문자열 객체를 생성한다.
66~68 [그림 6-6]의 (a)나 (c)처럼 텍스트를 표시하기 위하여, 연도 값에 "년", 월 값에 1을 더하고 "월", 날짜 값에 "일"을 덧붙인다.

〈코드 6-18〉 DatePickerDemo.java(VI)

```
71      private DatePickerDialog.OnDateSetListener mDateSetListener =
72          new DatePickerDialog.OnDateSetListener() {
73
74              public void onDateSet(DatePicker view, int year,
75                                    int monthOfYear, int dayOfMonth) {
76                  mYear = year;
77                  mMonth = monthOfYear;
78                  mDay = dayOfMonth;
79                  updateDisplay();
80              }
```

| | |
|---|---|
| 71 | DatePickerDialog.OnDateSetListener의 객체 mDateSetListener를 선언한다. |
| 72 | mDateSetListener에게 인터페이스 DatePickerDialog.OnDateSetListener()를 생성하여 할당한다. |
| 74 | 날짜 선택창에서 날짜 설정 시 호출될 onDateSet() 메소드를 정의한다. 4개의 인자를 전달받는다. |
| 76~78 | 사용자가 방금 설정한 날짜 값들을 화면에 표시할 연, 월, 일 변수에게 할당한다. |
| 79 | 이 메소드를 호출하여 화면에 표시한다. |

## 6.3 메뉴

안드로이드는 애플리케이션 수준의 메뉴인 옵션 메뉴option menu와 컨텍스트 메뉴context menu를 제공한다. 옵션 메뉴는 일반적으로 휴대 단말기의 메뉴 키를 누르면 화면 하단에 나타나는 메뉴이고, 컨텍스트 메뉴는 화면의 특정 뷰를 길게 누르는 동작long click에 의해 관련 메뉴가 뜨는 것을 일컫는다. 마치 PC에서 오른쪽 마우스를 클릭하면 나타나는 메뉴와 같은 종류로서 터치 스크린 휴대폰에서 화면의 특정 부분을 터치한 다음 길게 누르면 나타나는 메뉴가 컨텍스트 메뉴이다. 옵션 메뉴나 컨텍스트 메뉴에 의한 메뉴 항목이 또 다른 메뉴 항목들을 포함할 수 있다. 이들을 부메뉴submenu라고 한다. 안드로이드에서 부메뉴는 또 다른 부메뉴를 내포할 수 없다.

## 옵션 메뉴

아이콘 메뉴Icon Menu는 메뉴 키를 눌렀을 때 화면 하단에 처음 나타나는 아이콘 메뉴 항목들을 말한다. 옵션 메뉴에서 메뉴 항목의 개수가 6개 이하일 때는 아이콘 메뉴로 충분하다. 메뉴 항목이 7개 이상이 되는 경우에는 화면 하단에 이들을 모두 표시할 수 없다. 이러한 경우, 나머지 항목들을 나타내기 위해 확장 메뉴expanded menu가 사용된다. 아이콘 메뉴에서 더 보기more라는 메뉴 항목을 누르면 확장 메뉴의 항목들이 나타난다.

사용자가 메뉴 키를 누르면 액티비티의 표준 옵션 메뉴의 내용을 초기화하는 onCreateOptionsMenu() 메소드가 호출된다. 이 메소드에 의해 옵션 메뉴가 생성된다. 옵션 메뉴의 생성은 onCreate() 메소드가 아닌 onCreateOptionMenu()에 의해서 이루어진다는 점에 유의하자. 매개변수로 Menu 클래스 객체가 전달되므로, 이 메소드 안에서 매개변수로 전달받은 Menu 객체에 메뉴 항목들을 추가하면 된다. 메뉴에 항목을 추가하기 위해서는 add() 메소드를 사용한다. add() 메소드의 매개변수들은 그룹 식별자, 항목 식별자, 순서, 제목으로 구성되며, add() 메소드는 다양한 형태로 오버로딩되어 있다. 메뉴 항목별로 항목 식별자가 지정되며, 항목 식별자는 0부터 부여된다.

또한 메뉴 항목별로 해당 메뉴를 직접 선택하는 단축키를 지정할 수 있다. 단축키는 화면에 해당 메뉴가 표시된 경우, 특정 키를 눌렀을 때 해당 메뉴가 직접 선택된다. 안드로이드는 알파벳 단축키와 숫자 단축키를 모두 지원한다. 알파벳 단축키를 사용하려면 setAlphabeticShortcut() 메소드를, 숫자 단축키를 사용하려면 setNumeraicShortcut() 메소드를 사용한다. 메뉴 자체가 알파벳 단축키 방식으로 동작하게 하려면 Menu 객체에 미리 setQwertyMode() 메소드를 true 값으로 설정해야 한다. setIcon() 메소드는 메뉴 항목에 아이콘을 할당하여 메뉴 항목에 아이콘이 함께 나타나게 한다. 옵션 메뉴의 메뉴 항목이 선택되었다는 상태는 onOptionsItemSelected() 메소드를 통해 넘겨받는다. 이 메소드에서 선택된 메뉴 항목에 대해 처리한다. 해당 메뉴 항목의 id를 반환하는 getItemId() 메소드를 사용하면 항목 id마다 적절한 처리를 할 수 있다.

### 실습 6-6 옵션 메뉴

(1) OptionMenuDemo라는 프로젝트를 생성한다.

(2) 〈코드 6-19〉를 res/layout 폴더의 main.xml에 복사한다.

(3) 〈코드 6-20〉을 OptionMenuDemo.java에 복사한다.

(4) 프로젝트를 실행하면 [그림 6-7]과 같이 실행된다. 초기 화면 (a)에서 메뉴 키를 누르면, (b)와 같이 옵션 메뉴가 하단에 나타난다. (b)에서 더 보기 버튼을 선택하면 (c)와 같이 확장 메뉴가 나타난다. 또한 (b)에서 항목 2를 클릭하거나 단축키로 Alt키와 함께 'c'를 누르면 (d)처럼 토스트 메시지가 뜬다.

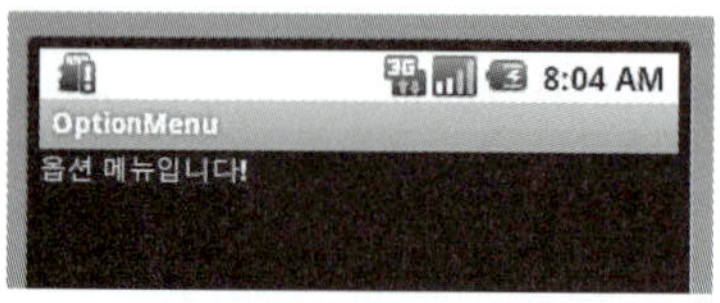

(a) 초기 화면

(b) 메뉴 키 누른 후

(c) 더 보기를 누른 후

(d) 항목 2를 누른 후

[그림 6-7] 옵션 메뉴 실행 화면

〈코드 6-19〉 옵션 메뉴의 main.xml

```
06 <TextView android:id="@+id/text"
07     android:layout_width="fill_parent"
08     android:layout_height="wrap_content"
09     android:textStyle="bold"
10     android:text="@string/hello" />
11   </LinearLayout>
```

06 텍스트 뷰의 리소스 ID를 text로 지정한다.
09 텍스트 스타일을 "볼드체"로 지정한다.
10 리소스 ID "hello"의 문자열 내용을 텍스트 뷰에 표시한다.

〈코드 6-20〉 OptionMenuDemo.java의 일부

```
import android.view.Menu;
import android.view.MenuItem;
...
    public boolean onCreateOptionsMenu(Menu menu) {
        super.onCreateOptionsMenu(menu);
        menu.setQwertyMode(true);
        MenuItem mnu1 = menu.add(0, 0, 0, "항목 0");
        {
            mnu1.setAlphabeticShortcut('a');
        }
...
        MenuItem mnu3 = menu.add(0, 2, 2, "항목 2");
        {
            mnu3.setAlphabeticShortcut('c');
            mnu3.setIcon(R.drawable.icon);
        }
...
        menu.add(0, 6, 6, "항목 6");
        return true;
    }
...
    public boolean onOptionsItemSelected(MenuItem item)
    {
        if (item.getItemId() >= 0 && item.getItemId() <= 6) {
            Toast.makeText(this, "항목" + item.getItemId() + "누름",
```

```
49                      Toast.LENGTH_LONG).show();
50              return true;
51          }
...
```

05~06 Menu 관련 클래스들을 포함한다.
18 메뉴 키를 누르면 이 메소드가 호출된다.
19 기본 클래스의 onCreateOptionsMenu() 메소드를 먼저 호출한다.
20 메뉴 항목 선택 시 단축키를 함께 설정하고자 하면 이 메소드를 true로 설정한다.
21 그룹 식별자가 0, 항목 id와 순서가 0이고, 메뉴 제목이 "항목 0"으로 표시되는 메뉴 항목을 추가한다.
23 메뉴 항목 mnu1에 단축키 Alt키와 문자 'a'의 조합을 설정한다.
32 "항목 2"에 리소스 ID가 R.drawable.icon인 아이콘이 나타나게 한다.
40 메뉴 항목을 단순히 추가만 하고, 다른 기능을 부가하지 않는다.
45 메뉴 항목 클릭 시 호출되는 메소드로 메뉴 항목 하나를 전달받는다.
47 매개변수로 전달된 메뉴 항목 item의 항목 식별자를 반환한다. 반환된 항목 식별자가 0~6의 범위에 있으면 적합한 메뉴 항목이므로 토스트 메시지를 띄운다.
48 "항목 2"의 메뉴 항목을 누른 경우, "항목 2 누름"이라는 토스트 메시지를 띄운다.

### 컨텍스트 메뉴

컨텍스트 메뉴는 옵션 메뉴와 비슷하지만 두 가지 차이점이 있다. 첫 번째는 메뉴를 생성하는 방법이고, 다른 하나는 사용자가 메뉴 항목 선택 시 선택된 메뉴 항목을 전달받는 방법이다. 컨텍스트 메뉴는 액티비티 내부의 어느 뷰에 컨텍스트 메뉴를 연결할 것인지 지정하기 위하여 setOnCreateContextMenuListener()를 호출해야 한다.
컨텍스트 메뉴는 사용자가 연결된 뷰를 길게 클릭한 경우 onCreateContextMenu() 메소드가 호출되어 객체를 생성하고 화면에 나타난다. 또한 화면에서 메뉴가 사라지면 이 객체도 함께 사라진다. 컨텍스트 메뉴의 onCreateContextMenu()는 옵션 메뉴의 onCreateOptionsMenu()와 달리 매개변수 3개를 전달받는다. 첫 번째 매개변수는 해당 컨텍스트 메뉴 객체이고, 두 번째 매개변수는 컨텍스트 메뉴와 연결된 뷰 객체이며, 세 번째 매개변수는 컨텍스트 메뉴의 추가 정보이다. 컨텍스트 메뉴에서 메뉴 항목을 선택하면 onContextItemSelected() 메소드가 호출되므로 이 메소드에서 선택된 메뉴 항목에 대해 처리한다.

### 실습 6-7 컨텍스트 메뉴

(1) ContextMenuDemo라는 프로젝트를 생성한다.
(2) 〈코드 6-19〉를 res/layout 폴더의 main.xml에 복사한다.
(3) 〈코드 6-21〉을 ContextMenuDemo.java에 복사한다.
(4) 프로젝트를 실행하면 [그림 6-8]과 같이 실행된다. 초기 화면 (a)에서 "콘텍스트 메뉴입니다. 여기를 길게 누르세요!"라는 메시지를 길게 누르면 (b)와 같이 연결된 컨텍스트 메뉴가 뜬다. 이 상태에서 항목 2를 클릭하거나 단축키인 Alt 키와 문자 'c'를 누르면 (c)처럼 항목 2가 선택되었음을 알려주는 토스트 메시지가 뜬다.

(a) 초기 화면

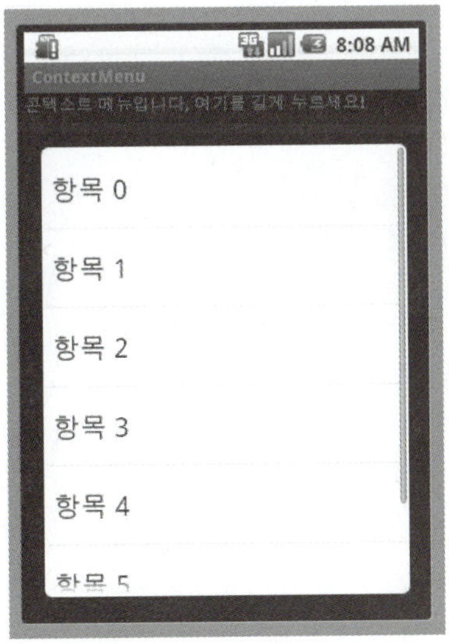


(b) 컨텍스트 메뉴가 뜬 화면

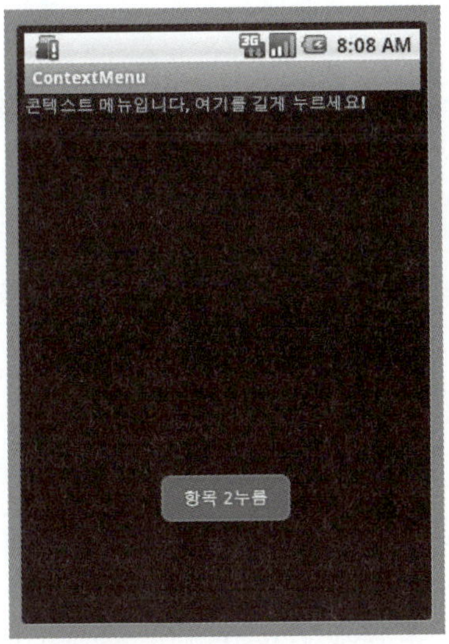


(c) 항목 2를 선택한 후

[그림 6-8] 컨텍스트 메뉴 실행 화면

〈코드 6-21〉 ContextMenuDemo.java의 일부

```
05 import android.view.ContextMenu;
06 import android.view.MenuItem;
07 import android.view.View;
08 import android.view.ContextMenu.ContextMenuInfo;
...
12 public class ContextMenuDemo extends Activity {
...
19         TextView tv = (TextView) findViewById(R.id.text);
20         tv.setOnCreateContextMenuListener(this);
21     }
...
24     public void onCreateContextMenu(ContextMenu menu, View view,
25     ContextMenuInfo menuInfo)
26     {
27         super.onCreateContextMenu(menu, view, menuInfo);
28
29         menu.setQwertyMode(true);
30         menu.add(0, 0, 0, "항목 0");
...
36         menu.add(0, 6, 6, "항목 6");
37     }
38
39     @Override
40     public boolean onContextItemSelected(MenuItem item)
41     {
42         if (item.getItemId() >= 0 && item.getItemId() <= 6) {
43             Toast.makeText(this, "항목" + item.getItemId() + "누름",
44                     Toast.LENGTH_LONG).show();
45             return true;
46         }
...
```

05~08 컨텍스트 메뉴 관련 클래스들을 포함한다.
19 리소스 ID가 R.id.text인 뷰 엘리먼트를 찾아 텍스트 뷰 tv에게 할당한다.
20 텍스트 뷰 tv에 OnCreateContextMenuListener() 설정을 통해 텍스트 뷰 위젯과 컨텍스트 메뉴를 연계시킨다.
24 사용자가 텍스트 뷰 tv를 길게 클릭하면 이 메소드가 호출된다. 이 메소드에

의해 컨텍스트 메뉴가 생성된다. 매개변수로는 생성될 컨텍스트 메뉴 객체, 컨텍스트 메뉴가 만들어질 뷰 객체, 컨텍스트 메뉴 기타 정보 객체를 전달받는다.

27 기본 클래스의 onCreateContextMenu()를 호출하여 관련된 초기화를 수행한다.

29 메뉴 항목 선택 시 단축키를 함께 설정하고자 하면 이 메소드를 true로 설정한다.

30~36 <실습 6-6>의 옵션 메뉴처럼 컨텍스트 메뉴에 메뉴 항목을 추가한다.

40 컨텍스트 메뉴의 메뉴 항목이 선택되었을 때 호출되는 메소드로 메뉴 항목 객체를 하나 전달받는다.

42~44 <실습 6-6>의 옵션 메뉴처럼 메뉴 항목 id를 반환받고, 이를 토스트 메시지로 띄운다.

### 메뉴 인플레이션

메뉴 구조를 프로그램이 아닌 외부 리소스 파일에 정의해두고 필요할 때 인플레이션inflation시켜 메뉴 객체를 생성하는 방법이 있다. 메뉴 구조를 정의한 리소스 파일은 다른 리소스처럼 프로젝트의 res/menu/ 디렉터리 아래에 두고, 개발자는 메뉴를 정의하는 리소스 파일을 필요한 만큼 정의하여 사용할 수 있다. 메뉴를 정의하는 리소스 파일에서 가장 상위 엘리먼트는 반드시 menu로 시작하며, menu 엘리먼트 안에 item 또는 group 엘리먼트를 정의한다. group 엘리먼트는 부메뉴의 메뉴 항목을 item 엘리먼트로 정의할 수 있다. 이와 같이 메뉴를 관리하면 개발자는 GUI를 만드는 데 드는 노력을 줄일 수 있을 뿐만 아니라, 애플리케이션 코드를 간결하게 유지하는 장점이 있다.

MenuInflater 클래스는 메뉴를 정의하는 리소스 파일을 이용하여 메뉴 객체를 생성한다. getMenuInflater() 메소드는 현 액티비티에서 MenuInflater 객체를 생성하여 반환하는 메소드이다. 이 메소드는 android.app.Activity 클래스에 속한다. MenuInflater 클래스에 속하는 inflate(int menuRes, Menu menu) 메소드는 해당 리소스 파일로부터 메뉴 구조를 만든다. 이 메소드의 첫 번째 매개변수는 R.menu.menutest처럼 읽어올 리소스의 식별자를 지정하고, 두 번째 매개변수는 만들 Menu 객체를 지정한다. 메뉴 객체 menu에 메뉴 항목과 부메뉴들을 추가하면 된다. getItemId()는 메뉴 항목에 대한 식별자를 반환한다. 이 식별자는 메뉴가 만들어진 후에는 변경될 수 없다.

● 메뉴 관련 속성

item 엘리먼트와 group 엘리먼트는 다양한 속성을 가지고 있으며, 이들 속성은 Menu나 MenuItem 객체에 대해 코드에서 설정하는 속성과 동일하다.

- 메뉴 항목이나 그룹을 참조하려면 반드시 android:id 속성을 지정해야 한다.
- 메뉴 항목에 표시되는 명칭은 android:title 속성으로 지정한다. 문자열을 직접 지정해도 되고, 문자열 리소스 ID를 이용해 지정해도 된다.
- 메뉴 항목에 아이콘을 지정할 수 있다. item 엘리먼트의 android:icon 속성에 해당 아이콘 리소스에 대한 참조를 지정하면 된다. 예를 들어, @drawable/icon처럼 속성 값을 지정하면 안드로이드는 res/drawable/icon.png를 참조하여 해당 메뉴 항목에 icon.png를 함께 표시한다.
- 메뉴에서 메뉴 항목이 나타나는 순서는 리소스 파일에서 item 엘리먼트가 나타난 순서와 동일하다.
- 메뉴 항목은 단축키로 지정할 수 있다. 단축키가 지정된 메뉴 항목은 화면을 누르는 대신 키보드에서 바로 선택이 가능하다. 단축키로 사용할 영문자 하나는 android:alphabeticShortcut 속성으로, 숫자 하나는 android:numericShortcut 속성으로 설정한다. 코드에서는 MenuItem 클래스의 setAlphabeticShortcut() 또는 setNumericShortcut() 메소드를 이용하여 변경할 수 있다.
- 메뉴 항목과 그룹은 활성화하거나 비활성화시킬 수 있다. 활성화 여부는 리소스 파일에서 해당 엘리먼트를 android:enabled 속성으로 지정한다. 메뉴 항목과 그룹의 기본값은 활성 상태이다. 비활성 상태의 항목이나 그룹은 메뉴에 나타나지만 사용자가 해당 메뉴를 선택할 수는 없다. 메뉴 항목의 활성 상태는 MenuItem 클래스의 setEnabled() 메소드를 통해, 그룹의 활성 상태는 Menu 클래스의 setGroupEnabled() 메소드를 통해 코드에서 변경할 수 있다.
- 메뉴 항목이나 그룹의 화면 표시 여부를 android:visible 속성으로 지정할 수 있다. 기본값으로 메뉴 항목과 그룹은 모두 화면에 표시되지만, 숨김 상태의 메뉴 항목이나 그룹은 메뉴에 나타나지 않는다. MenuItem 클래스의 setVisible() 메소드를 통해, 그룹의 활성 상태는 Menu 클래스의 setGroupVisible() 메소드를 통해 코드에서 변경할 수 있다.

## 실습 6-8 메뉴 인플레이션

(1) MenuInflateDemo라는 프로젝트를 생성한다.

(2) 〈코드 6-19〉를 res/layout 폴더의 main.xml에, 〈코드 6-22〉를 res/menu 폴더의 menu.xml에 복사한다.

(3) 〈코드 6-23〉을 MenuInflateDemo.java에 복사한다.

(4) 프로젝트를 실행하면 [그림 6-9]와 같이 실행된다. 초기 화면 (a)에서 메뉴 키를 누르면 (b)와 같이 아이콘 메뉴가 뜬다. 이 상태에서 부메뉴 항목을 클릭하면 (c) 처럼 부메뉴와 함께 부메뉴가 선택되었음을 알려주는 토스트 메시지가 뜬다. 또한 메뉴 항목 0과 1 각각에 대해 'a'와 'b'로 단축키를 설정하였으므로 단축키로 메뉴 항목을 선택할 수 있다. 비활성 상태로 설정된 메뉴 항목 4의 경우에는 메뉴에 옅게 표시되어 나타나지만 사용자가 클릭하더라도 반응하지 않는다.

(a) 초기 화면

(b) 메뉴가 뜬 화면

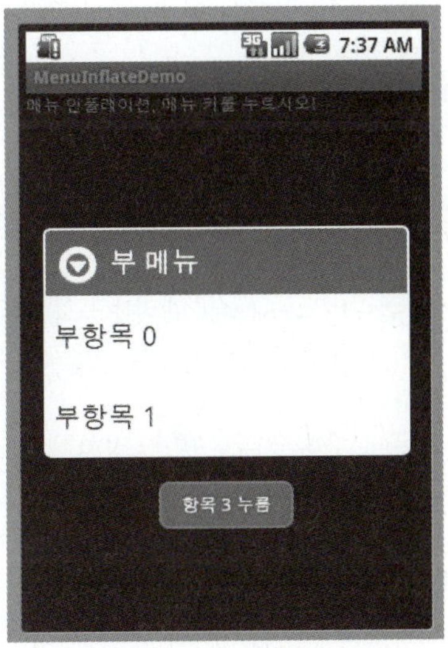


(c) 부메뉴를 선택한 후

[그림 6-9] 실행 화면

〈코드 6-22〉 menu.xml의 일부

```
02 <menu xmlns:android="http://schemas.android.com/apk/res/android">
03     <item android:id="@+id/item0"
04         android:title="항목 0"
05         android:alphabeticShortcut='a' />
06     <item android:id="@+id/item1"
07         android:title="항목 1"
08         android:alphabeticShortcut='b' />
09     <item android:id="@+id/item2"
10         android:title="항목 2"
11         android:icon="@drawable/icon"/>
12     <item android:id="@+id/submenu"
13         android:title="부 메뉴">
14         <menu>
15             <item android:id="@+id/leveldown0"
16                 android:title="부항목 0" />
17             <item android:id="@+id/leveldown1"
18                 android:title="부항목 1" />
19         </menu>
20     </item>
21     <item android:id="@+id/item4"
22         android:title="항목 4"
23         android:enabled="false"/>
...
26     <item android:id="@+id/item6"
27         android:title="항목 6"/>
28 </menu>
```

| | |
|---|---|
| 02 | 맨 상위 엘리먼트는 menu 엘리먼트로 시작한다. |
| 03 | 메뉴 항목을 정의하는 item 엘리먼트에 의해 첫 번째 메뉴 항목의 리소스 ID를 정한다. |
| 04 | 메뉴 항목에 나타날 문자열을 정한다. |
| 05 | 이 메뉴 항목에 영문자 'a'로 단축키를 설정한다. |
| 11 | 이 메뉴 항목에 아이콘이 함께 나타나도록 이미지를 설정한다. |
| 12 | 이 item 엘리먼트 안에 부메뉴를 추가로 설정한다. |
| 14 | 부메뉴는 다시 menu 엘리먼트로 시작한다. |
| 15~18 | 부메뉴로 메뉴 항목 2개를 정의한다. |
| 23 | 이 메뉴 항목을 비활성화시킨다. |

〈코드 6-23〉 MenuInflateDemo.java의 일부

```
05 import android.view.Menu;
06 import android.view.MenuInflater;
07 import android.view.MenuItem;
08 import android.widget.Toast;
09
10 public class MenuInflateDemo extends Activity {
11     /** Called when the activity is first created. */
12     @Override
13     public void onCreate(Bundle savedInstanceState) {
14         super.onCreate(savedInstanceState);
15         setContentView(R.layout.main);
16     }
17
18     @Override
19     public boolean onCreateOptionsMenu(Menu menu) {
20         super.onCreateOptionsMenu(menu);
21         MenuInflater inflater = getMenuInflater();
22         inflater.inflate(R.menu.menutest, menu);
23         return true;
24     }
25
26     @Override
27     public boolean onOptionsItemSelected(MenuItem item)
28     {
29         int id = item.getItemId() - R.id.item0;
30
31         Toast.makeText(this, "항목 " + id + " 누름",
32                 Toast.LENGTH_LONG).show();
33         return true;
34     }
35 }
```

05~07 메뉴를 인플레이트하기 위한 클래스들을 포함한다.
19 사용자가 메뉴 키를 눌렀을 때 메소드가 호출된다.
21 getMenuInflater() 메소드는 현 액티비티에서 MenuInflater 객체를 생성하여 반환한다.
22 XML 리소스 파일 R.menu.menutest에 의거 메뉴 객체인 menu를 생성한다.

27 메뉴 항목을 눌렀을 때 메소드가 호출된다.

29 메뉴 항목의 식별자를 읽어와서 현 메뉴 항목이 몇 번째 메뉴 항목인지 계산한다.

31~32 몇 번 메뉴 항목을 눌렀다는 메시지를 표시한다.

## 연 습 / 문 / 제

1. 리스트 뷰란 무엇인가?

2. 어댑터란 무엇인가? 어댑터와 어댑터 뷰, 데이터 소스 간의 관계를 설명하라.

3. ArrayList와 HashMap이 무엇인지 설명하라.

4. 다음의 리소스 파일을 데이터 소스로 하는 내용으로 〈실습 6-1〉을 수정해보라.

```
<?xml version="1.0" encoding="utf-8"?>
<resource>
  <string-array name="buddy">
    <item>어릴 때 이웃 친구</item>
    <item>초등학교 친구</item>
    <item>중학교 친구</item>
    <item>고등학교 친구</item>
    <item>동아리 친구</item>
  </string-array>
</resource>
```

5. 〈실습 6-3〉에서 "seq"의 값은 4, "fruit"의 값은 포도인 한 쌍의 데이터를 HashMap에 추가하라.

6. 경고 대화창이란 무엇인가?

7. 〈실습 6-4〉의 경고 대화창에 버튼 하나를 더 추가해보라.

8. 날짜 선택창이란 무엇인가?

9. 〈실습 6-5〉에서 날짜를 오늘 날짜로 설정해보라.

10. 옵션 메뉴, 부메뉴, 컨텍스트 메뉴란 무엇인가?

11. 〈실습 6-6〉에서 옵션 메뉴 개수를 1개 줄인 코드로 수정하라.

12. 다음 코드에서 언급된 메소드의 동작에 대하여 설명하라.

```
public class ContextMenuDemo extends Activity {
...
        TextView tv = (TextView) findViewById(R.id.text);
        tv.setOnCreateContextMenuListener(this);
    }
    public void onCreateContextMenu(ContextMenu menu, View view,
    ContextMenuInfo menuInfo)
    {
...
    }
...
    public boolean onContextItemSelected(MenuItem item)
    {
...
        }
```

13. 메뉴 인플레이션이란 무엇인가?

14. 〈실습 6-8〉에서 '항목1'에 부메뉴 3개가 나타나도록 수정하라.

15. 다음 중 어댑터에 대한 설명으로 적합하지 않은 것은 무엇인가?

① 데이터 소스와 사용자 뷰 사이를 연결하는 다리 역할을 한다.
② 어댑터는 선택 위젯에게 데이터를 제공하지 않는다.
③ 다양한 종류의 값을 읽어오는 공통의 인터페이스를 제공한다.
④ 데이터 항목들을 표현할 위젯 클래스에 적합하도록 데이터 항목에 대한 변환도 수행한다.

16. 다음 중 어댑터의 종류에 대한 설명으로 적합하지 않은 것은 무엇인가?

① ArrayAdapter는 데이터 소스가 배열인 어댑터이다.
② CursorAdapter는 데이터베이스나 컨텐트 프로바이더로부터 반환된 데이터를 받는다.
③ FileAdapter는 파일로부터 데이터를 제공받는다.
④ SimpleAdapter는 XML 파일의 내용을 데이터 소스로 받는다.

Chapter 07

# 그래픽스와 애니메이션

CHAPTER

# 07 그래픽스와 애니메이션

간단하고 비교적 고정적인 그래픽스graphics 응용들은 안드로이드에서 제공하는 2차원 그래픽스 API를 사용하여 구현할 수 있다. 안드로이드는 그래픽스 라이브러리를 통해 2차원 그래픽스를, OpenGL ES를 통해 3차원 그래픽스를 제공한다. 2차원 그래픽스 API는 드로어블Drawable 패키지에서 제공되고, 3차원 그래픽스 API는 OpenGL ES 패키지에서 제공된다.

## 7.1 이미지 출력

보통 이미지를 출력할 때 레이아웃상에서 View 객체를 사용한다. 안드로이드에서 그래픽스와 애니메이션animation 출력은 View 객체를 그리는 메소드를 통해서 이루어진다. 이 방법을 사용하면 개발자는 단순히 View를 상속받아 개발하기만 하면 된다. 이 방법은 변화가 많지 않은 간단한 그래픽스 혹은 높은 성능이 요구되지 않는 간단한 게임을 개발하는 데 적합하다. 예를 들어, 이미지, 도형, 컬러 혹은 간단한 프레임 애니메이션을 개발하는 경우, 레이아웃 내 뷰 객체나 ImageView 객체에 그림을 그려준다. 간단한 이미지를 표현하는 응용인 경우에는 ImageView 객체를 주로 이용한다.

응용프로그램에서 이미지를 불러오기 위해서는 해당 프로젝트의 res/drawable/ 폴더에 해당 이미지를 위치시킨다. res/drawable/ 폴더가 없을 경우에는 drawable 폴더를 생성한다. res 폴더에 마우스를 올려놓고 오른쪽 버튼을 누르면 메뉴가 나타난다. 나타난 메뉴에서 폴더를 선택하면 폴더 생성을 도와주는 다른 윈도우가 나타난다. 이 윈도우에 폴더 이름을 drawable로 입력하면 된다. 안드로이드 SDK 1.5 버전까지는 res/drawable/ 폴더가 하나만 제공되었으나, 안드로이드

SDK 1.6 버전 이후에는 res/drawable-hdpi/, res/drawable-mdpi/, res/drawable-ldpi/ 등 세 종류의 폴더가 제공된다. 여기서 drawable에 이어붙은 각 -hdpi, -mdpi, -ldpi는 drawable 폴더에 저장할 이미지의 해상도를 의미하는 옵션으로 폴더 이름 자체는 res/drawable/이다. 따라서 리소스 파일에서는 @drawable/image의 형식으로 참조하면 된다. hdpi는 240dpi 정도의 고해상도 이미지, mdpi는 160dpi 정도의 중해상도 이미지, ldpi는 120dpi 정도의 저해상도 이미지를 저장하면 좋다.

이미지를 저장하는 방법은 원하는 이미지를 복사copy한 다음 res/drawable/ 폴더에 붙이기paste하면 된다. 복사를 해놓으면 Eclipse가 컴파일하기 전에 res 폴더를 조사하여 새로 추가된 자원을 찾아 R.java 파일에 해당 ID를 새로 정의한다. 저장 가능한 이미지 파일 형식으로는 *.PNG(가장 적합), *.JPG(사용 가능), *.BMP(사용 가능), *.GIF(사용 가능, 비적합) 등이 있다. 이들 파일 형식은 아이콘, 로고, 게임에서 사용하는 간단한 이미지들을 저장하는 데 적합하다. 폴더에 저장된 이미지는 소스 코드나 리소스 파일에서 참조하는데, 파일 확장자 PNG, JPG, BMP, GIF를 제외한 파일 이름만으로 참조한다.

레이아웃을 정의하는 것처럼 Drawable 객체를 리소스 파일에서 정의하여 사용할 수 있다. 리소스 파일은 하드 코딩된 소스보다 읽기 쉽고, 재사용이 가능하고 변경이 쉬워 적극 권장된다. 리소스 파일에서 정의한 Drawable 객체의 속성은 프로그램 수행 중 변경이 가능하다. 대부분 애플리케이션에서 사용하는 이 방식은 Activity 클래스를 상속한 다음, ImageView에서 이미지나 그래픽스를 출력한다.

다음 실습에서 안드로이드 아이콘을 출력해보자. 아이콘 이미지 2개를 출력하기 위해 프로젝트 내 main.xml에 ImageView 태그 두 개를 선언하고, 이미지들은 res/drawable/ 폴더에 위치시킨다. 실행 결과로 안드로이드의 아이콘 두 개가 출력되는 것을 볼 수 있다.

### 실습 7-1 이미지 출력

(1) AndroidIconDemo라는 프로젝트를 생성한다.

(2) 〈코드 7-1〉을 복사하여 main.xml을 수정한다.

(3) res/drawable-mdpi/ 폴더에 icon_contribute.jpg, res/drawable-hdpi/ 폴더에 icon_super.png를 저장한다.

(4) 프로젝트를 실행하면 [그림 7-1]과 같은 실행 결과가 보여진다.

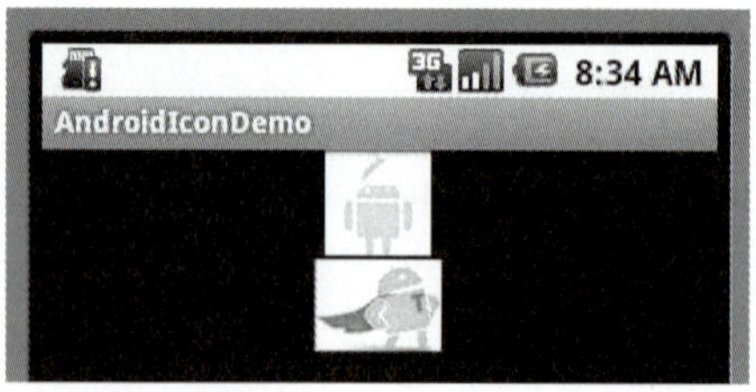


[그림 7-1] 아이콘 출력

〈코드 7-1〉 main.xml

```
06 <ImageView
07     android:layout_width="fill_parent"
08     android:layout_height="wrap_content"
09     android:src="@drawable/icon_contribute"/>
10 <ImageView
11     android:layout_width="fill_parent"
12     android:layout_height="wrap_content"
13     android:src="@drawable/icon_super"/>
```

09 이미지 리소스로 res/drwable-mdpi/ 아래에 위치한 icon_contribute.jpg를 참조한다.
13 이미지 리소스로 res/drwable-hdpi/ 아래에 위치한 icon_super.png를 참조한다.

다음 실습에서는 색깔로 채운 직사각형을 리소스 파일에 정의하고 이를 화면에 나타내본다. 리소스 파일을 이용하여 〈코드 7-3〉과 같이 rect.xml에서 직사각형을 정의한다. 이 파일을 res/drawable/에 저장한다. 소스 코드에서는 ImageView 객체 imageView를 선언하고, findViewById 메소드를 사용하여 main.xml 파일에서 선언한 ImageView01 객체를 연결한다. setImageResource 메소드를 통해 rect.xml에서 정의한 직사각형 모양을 ImageView 객체에 설정한다.

### 실습 7-2 직사각형 그리기

(1) RectangleXMLDemo라는 프로젝트를 생성한다.
(2) 〈코드 7-2〉를 복사하여 main.xml을 작성한다.
(3) 〈코드 7-3〉을 복사하여 rect.xml을 작성하고 이 리소스 파일을 /res/drawable

밑에 저장한다.

(4) 〈코드 7-4〉를 복사하여 RectangleXMLDemo.java를 완성한다.

(5) 프로젝트를 실행하면 [그림 7-2]와 같은 실행 결과가 보여진다.

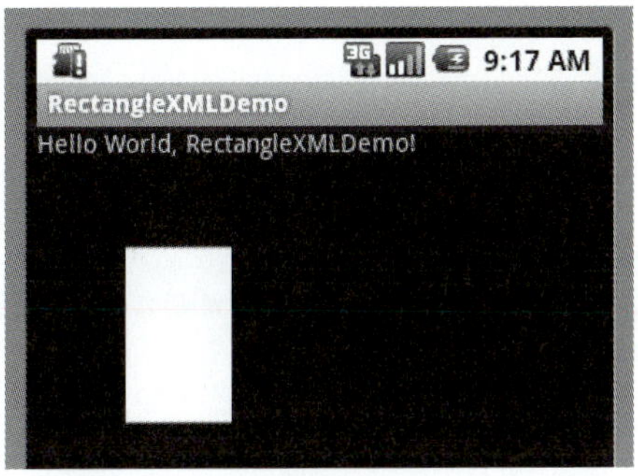


[그림 7-2] 직사각형 출력

〈코드 7-2〉 main.xml

```
12 <ImageView
13     android:id="@+id/ImageView01"
14     android:layout_width="wrap_content"
15     android:layout_height="wrap_content"
16     android:minHeight="100px"
17     android:minWidth="60px"
18     android:layout_margin="50px"
19     />
```

13 이미지 ID가 ImageView01임을 나타낸다.
16 현재 뷰가 차지하는 높이가 최소 100px이다.
17 현재 뷰가 차지하는 폭이 최소 60px이다.
18 뷰의 위, 아래, 왼쪽, 오른쪽에 50px의 여분을 둔다.

〈코드 7-3〉 rect.xml

```
<?xml version="1.0" encoding="utf-8"?>
<shape xmlns:android="http://schemas.android.com/apk/res/android"
    android:shape="rectangle">
    <solid android:color="#0ff"
           android:width="5dp"
```

```
6           android:height="20dp" />
7  </shape>
```

02 도형을 정의하는 태그이다.
03 도형을 직사각형으로 설정한다.
04 선의 색깔을 RGB에서 하늘색으로 설정한다.

〈코드 7-4〉 RectangleXMLDemo.java

```
15          ImageView imageView=(ImageView)findViewById(R.id.ImageView01);
16          imageView.setImageResource(R.drawable.rect);
```

15 리소스 ID가 ImageView01인 뷰를 찾아 ImageView 객체 imageView로 연결한다.
16 이미지 뷰의 내용으로 R.drawable.rect.xml인 드로어블을 설정한다.

## 7.2 커스텀 뷰와 캔버스

개발하고자 하는 응용프로그램이 많은 양의 그래픽을 실행하지 않거나 낮은 프레임 처리율에서 실행하여도 무방하다면, 일반적으로 커스텀 View 컴포넌트를 생성하고 onDraw() 메소드에서 그려주면 된다. View 클래스를 상속한 다음 View 클래스의 onDraw() 메소드를 재정의하여 그래픽스를 출력하는 방법이다. onDraw() 메소드는 안드로이드에 의해 자동적으로 호출되는 콜백 메소드이다.
커스텀 뷰custom view에서는 보통 캔버스Canvas를 통해 그래픽스를 출력한다. 그림을 그릴 때 사용하는 '화폭'을 의미하는 캔버스는 화면 영역에 무엇인가를 그리는 수단을 제공한다. Canvas는 그림이 그려지는 실제 화폭처럼 화면에 그림을 그린다. 이 클래스는 화면 공간에 이미지, 텍스트, 도형 등을 그리는 메소드를 제공하며, Canvas가 나타내는 화면 공간의 크기는 Canvas를 포함하는 컨테이너 뷰에 의해 결정된다. Canvas의 실제적인 크기는 getHeight(), getWidth() 메소드로 구할 수 있으며, 영역 절단clipping 메소드도 지원한다.
보통 그림들은 Canvas의 drawPicture() 메소드처럼 draw() 메소드를 호출하여 그린다. 다음에는 Canvas 객체 위에 drawCircle() 메소드를 사용하여 원을 그리는 실습을 해본다. 우선 View 클래스를 상속받아 Custom1 클래스를 구성한 다음, onDraw() 메소드를 재정의하여 캔버스 위에 그림을 그린다. 이러한 방법은 비디오 게임과 같이 Canvas 위에 규칙적으로 그림을 다시 그려야 하는 응용인 경우 적합하다.

### 실습 7-3 원 그리기

(1) CanvasDemo라는 프로젝트를 생성한다.
(2) main.xml은 생성된 그대로 사용한다.
(3) 〈코드 7-5〉를 복사하여 CanvasDemo.java를 완성한다.
(4) 프로젝트를 실행하면 [그림 7-3]과 같은 실행 결과가 나타난다.

[그림 7-3] 녹색 원 그리기

〈코드 7-5〉 CanvasDemo.java

```
public class CanvasDemo extends Activity {
    /** Called when the activity is first created. */
    @Override
    public void onCreate(Bundle savedInstanceState) {
        super.onCreate(savedInstanceState);
        Custom1 cv = new Custom1(this);
        setContentView(cv);
    }

    private class Custom1 extends View {
```

```
21          public Custom1(Context context) {
22              super(context);
23          }
24
25          @Override
26          protected void onDraw(Canvas canvas) {
27              canvas.drawColor(Color.WHITE);
28              Paint paint = new Paint();
29              paint.setColor(Color.GREEN);
30              canvas.drawCircle(canvas.getWidth()/2, canvas.getHeight()/4,
31                                  canvas.getWidth()/4, paint);
32          }
33      }
34  }
```

20 커스텀 뷰를 만들기 위해 액티비티 내부에 Custom1 클래스를 선언한다.
26 자동 호출되는 콜백 메소드 onDraw의 매개변수로 Canvas 객체가 전달된다.
27 이 메소드에 의해 캔버스를 흰색으로 설정하여 바탕을 흰색으로 만든다.
28 Paint 클래스의 객체를 생성한다.
29 Paint 객체는 색깔을 녹색으로 설정한다.
30 중심점이 (캔버스 폭/2, 캔버스 높이/4)이고, 반지름이 캔버스 폭/4인 원을 그린다. 원의 색깔은 녹색이다.

Canvas 객체는 개발자의 모든 draw 명령을 수행한다. Canvas에 그림을 그릴 때 4가지 매개변수를 요구한다. 첫 번째는 그림의 픽셀을 저장할 Bitmap이고, 두 번째는 draw 호출을 실행할 Canvas 자체이고, 세 번째는 Rect, Path, Text, Bitmap 등의 기본 그림 요소drawing primitive이고, 마지막은 색과 스타일을 지정하는 Paint 객체이다. '물감'에 해당하는 Paint 클래스는 색깔, 글자, 크기, 스타일, 복합 색, 렌더링 정보를 내포한다. 이러한 정보는 그래픽, 도형, 글꼴typeface에 적용할 수 있다. Canvas를 통하여 그리는 그림은 메모리 내부에서만 그려지고, 화면으로 출력되지는 않는다. 실제로는 하위 Bitmap 객체 위에 먼저 그려진 다음, 완성된 Bitmap을 화면으로 출력하는 방식을 취한다. 이렇게 화면으로 바로 출력하지 않고 메모리상의 버퍼를 거치는 이유는 화면의 깜박거리는 현상을 제거하기 위해서이다. 이러한 기법을 이중 버퍼링double buffering이라 한다. 안드로이드 시스템이 이중 버퍼링을 알아서 처리하기 때문에 화면은 깜박거리지 않게 되며, 개발자는 캔버스에서 그리는 작업만을 수행하면 된다. 그림을 그리는 대부분의 경우, 개발자는 콜백 메소드인 onDraw()의 Canvas에 자신이 원하는 그림을 그리는 코드를 작성하면 된다.
다음은 간단한 코드로서 Bitmap 객체 bp를 생성하여 이를 Canvas 객체인 cv에 설정한다. 사진과 같은 정교한 이미지를 나타내는 데 적합한 Bitmap 클래스는 java.lang.Object의 파생 클래스로서 이미지를 생성하고 관리하는 기능을 제공하고, Canvas 객체가 실제로 그림을 그린다.

```
Bitmap bp = Bitmap.createBitmap(100, 100, Bitmap.Config.ARGB_8888);
Canvas cv = new Canvas(bp);
```

다음 실습에서는 텍스트와 폰트에 대해 배운다. View 객체를 상속받아 TxtFont 클래스를 만들고, TxtFont 클래스의 onDraw() 메소드를 선언한 다음 Canvas 객체 위에 텍스트와 폰트를 출력한다.

### 실습 7-4 TextFontDemo 출력

(1) TextFontDemo라는 프로젝트를 생성한다.
(2) main.xml은 자동 생성된 그대로 사용한다.
(3) 〈코드 7-6〉을 복사하여 TextFontDemo.java를 완성한다.
(4) 프로젝트를 실행하면 [그림 7-4]와 같은 실행 결과가 보여진다.

[그림 7-4] 폰트 출력

〈코드 7-6〉 TextFontDemo.java

```
import android.graphics.Canvas;
import android.graphics.Color;
import android.graphics.Paint;
import android.graphics.Typeface;

public class TextFontDemo extends Activity {
    /** Called when the activity is first created. */

    @Override
    public void onCreate(Bundle savedInstanceState) {
        super.onCreate(savedInstanceState);
        setContentView(new TxtFont(this));
    }
}

class TxtFont extends View {
    /** Called when the activity is first created. */
    public TxtFont(Context context) {
        super(context);
    }

    @Override
    protected void onDraw(Canvas canvas) {
        canvas.drawColor(Color.WHITE);
        Paint paint=new Paint(Paint.ANTI_ALIAS_FLAG);
        Typeface tType1 = Typeface.create(Typeface.SERIF,
                                Typeface.BOLD_ITALIC);
        paint.setTextSize(15);
        paint.setTypeface(tType1);
        canvas.drawText("Serif Bold_Italic Typeface", 20, 20, paint);

        Typeface tType2 = Typeface.create(Typeface.SANS_SERIF,
                                Typeface.NORMAL);
        paint.setTextSize(20);
        paint.setTypeface(tType2);
        canvas.drawText("Sans_Serif Normal Typeface", 30, 50, paint);
    }
}
```

다음 실습에서는 Bitmap 클래스를 이용하여 이미지를 출력해보자.

## 실습 7-5 Bitmap 이미지 출력

(1) BitmapDemo라는 프로젝트를 생성한다.
(2) main.xml은 자동 생성된 그대로 사용한다.
(3) 〈코드 7-7〉을 복사하여 BitmapDemo.java를 완성한다.
(4) 프로젝트를 실행하면 [그림 7-5]와 같은 실행 결과가 나타난다.

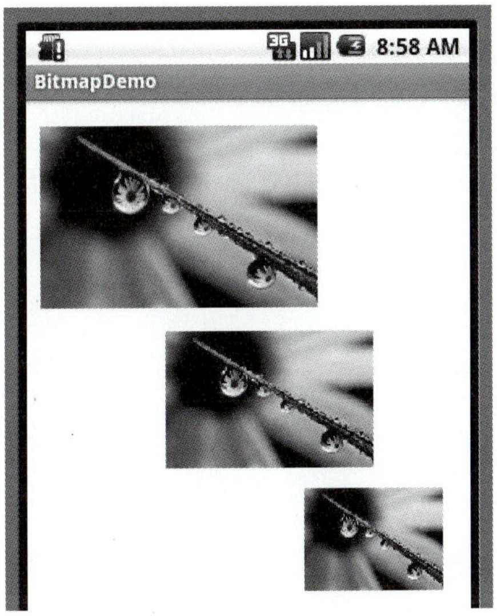


[그림 7-5] BitmapDemo 출력

〈코드 7-7〉 BitmapDemo.java

```
import android.graphics.Canvas;
import android.graphics.Color;
import android.graphics.Bitmap;
import android.graphics.BitmapFactory;

public class BitmapDemo extends Activity {
    /** Called when the activity is first created. */
    @Override
    public void onCreate(Bundle savedInstanceState) {
        super.onCreate(savedInstanceState);
```

```
        setContentView(new Bitmap1(this));
    }
}

class Bitmap1 extends View {
    /** Called when the activity is first created. */
    public Bitmap1(Context context) {
        super(context);
    }
    @Override
    protected void onDraw(Canvas canvas) {
        canvas.drawColor(Color.WHITE);

        Bitmap bm1=BitmapFactory.decodeResource(getResources(),
                      R.drawable.flowerdew);
        canvas.drawBitmap(bm1, 10, 20, null);

        Bitmap bm2 = Bitmap.createScaledBitmap(bm1, 150, 100, false);
        canvas.drawBitmap(bm2, 100, 170, null);

        Bitmap bm3 = Bitmap.createScaledBitmap(bm1, 100, 75, false);
        canvas.drawBitmap(bm3, 200, 285, null);
    }
}
```

Canvas 클래스는 2차원 도형을 그리는 다양한 메소드를 제공한다. drawBitmap(), drawCircle(), drawColor(), drawLine(), drawLines(), drawOval(), drawPicture(), drawPoint() 등 명칭만으로도 무슨 작업을 하는지 알 수 있다.

## 7.3 셰이프드로어블

안드로이드가 제공하는 2차원 그래픽스 클래스들은 android.graphics.drawable과 android.view.animation 클래스 라이브러리에 존재한다. 안드로이드에서 제공하는 최상위 그래픽스 클래스 Drawable은 BitmapDrawable, Animation

Drawable, ClipDrawable, ColorDrawable, ShapeDrawable, PictureDrawable, LayerDrawable 등 다수의 파생 클래스를 제공한다. 개발자는 이 클래스들을 다시 확장하여 자신이 개발하는 응용프로그램에 사용할 수 있다.

Drawable을 정의하고 활용하는 데에는 3가지 방법이 있다. 첫 번째가 개발자가 개발하고자 하는 프로젝트의 리소스 디렉터리 res/drawable/에 저장된 이미지를 활용하는 방법이고, 두 번째가 Drawable의 속성을 규정한 res/drawable/의 리소스 파일을 활용하는 방법이며, 마지막으로 Drawable 클래스 생성자를 활용하는 방법이다. 다음 표는 Drawable 클래스의 다양한 파생 클래스들을 보여준다.

〈표 7-1〉 Drawable의 파생 클래스

| 명칭 | 내용 |
|---|---|
| AnimationDrawable | Frame 애니메이션을 위한 객체 |
| BitmapDrawable | Bitmap을 객체화한 기울기, 확장, 배치 |
| ClipDrawable | Drawable을 클립하는 객체 |
| ColorDrawable | 지정된 색깔로 Canvas를 채우는 Drawable |
| Drawable | 그림을 그리는 대표적인 객체 |
| GradientDrawable | Color gradient drawable 객체 |
| InsetDrawable | 다른 Drawable을 삽입하는 객체 |
| LayerDrawable | 다른 Drawable 배열을 관리하는 Drawable |
| LevelListDrawable | 다른 Drawable을 관리하는 자원 |
| NinePatchDrawable | 확장 가능한 Bitmap |
| PaintDrawable | Paint로 그림을 그리는 Drawable |
| PictureDrawable | Picture를 객체로 만드는 Drawable |
| RotateDrawable | 다른 Drawable을 회전시키는 Drawable |
| ScaleDrawable | 다른 Drawable을 확장시키는 Drawable |
| ShapeDrawable | 기본 Shape를 그리는 Drawable 객체 |
| ShapeDrawable.ShaderFactory | Factory 객체를 정의하는 기본 클래스 |
| StateListDrawable | 여러 개의 이미지를 Drawable에 부여 |
| TransitionDrawable | LayerDrawable의 확장 |

동적으로 2차원 그래픽스를 그리고자 하는 경우에는 셰이프드로어블ShapeDrawable 클래스가 적합하다. ShapeDrawable 클래스와 Shape의 파생 클래스들을 이용하면 직사각형이나 원과 같은 기본 도형들을 직접 정의하여 캔버스 객체에 그릴 수 있다. ShapeDrawable 클래스는 java.lang.Object의 하위 클래스인

android.graphics.drawable.Drawable을 상속한다. 직접 하위 클래스는 PaintDrawable이다. Drawable 클래스는 기본 도형을 그리는 반면, ShapeDrawable 클래스는 Shape 객체를 이용하여 도형을 그린다. Shape가 주어지지 않으면 디폴트로 RectShape를 그린다. ShapeDrawable을 사용하면 기본 도형을 구성할 수도 있고, 도형 속성을 변경할 수도 있어 2차원 그래픽을 동적으로 그리기에 적합하다. View의 배경으로는 setBackgroundDrawable()을 사용할 수 있다.

Shape 클래스는 java.lang.Object를 상속한다. 직접 하위 클래스로는 PathShape, RectShape가 있다. 간접 하위 클래스로는 ArcShape, OvalShape, RoundRectShape 등이 있다. Shape 클래스는 그래픽 도형을 Canvas 위에 draw() 메소드로 그린다. ShapeDrawable을 사용하면 더욱 정교한 그래픽 조정이 가능하다.

다음 실습에서 View를 확장하여 ShapeDrawable 객체에 타원을 그려보자.

### 실습 7-6 타원 그리기

(1) ShapeDemo라는 프로젝트를 생성한다.
(2) <코드 7-8>과 같이 main.xml을 복사한다.
(3) <코드 7-9>를 복사하여 ShapeDemo.java를 완성한다.
(4) 프로젝트를 실행하면 [그림 7-6]과 같은 실행 결과가 나타난다.

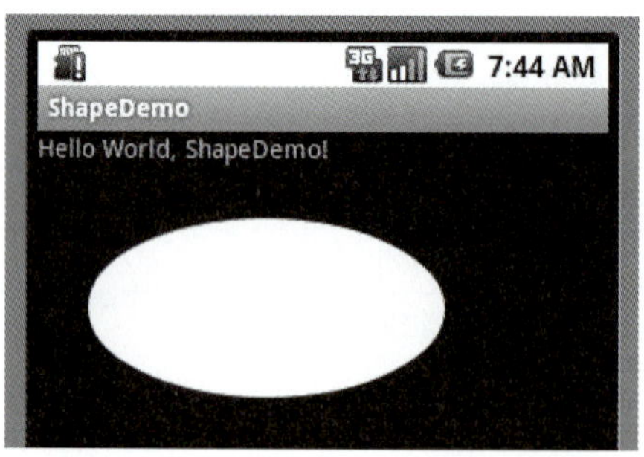


[그림 7-6] 타원 출력

〈코드 7-8〉 main.xml

```
<ImageView
    android:id="@+id/ImageView01"
    android:layout_width="wrap_content"
    android:layout_height="wrap_content"
    android:minHeight="100px"
    android:minWidth="60px"
    android:layout_margin="30px"
    />
```

〈코드 7-9〉 ShapeDemo.java

```
import android.graphics.Color;
import android.graphics.drawable.ShapeDrawable;
import android.graphics.drawable.shapes.OvalShape;
...
public class ShapeDemo extends Activity {
    /** Called when the activity is first created. */
    @Override
    public void onCreate(Bundle savedInstanceState) {
        super.onCreate(savedInstanceState);
        setContentView(R.layout.main);

        ShapeDrawable oval=new ShapeDrawable(new OvalShape());

        oval.getPaint().setColor(Color.YELLOW);
        oval.setIntrinsicHeight(100);
        oval.setIntrinsicWidth(200);

        ImageView imageView=(ImageView)findViewById(R.id.ImageView01);
        imageView.setImageDrawable(oval);
    }
}
```

다음 실습에서는 ShapeDrawable 클래스를 활용하여 모서리가 둥근 사각형을 그려보자. 모서리가 둥근 사각형은 다음 코드와 같이 표현된다.

```
float[] outRadius = new float[] {6,6,6,6,6,6,6,6};
RectF  inRect = new RectF(2,2,2,2);
float[] inRadius = new float[] {6,6,6,6,6,6,6,6};
```

## 실습 7-7 둥근 모서리 직사각형 그리기

(1) ShapeRoundArcDemo라는 프로젝트를 생성한다.
(2) 〈코드 7-10〉과 같이 main.xml을 복사한다.
(3) 〈코드 7-11〉을 복사하여 ShapeRoundArcDemo.java를 완성한다.
(4) 프로젝트를 실행하면 [그림 7-7]과 같이 실행 결과가 나타난다.

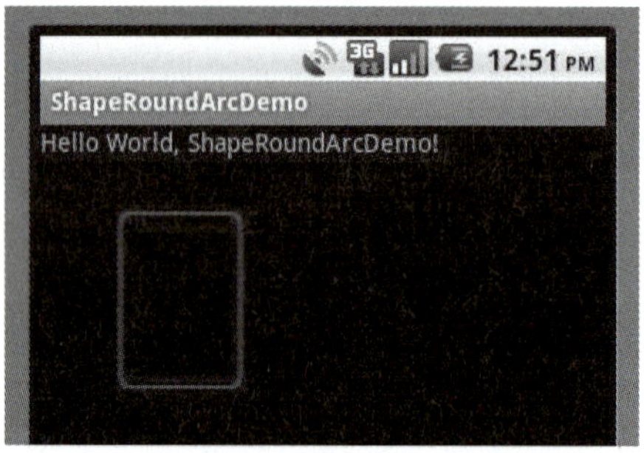


[그림 7-7] 둥근 모서리 직사각형 출력

〈코드 7-10〉 main.xml

```
<ImageView
    android:id="@+id/ImageView01"
    android:layout_width="wrap_content"
    android:layout_height="wrap_content"
    android:minHeight="100px"
    android:minWidth="100px"
    android:layout_margin="30px"
    />
```

〈코드 7-11〉 ShapeRoundArcDemo.java

```
import android.graphics.Color;
import android.graphics.RectF;
import android.graphics.drawable.ShapeDrawable;
import android.graphics.drawable.shapes.RoundRectShape;
...
public class ShapeRoundArcDemo extends Activity {
    /** Called when the activity is first created. */
    @Override
    public void onCreate(Bundle savedInstanceState) {
        super.onCreate(savedInstanceState);
        setContentView(R.layout.main);

        float[] outRadius = new float[] {6,6,6,6,6,6,6,6};
        RectF inRect = new RectF(2,2,2,2);
        float[] inRadius = new float[] {6,6,6,6,6,6,6,6};

        ShapeDrawable roundRect=new ShapeDrawable
                (new RoundRectShape(outRadius, inRect, inRadius));

        roundRect.setIntrinsicHeight(100);
        roundRect.setIntrinsicWidth(70);
        roundRect.getPaint().setColor(Color.BLUE);
```

다음 실습에서는 ShapeDrawable 클래스와 PathShape 클래스를 활용하여 경로 객체를 그려보자.

### 실습 7-8 경로 그리기

(1) ShapePathDemo라는 프로젝트를 생성한다.
(2) 〈코드 7-12〉와 같이 main.xml을 복사한다.
(3) 〈코드 7-13〉을 복사하여 ShapePathDemo.java를 완성한다.
(4) 프로젝트를 실행하면 [그림 7-8]과 같은 실행 결과가 나타난다.

[그림 7-8] 경로 출력

〈코드 7-12〉 main.xml

```
<ImageView
    android:id="@+id/ImageView01"
    android:layout_width="wrap_content"
    android:layout_height="wrap_content"
    android:minHeight="200px"
    android:minWidth="200px"
    android:layout_margin="70px"
    />
```

〈코드 7-13〉 ShapePathDemo.java

```
import android.graphics.Path;
import android.graphics.drawable.ShapeDrawable;
import android.graphics.drawable.shapes.PathShape;
import android.os.Bundle;
import android.widget.ImageView;

public class ShapePathDemo extends Activity {
    /** Called when the activity is first created. */
    @Override
    public void onCreate(Bundle savedInstanceState) {
        super.onCreate(savedInstanceState);
        setContentView(R.layout.main);
```

```

        Path path = new Path();

        path.moveTo(50, 0);     // 1
        path.lineTo(0, 37);      // 2
        path.lineTo(18, 96);     // 3
        path.lineTo(84, 96);     // 4
        path.lineTo(100, 37);    // 5
        path.lineTo(50, 0);      // 6

        ShapeDrawable penta =new ShapeDrawable(new PathShape(path,100,100));

        penta.setIntrinsicWidth(80);
        penta.setIntrinsicHeight(80);
        penta.getPaint().setColor(Color.MAGENTA);

        ImageView imageView=(ImageView)findViewById(R.id.ImageView01);
        imageView.setImageDrawable(penta);
    }
}
```

## 7.4 그래디언트

그래디언트gradient는 설정한 색들을 부드럽게 연결하여 색들이 변하는 모양을 자연스럽게 표현하는 시각적 효과를 제공한다. 안드로이드에서 제공하는 그래디언트의 종류로는 android.graphics.Shader에서 파생된 선형 그래디언트linear gradient, 방사형 그래디언트radial gradient, 스윕 그래디언트sweep gradient 등이 있다. 다음은 선형 그래디언트에 대한 실습으로 색이 직선을 따라 변하는 시각적 효과를 볼 수 있다.

### 실습 7-9 선형 그래디언트

(1) LinearGradientDemo라는 프로젝트를 생성한다.

(2) main.xml을 자동 생성된 그대로 사용한다.

(3) 〈코드 7-14〉를 복사하여 LinearGradientDemo.java를 완성한다.

(4) 프로젝트를 실행하면 [그림 7-9]와 같은 실행 결과가 나타난다.

[그림 7-9] 선형 그래디언트

〈코드 7-14〉 LinearGradientDemo.java

```
import android.graphics.LinearGradient;
import android.graphics.Paint;
import android.graphics.Shader;
...
public class LinearGradientDemo extends Activity {
    /** Called when the activity is first created. */
    @Override
    public void onCreate(Bundle savedInstanceState) {
        super.onCreate(savedInstanceState);
        setContentView(new LinearGrad(this));
    }
}

class LinearGrad extends View {
    /** Called when the activity is first created. */
    public LinearGrad(Context context) {
        super(context);
    }
```

```
27      @Override
28      protected void onDraw(Canvas canvas) {
29          canvas.drawColor(Color.WHITE);
30          Paint paint=new Paint(Paint.ANTI_ALIAS_FLAG);
31          LinearGradient linearGrad = new LinearGradient(0, 0, 25, 25,
32              Color.MAGENTA, Color.CYAN, Shader.TileMode.REPEAT);
33          paint.setShader(linearGrad);
34          canvas.drawRect(canvas.getWidth()/4, canvas.getHeight()/6,
35              canvas.getWidth()/4*3, canvas.getHeight()/3*2, paint);
36      }
37  }
```

07 LinearGradient 클래스를 포함한다.
18 아래에서 정의한 LinearGrad 클래스의 객체를 생성하고, 이를 화면에 표시한다.
22 클래스 LinearGrad를 정의한다.
28 이 메소드에 매개변수로 전달된 Canvas 객체를 이용하여 그림을 그린다.
29 캔버스의 바탕색을 흰색으로 정한다.
30 페인트의 한 속성으로 경계색을 불분명하게 하는 속성을 지정한다.
31 선형 그래디언트를 설정한다.
34~35 캔버스에 선형 그래디언트를 적용하여 직사각형을 그린다.

## 7.5 애니메이션

안드로이드에서는 애니메이션으로 프레임frame 애니메이션과 트윈tween 애니메이션을 제공한다. 프레임 애니메이션은 몇 개의 이미지를 연속적으로 제시하여 이미지가 움직이는 애니메이션 효과를 나타낸다. 보통 1초에 16개 이상의 이미지를 보여주면, 사람은 잔상 효과에 의하여 자연스러운 움직임으로 인식한다. 트윈 애니메이션은 컴퓨터 그래픽스의 이미지 변환으로 이미지 이동translation, 비례 변환scaling, 회전rotation 등을 이용하는 애니메이션을 의미한다. 트윈 애니메이션은 초깃값, 최종값 그리고 변환값을 설정하여 구현한다. 이 애니메이션에서는 여러 개의 이미지가 아닌 하나의 이미지를 이동, 비례 변환, 회전을 통해 애니메이션 효과를 나타낸다. 또한 인터넷에서는 간단한 GIF 영상을 사용한 프레임 애니메이션을 사용하기도 하는 데, 이를 애니메이티드Animated GIF라고 한다. 여러 프레임 이미지들을 하나의 GIF 파일에 저장한 형식이다. 이 형식은 다른 비트맵 리소스와 마찬가지로 화면에 표시하는 것만으로 애니메이션 효과를 나타낼 수 있을 만큼 간단하다.

## 프레임 애니메이션

전통적인 애니메이션인 프레임frame-based 애니메이션 또는 배경 애니메이션은 조금씩 다른 이미지들을 차례대로 빠르게 화면에 표시함으로써 사물이 움직이는 효과를 보여준다. 조금씩 다른 몇 개의 이미지들을 연속적으로 재생하는 방식으로 플립북의 디지털 버전에 해당한다고 할 수 있다. 애니메이티드 GIF도 본질적으로는 프레임 애니메이션에 해당한다. 개발자는 프레임 애니메이션에 사용될 프레임 이미지들을 모두 제공해야 한다. 이런 프레임 애니메이션은 코드로 정의하기에는 너무 복잡한 그래픽 변형에 적합하다.

프레임 애니메이션은 키key 프레임 애니메이션이라고도 불린다. 키 프레임 애니메이션이라는 용어에서 키key는 기준이 되는 프레임을 의미한다. 보통 1초에 16프레임 이상을 보여주면 이미지가 연속적으로 움직이는 것으로 보여진다. 상용 시스템인 경우 16프레임 이상을 출력하는 시스템이 많이 있으며, 1초에 24프레임 혹은 30프레임을 출력하기도 한다. 30프레임을 출력하는 시스템은 고급 시스템에 속하며, 인터레이스 방식을 사용하는 시스템에서는 1초에 60프레임을 출력하여 고품질의 애니메이션을 구현하기도 한다.

프레임 애니메이션을 구현하는 방법으로는 리소스 파일을 정의하여 구현하는 방법과 자바 소스 코드로 구현하는 방법이 있다. 애니메이션을 위한 리소스 파일은 res/anim/ 디렉터리에 저장한다. 리소스 파일은 〈animation-list〉 요소가 루트 요소로 그리고 〈item〉 요소들이 하위 자식 노드로 구성된다.

다음 리소스 파일의 예는 프레임 3개를 가지고 애니메이션을 만드는 과정을 보여준다.

```
<animation-list xmlns:android="http://schemas.android.com/apk/res/android"
    android:oneshot="true">
    <item android:drawable="@drawable/rocket_thrust1" android:duration="200" />
    <item android:drawable="@drawable/rocket_thrust2" android:duration="200" />
    <item android:drawable="@drawable/rocket_thrust3" android:duration="200" />
</animation-list>
```

애니메이션은 <animation-list> 태그로 시작한다. 애니메이션의 android:oneshot 속성을 true로 설정하면 애니메이션은 한 번만 실행되고 마지막 프레임에서 멈춘다. android:oneshot 속성을 false로 설정하면 애니메이션은 반복하여 계속 실행된다. 애니메이션을 구성하는 프레임은 <item> 태그로 표현한다. 각 프레임은 android:drawable 속성에 의해서 이미지의 위치를 지정하고, android:duration 속성으로 프레임이 반복되는 시간을 설정한다. 여기에서는 프레임 rocket_thrust1이 res/drawable 디렉터리 아래에 위치하고, 각 프레임은 0.2초씩 출력된 후 다음 프레임이 출력된다.

AnimationDrawable 클래스가 프레임 애니메이션의 기본 클래스이다. 다음은 프레임 애니메이션을 구현한 소스 코드의 예를 보여준다. 이 코드에 의해 애니메이션이 ImageView에 추가된 다음, 화면에 접촉이 발생하면 애니메이션이 나타난다.

**〈코드 7-15〉 프레임 애니메이션용 소스 코드 일부**

```
AnimationDrawable rocketAnimation;

public void onCreate(Bundle savedInstanceState) {
    super.onCreate(savedInstanceState);
    setContentView(R.layout.main);

    ImageView rocketImage = (ImageView) findViewById(R.id.rocket_image);
    rocketImage.setBackgoundResource(R.anim.rocket_thrust);
    rocketAnimation = (AnimationDrawable) rocketImage.getBackground();
}
public boolean onTouchEvent(MotionEvent event) {
    if (event.getAction() == MotionEvent.ACTION_DOWN) {
        rocketAnimation.start();
        return true;
    }
    return super.onTouchEvent(event);
}
```

프레임 애니메이션에서는 AnimationDrawable에서 사용된 start() 메소드가 onCreate() 메소드에서 호출될 수 없다는 점에 유의할 필요가 있다. 그 이유는 AnimationDrawable이 아직 윈도우에 완전히 연결되지 못했기 때문이다. 애니메이션을 실행하기 위해서는 onWindowFocusChanged()에서 start() 메소드를 호출하여야 한다. 프레임 애니메이션 실행 시 onCreate()에서 애니메이션을 호출하면,

애니메이션의 첫 번째 이미지만 출력되고 다른 이미지들은 연속적으로 출력되지 않는다. 따라서 이벤트에 의해 호출하는 방식으로 애니메이션을 실행하여야 한다. 버튼 등을 이용하여 버튼 클릭 이벤트 처리할 수 있도록 만든 후, 그 메소드 내에서 애니메이션을 실행하는 작업을 구현해야 한다. 다음 실습에서 프레임 애니메이션을 만들어보자.

### 실습 7-10 프레임 애니메이션 실습

(1) FrameAniDemo 안드로이드 프로젝트를 생성한다.
(2) res/layout 폴더에 〈코드 7-16〉 frame.xml을 복사한다.
(3) res/drawable-hdpi/ 폴더에 이미지 moon01.png~moon12.png 총 12개를 복사한다.
(4) 〈코드 7-17〉~〈코드 7-18〉을 FrameAniDemo.java에 복사한다.
(5) 프로젝트를 실행하면 [그림 7-10]과 같이 성당을 배경으로 달이 움직이는 모습을 볼 수 있다.

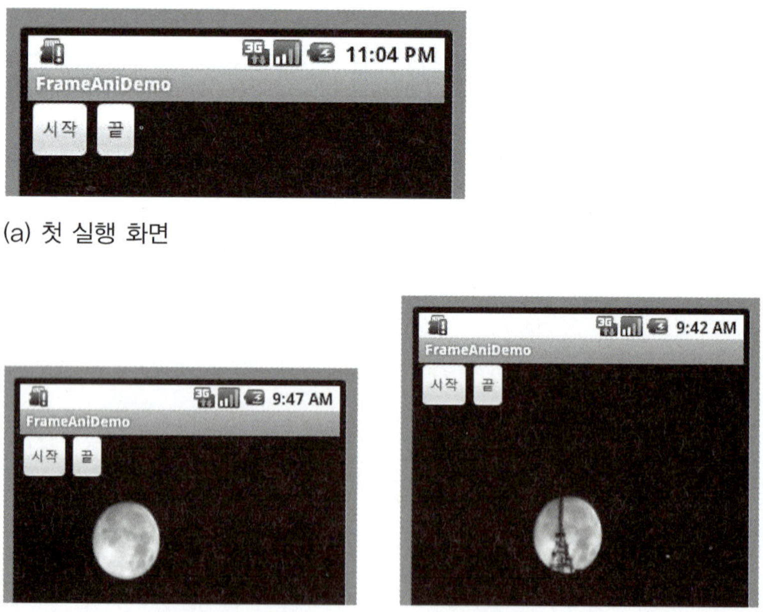


(a) 첫 실행 화면

(b) 시작 버튼을 누른 후 화면

(c) 특정 시점에서 끝 버튼 누른 화면

[그림 7-10] 프레임 애니메이션

〈코드 7-16〉 frame.xml

```
02 <LinearLayout xmlns:android="http://schemas.android.com/apk/res/android"
03         android:orientation="vertical"
04         android:layout_width="fill_parent"
05         android:layout_height="fill_parent">
06    <LinearLayout android:id="@+id/ButtonRow"
07         android:layout_width="wrap_content"
08         android:layout_height="wrap_content"
09         android:orientation="horizontal">
10      <Button android:id="@+id/ButtonStart"
11         android:layout_width="wrap_content"
12         android:layout_height="wrap_content"
13         android:text="시작" />
14      <Button android:id="@+id/ButtonStop"
15         android:layout_width="wrap_content"
16         android:layout_height="wrap_content"
17         android:text="끝" />
18    </LinearLayout>
19    <ImageView android:id="@+id/ImageView01"
20         android:layout_width="wrap_content"
21         android:layout_height="wrap_content" />
22 </LinearLayout>
```

10 애니메이션 시작을 위해 사용할 버튼의 id를 ButtonStart로 정한다.
13 이 버튼을 "시작"으로 표시한다.
14 애니메이션 종료를 위하여 사용할 버튼의 id를 ButtonStop으로 정한다.
17 이 버튼을 "끝"이라고 표시한다.
19 애니메이션을 나타낼 ImageView의 id는 ImageView01로 정한다.

〈코드 7-17〉 FrameAnimation.java(I)

```
import android.graphics.drawable.AnimationDrawable;
import android.graphics.drawable.BitmapDrawable;

public class FrameAniDemo extends Activity {
    AnimationDrawable frameAni = null;

    /** Called when the activity is first created. */
```

```
15      @Override
16      public void onCreate(Bundle savedInstanceState) {
17          super.onCreate(savedInstanceState);
18          setContentView(R.layout.frame);
19
20          // Handle 시작 버튼
21          final Button onButton = (Button) findViewById(R.id.ButtonStart);
22          onButton.setOnClickListener(new View.OnClickListener() {
23              public void onClick(View v) {
24                  startAnimation();
25              }
26          });
27          // Handle 중지 버튼
28          final Button offButton = (Button) findViewById(R.id.ButtonStop);
29          offButton.setOnClickListener(new View.OnClickListener() {
30          public void onClick(View v) {
31              stopAnimation();
32          }
33          });
34      }
```

12 애니메이션 드로어블 객체를 생성한다.
18 frame.xml에서 정의한 대로 화면에 출력한다.
21 애니메이션의 실행을 개시하기 위한 버튼 객체 onButton과 frame.xml에서 정의한 버튼 뷰 ButtonStart를 연결한다.
22 애니메이션을 실행할 버튼에 대한 클릭 이벤트를 처리하는 onClickListener를 구현하고, 이를 버튼 객체 onButton에 설정한다.
23 버튼 클릭 시 호출될 콜백 메소드이다.
24 애니메이션의 실행을 개시하는 메소드 startAnimation()을 호출한다.
29 애니메이션의 실행을 중지할 버튼에 대한 클릭 이벤트를 처리하는 onClickListener를 구현하고, 이를 버튼 객체 offButton에 설정한다.
31 애니메이션의 실행을 중지하는 메소드 stopAnimation()을 호출한다.

〈코드 7-18〉 FrameAnimation.java(II)

```
35      private void startAnimation()
36      {
37          ImageView imageView = (ImageView)findViewById(R.id.ImageView01);
```

```
38
39          BitmapDrawable frame[] = {
                (BitmapDrawable)getResources().getDrawable(R.drawable.moon01),
40             (BitmapDrawable)getResources().getDrawable(R.drawable.moon02),
...
50             (BitmapDrawable)getResources().getDrawable(R.drawable.moon12)};
51
52          int Duration = 400;
53          int i;
54          frameAni = new AnimationDrawable();
55
56          // loop continuously
57          frameAni.setOneShot(false);
58          for(i=0; i<12; i++) {
59              frameAni.addFrame(frame[i], Duration);
60          }
61
62          // Get the background
63          imageView.setBackgroundDrawable(frameAni);
64          frameAni.setVisible(true,true);
65          frameAni.start();
66      }
67      private void stopAnimation()
68      {
69          frameAni.stop();
70          frameAni.setVisible(false,false);
71      }
72  }
```

35 Button의 setOnClickListener 메소드에 의하여 버튼 클릭 시 애니메이션을 시작하는 startAnimation() 메소드가 호출된다.
39 각 프레임들을 배열 frame에 저장한다.
39~50 moon01~moon12 등 12개의 프레임 이미지로부터 BitmapDrawable 객체를 생성한다.
52 각 프레임의 지속 시간을 정한다.
54 frameAni 객체를 생성한다.
59 각 프레임을 애니메이션에 추가한다.
65 애니메이션의 실행을 시작한다.
69 애니메이션의 실행을 중지한다.

## 트윈 애니메이션

트윈tween 애니메이션 또는 트랜지션transition 애니메이션은 비트맵, 도형, 텍스트 같은 그래픽 객체나 임의의 뷰 위젯을 대상으로 이동, 비례, 회전, 투명도 변환 등을 통해 애니메이션 효과를 얻는다. 트윈 애니메이션을 구현하는 방식은 객체와 변환 방식을 설정하고, 수학의 보간법interpolation 계산을 통해 다음 프레임을 생성한다. 변환의 대상은 View 객체이므로 텍스트, 배경 이미지 등 그 어떠한 종류도 가능하다. 트윈 애니메이션도 리소스 파일로 정의할 수 있고, 자바 소스 코드로 정의할 수도 있다. 일반적으로 리소스 파일로 정의하면 읽기 쉽고 재사용도 쉽기 때문에, 사용자 인터페이스에서 레이아웃을 정의하는 것처럼 리소스 파일로 트윈 애니메이션을 정의하는 것을 권장한다. 트윈 애니메이션과 관련된 모든 클래스들은 android.view.animation 패키지에 포함되어 있다.

애니메이션 리소스 파일은 res/anim/ 디렉터리에 저장된다. 애니메이션 파일은 〈set〉 요소로 시작하며, 다른 변환 요소들을 포함하는 그룹 요소인 〈set〉 요소 안에 애니메이션 요소를 포함한다. 각 애니메이션들은 〈translate〉, 〈rotate〉, 〈scale〉, 〈alpha〉 요소로 시작한다. 만약 여러 개의 트윈 애니메이션을 실행시킨다면, 기본적으로 모든 애니메이션은 명령과 동시에 실행된다. 애니메이션을 순차적으로 실행하려면 startOffset 속성을 설정해서 애니메이션이 실행할 시간을 순차적으로 지정하면 된다.

〈코드 7-19〉에서 View 객체를 비례 변환하고 회전 변환하는 예를 보자.

〈코드 7-19〉 리소스 파일 예

```
<set android:shareInterpolator = "false">
     <scale android:interpolator =
       "@android;anim/accelerate_decelerate_interpolator"
       android:fromXScale = "1.0"
       android:toXScale = "1.4"
       android:fromYScale = "1.0"
       android:toYScale = "0.6"
       android:pivotX = "50%"
       android:pivotY = "50%"
       android:fillAfter = "false"
       android:duration = "700"/>
<set android:Interpolator = "@android:anim/decelerate_interpolator">
     <scale
```

```
            android:fromXScale = "1.4"
            android:toXScale = "0.0"
            android:fromYScale = "0.6"
            android:toYScale = "0.0"
            android:pivotX = "50%"
            android:pivotY = "50%"
            android:startOffset = "700"
            android:duration = "400"
            android:fillBefore ="false" />
        <rotate
            android:fromDegrees = "0"
            android:toDegrees = "-45"
            android:toYScale = "0.0"
            android:pivotX = "50%"
            android:pivotY = "50%"
            android:startOffset = "700"
            android:duration = "400" />
    </set>
</set>
```

이 코드는 두 개의 애니메이션 set으로 구성되어 있다. 첫 번째 애니메이션 set은 비례 변환 트윈 애니메이션 1개만 정의하고 있다. 처음 크기는 X축과 Y축 모두 원래의 크기인 1.0배에서 시작하여 X축은 1.4배까지 확장하고 Y축은 0.6배로 축소시킨다는 것을 의미한다. pivotX와 pivotY 속성은 변환의 중심이 자기 자신에 대해 X축, Y축 각각 50%인 지점이라는 의미이다. fillAfter 속성은 false로 되어 있으므로 애니메이션 종료 시 애니메이션 결과는 유지되지 않는다. 애니메이션이 수행되는 시간은 700밀리초, 즉 0.7초 동안 지속된다. pivotX 값은 객체 자체 혹은 상위 부모 객체에 대하여 상대적으로 설정되므로 적합한 형식을 사용하여야 한다. 예를 들어, "50"은 상위 부모에 대하여 50% 상대적이라는 뜻이고, "50%"는 객체 자체에 대하여 50% 상대적이라는 의미를 나타낸다. 회전 변환의 코드는 XML 태그에 의해 이미 의미가 표현되어 있어 이해할 수 있다.

다음 〈표 7-2〉는 트윈 애니메이션의 변환 속성들을 정리한 것이다.

〈표 7-2〉 애니메이션 변환 속성

| 요소 | 속성 | 의미 |
|---|---|---|
| 모든 요소 공통 | duration | 밀리초 단위의 동작 시간 |
| | startOffset | 밀리초 단위의 시작 시간 |
| | fillBefore | 애니메이션의 시작 시 동작을 적용하는 경우에 true로 설정<br>set에서 복수의 애니메이션을 조합하는 경우에 지정 |
| | fillAfter | 애니메이션의 종료 시 그 상태를 유지하고자 하는 경우 true 설정 |
| | interpolator | 애니메이션의 동작 속도 변화 등을 나타내는 보간자를 지정함 |
| 〈scale〉 | 크기 확대 및 축소 설정. 변환의 중심점을 pivotX와 pivotY로 지정 | |
| | fromXScale | 시작 시 X 방향 배율. 원래 크기는 1로 설정 |
| | toXScale | 종료 시 X 방향 배율. 원래 크기는 1로 설정 |
| | fromYScale | 시작 시 Y 방향 배율. 원래 크기는 1로 설정 |
| | toYScale | 종료 시 Y 방향 배율. 원래 크기는 1로 설정 |
| | pivotX | X 방향 변환의 중심점. (0,0)은 왼쪽 위의 각을 나타냄 |
| | pivotY | Y 방향 변환의 중심점. (0,0)은 왼쪽 위의 각을 나타냄 |
| 〈alpha〉 | 투명도 변환 | |
| | fromAlpha | 시작 시 알파값. 0.0~1.0 사이의 수치. 0이 투명, 1이 불투명 |
| | toAlpha | 종료 시 알파값. 0.0~1.0 사이의 수치. 0이 투명, 1이 불투명 |
| 〈trans-late〉 | 부모 요소를 기준으로 이동 변환 | |
| | fromXDelta | X 방향의 시작점 |
| | toXDelta | X 방향의 종료점 |
| | fromYDelta | Y 방향의 시작점 |
| | toYDelta | Y 방향의 종료점 |
| 〈rotate〉 | 회전 변환 | |
| | fromDegrees | 시작 각도 |
| | toDegrees | 회전 종료 각도 |
| | pivotX | X 방향의 중심점 |
| | pivotY | Y 방향의 중심점 |
| 〈set〉 | 복수의 애니메이션 조합 | |
| | shareInterpolator | 자식 요소에서 공통으로 사용하는 보간자 지정 |

〈표 7-3〉 interpolator 속성

| 값 | 내용 |
|---|---|
| accelerate_interpolator | 처음에 느리다가 점점 빨라진다. |
| decelerate_interpolator | 처음에 빠르다가 점점 느려진다. |
| accelerate_decelerate_interpolator | 빨라지다가 다시 느려진다. |

2차원 객체 변환이 시간이 경과함에 따라 어떻게 적용되는가는 Interpolator 객체를 통하여 조정할 수 있다. 안드로이드는 스피드 커브를 조정하는 몇 개의 interpolator 하위 클래스를 포함한다. 예를 들어, AccelerateInterpolator는 변환 속도가 처음에는 천천히 시작하여 점점 빠르게 진행됨을 뜻한다.

다음 실습에서는 정사각형에 대하여 비례, 이동, 회전 변환을 수행하는 트윈 애니메이션을 해보자.

### 실습 7-11 트윈 애니메이션

(1) TweenAni라는 프로젝트를 생성한다.

(2) res/layout 폴더에 main.xml을 생성하고 〈코드 7-23〉을 res/anim/ 폴더에 tween.xml로 복사한다.

(3) 〈코드 7-24〉~〈코드 7-26〉을 res/anim/ 폴더에 translate.xml, scale.xml, rotate.xml로 복사한다.

(4) 〈코드 7-20〉~〈코드 7-22〉를 TweenAni.java에 복사한다.

(5) 프로젝트를 실행하면 [그림 7-11]과 같이 실행된다.

(a) 초기 화면

(b) 비례 변환

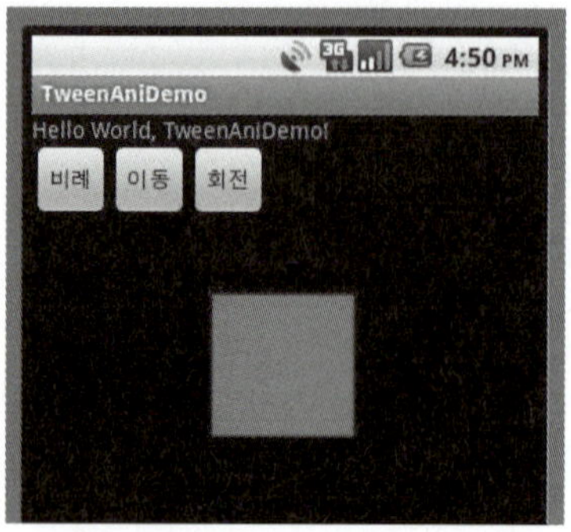


(c) 이동 변환

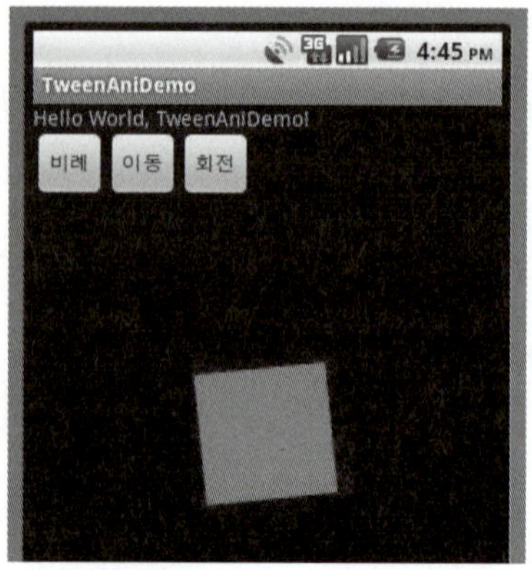


(d) 회전 변환

[그림 7-11] 트윈 애니메이션

앞의 그림에서 (a)는 처음 실행되는 화면으로 비례, 이동, 회전 변환을 시도할 버튼들을 보여준다. (b)는 비례 버튼을 눌렀을 때 초기의 정사각형이 증가하였다가 다시 감소하는 변환을 보여준다. (c)는 이동 변환으로 정사각형이 위로 이동하였다가 다시 원래 위치로 복귀하는 변환을 보여준다. (d)는 시계 방향으로 회전하는 변환을 보여준다. 회전하는 속도는 전반부에는 점점 빠르게 회전하다가 후반부에는 점점 천천히 회전하는 변환을 볼 수 있다. 다음은 트윈 애니메이션 자바 소스 코드 부분이다. 〈코드 7-20〉에서는 트윈 애니메이션의 3가지 요소인 비례, 이동, 회전 변환을 실행하기 위한 실행 버튼을 설정한다.

〈코드 7-20〉 TweenAni.java의 일부(I)

```
import android.view.animation.Animation;
import android.view.animation.AnimationUtils;
import android.widget.Button;
import android.widget.ImageView;

public class TweenAni extends Activity {

    @Override
    protected void onCreate(Bundle savedInstanceState) {
        super.onCreate(savedInstanceState);
        setContentView(R.layout.tween);

        // Handle Grow Button
```

```
17         final Button scaleB = (Button) findViewById(R.id.ButtonScale);
18         scaleB.setOnClickListener(new View.OnClickListener() {
19             public void onClick(View v) {
20                 activateAnimation(R.anim.scale);
21             }
22         });
23 
24         // Handle Move Button
25         final Button transB =
             (Button)findViewById(R.id.ButtonTranslate);
26         transB.setOnClickListener(new View.OnClickListener() {
27             public void onClick(View v) {
28                 activateAnimation(R.anim.translate);
29             }
30         });
31 
32         // Handle Spin Button
33         final Button rotateB = (Button) findViewById(R.id.ButtonRotate);
34         rotateB.setOnClickListener(new View.OnClickListener() {
35             public void onClick(View v) {
36                 activateAnimation(R.anim.rotate);
37             }
38         });
39     }
```

17 리소스 파일에서 ID가 scaleB인 리소스를 찾아 Button 객체에 연결한다.
18 scaleB 객체에 이벤트 처리를 위한 리스너를 설정한다.
19 이벤트 발생 시 호출될 콜백 메소드 onClick을 정의한다.
20 R/anim/에 저장된 scale.xml에서 정의한 애니메이션 효과를 실행한다.

〈코드 7-21〉 TweenAni.java의 일부(II)

```
41    private void activateAnimation(int aniResID)
42    {
43        // animate the imageview
44        ImageView imageView = (ImageView)
45          findViewById(R.id.ImageView01);
46        imageView.setImageResource(R.drawable.red_rect);
47        imageView.setVisibility(View.VISIBLE);
48
49        // Load the appropriate animation
50         Animation ani =
             AnimationUtils.loadAnimation(this, aniResID);
51        // Register a listener, so we can disable and re-enable buttons
52        ani.setAnimationListener(new AniListener1());
53        // Start the animation
54        imageView.startAnimation(ani);
55    }
56
57    private void toggleButtons(boolean clickableS)
58    {
59        // Handle Scale Button
60        final Button scaleB = (Button) findViewById(R.id.ButtonScale);
61        scaleB.setClickable(clickableS);
62
63        // Handle Translate Button
64        final Button transB = (Button)findViewById(R.id.ButtonTranslate);
65        transB.setClickable(clickableS);
66
67        // Handle Rotate Button
68        final Button rotateB = (Button) findViewById(R.id.ButtonRotate);
69        rotateB.setClickable(clickableS);
70    }
```

44~45 트윈 애니메이션을 위한 ImageView 객체를 선언한다.
50 트윈 애니메이션을 지정한 리소스 파일을 적재한다.
52 애니메이션에 애니메이션 관련 이벤트를 처리할 리스너를 설정한다.
54 애니메이션을 시작한다.

**〈코드 7-22〉 TweenAni.java의 일부(III)**

```
72    class AniListener1 implements Animation.AnimationListener {
73
74        public void onAnimationEnd(Animation animation) {
75            // Hide our ImageView
76            ImageView imageView = (ImageView)
77              findViewById(R.id.ImageView01);
78            imageView.setVisibility(View.INVISIBLE);
79
80            // Enable all buttons once animation is over
81            toggleButtons(true);
82        }
83
84        public void onAnimationRepeat(Animation animation) {
85            // what to do when animation loops
86        }
87
88        public void onAnimationStart(Animation animation) {
89            // Disable all buttons while animation is running
90            toggleButtons(false);
91        }
92    }
```

74 트윈 애니메이션 종료 시 호출된다.
76~78 애니메이션 종료 시 수행될 작업이다.
81 버튼을 활성 상태로 만든다.
88 애니메이션을 시작하면 버튼을 비활성 상태로 만든다.

**〈코드 7-23〉 tween.xml(res/layout/)**

```
<LinearLayout
    android:id="@+id/ButtonRow"
    android:layout_width="wrap_content"
    android:layout_height="wrap_content"
    android:orientation="horizontal">
    <Button
        android:id="@+id/ButtonScale"
        android:layout_width="wrap_content"
```

```
19                 android:layout_height="wrap_content"
20                 android:text="비례">
21             </Button>
22             <Button
23                 android:id="@+id/ButtonTranslate"
24                 android:layout_width="wrap_content"
25                 android:layout_height="wrap_content"
26                 android:text="이동">
27             </Button>
28             <Button
29                 android:id="@+id/ButtonRotate"
30                 android:layout_width="wrap_content"
31                 android:layout_height="wrap_content"
32                 android:text="회전">
33             </Button>
34         </LinearLayout>
35         <LinearLayout
36             android:id="@+id/LinearLayout01"
37             android:layout_height="fill_parent"
38             android:layout_width="fill_parent"
39             android:orientation="horizontal"
40             android:layout_gravity="center_vertical|center_horizontal">
41             <ImageView
42                 android:id="@+id/ImageView01"
43                 android:layout_width="wrap_content"
44                 android:layout_height="wrap_content"
45                 android:minHeight="90px"
46                 android:minWidth="90px"
47                 android:layout_margin="115px">
48             </ImageView>
49         </LinearLayout>
```

11~34 버튼 정의를 위한 선형 레이아웃을 설정한다.
35~49 트윈 애니메이션을 위한 새로운 선형 레이아웃을 설정한다.
41 변환된 이미지를 출력하기 위한 ImageView 태그를 설정한다.
45 단위 px는 pixel을 의미한다.

〈코드 7-24〉 scale.xml(res/anim/)

```
02 <!-- Over the course of 5 seconds, scale up and back -->
03 <set
04     xmlns:android="http://schemas.android.com/apk/res/android"
05     android:shareInterpolator="false">
06     <scale
07         android:pivotX="50%"
08         android:pivotY="50%"
09         android:fromXScale="1.0"
10         android:fromYScale="1.0"
11         android:toXScale="4.0"
12         android:toYScale="4.0"
13         android:duration="3000" />
14     <scale
15         android:startOffset="2500"
16         android:duration="3000"
17         android:pivotX="50%"
18         android:pivotY="50%"
19         android:fromXScale="1.0"
20         android:fromYScale="1.0"
21         android:toXScale="0.5"
22         android:toYScale="0.5" />
23 </set>
16         android:duration="3000"
17         android:pivotX="50%"
18         android:pivotY="50%"
19         android:fromXScale="1.0"
20         android:fromYScale="1.0"
21         android:toXScale="0.5"
22         android:toYScale="0.5" />
23 </set>
```

03 애니메이션의 태그들을 그룹으로 묶어준다.
06 비례 변환을 정의하는 태그이다.
07~13 비례 변환을 위한 초깃값, 최종값, 변환값 등을 설정한다.
15~22 또 하나의 비례 변환을 위한 초깃값, 최종값, 변환값 등을 설정한다.

**〈코드 7-25〉 rotate.xml(res/anim/)**

```
02 <!-- Over the course of 5 seconds, spin 360 -->
03 <set
04     xmlns:android="http://schemas.android.com/apk/res/android"
05     android:shareInterpolator="false">
06     <rotate
07         android:fromDegrees="0"
08         android:toDegrees="700"
09         android:pivotX="50%"
10         android:pivotY="50%"
11         android:duration="10000" />
12 </set>
```

07~11 트윈 애니메이션의 회전 변환을 위한 초깃값, 최종값, 변환값 등을 정의한다.

**〈코드 7-26〉 translate.xml(res/anim/)**

```
02 <!-- Over the course of 5 seconds, move 150 up and then 100 back down the Y
   axis. -->
03 <set
04     xmlns:android="http://schemas.android.com/apk/res/android"
05     android:shareInterpolator="false">
06     <translate android:toYDelta="-100"
07                android:fillAfter="true"
08                android:duration="2500" />
09     <translate android:toYDelta="150"
10                android:fillAfter="true"
11                android:duration="2500"
12                android:startOffset="2500" />
13 </set>
```

06 이동 변환의 최종값을 정의한다.
08 이동 변환의 지속 시간을 2.5초로 정의한다.
09 이동 변환의 최종값을 정의한다.

## 애니메이션 클래스

Animation 클래스는 android.view.animation.Animation으로 java.lang.Object를 상속한다. 관련된 하위 클래스로는 AlphaAnimation, AnimationSet, RotateAnimation, ScaleAnimation, TranslateAnimation 등이 있다. 애니메이션 클래스는 View나 Surface 객체 등에 적용된다. 다음 표들은 애니메이션 클래스와 관련된 속성 및 상수를 보여준다.

〈표 7-4〉 애니메이션 관련 속성

| 속성 이름 | 관련된 메소드 | 설명 |
| --- | --- | --- |
| android:detachWallpaper | setDetachWallpaper(boolean) | 윈도우 애니메이션 옵션 |
| android:duration | setDuration(long) | 애니메이션 수행 시간 |
| android:fillAfter | setFillAfter(boolean) | True이면 애니메이션 완료 후 애니메이션 변환 적용 |
| android:fillBefore | setFillBefore(boolean) | True이면 애니메이션 완료 전 애니메이션 변환 적용 |
| android:fillEnabled | setFillEnabled(boolean) | True이면 fillAfter 적용 |
| android:interpolator | setInterpolator(interpolator) | 애니메이션 보간 적용 |
| android:repeatCount | setRepeatCount(int) | 애니메이션 반복 횟수 |
| android:repeatMode | setRepeatMode(int) | 애니메이션 행동 정의 |
| android:startOffset | setStartOffset(long) | 애니메이션 수행 지연 시간 정의 (밀리세컨드) |
| android:zAdjustment | setZAdjustment(int) | 애니메이션 Z 순서 조정 |

〈표 7-5〉 애니메이션 관련 상수

| 자료형 | 상수 명칭 | 내용 |
| --- | --- | --- |
| int | ABSOLUTE | 픽셀 개수 |
| int | INFINITE | 애니메이션 무한 실행 |
| int | RELATIVE_TO_PARENT | 부동소수점 수로서 현재 객체의 부모 객체의 폭 혹은 높이와 곱해진다. |
| int | RELATIVE_TO_SELF | 부동소수점 수로서 현재의 애니메이션 객체의 폭 혹은 높이와 곱해진다. |
| int | RESTART | 애니메이션이 마지막에 도달하고 INFINITE_REPEAT이거나 양수면 애니메이션은 처음부터 시작 |
| int | REVERSE | 애니메이션이 마지막에 도달하고 INFINITE_REPEAT이거나 양수면 애니메이션은 역방향으로 진행 |

| | | |
|---|---|---|
| int | START_ON_FIRST_FRAME | 애니메이션 시작 시간 |
| int | ZORDER_BOTTOM | 애니메이션 Z 순서의 영향을 받도록 조정 |
| int | ZORDER_NORMAL | 애니메이션이 현재 Z 순서로 유지되도록 한다 |
| int | ZORDER_TOP | 애니메이션이 다른 내용의 최상위가 되도록 한다. |

## 서피스 뷰

View 클래스의 특별한 하위 클래스인 서피스 뷰SurfaceView는 주 스레드main thread 대신에 그림을 그려주는 별도의 스레드를 생성하여 새로운 스레드가 그림을 그리는 역할을 담당하도록 분리한다. 멀티스레딩multithreading 환경에서 사용하기 적합한 이 클래스에서, 주 스레드는 View 객체가 그림을 그리는 것을 완료할 때까지 기다리지 않고 별도의 스레드를 이용하여 자신의 캔버스 위에 직접 그림을 그리게 한다. 애플리케이션을 개발하기 위해서는 SurfaceView 클래스를 확장하고, 인터페이스 SurfaceHolder.Callback을 구현해야 한다. 이 인터페이스는 사용할 표면surface의 생성, 변화, 소멸에 대하여 알려준다. 이 중에서 Surface 생성 이벤트가 가장 중요하다. 이 이벤트가 있어야 언제 SurfaceView가 생성되어 그림을 그릴 수 있는지 알 수 있기 때문이다.

## 연습/문/제

1. 〈실습 7-1〉에 또 하나의 아이콘을 추가로 출력하는 코드로 수정하라.

2. 〈실습 7-1〉의 이미지들을 /res/drawable의 ldpi, mdpi, hdpi에 바꾸어 저장하면서 화면 출력의 변화를 관찰하고 변화 이유를 설명하라.

3. 다른 도형들이 출력되는 코드로 〈실습 7-2〉를 수정하라.

4. 커스텀 뷰란 무엇인가?

5. 캔버스와 페인트란 무엇인지 설명하라.

6. 안드로이드에서 비트맵과 캔버스 간의 관계에 대하여 설명하라.

7. 오프 스크린[off screen]과 더블 버퍼링[double buffering]에 대해 설명하라.

8. 쉐이프드러블이란 무엇인가?

9. 〈실습 7-8〉을 육각형을 그리는 코드로 수정하라.

10. 그래디언트란 무엇인가?

11. 프레임 애니메이션이란 무엇인가? 키 프레임이란 무엇인가?

12. 다음 코드를 설명하라.

```
<animation-list xmlns:android="http://schemas.android.com/apk/res/android"
    android:oneshot="true'>
    <item android:drawable="@drawable/rocket_thrust1" android:duration="200" />
    <item android:drawable="@drawable/rocket_thrust2" android:duration="200" />
    <item android:drawable="@drawable/rocket_thrust3" android:duration="200" />
</animation-list>
```

13. 〈실습 7-10〉에서 다른 이미지들을 이용하여 프레임 애니메이션을 수정해보라.

14. 트윈 애니메이션이란 무엇인가? 트윈 애니메이션에서 사용되는 주요 변환 요소들을 설명하라.

15. 트윈 애니메이션에서 interpolator 속성의 효과를 설명하라.

16. 〈실습 7-11〉에서 비례 확장 변환을 2배로 하였다가 30%로 축소하는 변환으로 수정하고 실행 결과를 관찰하라.

17. 〈실습 7-11〉에서 회전 변환을 360도로 하되 회전이 반대 방향으로 일어나도록 수정하고 실행 결과를 관찰하라.

18. 서피스 뷰란 무엇인가?

19. 그래픽스와 애니메이션의 차이점에 대하여 설명하라.

20. 다음 중 커스텀 뷰에 대한 설명으로 적합하지 않은 것은 무엇인가?
① 많은 양의 그래픽을 실행하거나 높은 프레임 처리율로 실행하는 경우 적합하다.
② 커스텀 View 컴포넌트를 생성하고 onDraw() 메소드에서 그래픽스를 출력한다.
③ View 클래스를 상속한 다음 View 클래스의 onDraw() 메소드를 재정의한다.
④ 커스텀 뷰에서는 보통 캔버스 객체를 통해 원하는 작업을 수행한다.

21. 다음 중 캔버스와 관련된 설명으로 적합하지 않은 것은 무엇인가?
① 실제로는 하위 Bitmap 객체 위에 먼저 그림을 그린 다음, 완성된 Bitmap을 화면에 출력한다.
② Canvas 객체는 개발자의 모든 draw 명령을 수행한다.
③ 실제 화폭처럼 그림이 그려지는 화면에 그림을 그려준다.
④ '물감'에 해당하는 색깔, 글자, 크기, 스타일, 복합색, 렌더링 정보를 내포한다.

22. 다음 중 프레임 애니메이션과 관련된 설명으로 적합하지 않은 것은 무엇인가?
① 애니메이티드 GIF도 프레임 애니메이션의 한 종류라고 할 수 있다.
② 조금씩 다른 이미지들을 차례대로 빨리 화면에 표시함으로써 움직이는 효과를 얻는다.
③ 트랜지션 애니메이션이라고도 불린다.
④ 키 프레임은 애니메이션에서 기준이 되는 프레임을 말한다.

Chapter 08

# 인텐트, 서비스와 브로드캐스트 리시버

CHAPTER

# 08 인텐트, 서비스와 브로드캐스트 리시버

## 8.1 인텐트

인텐트intent는 '의도' 또는 '의향' 이라는 의미를 가지고 있으나, 기능적으로 말하자면 메시지message라고 할 수 있다. 예를 들어, Intent.ACTION_VIEW 액션action을 갖는 인텐트는 무언가를 '본다' 는 의도를 내포한 메시지라고 간주할 수 있다. 이 메시지는 안드로이드의 애플리케이션 컴포넌트인 액티비티, 서비스, 브로드캐스트 리시버 간에 의사소통하는 수단으로 동작한다. 그런데 메시지 그 자체만으로 어떠한 작업을 할 수 있는 것은 아니다. 누군가가 그 메시지를 읽고, 해당 메시지의 내용을 직접 수행하는 경우에 비로소 메시지가 힘을 발휘한다.

일상생활에서 피자집에 피자를 주문하는 과정과 인텐트를 비교하여 생각해보자. 여러분이 방 안에서 아무리 "피자 한 판 주문합니다!"라고 소리쳐도 피자는 결코 배달되지 않는다. 여러분이 피자집의 전화번호를 찾고 전화를 걸어서 피자 종류와 수량 등을 정확하게 주문해야 한다. 그러면 피자집은 주문을 받고 피자를 준비하여 최종적으로 여러분의 집까지 배달해준다. 여기서 여러분이 피자집을 명시하고 전화를 통해 주문을 하는 것이 인텐트의 메시지 내용을 만들고 이를 다른 컴포넌트에 전달하는 것과 같다고 할 수 있다. 이러한 인텐트의 메시지가 전달된 피자집은 메시지 내용인 피자 종류와 수량을 수신하고, 이를 만들어서 원래 주문처로 배달하게 된다. 피자집은 여러분이 보낸 인텐트에 의해 활성화된 컴포넌트에 해당한다고 볼 수 있다.

인텐트는 사용자가 실행하고자 하는 작업을 표현하는 액션과 실행할 대상을 지정한 다음, 다른 액티비티로 하여금 현 액티비티가 요청하는 작업을 실행하도록 한다. 예를 들어, 검색 내용을 화면에 표시하라는 액션과 URL 주소인 "http://www.google.com/"을 대상으로 지정하는 인텐트를 설정한다고 하자. 이와 같이 설정하면 브라우저가 실행되고 지정된 구글 웹페이지가 화면에 표시된다.

## 인텐트 객체

인텐트는 보통 다섯 가지 요소인 액션action, 데이터, 컴포넌트, 범주category, 기타 등으로 구성된다. 각각의 구성요소가 저마다 우선순위가 있고 미리 정의된 값들이 있다. 인텐트는 본질적으로 어떠한 의도를 가진 메시지이므로 인텐트 객체는 관련 정보들의 모음이다. 그것은 인텐트를 수신하게 되는 컴포넌트가 필요로 하는 수행될 액션, 처리될 데이터 등이 된다. 그 외에도 안드로이드가 전달하는 추가적인 정보인 컴포넌트의 범주, 대상이 되는 액티비티를 실행하는 방법에 대한 지시 등이 포함되기도 한다.

- **액션**

수행될 액션 또는 획득한 정보나 보고될 행동을 나타내는 문자열을 의미한다. 예를 들어, 액션 ACTION_CALL은 대상 컴포넌트에게 전화 거는 작업을 취하도록 지시하는 액션의 예이다.

- **데이터**

처리되어야 하는 데이터에 대한 URI와 데이터의 MIME 형식을 지정한다. 서로 다른 행동들은 다른 종류의 데이터 명세와 한 쌍을 이룬다. 만일 액션이 ACTION_CALL이라면, 데이터 필드는 통화하고자 하는 전화번호의 URI로서 tel:URI가 된다.

- **컴포넌트**

인텐트를 받아서 처리할 컴포넌트의 클래스 명칭이 된다. 이와 같이 처리할 컴포넌트를 지정하면 다른 항목들은 별 의미가 없다.

- **범주**

LAUNCHER로 분류된 액티비티는 런처에 표시된다. 런처에 표시되지 않는 액티비티는 DEFAULT나 ALTERNATIVE 범주로 지정되는 경우이다.

- **기타**

인텐트를 받아 처리할 대상에게 임의의 데이터를 Bundle 객체 형태로 전달할 수 있다. 이렇게 제공된 추가 정보는 작업을 원활하게 처리하는 데 활용된다.

## 인텐트 필터

인텐트는 어떤 의도를 나타내는 메시지이고, 이 메시지가 힘을 갖기 위해서는 다른 컴포넌트에게 전달되어야 한다. 인텐트 필터[intent filter]는 액티비티가 어떠한 종류의 메시지를 받아들일 것인지 선언하는 것이다. 다음의 예에서 인텐트 필터가 어떻게 사용되는지 볼 수 있다.

AndroidManifest.xml

```
01 <intent-filter android:label="@string/resolve_edit">
02   <action android:name="android.intent.action.VIEW" />
03   <action android:name="android.intent.action.EDIT" />
04   <category android:name="android.intent.category.DEFAULT"/>
05   <data android:mimeType="vnd.android.cursor.item/vnd.google.note" />
06 </intent-filter>
07 <intent-filter>
08   <action android:name="android.intent.action.INSERT" />
09   <category android:name="android.intent.category.DEFAULT" />
10   <data android:mimeType="vnd.android.cursor.dir/vnd.google.note" />
11 </intent-filter>
```

01~06 첫 번째 인텐트 필터를 선언한다. 이 필터는 VIEW 또는 EDIT라는 액션, DEFAULT 범주, 구글 note의 데이터를 대상으로 하는 인텐트를 수신한다고 선언하고 있다.

07~11 두 번째 인텐트 필터를 선언한다. 이 필터는 INSERT라는 액션, DEFAULT 범주, 구글 note의 데이터를 대상으로 하는 인텐트를 수신한다고 선언하고 있다.

## 인텐트 경로배정

의도를 가진 메시지인 인텐트와 특정 종류의 메시지를 수신한다고 선언하는 인텐트 필터를 서로 연결해주는 과정이 필요하다. 이것이 인텐트 경로배정[intent routing]이다. 인텐트 경로배정을 통해 특정 인텐트가 주어지면 해당 인텐트의 의도에 가장 부합하는 인텐트 필터를 가진 컴포넌트를 찾아준다. 이때 해당 메시지를 전달해야 하는 수신처인 컴포넌트 명칭이 메시지 자체에 명확하게 명시되어 있다면, 별다른 고민 없이 해당 컴포넌트에게 인텐트를 전달하면 된다. 이런 방식을 명시적 인텐트[explicit intent]라고 한다. 만약 그렇지 않을 경우에는 추가적으로 주어진 단서인 액션, 데이터, 범주를 기반으로 가장 적합한 컴포넌트를 찾아야 한다. 이 방식은 암시적 인텐트[implicit intent]라고 한다.

이러한 인텐트 배정 과정은 규칙에 의해 진행된다. 인텐트에 액션값이 명시되어 있다면, 인텐트 필터에 대응하는 해당 액션값이 명시되어 있어야 한다. 모든 규칙을 적용한 후에도 해당 인텐트를 정확하게 만족시키는 컴포넌트가 다수인 경우에는 사용자에게 여러 후보 중에서 하나를 선택하도록 요구한다.

## 인텐트 종류

인텐트의 종류에는 암시적 인텐트와 명시적 인텐트의 두 가지가 있다.

● **암시적 인텐트**
실행할 대상을 명시적으로 지정하지 않고 안드로이드 시스템이 실행할 대상을 찾도록 하는 방식이다. 이 방식에서는 컴포넌트 이름 항목을 지정하지 않고 빈 채로 둔다. 암시적 인텐트는 시스템이 제공하는 컴포넌트를 실행시킬 목적으로 주로 사용한다. 호출된 인텐트를 수행하기에 어느 컴포넌트가 적합한지 여부는 안드로이드가 결정한다. 안드로이드가 인텐트에 적절하게 응답할 액티비티, 서비스 또는 브로드캐스트 리시버 집단을 찾는다. 필요하다면 그들을 생성하기도 한다. 이러한 메시징 과정에서 모호함이 발생해서는 안 된다. 예를 들어, 방송 인텐트라면 이 인텐트는 브로드캐스트 리시버에게만 전달되어야 하고, 다른 액티비티나 서비스에게 전달되어서는 안 된다. 인텐트를 통해 새로운 액티비티를 실행시키는 대표적인 메소드인 startActivity()는 인텐트를 오직 하나의 액티비티에만 전달하며 다른 서비스나 브로드캐스트 리시버에게 전달하지 않는다.

● **명시적 인텐트**
AndroidManifest.xml에서 인텐트에 의해 실행될 컴포넌트 이름을 명시적으로 지정함으로써 어느 컴포넌트가 인텐트를 처리할 것인지 직접 명시하는 방식이다. 컴포넌트 이름은 다른 응용프로그램에게 알려질 수 없기 때문에, 보통 액티비티에 부수적인 서비스를 실행시키거나 동격의 액티비티를 실행시키는 등 하나의 응용프로그램 내에서 주로 사용된다. 호출하는 메소드에 인텐트를 수신할 컴포넌트 이름을 명시하고 이를 실행하게 된다.

인텐트의 중요한 특징은 특정 인텐트를 전달하고자 할 때, 해당 인텐트를 전달받아야 하는 대상 컴포넌트가 생명주기상 어느 단계에 있든지 간에 관계없이 해당 인텐트를 수신할 수 있다는 점이다. 인텐트를 수신하는 시점에서 해당 컴포넌트가 동작 중일 수도 있고 아닐 수도 있다. 하지만 인텐트를 수신하는 컴포넌트는 이와 상관없이 인텐트를 수신하는 것이다. 예를 들어, 개발자가 'ACTION_VIEW'라는 액션값을 갖고 'image/jpeg'라는 자료형을 갖는 인텐트를 하나 생성한 후, startActivity() 메소드를 통해 해당 인텐트를 전달한다고 하자. 그러면 여러분은 이미지 뷰어image viewer 액티비티가 자동적으로 실행되어 화면에 나타나는 것을 볼 수 있다. 이미지 뷰어 액티비티가 이미 백그라운드 상태에 있으면 안드로이드가 포그라운드 작업으로 바꿔주는 것이고, 작동 중이 아닌 컴포넌트라면 새로 실행시켜주는 것이다. 또 다른 예로는 휴대폰이 잠금 상태일 때 전화가 오면 휴대폰이 이를 자동으로 알려주는 것을 들 수 있다.

### 암시적 인텐트 호출

암시적 인텐트를 사용하는 예로 전화하는 코드 부분을 살펴보자. 안드로이드에서 단말기 내부의 전화번호나 이미지 등 데이터에 대해 외부 데이터 접근과 동일한 형식인 URIUniform Resource Identifier로 접근하는 것을 알 수 있다.

```
Intent i = new Intent(Intent.ACTION_DIAL,
                    Uri.parse("tel:1112223333"));
startActivity(i);
```

첫 번째 줄은 인텐트를 생성한다. 인텐트의 첫 번째 인수가 인텐트가 수행할 액션인데, 여기에서는 전화를 거는 액션으로 설정하기 위해 상수인 ACTION_DIAL로 지정하고 있다. 두 번째 인수는 액션의 대상을 나타내는 데이터로 전화번호를 지정한다. 이러한 정보는 URI로 표현한다. 인텐트를 설정한 후에는 인텐트를 보내 실행할 액티비티를 호출한다. startActivity() 메소드는 전달된 인텐트에 의거하여 안드로이드가 적합한 액티비티를 찾아 실행하도록 한다. 이러한 실행 결과로, 전화번호를 입력할 다이얼용 액티비티가 호출된다. 암시적 인텐트에서 사용하는 대표적인 액션들은 〈표 8-1〉과 같다.

〈표 8-1〉 대표적인 액션

| 액션 | 내용 |
|---|---|
| ACTION_CALL | 통화 시작 |
| ACTION_EDIT | 데이터 편집 |
| ACTION_MAIN | 메인 액티비티 실행 |
| ACTION_VIEW | 데이터를 화면에 표시 |
| ACTION_DIAL | 주로 사용되는 전화 걸기 |
| ACTION_BATTERY_LOW | 배터리 부족 표시 |
| ACTION_HEADSET_PLUG | 헤드셋 연결/연결 해제 알림 |
| ACTION_SCREEN_ON | 화면 켜짐 |

## 실습 8-1 암시적 인텐트 호출

(1) IntentImplicitDemo라는 프로젝트를 생성한다.
(2) 〈코드 8-1〉을 복사하여 main.xml을 수정한다.
(3) 〈코드 8-2〉~〈코드 8-3〉을 복사하여 IntentImplicitDemo.java를 수정한다.
(4) 프로젝트를 실행하면 [그림 8-1]과 같이 실행 결과가 나타난다.

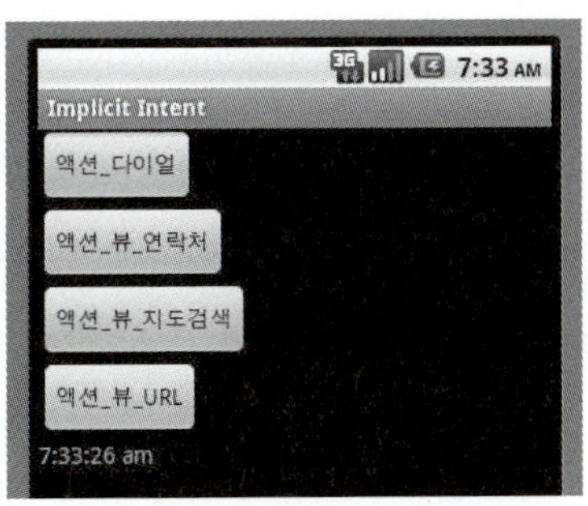


(a) 초기 화면

(b) 첫 번째 버튼 클릭 시 결과 화면

(c) 두 번째 버튼 클릭 시 결과 화면

(d) 세 번째 버튼 클릭 시 결과 화면

(e) 네 번째 버튼 클릭 시 결과 화면

[그림 8-1] 암시적 인텐트 호출

〈코드 8-1〉 main.xml

```
<?xml version="1.0" encoding="utf-8"?>
<LinearLayout xmlns:android="http://schemas.android.com/apk/res/android"
    android:orientation="vertical"
    android:layout_width="fill_parent"
    android:layout_height="fill_parent" >
<Button android:id="@+id/action_dial"
    android:layout_width="wrap_content"
    android:layout_height="wrap_content"
    android:text="@string/ACTION_DIAL" />
<Button android:id="@+id/action_view_contacts"
    android:layout_width="wrap_content"
```

```
12        android:layout_height="wrap_content"
13        android:text="@string/ACTION_VIEW_CONTACTS" />
14    <Button android:id="@+id/action_view_geo"
15        android:layout_width="wrap_content"
16        android:layout_height="wrap_content"
17        android:text="@string/ACTION_VIEW_GEO" />
18    <Button android:id="@+id/action_view_url"
19        android:layout_width="wrap_content"
20        android:layout_height="wrap_content"
21        android:text="@string/ACTION_VIEW_URL" />
22
23    <DigitalClock android:id="@+id/DigitalClock01"
24        android:text="DigitalClock01"
25        android:layout_width="wrap_content"
26        android:layout_height="wrap_content" />
27    </LinearLayout>
```

06 버튼의 ID를 action_dial로 지정한다.
09 버튼에 표시될 문자열의 이름을 ACTION_DIAL이라고 지정한다. 이 문자열의 값은 string.xml에서 ACTION_DIAL로 찾는다.
23 디지털시계의 ID를 DigitalClock01로 지정한다.

〈코드 8-2〉 IntentImplicitDemo.java(I)

```
package com.corea.IntentImplicitDemo;

import android.app.Activity;
import android.content.Intent;
import android.net.Uri;
import android.os.Bundle;
import android.util.Log;
import android.view.View;
import android.view.View.OnClickListener;
import android.widget.Button;

public class IntentImplicitDemo extends Activity implements OnClickListener{

    static final int[] BUTTONS = {
```

```
15          R.id.action_dial,
16          R.id.action_view_contacts,
17          R.id.action_view_geo,
18          R.id.action_view_url,
19      };
20
21      private static final String TAG = "IntentActivity";
22
23      /** Called when the activity is first created. */
24      @Override
25      public void onCreate(Bundle savedInstanceState) {
26          super.onCreate(savedInstanceState);
27          setContentView(R.layout.main);
28
29          for(int buttonId: BUTTONS) {
30              Button button = (Button)findViewById(buttonId);
31              button.setOnClickListener(this);
32          }
33      }
```

12 IntentImplicitDemo 클래스를 OnClickListener 인터페이스를 상속받아 정의한다.

14~19 main.xml에서 정의한 버튼들의 id인 R.id.action_dial, R.id.action_view_contacts, R.id.action_view_geo, R.id.action_view_url를 참조하기 쉽게 BUTTONS라는 정수형 Array로 생성한다.

21 사용할 상수를 선언한다.

29 Java의 향상된 for문을 활용하여 배열 BUTTONS에 저장된 버튼 id들을 순차적으로 buttonId에 할당하는 과정을 반복한다. 여기에서는 배열 내 원소가 4개이므로 4번 반복된다.

30 리소스 파일에서 정의한 각 buttonId에 대응하여 Button 객체를 할당한다.

31 버튼 객체에 대해 OnClickListener 메소드를 설정한다.

〈코드 8-3〉 IntentImplicitDemo.java(II)

```
34      public void onClick(View v) {
35          int id = v.getId();
36          Intent intent;
37          switch(id){
38          case R.id.action_dial:
39              intent = new Intent(Intent.ACTION_DIAL,
40                      Uri.parse("tel:027305800")); // 청와대
41              startActivity(intent);
42              break;
43          case R.id.action_view_contacts:
44              intent = new Intent(Intent.ACTION_VIEW,
45                      Uri.parse("content://contacts/people"));
46              startActivity(intent);
47              break;
48          case R.id.action_view_geo:
49                  intent = new Intent(Intent.ACTION_VIEW,
50                      Uri.parse("geo:37.58,126.98")); // 경복궁
51             startActivity(intent);
52              break;
53          case R.id.action_view_url:
54              intent = new Intent(Intent.ACTION_VIEW,
55                      Uri.parse("http://www.google.com/"));
56              startActivity(intent);
57              break;
58          default:
59              Log.e(TAG, "Unkowon Button:"+v.toString());
60              break;
61          }
62  }
```

| | |
|---|---|
| 34 | 콜백 메소드로서 뷰 객체를 전달받는다. |
| 35 | 전달된 뷰의 ID를 얻는다. |
| 38 | 뷰 ID가 R.id.action_dial인 경우 선택된다. |
| 39~40 | 전화를 거는 액션과 데이터로 전화번호를 포함하는 인텐트를 생성한다. |
| 41 | 전달된 인텐트를 가지고 적합한 전화용 애플리케이션을 찾아 실행한다. |
| 44~45 | 액션이 ACTION_VIEW, 데이터가 "content://contacts/people"인 인텐트를 생성한다. |
| 46 | 전달된 인텐트를 가지고 적합한 연락처 관리 애플리케이션을 찾아 실행한다. |

| | |
|---|---|
| 49~50 | 액션이 ACTION_VIEW, 데이터가 위도와 경도인 인텐트를 생성한다. |
| 51 | 전달된 인텐트를 가지고 적합한 지도 애플리케이션을 찾아 실행한다. |
| 54~55 | 액션이 ACTION_VIEW, 데이터가 "http://www.google.com"인 인텐트를 생성한다. |
| 56 | 전달된 인텐트를 가지고 적합한 브라우저 애플리케이션을 찾아 실행한다. |

## 명시적 인텐트 호출

하나의 응용프로그램 안에서 다른 액티비티를 실행해보자. 하나의 응용프로그램 내에서 다른 객체에게 인텐트를 전달하고자 할 때에는 인텐트 생성자의 첫 번째 매개변수로 getApplicationContenxt() 메소드를 사용한다. 이것은 응용프로그램 자신의 문맥을 가져오는 메소드이다. 이 메소드에 의해서 실행할 액티비티를 동일한 응용프로그램 안에서 찾으라고 알려준다. 두 번째 매개변수는 인텐트를 통해 실행시키고자 하는 액티비티를 지정한다.

인텐트를 통해 실행시킬 액티비티는 AndroidManifest 파일 내에 액티비티 클래스명을 선언해야 한다. 〈코드 8-6〉에서 실행할 액티비티 클래스로 MyActivity를 지정하고 있음을 볼 수 있다. 호출 액티비티는 자신이 설정한 인텐트를 통해 실행된 액티비티로부터 결괏값들을 받을 수 있다. 예를 들면, 실행시킨 액티비티가 사용자로부터 입력받은 문자열을 인텐트를 통해 원래 호출한 액티비티에게 다시 반환하면 호출된 액티비티의 동작을 검증할 수 있다.

이번에는 호출된 액티비티가 문자열 입력을 받아 인텐트를 통해 호출 액티비티에게 반환하는 경우와 반환하지 않는 경우를 실습해보자. 이 실습을 통해 호출된 액티비티가 수행 결과를 원래의 액티비티에게 반환하는 과정을 살펴보자.

### 실습 8-2 명시적 인텐트 호출

(1) IntentExplicitDemo라는 프로젝트를 생성한다.
(2) 〈코드 8-4〉를 복사하여 main.xml을 수정한다.
(3) 〈코드 8-5〉를 복사하여 launched_view.xml을 작성한다.
(4) 〈코드 8-6〉을 복사하여 AndroidManifest.xml을 수정한다.
(5) 〈코드 8-7〉~〈코드 8-11〉을 복사하여 IntentExplicitDemo.java를 수정한다.
(6) 프로젝트를 실행하고 [그림 8-2]와 같이 실행해본다.

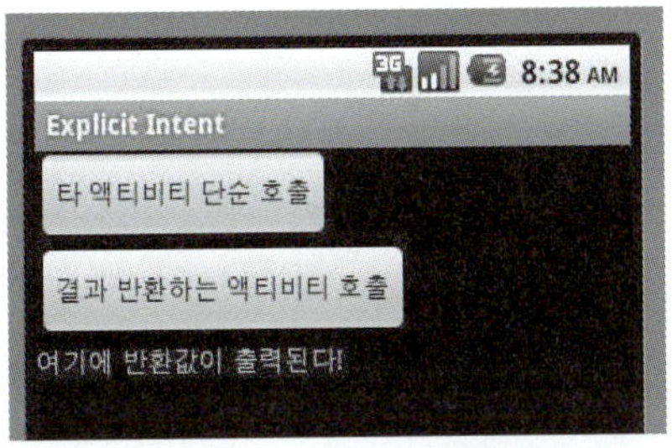


(a) 초기 화면

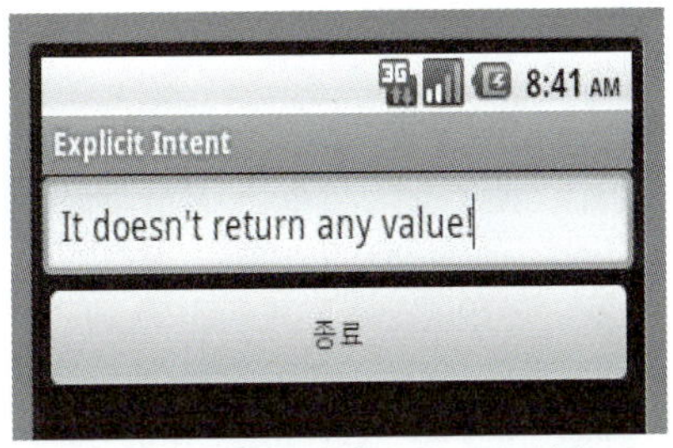


(b) 첫 번째 버튼 클릭 후 값 입력

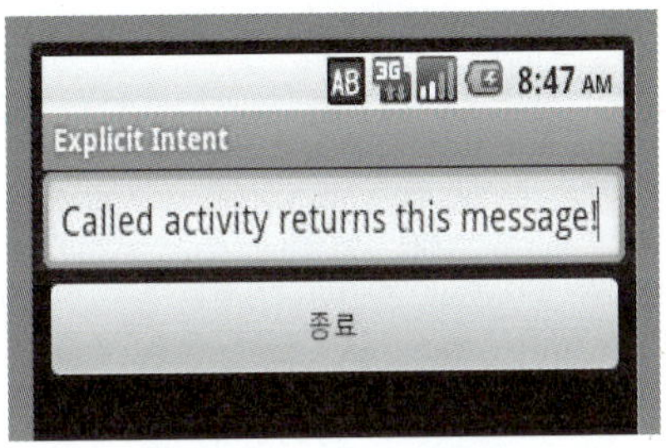


(c) 두 번째 버튼 클릭 후 값 입력

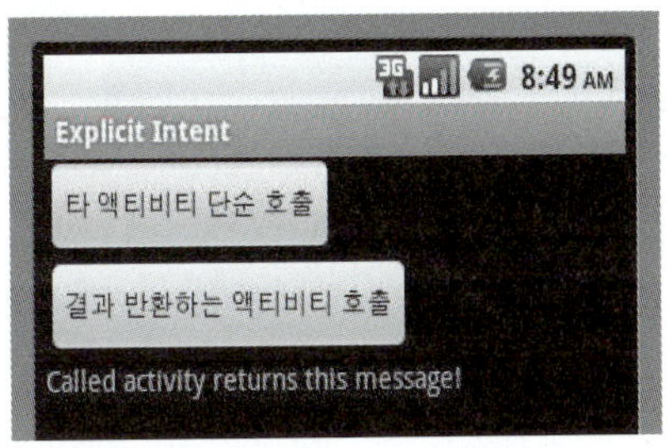


(d) 값이 전달된 화면

[그림 8-2] 명시적 인텐트 호출

〈코드 8-4〉 main.xml

```
<Button android:id="@+id/start_activity"
    android:layout_width="wrap_content"
    android:layout_height="wrap_content"
    android:text="@string/START_ACTIVITY" />
<Button android:id="@+id/start_activity_for_result"
    android:layout_width="wrap_content"
    android:layout_height="wrap_content"
    android:text="@string/START_ACTIVITY_FOR_RESULT" />
<TextView android:id="@+id/result"
    android:layout_width="fill_parent"
    android:layout_height="wrap_content"
    android:text="@string/hello" />
```

〈코드 8-5〉 anotherview.xml

```
<EditText android:id="@+id/result_text"
    android:layout_height="wrap_content"
    android:layout_width="fill_parent" />
<Button android:id="@+id/finish_button"
    android:layout_height="wrap_content"
    android:text="@string/finish_label"
    android:layout_width="fill_parent" />
```

〈코드 8-6〉 AndroidManifest.xml

```
<manifest xmlns:android="http://schemas.android.com/apk/res/android"
      android:versionCode="1"
      android:versionName="1.0" package="com.corea.IntentExplicitDemo">
    <application android:icon="@drawable/icon" android:label="@string/
    app_name">
        <activity android:name=".IntentExplicitDemo"
                  android:label="@string/app_name">
            <intent-filter>
                <action android:name="android.intent.action.MAIN" />
                <category android:name="android.intent.category.LAUNCHER" />
            </intent-filter>
        </activity>
        <activity android:name="MyActivity"></activity>
    </application>
</manifest>
```

〈코드 8-7〉 IntentExplicitDemo.java(I)

```
public class IntentExplicitDemo extends Activity implements OnClickListener{

    static final int[] BUTTONS = {
        R.id.start_activity,
        R.id.start_activity_for_result
    };

    private static final String TAG = "IntentActivity";

    /** Called when the activity is first created. */
```

```
    @Override
    public void onCreate(Bundle savedInstanceState) {
        super.onCreate(savedInstanceState);
        setContentView(R.layout.main);

        for(int buttonId: BUTTONS) {
            Button button = (Button)findViewById(buttonId);
            button.setOnClickListener(this);
        }
    }

    public void onClick(View v) {
        int id = v.getId();
        switch(id){
        case R.id.start_activity:
            initiateActivity();
            break;
        case R.id.start_activity_for_result:
            initiateActivityForResult();
            break;
        default:
            Log.e(TAG, "Unkowon Button:"+v.toString());
            break;
        }
    }
```

〈코드 8-8〉 IntentExplicitDemo.java(II)

```
    private void initiateActivity() {
        Intent intent = new Intent(getApplicationContext(),
                                   AnotherActivity.class);
        startActivity(intent);
    }

   // Activity의 요구 코드
    private static final int ANOTHER_ACTIVITY = 1;

    // Activity를 실행
    private void initiateActivityForResult() {
```

```
        Intent intent = new Intent(getApplicationContext(),
                                   AnotherActivity.class);
        // 두 번째 전달 인자에 요구 코드를 지정
        startActivityForResult(intent, ANOTHER_ACTIVITY);
    }
```

〈코드 8-9〉 IntentExplicitDemo.java(III)

```
    @Override
    protected void onActivityResult(int reqCode,
                                    int resCode,
                                    Intent resIntent) {
        // 반환된 요구 코드에 의해 어느 Activity가 종료되었는지 판단
        if (reqCode == ANOTHER_ACTIVITY) {
            TextView textView = (TextView)findViewById(R.id.result);
            if (resCode != RESULT_OK) {
                textView.setText("Error.");
            } else {
                // 인텐트에 설정된 텍스트를 추출
                String result = resIntent.getExtras().getString(
                        AnotherActivity.TEXT_RESULT);
                // 텍스트를 텍스트 뷰에 표시
                textView.setText(result);
            }
        } else {
            super.onActivityResult(reqCode, resCode, resIntent);
        }
    }
}
```

〈코드 8-10〉 AnotherActivity.java(I)

```
package com.corea.IntentExplicitDemo;
...
public class AnotherActivity extends Activity {

    // 실행 시에 인텐트에 전달된 데이터 키
    public static final String TEXT_INPUT = "TextInput";
```

```
    // 종료 시에 인텐트에 전달된 데이터 키
    public static final String TEXT_RESULT = "TextResult";
    @Override
    protected void onCreate(Bundle savedInstanceState) {
        super.onCreate(savedInstanceState);
        setContentView(R.layout.anotherview);

        // 인텐트로부터 Parameter를 읽음
        String input = getIntent().getStringExtra(TEXT_INPUT);
        if (input != null) {
            EditText edit = (EditText)findViewById(R.id.result_text);
            edit.setText(input);
        }

        Button finish = (Button)findViewById(R.id.finish_button);
        finish.setOnClickListener(new View.OnClickListener() {
            public void onClick(View v) {
                // 버튼을 누르면 종료
                terminate();
            }});
    }
```

〈코드 8-11〉 AnotherActivity.java(II)

```
    // 편집텍스트의 내용을 인텐트에 설정하고 Activity를 종료
    private void terminate() {
        EditText edit = (EditText)findViewById(R.id.result_text);
        String result = edit.getText().toString();
        if (result.length() != 0) {
            // 편집텍스트에 문자가 입력되어 있으면 인텐트에 설정
            Intent i = new Intent();
            i.putExtra(TEXT_RESULT, result);
            setResult(RESULT_OK, i);
        } else {
            // 편집텍스트에 문자가 입력되어 있지 않으면 결과는 취소(cancel)
            setResult(RESULT_CANCELED);
        }
        // Activity를 종료
```

```
            finish();
        }
}
```

[그림 8-3]은 〈실습 8-2〉에서 액티비티들 간에 일어나는 인텐트 호출과 반환 관계를 보여준다. 안드로이드 프레임워크에 의해 주 액티비티가 다른 액티비티를 호출하고 반환하는 순서가 잘 나타나 있다. 이들이 실행되는 순서는 다음과 같다.

① 텍스트를 설정하여 인텐트를 생성한다.
② 생성한 인텐트를 매개변수로 프레임워크에 액티비티의 실행을 요청한다.
③ 실행 요청이 들어온 액티비티를 실행한다.
④ 인텐트를 참조하여 편집텍스트를 표시한다.
⑤ 텍스트 내용을 기본으로 인텐트를 생성한다.
⑥ 반환될 결과를 설정한다.
⑦ 호출된 액티비티의 실행을 종료한다.
⑧ 주 액티비티가 세 번째 매개변수로 인텐트를 전달받는다.

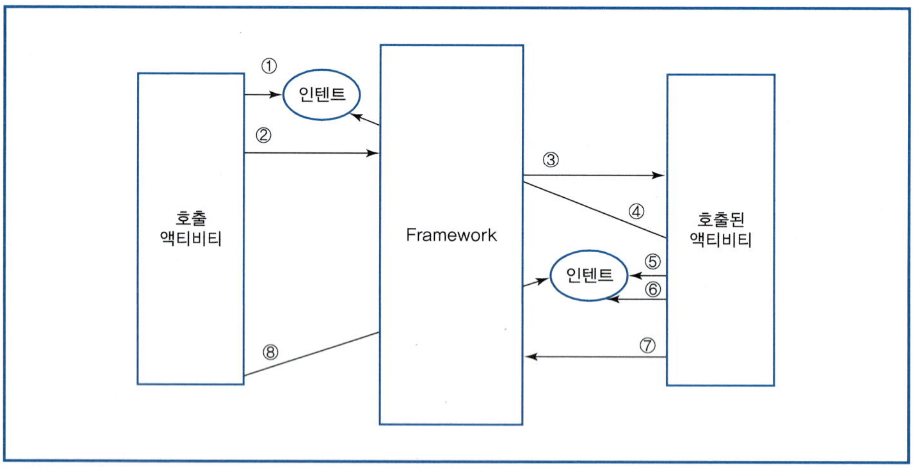


[그림 8-3] 액비비티 간 호출/반환 관계

**저자 한마디 | 자바에서 향상된 for문 형태**

자바의 향상된 for문은 다음의 문법으로 표현된다.

```
EnhancedForStatement:
    for ( VariableModifiersopt Type Identifier: Expression) Statement
```

여기에서 Expression은 iterable형이거나 배열형이어야 한다. Expression을 배열형 T[]라 하고 위 문법을 for문의 기본형으로 바꾸면 다음과 같다.

```
T[] A = Expression;
for (int j = 0; j < A.length; j++) {
      VariableModifiersopt Type Identifier = A[j];
      Statement
}
```

여기에서 A, j는 컴파일러가 자동 생성하는 식별자이다.
다음의 예는 향상된 for문을 통해 정수형 배열의 합을 구한다.

```
int sum(int[] Array) {
    int sum = 0;
    for (int elm : Array)
       sum += elm;
    return sum;
}
```

위의 예를 for문의 기본형으로 바꾸면 다음과 같다.

```
int sum(int[] Array) {
    int sum = 0;
    for (int j=0; j < Array.length; j++) {
       elm = Array[j];
       sum += elm;
    }
    return sum;
}
```

## 8.2 서비스

안드로이드에서 서비스는 액티비티와 연결되어 있지 않아도 계속 실행해야 하는 기능 구현 시 사용한다. MP3 재생기의 화면 액티비티를 닫는다 하더라도 백그라운드에서 MP3 재생 서비스가 계속 실행되는 것이 서비스의 좋은 예라 할 수 있다. 안드로이드는 모바일 기기용 운영체제이므로 포그라운드foreground 방식과 백그라운드background 방식 모두 지원한다. 서비스는 백그라운드로 동작하면서 사용자와 상호작용하지 않지만, 액티비티에게 연산 또는 메소드 등을 제공한다. 클라이언트에서 서비스를 호출하는 방식에 따라 다음의 두 가지로 나뉜다. 두 방식 모두 처음에는 onCreate 메소드로 시작하고 종료 시에는 onDestroy 메소드로 끝나는데, 중간 단계에서 호출되는 메소드가 다르다. 둘 다 Service 클래스를 상속받는다.

● 백그라운드 데몬

백그라운드 방식으로 계속 실행되는 프로세스로서 별도로 사용자 명령이 없어도 실행을 계속한다. 화면에 보이지는 않더라도 계속해서 MP3를 재생하는 MP3 재생 애플리케이션이 대표적인 예이다.

– 중간 단계 호출 메소드 : onStartCommand()

● 원격 호출 인터페이스

클라이언트에게 특정한 기능을 제공하는 역할을 한다. 자신의 기능을 메소드 형식으로 제공하여 클라이언트가 메소드를 호출함으로써 서비스를 이용할 수 있다. 다른 운영체제인 COM이나 CORBA에서 사용된 개념이다.

– 중간 단계 호출 메소드 : onBind()

서비스를 이용하기 위해서는 먼저 AndroidManifest 파일에서 사용할 서비스를 알려주어야 한다. application의 자식 요소인 service 요소에서 서비스 속성을 선언하면 된다. 서비스 요소에서 사용되는 속성들은 〈표 8-2〉와 같다.

〈표 8-2〉 서비스 속성

| | |
|---|---|
| android:enabled | true인 경우, 실행 시 시스템이 서비스를 자동으로 실행 |
| android:exported | true인 경우, 다른 애플리케이션에서 접근 가능 |
| android:icon | 서비스를 표시할 경우 사용하는 아이콘 |
| android:label | 서비스를 표시할 경우 사용하는 라벨 |
| android:name | 서비스를 구현하고 있는 클래스 명칭 |

다음은 서비스를 선언하는 AndroidManifest 파일 내 코드 부분이다. MyService 클래스가 서비스를 구현한다implement는 것을 알려준다.

```
<service
        android:name="MyService"
        android:label="MyService"
        />
```

서비스를 실행할 클래스를 지정하는 인텐트를 매개변수로 전달하고, 액티비티에서 아래와 같이 startService 메소드를 호출하면 서비스의 실행이 이루어진다.

```
startService(new Intent(this, MyService.class));
```

이 시점에서 안드로이드 프레임워크는 AndroidManifest 파일에서 실행할 서비스가 이미 존재하고 있는지 찾아본다. 아직 서비스가 실행되지 않은 상태라면, 서비스 프로세스를 새로 생성하고 onCreate 메소드를 호출한다. 그 후 startService에서 매개변수로 지정된 인텐트를 넘겨받아 onStart 메소드를 호출한다. 만약 서비스가 현재 실행 중인 목록에 있다면 onCreate 호출 없이 곧바로 onStart 메소드를 호출한다.

서비스를 종료하는 경우는 명시적으로 사용자가 종료시킬 수 있고, 메모리 부족에 의해 자동적으로 종료될 수 있다. 명시적으로 사용자가 종료시키는 경우에는 stopService 메소드를 호출한다. 이때 매개변수로 종료할 인텐트를 넘겨준다. 이용법은 startService와 유사하다.

```
stopService(서비스를 종료할 인텐트);
```

어느 방법으로 종료하더라도 서비스가 종료되는 시점에는 onDestroy 메소드가 호출된다. 개발자는 사용한 스레드를 정지하는 등 정리 작업용 코드들을 이 메소드에 작성하면 된다.

### 프로세스 간 통신

서비스는 일반적으로 액티비티나 안드로이드 내부의 다른 컴포넌트와 통신할 수 있는 방법으로 프로세스 간 통신InterProcess Communication(IPC) 방법을 제공한다. 안드로이드에서 IPC를 위한 언어로 AIDLAndroid Interface Definition Language이 있다. 자바의 인터페이스interface와 유사한 AIDL이 자바와 다른 점은 다음과 같다.

- 메소드의 매개변수 앞에 입출력을 나타내는 in, out, inout이 필요하다.
- 메소드의 매개변수에는 Parcelable 인터페이스를 구현한 형식, AIDL에서 정의된 인터페이스, 사전에 정의된 형식만이 사용 가능하다.
- 사전에 정의된 형식 이외에는 같은 패키지 안에 있어더라도 가져와서 사용해야 한다.

AIDL에서 사전에 정의된 자료형은 〈표 8-3〉과 같다.

〈표 8-3〉 사전에 정의된 자료형

| 자료형 | 내용 |
|---|---|
| 기본형 | 자바 언어에서 정의된 Boolean, int, double 등의 기본 자료형. in 매개변수로만 사용 가능 |
| String | 문자배열. in 매개변수로만 사용 가능 |
| Parcelable형 | Parcelable 인터페이스를 구현한 클래스 |
| AIDL 인터페이스형 | AIDL에서 정의한 인터페이스형 |
| List | 리스트형. 내부에 입력할 수 있는 것은 Parcelable형, AIDL 인터페이스형. List〈String〉과 같이 Generic 지정 가능 |
| Map | 맵형. 내부에 입력할 수 있는 것은 Parcelable형, AIDL 인터페이스형. Generic 지정은 지원이 되지 않음 |
| 배열형 | 사용 가능한 자료형의 배열형. 기본 자료형을 out 매개변수로 지정 가능 |

AIDL에서 정의한 인터페이스를 구현하려면 AIDL에서 생성된 자바 인터페이스 안에 정의되어 있는 Stub 클래스를 사용한다. Stub 클래스는 외부 메소드를 호출하기 위한 메소드를 정의한다. 아래 코드는 IHelloService라는 인터페이스가 이 클래스의 스터브stub를 통해 구현한 내용이다.

```
private IHelloService.Stub mHelloService = new IHelloService.Stub();
```

서비스가 요구되었을 때 onBind 메소드가 호출되고, 바인드되었을 시 IHelloService가 구현한 객체 mHelloService를 반환한다.

```
public IBinder onBind(Intent intent)
        {
                return mHelloService;
        }
```

그러면 이제 서비스를 생성 실행하고 중단하는 실습을 해보자. 이 실습에서 MyService가 생성되어 소멸되기까지 [그림 8-4]의 (b)처럼 DDMS상의 LogCat에 로그로 출력되니 이를 잘 분석해보기 바란다.

### 실습 8-3 서비스 호출

(1) ServiceDemo라는 프로젝트를 생성한다.
(2) 〈코드 8-12〉를 복사하여 main.xml을 수정한다.
(3) 〈코드 8-13〉~〈코드 8-14〉를 ServiceDemo.java에게 복사하고, 〈코드 8-15〉~〈코드 8-16〉을 MyService.java에게 복사한다.
(4) 프로젝트를 실행하고 [그림 8-4]의 (a)와 같이 서비스 개시와 정지 버튼을 번갈아 누르면서 서비스가 실행되는 과정을 관찰한다. [그림 8-4]의 (b)는 LogCat에 출력되는 메시지를 보여준다.

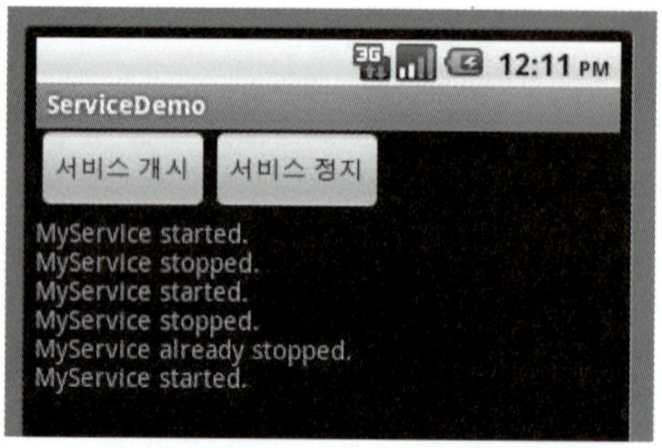


(a) 실행 화면

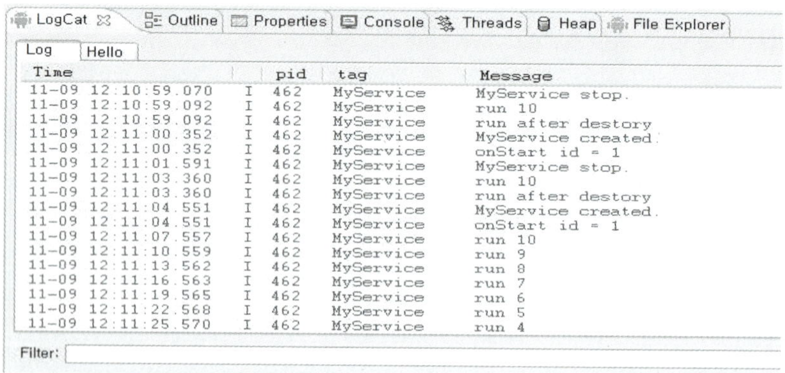


(b) Logcat에 출력된 로그

[그림 8-4] 실행 결과

〈코드 8-12〉 main.xml

```
<TableLayout xmlns:android="http://schemas.android.com/apk/res/android"
    android:id="@+id/TableLayout01"
    android:layout_width="fill_parent"
    android:layout_height="fill_parent">
    <TableRow>
    <Button android:id="@+id/start_button_id"
        android:text="@string/start_button_label" />
    <Button android:id="@+id/stop_button_id"
        android:text="@string/stop_button_label" />
    </TableRow>

    <TextView android:id="@+id/text_view_id"
            android:editable="true" />
</TableLayout>
```

02 Button과 TextView의 배치를 위해 표 레이아웃을 사용한다.
03 표 레이아웃의 ID를 TableLayout01로 지정한다.
06 표 레이아웃에서 TableRow 요소를 통해 해당 행에 여러 개의 열을 둘 수 있다.
07 버튼의 id를 start_button_id로 지정한다.
08 버튼의 text는 strings.xml에서 정의한 start_button_label을 참조한다.

〈코드 8-13〉 ServiceDemo.java(I)

```
01  package com.corea.ServiceDemo;
...
12  // 서비스를 시작하거나 종료하는 Activity
13  public class ServiceDemo extends Activity {
14
15      ComponentName mService;  // 기동한 서비스의 이름
16      TextView mTextView;      // 서비스의 상태를 표시한다
17
18       /*서비스의 시작 버튼과 종료 버튼을 등록한다 */
19      public void onCreate(Bundle savedInstanceState) {
20          super.onCreate(savedInstanceState);
21          setContentView(R.layout.main);
22
23          mTextView = (TextView)findViewById(R.id.text_view_id);
24
25          Button start = (Button)findViewById(R.id.start_button_id);
26          start.setOnClickListener(new View.OnClickListener(){
27              public void onClick(View v) {
28                  initiateService();
29              }});
30          Button stop = (Button)findViewById(R.id.stop_button_id);
31          stop.setOnClickListener(new View.OnClickListener(){
32              public void onClick(View v) {
33                  terminateService();
34              }});
35      }
```

23 id가 text_view_id인 텍스트 뷰를 찾아 mTextView에게 할당한다.
26 '서비스 개시' 버튼에 대해 클릭 리스너를 등록한다.
31 '서비스 종료' 버튼에 대해 클릭 리스너를 등록한다.

〈코드 8-14〉 MyServiceDemo.java(II)

```
37      / * 같은 애플리케이션 내 MyService를 시작한다.
38          startService는 기동시킨 서비스 이름을 반환한다 */
39      private void initiateService() {
40          mService = startService(new Intent(this, MyService.class));
41          mTextView.append("MyService started.\n");
42      }
43
44      /* 동작 중인 서비스를 정지한다.
45          startService에서 취득한 서비스 이름을 인텐트에 설정한다. */
46      private void terminateService() {
47          if (mService == null) {
48              mTextView.append("No requested service.\n");
49              return;
50          }
51          Intent i = new Intent();
52          i.setComponent(mService);
53          if (stopService(i))
54              mTextView.append("MyService stopped.\n");
55          else
56              mTextView.append("MyService already stopped.\n");
57      }
58  }
```

39 개시 버튼이 눌렸을 때 호출된다.
40 MyService를 서비스로 실행시킨다.
41 텍스트 뷰 mTextView의 버퍼에 출력할 문자열을 부가한다.
46 정지 버튼이 눌렸을 때 호출된다.
52 인텐트를 처리할 컴포넌트를 MyService로 설정한다.
53 MyService의 서비스 실행을 중지한다.

〈코드 8-15〉 MyService.java(I)

```
package com.corea.ServiceDemo;

import android.app.Service;
import android.content.Intent;
import android.os.Handler;
import android.os.IBinder;
import android.util.Log;

public class MyService extends Service implements Runnable {

    private int mStartId;
    private static final int TIMER_PERIOD = 3 * 1000;
    private static final int COUNT = 10;

    private int mCounter;
    private Handler mHandler;
    private boolean mRunning;

    public void onCreate() {
        Log.i("MyService","MyService created.");  // 로그 출력
        super.onCreate();
        mHandler = new Handler();
        mRunning = false;
    }

    public void onStart(Intent intent, int startId) {
        Log.i("MyService","onStart id = " + startId);   // 로그 출력
        super.onStart(intent, startId);
        mStartId = startId;
        mCounter = COUNT;
        if (! mRunning) {
            mHandler.postDelayed(this, TIMER_PERIOD);
            mRunning = true;
        }
    }
```

〈코드 8-16〉 MyService.java(II)

```
    public void onDestroy() {
        Log.i("MyService","MyService stop.");   // 로그 출력
        mRunning = false;
        super.onDestroy();
    }

    public void run() {
        Log.i("MyService","run "+mCounter);   // 로그 출력

        if (! mRunning) {
            Log.i("MyService","run after destory");   // 로그 출력
            return;
        } else if (--mCounter <= 0) {
            Log.i("MyService","stop Service id = "+mStartId);   // 로그 출력
            stopSelf(mStartId);
        } else {
            mHandler.postDelayed(this, TIMER_PERIOD);
        }
    }

   @Override
   public IBinder onBind(Intent arg0) {
        return null;
   }
}
```

## 8.3 알림

일상적으로 휴대폰에서 사용자에게 알려줄 이벤트들이 많이 발생한다. 전화가 왔을 때만이 아니다. 충전기 잔량, 알람 설정, 단문 메시지 수신, 이메일 수신 등 안드로이드 시스템은 사용자에게 어떤 방법으로든 새로운 변화가 생기는 경우 이를 알려주어야 한다. 일부 이벤트는 사용자의 응답을 요구하기도 하지만, 다른 이벤트들은 그렇지 않을 수도 있다. 다음은 그러한 예들이다.

- 파일 저장과 같은 이벤트가 완료된 경우에는 저장이 성공적으로 이루어졌음을 확인하는 메시지가 제시되어야 한다.
- 애플리케이션이 백그라운드로 실행하고 있으면서 사용자의 주의를 요청하는 경우, 애플리케이션은 사용자가 편리할 때 응답할 수 있도록 알림을 생성해야 한다.
- 사용자가 기다리는 작업을 애플리케이션이 실행하고 있는 경우에는 진행 정도를 제시해야 한다.

알림notification은 백그라운드 프로세스가 사용자와 통신할 수 있는 방법 중의 하나로 자주 사용된다. 이러한 알림 작업은 다음 세 가지 방법에 의해 이루어진다.

- 백그라운드로부터 생성되는 간단한 메시지를 위한 토스트 알림Toast Notification
- 백그라운드로부터 생성되고 사용자 응답을 요청하는 알림을 위한 상태바 알림Status Bar Notification
- 현재 실행되고 있는 액티비티와 관련된 알림을 위한 대화창 알림Dialog Notification

사용자 인터페이스에서 토스트 알림과 대화창 알림은 배웠으므로 이 절에서는 상태바 알림을 배운다.

## 상태바 알림

토스트 알림과 달리 상태바 알림은 처음 잠깐 보이다가 사용자가 확인하기 전까지 아이콘이 계속 표시된다. 이를 위해 이 알림은 휴대 단말의 상태바에 아이콘과 짧은 자막을 잠시 동안 보여준다. 사용자가 상태바를 드래그하면 확장 메시지들이 나타난다. 사용자가 확장 메시지를 선택하면, 안드로이드는 알림에 의해 정의된 인텐트를 활성화한다. 이외에도 사용자에게 소리, 진동, 발광 등으로 알려주기 위하여 알림을 구성할 수도 있다. 예를 들어, 배터리의 부족과 같이 무엇인가를 알려주고 싶은 경우, 먼저 알림 객체를 생성하고 진행해야 한다. 이를 위한 알림 생성자는 아래와 같다.

```
Notification(int icon, CharSequence tickerText, long when);
```

첫 번째 매개변수로는 알림에 사용할 아이콘이다. 두 번째 매개변수는 알림 영역에 아이콘이 처음 나타날 때 잠시 출력되는 짧은 문자열ticker text이다. 마지막 매개변수는 알림이 발생한 시간을 지정한다. 보통 System.currentTimeMillis 메소드로 구한 현재 시간이 지정된다.

위 생성자로 만들어진 알림은 필드값을 변경시킬 수 있다. 주로 sound나 vibrate를 이용하여 직접 몸에 와닿는 알림을 설정하는 데 이용한다. default인 경우에는 기본으로 제공할 알림으로 무엇을 설정할지 결정할 때 주로 사용된다. 이때 사용하는 플래그로는 DEFAULT_SOUND, DEFAULT_VIBRATE, DEFAULT_LIGHTS, DEFAULT_ALL 등이 있다. 각각 소리, 진동, 불빛 그리고 세 가지 모두 적용을 뜻한다.

〈표 8-4〉 필드 종류

| 필드명 | 설명 |
|---|---|
| sound | 알림 시 재생할 사운드 |
| number | 상태바에 겹쳐서 출력될 숫자 |
| audioStreamType | 재생할 오디오 형태 |
| ledARGB | 표시할 LED 색상 |
| ledOnMS | LED가 켜져 있는 시간(밀리초 단위) |
| ledOffMS | LED가 꺼지는 시간(밀리초 단위) |
| icon | 상태바에 표시할 아이콘의 id |
| contentView | 확장된 상태바 안에 표시하는 뷰 |
| defaults | 기본적인 설정으로 알림을 지정 |
| flags | 알림의 동작 방식을 지정 |
| vibrate | 진동 방식을 지정 |

확장된 상태바를 탭tab하면 설정된 인텐트가 발행된다. 이를 PendingIntent라 한다. PendingIntent는 시스템이 관리하며 PendingIntent 클래스의 getActivity() 메소드에 의해 PendingIntent 객체가 생성된다. Notification 클래스에 의해 생성된 객체는 getSystemService() 메소드와 알림 관리자Notification Manager의 notifg()에 의해 최종적으로 사용자에게 통지된다.

다음은 일정 시간 후에 알람이 발생하는 애플리케이션에서 PendingIntent를 발행하고 이를 이용해서 알림을 보내는 코드의 일부이다. 상태바를 드래그하여 나타난 확장 메시지들을 클릭하면, 미리 설정된 인텐트가 발행된다.

```
Notification meet = ...
...
PendingIntent pi = PendingIntent.getActivity(MeetingAlarm.this, 0, myIntent, 0);
Notification.setLatestEventInfo(this, "약속 시간", "출발 준비하세요!", pi);
NotificationManager.notify(MeetingAlarm.FIRST, meet);
...
```

알림 관리자로 등록한 후 이용할 수 있는 메소드로는 3가지가 있다. notify() 메소드는 알림을 실행하고, cancel() 메소드는 알림을 취소하고, cancelAll() 메소드는 모든 알림을 취소한다. 참고로 알림도 고유한 id로 관리한다.

〈코드 8-17〉 IncomingMessage.java(I)

```
package com.corea.IncomingMessage;
import android.app.*;
import android.content.*;
import android.os.*;
import android.view.*;
import android.widget.*;

public class IncomingMessage extends Activity {
    @Override
    protected void onCreate(Bundle savedInstanceState) {
            super.onCreate(savedInstanceState);
            setContentView(R.layout.incoming_message);
            Button button = (Button) findViewById(R.id.notify);

            button.setOnClickListener(new Button.OnClickListener() {
                public void onClick(View v) {
                        showToast();
                        showNotification();
                }
            });
    }

    protected void showToast() {
            View view = inflateView(R.layout.incoming_message_panel);
            TextView tv = (TextView)view.findViewById(R.id.message);
```

```
            tv.setText("영희, 6시에 저녁 먹으러 갈까요?");
            Toast toast = new Toast(this);
            toast.setView(view);
            toast.setDuration(Toast.LENGTH_LONG);
            toast.show();
    }
```

〈코드 8-18〉 IncomingMessage.java(II)

```
    protected void showNotification() {
            NotificationManager nm =
              (NotificationManager)getSystemService(NOTIFICATION_SERVICE);
            CharSequence from = "철수";
            CharSequence message = "영희, 6시에 저녁 먹으러 갈까요?";
            PendingIntent contentIntent = PendingIntent.getActivity(this, 0,
                       new Intent(this, IncomingMessageView.class), 0);
            String tickerText =
              getString(R.string.imcoming_message_ticker_text, message);
            Notification notif = new Notification(R.drawable.
            stat_sample, tickerText, System.currentTimeMillis());
            notif.setLatestEventInfo(this, from, message, contentIntent);
            notif.vibrate = new long[] { 100, 250, 100, 500};
            nm.notify(R.string.imcoming_message_ticker_text, notif);
    }
  }
```

## 8.4 브로드캐스트 리시버

방송broadcast이란 시스템에 변화가 생겼을 때 이를 알려주는 방식을 말한다. 애플리케이션들이 항상 방송에 주의를 기울이고 있으면 휴대 단말에서 발생하는 여러 가지 변화에 대한 제어가 가능하다. 따라서 방송은 서비스나 알림과 비슷한 부류로 분류된다. 방송을 수신하는 애플리케이션들은 각각 브로드캐스트 리시버Broadcast

Receiver(BR)를 작성하여 가지고 있다. 이것은 사용자와 직접 상호작용하지 않고, 방송 수신을 대기하기만 한다. 통상 배터리가 부족하거나 네트워크 수신 상태가 불량하면 안드로이드는 방송으로 애플리케이션들에게 알려준다. 브로드캐스트 리시버를 사용하기 위해서는 BroadcastReceiver 클래스를 상속하고 필수적으로 onReceive() 메소드를 재정의한다. onReceive() 메소드는 방송 수신 시 호출되는 콜백 메소드로, 매개변수로 Context와 Intent 두 개를 받는다. 첫 번째 매개변수는 브로드캐스트 리시버가 실행되는 컨텍스트이고, 두 번째 매개변수는 수신된 방송 내용이다. 아래 코드는 onReceive()의 사용 예를 보여준다. 이 예에서는 방송이 수신되었을 때, 인텐트를 하나 생성하고 브라우저 액티비티를 실행시키고 있다.

```
public void onReceive(Context context, Intent intent)
{
        Intent i = new Intent(context, Browser.class);
        i.addFlags(Intent.FLAG_ACTIVITY_NEW_TASK);
        context.startActrivity(i);
}
```

보통 애플리케이션은 브로드캐스트 리시버를 이용해서 수신만 한다. 그러나 특정 상황이 발생했을 때 이를 알리기 위한 방법 또한 가지고 있다. 다음 메소드를 이용해서 다른 애플리케이션에게 방송을 보낼 수 있다. 이들 메소드에서 첫 번째 매개변수는 해당 애플리케이션이 방송하고자 하는 인텐트이다. 두 번째 매개변수는 방송을 받는 것이 허가된 애플리케이션인지 구별하고자 할 때 제공한다. 그런 경우가 아니라면 sendBroadcast() 메소드에서는 생략할 수 있고, sendOrderedBroad cast()에서는 null로 주면 된다.

```
void sendBroadcast(Intent intent [,String receiverPermission]);
void sendOrderedBroadcast(Intent intent, String receiverPermission);
```

브로드캐스트 리시버를 사용하는 데 있어서 주의할 점이 있다. 이 브로드캐스트 리시버는 프로세스의 주 스레드에서 실행된다는 점이다. 따라서 대기 시간이 많이 주어지지 않는다. 10초 내에 아무런 응답이 없으면, 주 스레드는 이를 응답 없음으로 판단하고 강제로 종료시킬 수 있다.

이번에는 안드로이드 시스템이 부팅 완료 시 발생하는 이벤트를 브로드캐스트 리시버가 수신하는 실습을 해보자. 시스템 이벤트를 처리하는 일반적인 절차는 다음과 같다.

- 브로드캐스트 리시버를 구현
- 브로드캐스트 리시버를 AndroidManifest.xml에 등록
- 시스템 서비스 사용 권한을 AndroidManifest.xml에 등록

이에 따라 부팅 완료 시 발생하는 이벤트를 처리하기 위하여 액션 android.intent.action.BOOT_COMPLETED를 지정하고, 이 이벤트를 받기 위하여 권한 android.permission.RECEIVED_BOOT_COMPLETED를 AndroidManifest.xml에 등록한다. 이번 실습에서는 브로드캐스트 리시버를 AndroidManifest.xml에 직접 등록하여 실행한다.

### 실습 8-4 브로드캐스트 리시버

(1) BRDemo 프로젝트를 생성한다.
(2) 〈코드 8-19〉를 복사하여 BRDemo.java를 작성한다.
(3) 〈코드 8-20〉을 복사하여 AndroidManifest.xml을 수정한다.
(4) 에뮬레이터를 다시 부팅하면 onReceive() 메소드가 호출되는 것을 알 수 있다.

**〈코드 8-19〉 BRDemo.java**

```
package com.corea.BRDemo;

import android.content.BroadcastReceiver;
import android.content.Context;
import android.content.Intent;
import android.util.Log;

public class BRDemo extends BroadcastReceiver {
    /** Called when the activity is first created. */
    @Override
    public void onReceive(Context content, Intent intent) {
        Log.i("BRDemo", "RECEIVED_BOOT_COMPLETED");
    }
}
```

08 BroadcastReceiver를 상속받는 브로드캐스트 리시버 클래스를 정의한다.
11 방송 수신 시 호출되는 콜백 메소드 onReceive()에 처리할 작업을 작성한다.
12 태그와 메시지를 DDMS상의 LogCat에 출력한다.

〈코드 8-20〉 AndroidManifest.xml

```
01 <?xml version="1.0" encoding="utf-8"?>
02 <manifest xmlns:android="http://schemas.android.com/apk/res/android"
03       package="com.corea.BRDemo"
04       android:versionCode="1"
05       android:versionName="1.0">
06   <application android:icon="@drawable/icon"
         android:label="@string/app_name">
07       <receiver android:name=".BRDemo">
08          <intent-filter>
09            <action android:name="android.intent.action.BOOT_COMPLETED" />
10          </intent-filter>
11       </receiver>
12   </application>
13   <use-permission android:name=
          "android.permission.RECEIVED_BOOT_COMPLETED"/>
14 </manifest>
```

07 방송을 수신할 클래스를 BRDemo로 정한다.
09 수신자가 처리할 액션을 지정한다.
13 시스템 이벤트에 대한 접근 권한을 부여받는다.

방송을 수신기 위해서는 인텐트 필터에 액션을 추가해야 한다. 배터리와 SD 카드 같은 시스템 장치의 상태 변화에 따른 방송도 가능하며, 이러한 방송을 위한 액션이 〈표 8-5〉와 〈표 8-6〉에 나와 있다.

〈표 8-5〉 충전기 관련 액션 종류

| 액션 | 의미 |
|---|---|
| ACTION_BATTERY_CHANGED | 배터리의 충전 상태 변경. 특이 사항으로는 매니페스트 파일이 아닌 registerReceiver 메소드로 명시적으로 등록해야 함 |
| ACTION_BATTERY_LOW | 배터리가 부족함 |

| | |
|---|---|
| ACTION_BATTERY_OKAY | 배터리 상태가 보통 상태로 전환됨 |
| ACTION_BATTERY_CONNECTED | 외부 전원이 연결됨 |
| ACTION_BATTERY_DISCONNECTED | 외부 전원이 분리됨 |

〈표 8-6〉 SD 카드 관련 액션

| 액션 | 의미 |
|---|---|
| ACTION_MEDIA_MOUNTED | 외부 미디어가 존재하며 제 위치에 마운트됨 |
| ACTION_MEDIA_UNMOUNTED | 외부 미디어가 존재하지만 제 위치에 마운트되지 않음 |
| ACTION_MEDIA_EJECT | 사용자가 외부 미디어의 제거를 명령함 |
| ACTION_MEDIA_REMOVED | 외부 미디어가 제거됨 |
| ACTION_MEDIA_NOFS | 외부 미디어가 존재하지만 인식하지 못하는 파일시스템이거나 빈 미디어임 |
| ACTION_MEDIA_SCANNER_STARTED | 미디어 스캐너가 스캔을 시작함 |
| ACTION_MEDIA_SCANNER_FINISHED | 미디어 스캔을 종료함 |
| ACTION_MEDIA_SCANNER_SCAN_FILE | 파일을 검색했으며 DB에 파일을 추가함 |

## 8.5 알람

알람alarm은 미리 지정해놓은 시간에 이벤트를 발생시키는 시스템 서비스이다. 알람은 운영체제가 관리하기 때문에 애플리케이션이 종료되어도 발생시킬 수 있다. 한 번 설정된 알람을 취소하는 것은 사용자 자신이 취소하거나 아니면 단말기가 재부팅되는 경우뿐이다. 안드로이드에서 알람 메시지는 보통 AlarmManager 클래스를 이용하고, 주로 사용하는 메소드들은 다음과 같다.

```
void set(int type, long triggerAtTime, PendingIntent operation);
void setRepeating(int type, long triggerAtTime, long interval, PendingIntent
operation);
```

알람 동작이 한 번 필요할 때는 set 메소드를 사용해서 알람을 등록한다. 발생주기를 설정하는 매개변수 interval이 더 추가된 메소드 setRepeating()은 여러 번 알람이 발생해야 하는 경우에 사용한다. 첫 번째 매개변수 형식은 알람 예약 시간과 관련되는 장비의 동작을 설정한다. 여기에 설정할 수 있는 값은 〈표 8-7〉과 같다.

〈표 8-7〉 type의 값 종류

| 값 | 의미 |
|---|---|
| RTC | System.currentTimeMiles() 메소드가 반환하는 표준시각 지정 |
| RTC_WAKEUP | RTC의 동작에 장비를 깨우는 기능 추가 |
| ELAPSED_REALTIME | SystemClock.elapsedRealtime() 메소드가 반환하는 부팅 후 경과 시간 |
| ELAPSED_REALTIME_WAKEUP | ELAPSED_REALTIME에 장비를 깨우는 기능 추가 |

두 번째 매개변수 triggerAtTime은 알람을 처음 기동할 시간을 지정한다. 첫 번째 매개변수에서 설정한 type에 어떤 값이 들어가느냐에 따라 두 번째 매개변수에 설정하는 시간도 달라진다. setRepeating() 메소드에만 있는 매개변수 interval은 알람 발생주기를 설정하고, 마지막 매개변수 operation은 알람 시간이 되었을 때 수행할 작업을 지정한다. PendingIntent형으로 지정한다. 이러한 메소드들을 활용하여 알람을 발생시키는 실습을 해보자.

## 실습 8-5 알람 설정

(1) AlarmManagerDemo 프로젝트를 생성한다.
(2) 〈코드 8-21〉을 복사하여 main.xml을 수정한다.
(3) 〈코드 8-22〉를 복사하여 AlarmManagerDemo.java를 수정한다.
(4) 〈코드 8-23〉을 복사하여 AlarmService.java를 작성한다.
(5) 프로젝트를 실행하면 [그림 8-5]와 같이 실행 결과가 나타난다.

[그림 8-5] 실행 화면

〈코드 8-21〉 main.xml

```
<TextView
    android:layout_width="fill_parent"
    android:layout_height="wrap_content"
    android:id="@+id/Time"/>
```

〈코드 8-22〉 AlarmManagerDemo.java

```
public class AlarmManagerDemo extends Activity {
    Toast mToast;
...
        Intent intent = new Intent(AlarmManagerDemo.this, AlarmService.
        class);
        PendingIntent sender =
          PendingIntent.getBroadcast(AlarmManagerDemo.this, 0, intent, 0);
...
        long firstTime = SystemClock.elapsedRealtime();
        firstTime += 10*1000;

        AlarmManager am = (AlarmManager)getSystemService(ALARM_SERVICE);
        am.setRepeating(AlarmManager.ELAPSED_REALTIME_WAKEUP,
```

```
19                       firstTime, 10*1000, sender);
20
21         final Calendar c = Calendar.getInstance();
22         int mHour = c.get(Calendar.HOUR_OF_DAY);
23         int mMinute = c.get(Calendar.MINUTE);
24         int mSecond =c.get(Calendar.SECOND);
25
26         if (mToast != null) {
27             mToast.cancel();
28         }
29         mToast =
30                 Toast.makeText(AlarmManagerDemo.this,
31                     "alarm"+mHour+":"+mMinute+":"+mSecond,
32                                        Toast.LENGTH_LONG);
33         mToast.show();
34     }
35 }
```

02 알람 발생 시 사용할 토스트 변수를 선언한다.
14 알람 시간을 설정하기 위해 시스템의 현재 시간을 알아온다.
15 알람의 발생주기를 설정하기 위해서 최초 시간인 firstTime에 10초씩을 더한다. (밀리초 단위)
17 시스템 서비스를 통해 AlarmManager 객체를 가져온다.
18 알람이 10초 간격으로 반복 발생하며, 알람 발생 시 sender 인텐트에서 지정한 작업인 AlarmService를 실행시킨다.

〈코드 8-23〉 AlarmService.java

```
public class AlarmService extends BroadcastReceiver {

    @Override
    public void onReceive(Context context, Intent intent) {
        final Calendar c = Calendar.getInstance();
        int mHour = c.get(Calendar.HOUR_OF_DAY);
        int mMinute = c.get(Calendar.MINUTE);
        int mSecond =c.get(Calendar.SECOND);

        Toast.makeText(context, "Alarm"+mHour+":"+mMinute+":"+mSecond,
```

```
                       Toast.LENGTH_SHORT).show();
11         }
12  }
```

04 알람 신호 수신 시 수행할 작업을 이 메소드에 위치시킨다.
06~08 알람이 발생한 시/분/초를 구분하여 각각 mHour, mMinute, mSecond에 저장한다.
10 저장한 시/분/초 정보를 토스트에 띄운다.

## 연 습 / 문 / 제

1. 인텐트란 무엇인가?

2. 인텐트에는 두 가지 종류가 있다. 이들 두가지 종류에 대하여 설명하라.

3. 인텐트 필터란 무엇인가?

4. startActivity()와 startActivityForResult() 메소드의 차이점이 무엇인지 설명하라.

5. onActivityResult()는 언제 무엇을 하는 메소드인지 설명하라.

6. 통화 기록을 활용하여 통화자 이름과 전화번호를 조회하는 애플리케이션을 작성하라.

7. 서비스란 무엇인가? 서비스와 일반 애플리케이션의 차이점은 무엇인가?

8. 서비스에서 onCreate(), onStart(), onDestory() 메소드가 무슨 역할을 하는지 설명하라.

9. AIDL이란 무엇인가?

10. 상태바 알림이란 무엇인가?

11. PendingIntent란 무엇인가?

12. 브로드캐스트 리시버란 무엇인가?

13. 브로드캐스트 리시버에서 onReceive() 메소드는 무엇을 하는지 설명하라.

14. 알람이란 무엇인가?

15. 다음 코드가 무엇을 하는지 설명하라.

```
public class MyService extends Service implements Runnable {}
```

16. 다음 코드가 무엇을 하는지 설명하라.

```
        AlarmManager am =
            (AlarmManager)getSystemService(ALARM_SERVICE);
```

17. 다음 중 인텐트와 관련된 설명으로 적합하지 않은 것은 무엇인가?

① 인텐트를 처리할 컴포넌트가 무엇인지 지정하지 않고, 안드로이드 운영체제가 인텐트를 처리할 컴포넌트를 검색한다.

② 안드로이드에서 소프트웨어적 인터럽트를 인텐트한다.

③ 인텐트는 안드로이드에서 사용하는 일종의 메시지 전달 메커니즘이라 할 수 있다.

④ 명시적 인텐트에서는 인텐트를 처리할 컴포넌트가 무엇인지 명기하는 방식이다.

18. 아래의 인텐트에서 명시된 인텐트 요소들은 무엇인가?

```
intent = new Intent(Intent.ACTION_VIEW, Uri.parse("content://contacts/people"));
```

① 액션, 데이터

② 액션, 대상

③ 범주, 데이터

④ 범주, 대상

19. 아래와 같이 사용하는 인텐트 방식을 무엇이라고 하는가?

```
intent = new Intent(Intent.ACTION_VIEW, Uri.parse("content://contacts/people"));
```

① 인텐트 경로 배정

② 명시적 인텐트

③ 인텐트 필터

④ 암시적 인텐트

Chapter 09

# 데이터 저장

CHAPTER

# 09 데이터 저장

이 장에서는 애플리케이션이 단말기에 데이터를 저장하는 방법에 대하여 배운다. 안드로이드는 데이터를 단말기에 저장하기 위하여 프레퍼런스preference, 파일, 데이터베이스, 컨텐트 프로바이더content provider를 제공한다.

## 9.1 프레퍼런스

프레퍼런스는 각 애플리케이션에 고유한 설정값을 지정하기 위한 용도로 사용한다. 프레퍼런스는 가장 단순한 저장 방법으로 값에 이름을 부여하여 저장한다. 키와 값의 조합으로 데이터를 저장하는 프레퍼런스는 하나의 키에 대응하는 하나의 값만 저장하는 구조를 가지고 있다. 프레퍼런스에 이름을 부여할 수 있으며, 값으로 사용할 수 있는 자료형으로는 Boolean, int, float, long, String 등이 있다. 하나의 애플리케이션은 다수의 프레퍼런스를 포함할 수 있으며, 동일한 애플리케이션에서는 액티비티별로 프레퍼런스를 할당하여 사용한다. 환경 설정에 매우 유용하여, 윈도우 배경색이나 종료 시 윈도우 상태처럼 각 속성이 하나의 값을 가질 때 효과적이다.
프레퍼런스에 접근하기 위해서는 프레퍼런스의 명칭과 공유 모드를 지정하여 Context 클래스의 getSharedPreference() 메소드를 호출한다. 액티비티 클래스에서는 getPreference() 메소드를 사용한다. SharedPreferences는 getSharedPreferences(String, int)에 의해 반환된 프레퍼런스를 접근하고 수정하기 위한 인터페이스로, 특정 프레퍼런스 집합에 대해 하나의 객체가 유일하게 존재한다. SharedPreferences 객체의 값을 수정하기 위한 SharedPreferences.Editor 인터페이스가 사용된다. 프레퍼런스에 대해 사용자가 수정한 내용들은 묶어서 처리되므로, commit()를 실행할 때까지 원래의 프레퍼런스에 저장되지 않는다. 따라서 공유 프레퍼런스에 값을 설정하면 애플리케이션 종료 후에도 보관되어, 다음에 새로 실행되었을 때 마지막으로 설정된 값들이 유지된다.
〈실습 9-1〉에서 문자열을 저장하는 프레퍼런스와 체크박스를 저장하는 프레퍼런스를 설정하고, DDMS를 통해 현 애플리케이션을 종료한다. 종료 후 애플리케이션을 새로 실행하여 마지막 설정된 값이 저장되어 있음을 확인하여보자.

### 실습 9-1 공유 프레퍼런스 설정

(1) SharedPreference라는 프로젝트를 생성한다.
(2) 〈코드 9-1〉을 복사하여 main.xml을 수정한다.
(3) 〈코드 9-2〉를 복사하여 SharedPreference.java를 수정한다.
(4) 프로젝트를 실행하면 [그림 9-1]과 같이 실행 결과가 나타난다. (a)의 초기 화면에서 힌트가 나온 편집텍스트에 new option이라고 입력하고, 체크2의 체크박스에 표시를 한다. 그러면 (b)와 같은 화면이 된다. (c)처럼 DDMS상에서 현 애플리케이션인 com.corea.SharedPreference의 실행을 종료시킨다. 그리고 다시 SharedPreference를 실행시키면 (b)의 결과가 그대로 보존되어 있음을 알 수 있다.

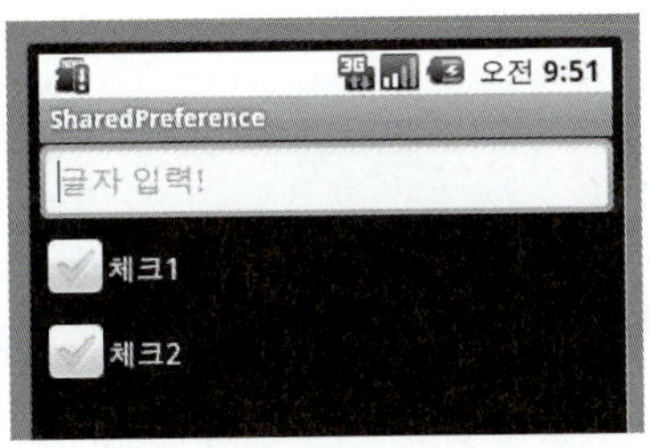

(a) 초기 화면

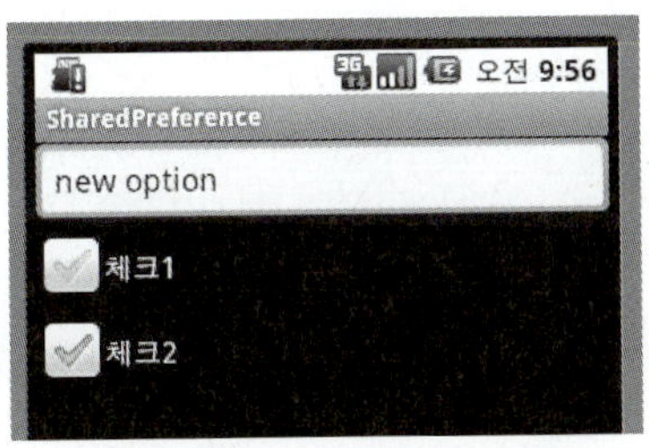

(b) 공유 프레퍼런스 설정 화면

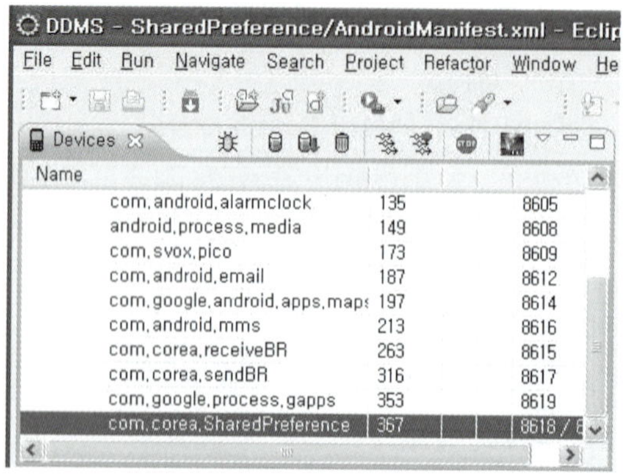


(c) 애플리케이션 종료 작업

[그림 9-1] 공유 프레퍼런스 실행 화면

〈코드 9-1〉 main.xml

```
<EditText android:id="@+id/EditText"
    android:layout_width="fill_parent"
    android:layout_height="wrap_content"
    android:hint="글자 입력!" />
<CheckBox android:id="@+id/CheckBox01"
    android:layout_width="fill_parent"
    android:layout_height="wrap_content"
    android:text="체크1" />
<CheckBox android:id="@+id/CheckBox02"
    android:layout_width="fill_parent"
    android:layout_height="wrap_content"
    android:text="체크2" />
```

〈코드 9-2〉 SharedPreference.java

```
import android.content.SharedPreferences;
...
public class SharedPreference extends Activity {
    /** Called when the activity is first created. */
    @Override
    public void onCreate(Bundle savedInstanceState) {
        super.onCreate(savedInstanceState);
        setContentView(R.layout.main);
        SharedPreferences pref = getSharedPreferences("pref", Activity.
```

```
           MODE_PRIVATE);
16         EditText edit1 = (EditText)findViewById(R.id.EditText);
17         CheckBox check1 = (CheckBox)findViewById(R.id.CheckBox01);
18         CheckBox check2 = (CheckBox)findViewById(R.id.CheckBox02);
19
20         String text = pref.getString("editText", "");
21         Boolean chk1 = pref.getBoolean("check1", false);
22         Boolean chk2 = pref.getBoolean("check2", false);
23
24         edit1.setText(text);
25         check1.setChecked(chk1);
26         check2.setChecked(chk2);
27     }
28
29     public void onStop(){
30         super.onStop();
31         SharedPreferences pref = getSharedPreferences("pref", Activity.
           MODE_PRIVATE);
32         SharedPreferences.Editor editor = pref.edit();
33
34         EditText edit1 = (EditText)findViewById(R.id.EditText);
35         CheckBox check1 = (CheckBox)findViewById(R.id.CheckBox01);
36         CheckBox check2 = (CheckBox)findViewById(R.id.CheckBox02);
37
38         editor.putString("editText", edit1.getText().toString());
39         editor.putBoolean("check1", check1.isChecked());
40         editor.putBoolean("check2", check2.isChecked());
41
42         editor.commit();
43     }
44 }
```

15 파일 pref은 프레퍼런스를 저장한다. MODE_PRIVATE는 파일 생성 모드로서 디폴트 값이다. 파일은 이 메소드를 호출한 애플리케이션에 의해서만 접근된다.

20 프레퍼런스 editText가 존재하면 스트링값을 반환한다. 존재하지 않으면 디폴트값인 널 스트링을 반환한다.

21 프레퍼런스 check1이 존재하면 진릿값을 반환한다. 존재하지 않으면 디폴트값으로 false를 반환한다.

24 edit1에 text 값을 설정한다.
25 check1에 chk1 값을 설정한다.
29 현 액티비티가 화면에서 사라질 때 호출되는 메소드로서, 새로운 액티비티가 실행되든가 이전의 액티비티가 다시 화면의 전면으로 나타날 때 또는 액티비티가 소멸될 때 호출된다.
32 pref를 편집하기 위한 객체 editor를 생성한다.
38 프레퍼런스 editText 값을 편집텍스트에 입력한 스트링으로 설정한다.
42 프레퍼런스에 새로 수정된 값들을 최종 보관한다.

## 9.2 데이터베이스 저장

표 형태의 데이터를 관리하기 위해서는 관계형 데이터베이스relational database를 이용하는 것이 좋다. 안드로이드에서는 SQLite라는 내장형 데이터베이스를 제공하고 있다. 파일과 데이터베이스는 기본적으로 생성된 애플리케이션에 종속되며, 파일 기반인 SQLite 데이터베이스는 내장형 기기에 적합하다. 응용프로그램이 만들고 사용하는 SQLite 데이터베이스는 해당 용용프로그램만이 접근할 수 있다. android.database.sqlite 패키지에는 SQLite 데이터베이스 관리에 유용한 여러 클래스들이 있는데, 데이터베이스 생성과 버전 부여, 데이터베이스 관리를 위한 클래스, 적절한 SQL 명령문과 질의문 작성을 보조하는 클래스, 질의 결과를 탐색하기 위한 커서 클래스 등이 있다.

SQLite 데이터베이스의 데이터나 컨텐트 프로바이더가 제공하는 데이터에 접근하기 위해서는 일반적으로 커서Cursor 클래스를 사용한다. 복수의 데이터들을 순차적으로 처리하는 경우, 일반적인 관계형 데이터베이스에서 사용되는 커서와 동일한 개념인 커서 클래스가 아주 유용하다. 예를 들어, 미디어 저장을 통해 단말기에 저장되어 있는 음악들을 접근하는 경우, 음악 리스트 전부에 대해 화면 크기만큼 표시한 다음 나머지 음악 리스트를 유지할 때 적합하다.

SQLite 데이터베이스를 코드에서 생성하고 사용하는 방식과 별도로 ADB 셸 인터페이스에서 명령행 도구 sqlite3를 이용해 데이터베이스를 직접 조작하는 방법이 있다. 후자를 통해 adb 원격 셸상에서 sqlite3 명령행 프로그램을 사용하여 안드로이드 응용프로그램이 생성한 SQLite 데이터베이스들을 관리할 수 있다. sqlite3에서 사용할 수 있는 명령어들로는 테이블의 내용들을 출력하는 .dump, 기존 테이블을 위한 SQL CREATE 문을 출력하는 .schema 등이 있다. 에뮬레이터나 휴대 단말기들은 데이터베이스들을 /data/data/〈package_name〉/database/에 저장한다. 이 도구는 디버깅은 물론 데이터베이스 자료들을 관리 및 점검하는 데 매우 유용하다. 데이터베이스를 생성하기 위해서는 SQLiteDatabase.create()를 호출한 후 SQLiteOpenHelper를 호출한다.

그러면 데이터베이스에 레코드를 삽입insert, 갱신update, 삭제delete하는 실습을 해보도록 하자. 여기에서 사용하는 데이터베이스 이름은 school이고, 테이블 이름은 students이다.

### 실습 9-2 데이터베이스 실습

(1) DatabaseDemo라는 프로젝트를 생성한다.
(2) 〈코드 9-3〉을 AndroidManifest.xml에 복사한다.
(3) 〈코드 9-4〉를 insert.xml에 복사한다.
(4) 〈코드 9-5〉를 InsertActivity.java(I)에 복사한다.
(5) 〈코드 9-6〉을 InsertActivity.java(II)에 복사한다.
(6) 〈코드 9-7〉을 update.xml에 복사한다.
(7) 〈코드 9-8〉을 UpdateActivity.java에 복사한다.
(8) 〈코드 9-9〉를 delete.xml에 복사한다.
(9) 〈코드 9-10〉을 DeleteActivity.java에 복사한다.
(10) 〈코드 9-11〉을 DBAdapter.java(I)에 복사한다.
(11) 〈코드 9-12〉를 DBAdapter.java(II)에 복사한다.
(12) 프로젝트를 실행하면 [그림 9-2]의 (a)가 나타나고, 마지막으로 [그림 9-4]의 (b)까지 차례로 나타난다. 실행 결과는 아래와 같이 3단계를 거치는데, SQLStructured Query Language 연산들이 성공적으로 수행되는 것을 확인하자.

- **1단계:** 애플리케이션에서 데이터베이스 테이블 students에 5개 항목을 삽입한다. [그림 9-2]의 (a)는 5개 항목의 삽입 연산이 성공적으로 수행하였음을 대화창으로 알려준다. (b)는 테이블에 삽입된 항목 전체를 조회하여 화면에 출력한 결과로 5개 항목이 보여진다. update 버튼을 누르면, 다음 단계인 변경 연산을 수행한다. 변경 작업 결과는 [그림 9-3]에 나타난다.

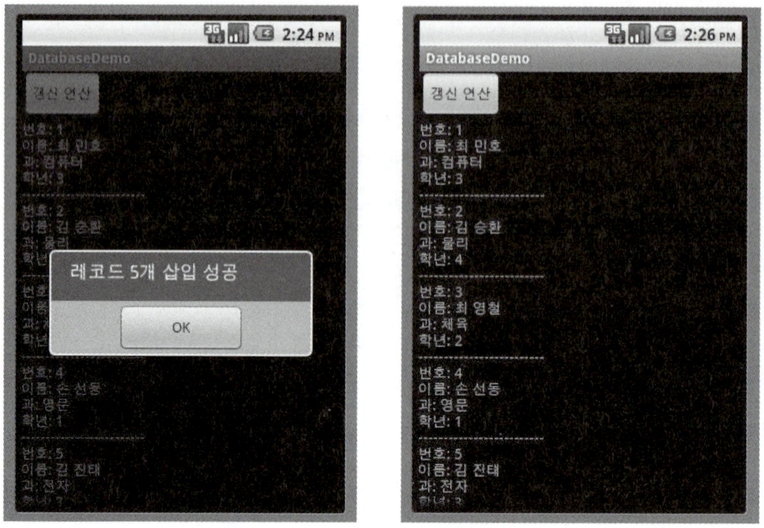


(a) 삽입 완료 표시 대화창 (b) 삽입 내용 전체 검색

[그림 9-2] 테이블 students에 삽입 연산

- 2단계: 애플리케이션에서 데이터베이스 테이블 students의 항목 2번을 변경한다. [그림 9-3]의 (a)는 항목 2번의 변경 연산이 성공적으로 수행되었음을 대화창으로 알려주고 있다. 사용자가 대화창에서 OK 버튼을 누르면 사라지고 (b)와 같이 화면에 출력된 결과를 볼 수 있다. (b)는 테이블 내용 전체를 조회한 것으로 2번 항목인 '김 승환, 물리, 4'가 '박 주영, 기계, 1'로 변경된 결과를 볼 수 있다. (b) 화면에서 delete 버튼을 누르면 삭제 연산을 수행한다.

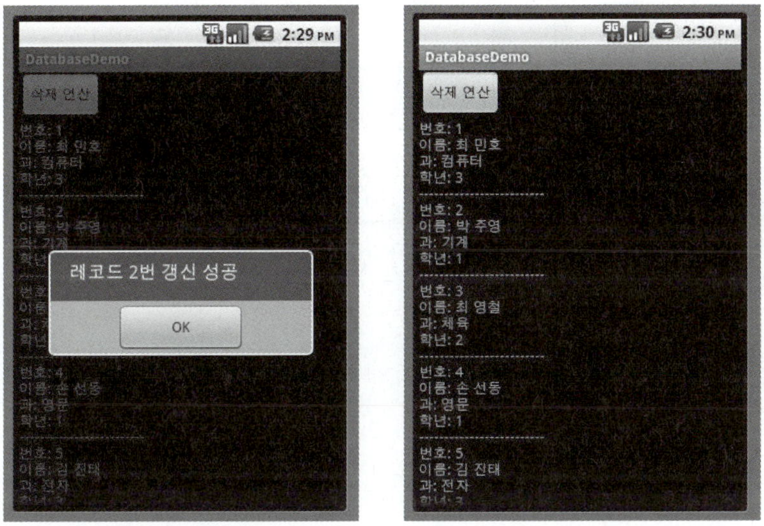


(a) 갱신 완료 표시 대화창　　　(b) 갱신 후 전체 내용 검색

[그림 9-3] 테이블 students의 갱신 연산

- 3단계: 애플리케이션에서 데이터베이스 테이블 students의 항목 1번을 삭제한다. [그림 9-4]의 (a)는 항목 1번의 삭제 연산이 성공적으로 수행되었음을 대화창으로 알려준다. (b)는 테이블 내용 전체를 조회하여 1번 항목이 삭제된 결과를 화면에 보여준다.

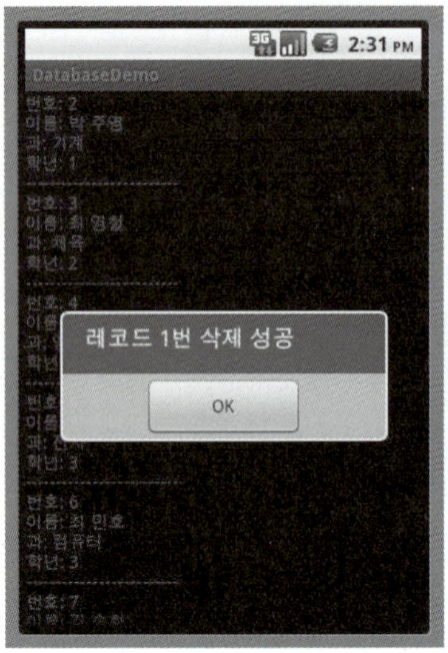


(a) 삭제 완료 표시 대화창

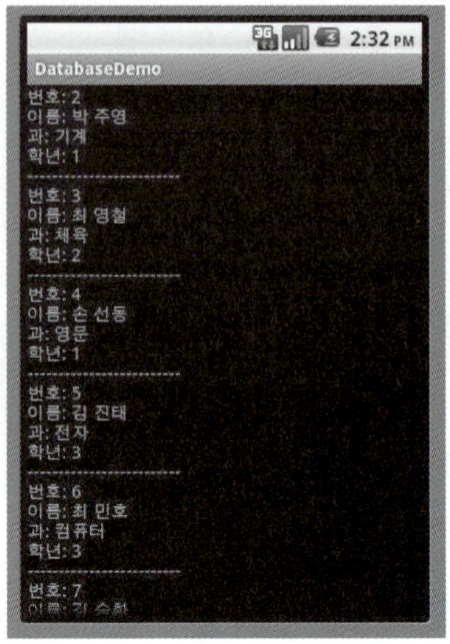


(b) 삭제 후 전체 내용 검색

[그림 9-4] 테이블 students의 삭제 연산

〈코드 9-3〉은 이 애플리케이션의 구성을 표현하는 AndroidManifest.xml이다. 이 애플리케이션은 주 액티비티인 InsertActivity, 부 액티비티인 UpdateActivity와 DeleteActivity 3개의 액티비티로 이루어진다.

〈코드 9-3〉 AndroidManifest.xml

```
05 <application android:icon="@drawable/icon" android:label="@string/app_name">
06     <activity android:name=".InsertActivity"
07             android:label="@string/app_name">
08         <intent-filter>
09             <action android:name="android.intent.action.MAIN" />
10             <category android:name="android.intent.category.LAUNCHER" />
11         </intent-filter>
12     </activity>
13     <activity android:name="UpdateActivity"></activity>
14     <activity android:name="DeleteActivity"></activity>
15 </application>
```

13 애플리케이션이 주 액티비티 외에 부 액티비티 UpdateActivity도 사용함을 선언한다.
14 애플리케이션이 주 액티비티 외에 부 액티비티 DeleteActivity도 사용함을 선언한다.

다음 〈코드 9-4〉는 이전 실습의 main.xml에 대응되는 것으로 처음 화면의 레이아웃을 정의한다.

〈코드 9-4〉 insert.xml

```
07      <Button
08          android:layout_width="wrap_content"
09          android:layout_height="wrap_content"
10          android:id="@+id/updateButton"
11          android:text="갱신 연산"></Button>
12      <ScrollView
13          android:layout_width="fill_parent"
14          android:layout_height="wrap_content">
15          <TextView
16              android:id="@+id/insertText"
17              android:layout_width="fill_parent"
18              android:layout_height="wrap_content"
19              android:text=""
20              />
21      </ScrollView>
```

07 버튼을 설정한다.
08 버튼이 화면에서 차지하는 너비는 updateButton이 포함하는 내용만큼 차지한다.
09 버튼이 화면에서 차지하는 높이는 updateButton이 포함하는 내용만큼 차지한다.
10 버튼의 아이디는 updateButton이라 정한다.
11 버튼 위에 update라는 텍스트를 표시한다.
12 스크롤 뷰를 설정한다.
13 스크롤 뷰가 화면에서 차지하는 너비는 화면 전체로 설정한다.
14 스크롤 뷰가 화면에서 차지하는 높이는 스크롤 뷰가 포함하는 내용만큼 차지한다.
15 스크롤 뷰 안에 들어갈 텍스트 뷰를 설정한다.
19 처음에는 텍스트 뷰에 아무것도 표시하지 않는다.

〈코드 9-5〉 InsertActivity.java(I)

```
07 import android.database.Cursor;
...
14 public class InsertActivity extends Activity {
15
16   //** Called when the activity is first created. *//
17   @Override
18   public void onCreate(Bundle savedInstanceState) {
19     super.onCreate(savedInstanceState);
20
21     String alltables = " ";
22     DBAdapter db = new DBAdapter(this);
23     setContentView(R.layout.insert);
24     Button updateButton = (Button)findViewById(R.id.updateButton);
25     AlertDialog.Builder ad = new AlertDialog.Builder(InsertActivity.this);
26     TextView view =(TextView) findViewById(R.id.insertText);
27
28     db.open();
29
30     long id;
31     id = db.insertTitle("최 민호", "컴퓨터", "3");
32     id = db.insertTitle("김 승환", "물리", "4");
33     id = db.insertTitle("최 영철", "체육", "2");
34     id = db.insertTitle("손 선동", "영문", "1");
35     id = db.insertTitle("김 진태", "전자", "3");
36
37     ad.setMessage("항목 5개 삽입 성공");
38     ad.setPositiveButton("OK", new DialogInterface.OnClickListener() {
39     public void onClick(DialogInterface dialog, int arg1) {
40           dialog.dismiss();
41       }
42     });
43   ad.show();
```

07 Cursor 클래스를 불러들인다.
21 테이블 내 데이터를 저장할 문자열을 생성한다.
22 DB 어댑터 객체 db를 생성한다.
23 insert.xml로 화면을 배치한다.

24 레이아웃의 updateButton과 버튼 객체를 연결한다.
25 메시지를 표시할 대화창 객체를 생성한다.
31~35 레코드를 db에 삽입하는 메소드 insertTitle() 호출을 통해 각 레코드의 삽입이 이루어진다.
37 대화창에 메시지를 설정한다.
38~39 대화창의 Positive 버튼에 OK라고 표시하고 대화창 버튼의 클릭 리스너를 생성한다. 클릭 시 호출될 콜백 메소드를 정의한다.
40 버튼 클릭 시 대화창이 사라진다.
43 삽입이 완료되었다는 대화창을 나타낸다.

〈코드 9-6〉 InsertActivity.java(II)

```
45        Cursor c = db.getAllTitles();
46        if(c.moveToFirst()) {
47            do{
48               alltables = alltables.concat("번호: "+ c.getString(0) + "₩n" +
49                        "이름: "+ c.getString(1) + "₩n"+
50                        "과: "+ c.getString(2) + "₩n"+
51                        "학년: " + c.getString(3) + "₩n"+
52                        "------------------------"+ "₩n");
53            } while(c.moveToNext());
54        }
55        view.setText(alltables);
56
57        db.close();
58        updateButton.setOnClickListener(new OnClickListener(){
59          public void onClick(View arg0) {
60              startActivity(new Intent(InsertActivity.this,
                UpdateActivity.class));
61          }
62        });
63    }
```

45 db에 저장되어 있는 모든 값들을 질의를 통해 가져와서 커서 객체 c에 할당한다.
46 포인터를 커서 객체의 첫 번째 레코드로 이동한다.
48~52 커서 객체로부터 0, 1, 2, 3번째 항목을 차례로 가져와서 alltables에 저장한다.
53 포인터가 다음 레코드를 가리킨다. 이러한 메소드들을 사용하여 커서 객체가 포함하고 있는 모든 레코드를 접근한다.

55 문자열 alltables을 텍스트 뷰에 설정한다.
57 db를 닫는다.
58 updateButton에 클릭 리스너를 등록한다.
59~61 updateButton을 클릭하면 호출되는 콜백 메소드 onClick을 정의한다. updateButton 버튼을 누를 때 처리할 작업으로 UpdateActivity 클래스를 실행시키는 startActivity() 메소드를 호출한다.

〈코드 9-7〉 update.xml

```
07      <Button
08          android:layout_width="wrap_content"
09            android:layout_height="wrap_content"
10            android:id="@+id/deleteButton"
11            android:text="삭제 연산"/>
12      <ScrollView
13          android:layout_width="fill_parent"
14          android:layout_height="wrap_content">
15          <TextView
16              android:id="@+id/updateText"
17              android:layout_width="fill_parent"
18              android:layout_height="wrap_content"
19              android:text=""/>
20      </ScrollView>
```

10 버튼의 아이디를 deleteButton이라고 정한다.
16 스크롤 뷰 안에 들어갈 텍스트 뷰의 아이디를 정한다.

〈코드 9-8〉 UpdateActivity.java

```
        db.open();
        if (db.updateTitle(2, "박 주영", "기계", "1")) {
            ad.setMessage("항목 2번 수정 성공");
            ad.show();
        }
        else {
          ad.setMessage("항목 2번 수정 실패");
          ad.show();
        }
```

```
...
61        db.close();
62
63        deleteButton.setOnClickListener(new OnClickListener(){
64          public void onClick(View arg0) {
65             startActivity(new Intent(UpdateActivity.this,
               DeleteActivity.class));
66          }
67        });
```

36 db 객체를 개방한다.
37 2번 레코드를 뒤에 따라오는 세 개 항목의 값으로 변경한다.
61 db 객체를 닫는다.
63 deleteButton에 클릭 리스너를 등록한다.
65 버튼 클릭 시 부 액티비티 DeleteActivity를 실행시킨다.

마지막으로 〈코드 9-9〉에서는 텍스트 출력만이 이루어지기 때문에 버튼을 정의하지 않는다.

〈코드 9-9〉 delete.xml

```
07      <ScrollView
08          android:layout_width="fill_parent"
09          android:layout_height="wrap_content">
10      <TextView
11          android:id="@+id/deleteText"
12          android:layout_width="fill_parent"
13          android:layout_height="wrap_content"
14          android:text=""/>
15      </ScrollView>
```

11 텍스트 뷰의 아이디를 deleteText로 정한다.

〈코드 9-10〉 DeleteActivity.java

```
10 public class DeleteActivity extends Activity {
...
20         setContentView(R.layout.delete);
21         TextView view = (TextView)findViewById(R.id.deleteText);
...
34         if (db.deleteTitle(1)) {
35             ad.setMessage("항목 1번 삭제 성공");
36             ad.show();
37         }
38         else {
39             ad.setMessage("항목 1번 삭제 실패");
40             ad.show();
41         }
...
57         db.close();
58         deleteDatabase(DBAdapter.getDatabaseName());
```

10 부 액티비티로 사용할 DeleteActivity를 정의한다.
20 리소스 파일 delete에 의거 화면 레이아웃을 설정한다.
21 delete.xml에서 정의한 텍스트 뷰인 deleteText와 코드상의 텍스트 뷰 객체 view를 맺어준다.
34 1번 레코드를 삭제한다.
35 대화창에 메시지를 설정한다.
36 대화창을 나타낸다.
57 db 객체를 닫는다.
58 데이터베이스 이름을 읽어와서 데이터베이스를 저장하고 있는 파일을 삭제한다.

이상의 실습을 해오면서 각 액티비티들에게 공통적으로 호출하는 메소드들이 존재함을 알 수 있다. 〈코드 9-11〉~〈코드 9-12〉에서 보는 것처럼 이들을 별도의 DBAdapter 클래스에서 정의한다.

〈코드 9-11〉 DBAdapter.java(I)

```
public class DBAdapter
{
    public static final String KEY_ROWID = "_id";
    public static final String KEY_NAME = “name”;
    public static final String KEY_DEPARTMENT = "dept";
    public static final String KEY_GRADE = "grade";
    private static final String TAG = “DBAdapter”;

    private static final String DATABASE_NAME = "school";
    private static final String DATABASE_TABLE = "students";
    private static final int DATABASE_VERSION = 1;

    private static final String TABLE_CREATE =
        "create table students (_id integer primary key autoincrement, "
        + "name text not null, dept text not null, "
        + "grade text not null);";

    private final Context context;

    private DatabaseHelper DBHelper;
    private SQLiteDatabase db;

    public DBAdapter(Context ctx)
    {
        this.context = ctx;
        DBHelper = new DatabaseHelper(context);
    }

    private static class DatabaseHelper extends SQLiteOpenHelper
    {
        DatabaseHelper(Context context)
        {
            super(context, DATABASE_NAME, null, DATABASE_VERSION);
        }

        @Override
        public void onCreate(SQLiteDatabase db)
        {
```

```
050             db.execSQL(TABLE_CREATE);
051         }
052
053         @Override
054         public void onUpgrade(SQLiteDatabase db, int oldVersion,
055         int newVersion)
056         {
057             Log.w(TAG, "Upgrading database from version " + oldVersion
058                     + " to "
059                     + newVersion + ", which will destroy all old data");
060             db.execSQL("DROP TABLE IF EXISTS students");
061             onCreate(db);
062         }
063     }
064
065     //---opens the database---
066     public DBAdapter open() throws SQLException
067     {
068         db = DBHelper.getWritableDatabase();
069         return this;
070     }
071
072     //---closes the database---
073     public void close()
074     {
075         DBHelper.close();
076     }
```

012 데이터베이스의 기본 동작을 기술하는 DBAdapter 클래스를 구현한다.
014 상수 KEY_ROWID의 값을 테이블에서 생성할 _id 필드로 정한다.
015 상수 KEY_NAME의 값을 테이블에서 생성할 name 필드로 정한다.
016 상수 KEY_DEPARTMENT의 값을 테이블에서 생성할 dept 필드로 정한다.
017 상수 KEY_GRADE의 값을 테이블에서 생성할 grade 필드로 정한다.
018 로그로 사용할 DBAdapter를 TAG로 관리한다.
020 상수 DATABASE_NAME의 값을 데이터베이스 이름 school로 정한다.
021 상수 DATABASE_TABLE의 값을 데이터베이스 내 테이블 students로 정한다.
022 상수 DATABASE_VERSION의 값을 데이터베이스 버전 1로 정한다.
024-027 상수 DATABASE_CREATE의 값으로 테이블을 생성할 문장을 설정하고, 테이블을 만든다. _id 필드는 정수형이고, 기본키primary key이며, 자동 증가가 된

다. name 필드는 text형이고, 널[Null]값이 올 수 없다. dept 필드는 text형이고, 널값이 올 수 없다. grade 필드는 text형이고, 널값이 올 수 없다.

029 코드에서 Context 파라미터값을 다루기 쉽게 현재 Context 클래스의 context 객체를 생성한다.

031 내부 클래스 DatabaseHelper의 DBHelper 객체를 생성한다.

032 SQLiteDatabase는 SQLite 데이터베이스를 관리할 메소드를 제공하는 클래스로서, 데이터베이스 생성, 테이블에 행들을 삽입 또는 삭제, SQL 명령을 실행하는 메소드를 제공한다. 애플리케이션 내에서는 데이터베이스 이름이 유일한 명칭으로 사용되어야 한다.

034-038 생성자를 정의한다. context를 넘겨받고, 내부 클래스의 객체를 초기화한다.

040 SQLiteOpenHelper는 추상 클래스로서 데이터베이스 생성 및 버전 관리를 도와주는 helper 클래스이다. onCreate(SQLiteDatabase), onUpgrade(SQLiteDatabase, int, int), 선택적으로 onOpen(SQLiteDatabase) 메소드를 구현하는 하위 클래스 Databasehelper 생성 시 사용된다. 데이터베이스가 없으면 생성하고 있으면 개방한다. 필요시 업그레이드한다.

044 데이터베이스 생성 또는 개방 등을 수행하기 위하여 상위 helper 클래스의 생성자를 호출한다. 그러나 실제로 데이터베이스는 getWritableDatabase()나 getReadableDatabase()가 호출될 때까지 생성되거나 개방되지 않는다. 따라서 이 메소드는 매우 빠르게 실행된다.

048 onCreate() 메소드를 재정의한다.

050 질의어가 아닌 단일 SQL문을 실행하는 메소드로서 CREATE TABLE, DELETE, INSERT 등을 실행한다. 쓰기용 잠금을 설정하며, 여기에서는 CREATE TABLE을 실행하여 테이블 students를 생성한다.

054-062 onUpgrade() 기능을 재정의한다. 만일 업그레이드 기능을 구현할 경우, 로그에 Upgrading database from version '전 버전' to '새 버전'이라는 로그가 생성되는 것을 볼 수 있다. 그리고 execSQL() 메소드를 사용해서 students라는 테이블을 삭제하고, 다시 onCreate()로 테이블을 생성한다.

060 질의어가 아닌 단일 SQL문을 실행하는 메소드로서 CREATE TABLE, DELETE, INSERT 등을 실행한다. 쓰기용 잠금을 설정하며, 여기에서는 DROP TABLE을 실행한다.

068 읽기나 쓰기용으로 사용될 데이터베이스를 생성하거나 개방하는 메소드이다. 이 메소드가 첫 번째 호출될 때 데이터베이스가 개방되고, onCreate(SQLiteDatabase), onUpgrade(SQLiteDatabase, int, int) 또는 onOpen(SQLiteDatabase)이 호출된다. 읽기/쓰기용 데이터베이스 객체는 close()가 호출될 때까지 존재한다.

075 개방된 데이터베이스 객체를 닫는다.

〈코드 9-12〉 DBAdapter.java(II)

```
    //---insert a title into the database---
    public long insertTitle(String name, String dept, String grade)
    {
        ContentValues initialValues = new ContentValues();
        initialValues.put(KEY_NAME, name);
        initialValues.put(KEY_DEPARTMENT, dept);
        initialValues.put(KEY_GRADE, grade);
        return db.insert(DATABASE_TABLE, null, initialValues);
    }

    //---deletes a particular title---
    public boolean deleteTitle(long rowId)
    {
        return db.delete(DATABASE_TABLE, KEY_ROWID +
                "="+ rowId, null) > 0;
    }

    //---retrieves all the titles---
    public Cursor getAllTitles()
    {
        return db.query(DATABASE_TABLE, new String[] {
                KEY_ROWID,
                KEY_NAME,
                KEY_DEPARTMENT,
                KEY_GRADE},
                null, null, null, null, null);
    }

    //---retrieves a particular title---
    public Cursor getTitle(long rowId) throws SQLException
    {
        Cursor mCursor =
                db.query(true, DATABASE_TABLE, new String[] {
                        KEY_ROWID,
                        KEY_NAME,
                        KEY_DEPARTMENT,
                        KEY_GRADE
```

```
115                     },
116                     KEY_ROWID + "="+ rowId,
117                     null, null, null, null, null);
118         if (mCursor != null) {
119             mCursor.moveToFirst();
120         }
121         return mCursor;
122     }
123
124     //---updates a title---
125     public boolean updateTitle(long rowId, String name,
126     String dept, String grade)
127     {
128         ContentValues args = new ContentValues();
129         args.put(KEY_NAME, name);
130         args.put(KEY_DEPARTMENT, dept);
131         args.put(KEY_GRADE, grade);
132         return db.update(DATABASE_TABLE, args,
133                         KEY_ROWID + "=" + rowId, null) > 0;
134     }
135
136     public static String getDatabaseName() {
137         return DATABASE_NAME;
138     }
139 }
```

079 insertTitle 메소드를 구현한다. SQLiteDatabase는 insert 메소드를 제공한다. insert 메소드를 통해서 필드에 값을 삽입할 수 있다. 하나의 레코드는 다수의 필드로 구성되므로, 필드값을 설정하기 위해 ContentValues 객체를 사용한다.

081 ContentValues의 객체 initialValues를 생성하여 필드 값들을 〈키, 값〉의 쌍으로 임시 저장한다.

082 필드 이름 KEY_NAME에 문자열 name을 저장한다.

083 필드 이름 KEY_DEPARTMENT에 문자열 dept를 삽입한다.

084 필드 이름 KEY_GRADE에 문자열 grade를 삽입한다.

085 SQLiteDatabase의 insert 메소드를 사용하여 테이블 students에 하나의 레코드를 구성하는 ContentValues의 내용을 삽입한다.

089 deleteTitle 메소드를 구현한다. SQLiteDatabase의 delete 메소드는 레코드를 쉽게 삭제할 수 있다. 테이블 이름과 행 관련 조건으로 행을 삭제할 수 있다.

091 DATABASE_TABLE에서 사용자가 지정한 rowId와 KEY_ROWID가 같다면 삭제한다. 만약 수행되지 않았다면 0, 제대로 수행되었다면 1을 반환한다.
096 getAllTitles() 메소드를 구현한다. 쿼리문의 결과는 모두 Cursor 객체에 저장된다. query 메소드는 SQLiteDatabase 클래스가 제공한다.
098~102 DATABASE_TABLE인 students 테이블의 필드 KEY_ROWID, KEY_NAME, KEY_DEPARTMENT, KEY_GRADE를 포함하는 모든 레코드에 대한 Cursor 객체를 반환한다.
107~122 지정한 행 아이디값과 일치하는 레코드만 가져온다. SQL로 발생할 예외 상황을 감지할 수 있도록 throws SQLException을 부가하고 있다.
125 updateTitle() 메소드를 구현한다. ContentValues의 객체를 이용하여 새로운 항목들을 만든 뒤, SQLiteDatabase의 update 메소드를 사용하여 적용할 테이블과 변경할 레코드를 지정한다. 제대로 수행되면 1이 반환되고, 수행되지 않으면 0이 반환된다.
136~137 데이터베이스 이름을 반환한다.

## 9.3 컨텐트 프로바이더

애플리케이션이 저장한 데이터를 다른 애플리케이션들이 사용할 수 있게 하는 방법은 컨텐트 프로바이더content provider를 활용하는 것이다. 네 가지 데이터 저장 방법 중 가장 자연스러운 애플리케이션 간 데이터 공유가 컨텐트 프로바이더에 의해 이루어진다. 예를 들면, 컨텐트 프로바이더를 통해서 안드로이드가 제공하는 연락처 리스트, 브라우저의 북마크, 음악이나 사전 등의 미디어 저장media store 등에 접근할 수 있다.

안드로이드에서는 보안 정책상 애플리케이션이 만든 데이터는 해당 애플리케이션만이 접근할 수 있게 제한되어 있다. 따라서 자신의 데이터를 외부에 공개하려면 안드로이드가 제공하는 컨텐트 프로바이더를 사용하여야 한다. 안드로이드 애플리케이션을 구성하는 컴포넌트 중 하나인 컨텐트 프로바이더는 데이터를 제공하는 역할을 하며, 애플리케이션 간 데이터 공유를 제공하는 적절한 방식이다.

## URI

URI(Uniform Resource Identifier)는 정보의 위치를 나타내는 명칭으로 웹에서 주소를 나타내는 URL을 포괄하는 상위 개념이다. URI에는 누가 어떠한 정보를 제공하는지, 또는 어떠한 정보를 원하는지 기술된다. 문자열 형태로 표현되고 정보 제공자와 제공받는 자와의 약속이므로 국제표준에서 아래와 같이 정의하고 있다.

```
contents://authority/path/id
```

contents://는 이 문자열이 컨텐트 프로바이더임을 나타내는 스키마이다. authority는 정보 제공자의 명칭으로 중복되면 안 되므로 보통 패키지명을 사용하는 것이 좋다. path는 정보의 종류를 지정하는 가상의 경로이다. 한 제공자가 여러 개의 정보를 제공할 경우에는 각 정보를 경로로 구분한다. id는 원하는 특정 정보를 지칭하는 데 사용된다. 정보 전체를 읽는 경우에는 생략 가능하다. 안드로이드가 제공하는 주요 컨텐트 프로바이더들의 URI는 〈표 9-1〉과 같다.

〈표 9-1〉 주요 컨텐트 프로바이더의 URI

| 데이터 | URI |
|---|---|
| 통화 로그 | CallLog.Calls.CONTENT_URI |
| 연락처 리스트 | Contacts.People.CONTENT_URI |
| 브라우저 내 북마크 | Browser.BOOKMARKS_URI |
| 브라우저 내 검색 이력 | Browser.SEARCHES_URI |
| 시스템 설정치 | Settings.System.CONTENT_URI |
| 내장 미디어 내 이미지 | MediaStore.Image.Media.INTERNAL_CONTENT_URI |
| 외부 미디어 내 이미지 | MediaStore.Image.Media.EXTERNAL_CONTENT_URI |
| 내장 미디어 내 동영상 | MediaStore.Video.Media.INTERNAL_CONTENT_URI |
| 외부 미디어 내 동영상 | MediaStore.Video.Media.EXTERNAL_CONTENT_URI |
| 내장 미디어 내 오디오 | MediaStore.Audio.Media.INTERNAL_CONTENT_URI |
| 외부 미디어 내 오디오 | MediaStore.Audio.Media.EXTERNAL_CONTENT_URI |

## 자료 공유

애플리케이션이 자신이 갖고 있는 데이터베이스 내 자료를 다른 애플리케이션과 공유하려면, 애플리케이션 자신은 컨텐트 프로바이더가 되어 자료를 명시적으로 공개해야 한다. 이러한 컨텐트 프로바이더는 애플리케이션 사이에 사용되는 인터페이스 역할을 한다. 서버 애플리케이션은 create, read, update, delete(CRUD) 연산을 통해 데이터를 관리한다. 안드로이드 프레임워크가 클라이언트 애플리케이션의 요청을 서버 애플리케이션에게 전달하는 역할을 한다. 클라이언트 애플리케이션은 컨텐트 프로바이더와 URI를 사용하여 안드로이드에게 자신이 필요한 데이터가 무엇인지 알려준다.

애플리케이션이 보관하고 있는 데이터를 외부에 공개하는 컨텐트 프로바이더를 만들려면 우선 ContentProvider 클래스를 상속받아 정보를 관리 및 제공하는 메소드를 정의해야 한다. 애플리케이션의 원래 기능을 그대로 유지한 채 애플리케이션이 보유한 데이터를 외부에 공개하는 컴포넌트를 하나 더 추가하는 것이다. 기존 액티비티는 그대로 사용된다.

## 컨텐트 프로바이더 활용

컨텐트 프로바이더는 애플리케이션 자신의 데이터를 다른 액티비티에게 제공하는 수단이고, 다른 애플리케이션의 데이터를 접근하고자 하는 애플리케이션은 ContentResolver 객체를 사용한다. 질의를 통해 컨텐트 프로바이더와 간접적으로 통신하는 표준 인터페이스인 컨텐트 리졸버는 애플리케이션마다 하나씩 가지고 있으며 다음 메소드로 얻어온다.

```
ContentResolver ContextWrapper.getContentResolver()
```

어떤 컨텐트 프로바이더와 통신할 것인가는 각 메소드에 전달되는 URI에 의해 결정된다. 안드로이드가 컨텐트 프로바이더를 활성화시키기 때문에 애플리케이션이 컨텐트 프로바이더를 직접 생성하지 않는다. 애플리케이션은 단지 자신에게 필요한 데이터에 대한 URI를 전달하는 것으로 충분하다.

컨텐트 프로바이더에게 질의하는 방식이 데이터베이스에게 질의하는 방식과 유사하고 매개변수들도 동일하므로 데이터베이스를 사용하듯이 컨텐트 프로바이더를 사용하면 된다. 메소드들도 URI가 맨 처음 매개변수로 추가되는 것 이외에는 차이가 없다. 리졸버를 통해 컨텐트 프로바이더의 메소드를 호출하면, 컨텐트 프로바이더의 데이터를 마치 자신의 것처럼 쉽게 사용할 수 있다.

〈표 9-2〉 ContentResolver 클래스의 주요 메소드

| 구분 | 메소드 | 내용 |
|---|---|---|
| 질의 | query | 테이블을 검색한 결과를 보관하는 커서 반환 |
| 추가 | insert | 지정 데이터 추가 |
| 갱신 | update | 지정 데이터 갱신 |
| 삭제 | delete | 지정 데이터 삭제 |
| 내용 조회 | openInputStream | 지정한 URI로부터 데이터 검색 |
| 내용 입력 | openOutputStream | 지정한 URI에 데이터 입력 |

컨텐트 프로바이더는 데이터를 저장하는 작업과 데이터를 활용하는 작업을 분리한다. 컨텐트 프로바이더는 데이터를 저장 및 관리하는 역할을 수행하고, 애플리케이션들은 컨텐트 프로바이더가 제공하는 데이터들을 활용하는 데 집중하면 소프트웨어 개발이 훨씬 효과적이다. 컨텐트 프로바이더 개념은 네트워크로 연결된 클라이언트와 서버 간 역할에 비유될 수 있다. 다른 패키지에 속하는 애플리케이션의 데이터베이스라 할지라도 컨텐트 프로바이더를 통해 접근할 수 있다. 컨텐트 프로바이더를 통해 새 레코드 추가, 레코드 질의, 레코드 수정, 레코드 삭제 등이 가능하다.
안드로이드에 내장된 컨텐트 프로바이더로는 MediaStore, CallLog, Browser, Contacts, UserDictionary 등이 있다. 또한 URI만 알면 누구나 컨텐트 프로바이더에 접근할 수 있다는 점은 보안상 위험이 존재하는 것으로 보이지만, 접근 허가를 통해 컨텐트 프로바이더는 보안 장치를 설정할 수 있다. 접근이 허가되지 않은 경우에는 특정 애플리케이션의 접근이 차단된다.
이번에는 컨텐트 프로바이더를 활용하여 시스템에 저장되어 있는 전화 통화 기록에 접근하는 실습을 해보자. 이 프로젝트를 실행하려면 에뮬레이터에서 전화를 걸어 통화 기록을 미리 생성하고, 전화번호들을 적절하게 연락처에 등록해야 한다. 이 작업이 완료된 후에 사람 이름과 전화번호를 출력할 수 있다. 전화 통화 기록은 내부 데이터베이스에 저장되므로 adb를 통해 접근할 수 있다. [그림 9-5]와 같이 adb shell 명령으로 sqlite3을 실행하면 전화 통화 기록을 조회할 수 있다. 이 그림의 하단에 통화 기록이 3개가 있는 것을 볼 수 있다.

```
관리자: C:\Windows\system32\cmd.exe - adb shell
Microsoft Windows [Version 6.1.7600]
Copyright (c) 2009 Microsoft Corporation. All rights reserved.

C:\Users\android>adb shell
# cd data/data/com.android.providers.contacts/databases
cd data/data/com.android.providers.contacts/databases
# ls
ls
contacts2.db
# sqlite3 contacts2.db
sqlite3 contacts2.db
SQLite version 3.5.9
Enter ".help" for instructions
sqlite> .table
.table
_sync_state                        status_updates
_sync_state_metadata               v1_settings
activities                         view_contacts
agg_exceptions                     view_contacts_restricted
android_metadata                   view_data
calls                              view_data_restricted
contact_entities_view              view_groups
contact_entities_view_restricted   view_raw_contacts
contacts                           view_raw_contacts_restricted
data                               view_v1_contact_methods
groups                             view_v1_extensions
mimetypes                          view_v1_group_membership
name_lookup                        view_v1_groups
nickname_lookup                    view_v1_organizations
packages                           view_v1_people
phone_lookup                       view_v1_phones
raw_contacts                       view_v1_photos
settings
sqlite> select * from calls;
select * from calls;
4|01064792097|1279786425466|10|2|1|理쉥???2|
5|01098765432|1279786448712|5|2|1|?ㅆ뽉援?1|
6|01012345678|1279786478060|4|2|1|?댑꽥??1|
sqlite> _
```

[그림 9-5] adb를 통한 통화 기록 조회

데이터베이스는 또한 DDMS를 통해서도 접근 가능하다. [그림 9-6]은 DDMS를 통한 내부 데이터베이스 contacts2.db를 조회하는 과정을 제시한다. 차례대로 따라 하면 내부 데이터베이스를 접근할 수 있다.

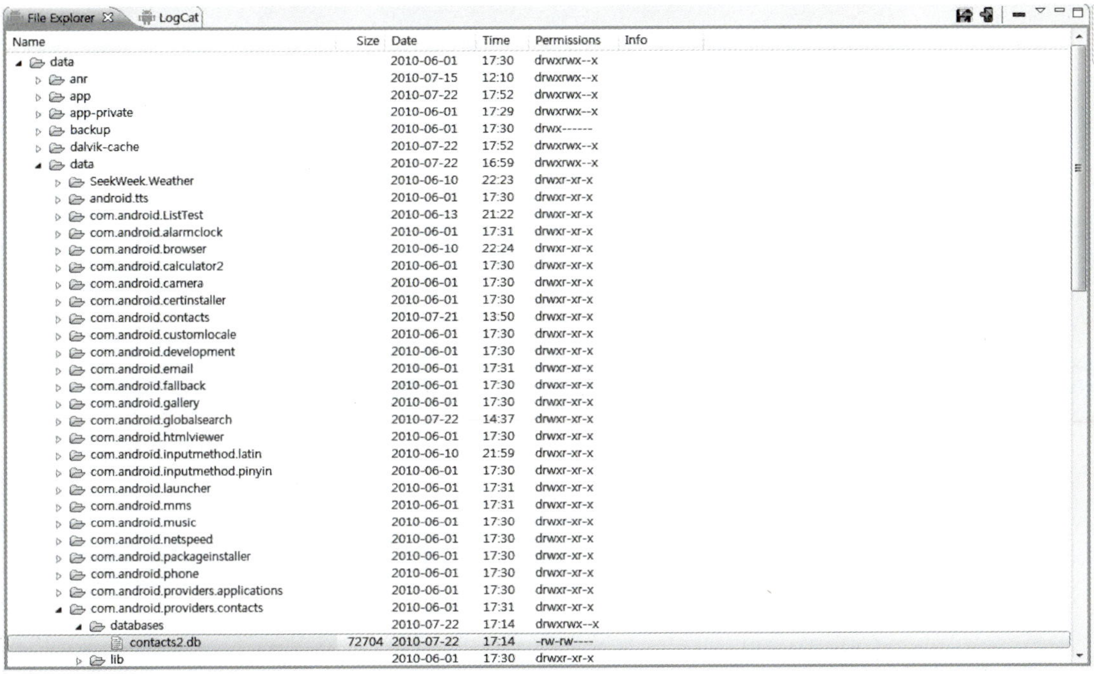


(a) contacts 데이터베이스 탐색

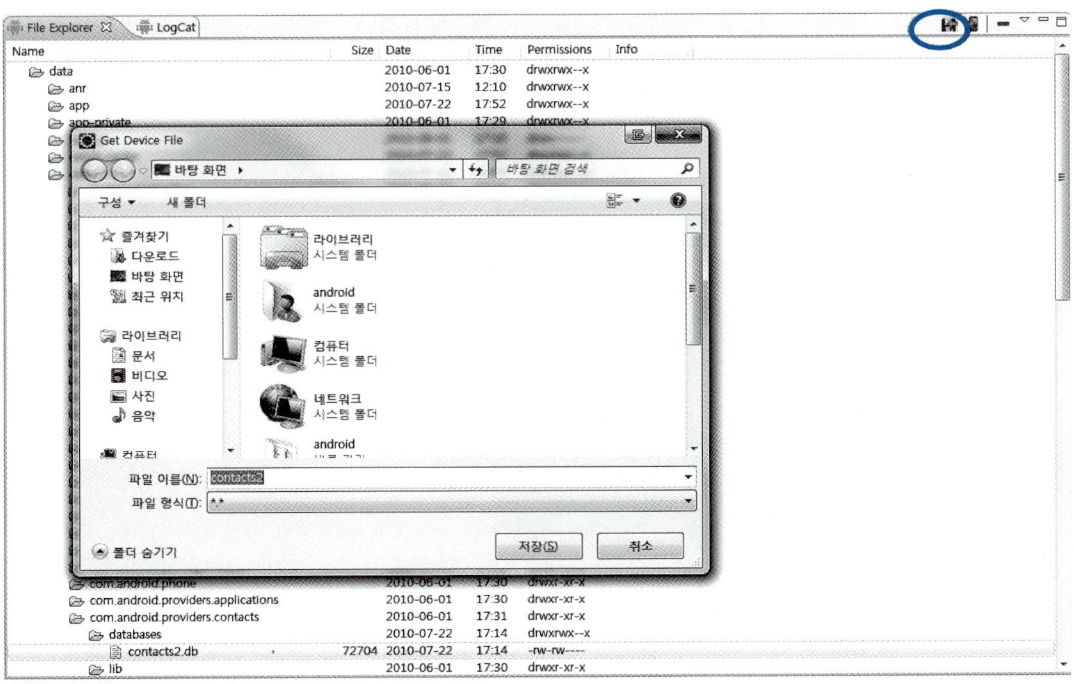


(b) contacts2.db 저장하기(오른쪽 상단위 맨 왼쪽 버튼을 누름)

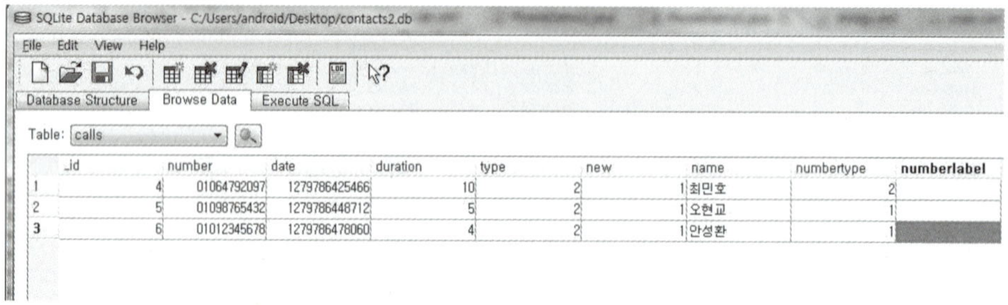


(c) 3개의 통화 기록 조회 결과

[그림 9-6] DDMS를 통한 내부 데이터베이스 contacts2.db 조회

이제 실습을 진행할 준비가 되었으므로 프로젝트를 생성하여 실행시켜보자.

### 실습 9-3 컨텐트 프로바이더 실습

(1) CallLogDemo라는 프로젝트를 생성한다.

(2) 〈코드 9-13〉을 main.xml에 복사한다.

(3) 〈코드 9-14〉로 AndroidManifest.xml을 수정한다.

(4) 〈코드 9-15〉를 CallLogDemo.java에 복사한다.

(5) 프로젝트를 실행하면 [그림 9-7]과 같이 이름과 전화번호로 구성되는 현 전화 통화 기록이 나타난다.

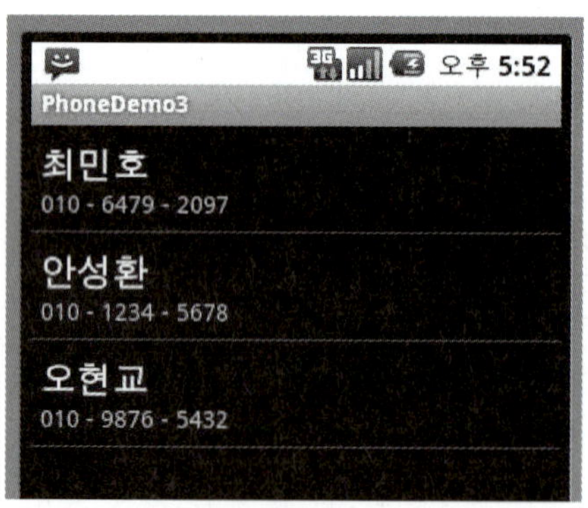


[그림 9-7] 실행 결과

〈코드 9-13〉 main.xml

```
<TextView
    android:layout_width="fill_parent"
    android:layout_height="wrap_content"
    android:text="@string/hello"/>
```

〈코드 9-14〉 AndroidManifest.xml

```
06    <application android:icon="@drawable/icon"
                   android:label="@string/app_name">
...
14    </application>
15    <uses-permission android:name="android.permission.READ_CONTACTS">
      </uses-permission>
```

15 애플리케이션에게 사용자 주소록의 데이터를 읽는 권한을 부여한다.

〈코드 9-15〉 CallLogDemo.java

```
import android.database.Cursor;
import android.os.Bundle;
import android.provider.ContactsContract.CommonDataKinds.Phone;
import android.widget.ListAdapter;
import android.widget.SimpleCursorAdapter;

public class PhoneHistoryDemo extends ListActivity{

    private static String[] PROJECTION = new String[] {
      Phone._ID, Phone.DISPLAY_NAME, Phone.NUMBER
    };

    @Override
    protected void onCreate(Bundle savedInstanceState) {
        super.onCreate(savedInstanceState);
        // Phone.CONTENT_URI = vnd.android.cursor.dir/phone_v2
        Cursor c = getContentResolver().query(Phone.CONTENT_URI,
                   PROJECTION, null, null, null);
        startManagingCursor(c);
```

```
23
24         ListAdapter adapter = new SimpleCursorAdapter(this,
25                 android.R.layout.simple_list_item_2, c,
26                 new String[] {Phone.DISPLAY_NAME, Phone.NUMBER},
27                 new int[] {android.R.id.text1, android.R.id.text2});
28         setListAdapter(adapter);
29     }
```

10 ListActivity를 상속받아 확장한다.

19 Phone.CONTENT_URI가 접근하는 구체적인 URI를 참고로 알려주고 있다.

20 getContentResolver()를 호출 ContentResolver 객체를 얻는다. ContentResolver 메소드를 통해 사용자가 관심이 있는 컨텐트 프로바이더와 상호작용한다. query() 메소드를 통해 주어진 URI를 질의하여 결과 집합을 Cursor 객체로 반환한다. Phone.CONTENT_URI는 MIME 형식이 CONTENT_ITEM_TYPE인 모든 레코드에 대한 URI를 나타낸다. Phone.CONTENT_URI가 접근하는 주소는 19번 줄에 나와 있다.

21 전화번호부의 _ID, DISPLAY_NAME, NUMBER 항목을 커서 객체에 저장한다.

22 액티비티가 자신의 생명주기에 따라 커서 객체의 생명주기를 관리한다. 액티비티가 실행을 중지하면 이 메소드를 통해 커서 객체를 비활성화시키고, 액티비티가 실행을 재개하면 이 메소드는 커서 객체에 대해 재질의를 수행한다.

24 리스트 뷰로 내보낼 단순 커서 어댑터를 생성하여 리스트 어댑터에게 넘겨준다. 리스트 뷰는 리스트 어댑터에 의해 연계된 데이터들을 화면에 표시한다.

25 안드로이드에서 제공하는 2줄짜리 형식으로 리스트를 출력하도록 어댑터를 설정한다.

26 리스트 뷰로 내보낼 커서 항목 DISPLAY_NAME, NUMBER를 선택한다.

27 화면에 출력할 텍스트 뷰 2개를 안드로이드에서 제공하는 것으로 설정한다.

28 보통 액티비티의 출력을 위해 setContentView()를 통해 레이아웃 파일을 사용하였는데, 이 코드에서는 레이아웃 파일을 읽어오는 작업이 없다는 점에 주의하자. 대신에 setListAdapter()가 자동적으로 리스트 뷰를 추가하여 액티비티 화면을 채워준다. setListAdapter() 메소드가 리스트 뷰에 나타날 항목들을 연결해주는 리스트어댑터 adapter를 매개변수로 받는다.

## 연습/문/제

1. 프레퍼런스란 무엇인가?

2. sqlite란 무엇인가?

3. 다음 코드는 무엇을 하는지 설명하라.

```
sqlite> select * from calls;
```

4. adb shell을 통해서 단말기 내 데이터베이스를 접근하는 절차를 설명하라.

5. DDMS를 통해서 단말기 내 데이터베이스를 접근하는 절차를 설명하라.

6. 애플리케이션 내에 다수의 액티비티를 실행하기 위해서 AndrodiManifest.xml에 무엇이 추가되어야 하는지 설명하라.

7. 컨텐트 프로바이더와 컨텐트 리졸버가 무엇인지 설명하라.

8. 프레퍼런스는 사용자 애플리케이션의 옵션 등을 설정하는 데 유용하다. 〈실습 9-1〉에서 초기 실행 시 편집텍스트에서는 '옵션 내용'이 표시되고, 체크버튼에는 '옵션 선택1', '옵션 선택2'로 텍스트를 표시하라. 그리고 이들 아래에 '확인' 및 '취소' 버튼을 추가하여 '확인' 버튼을 누르면 현 사용자가 설정한 프레퍼런스가 저장되고, '취소' 버튼을 누르면 현재 설정한 내용이 프레퍼런스에 저장되지 않도록 작성하라.

9. 다음 코드를 설명하라.

```
        SharedPreferences pref = getSharedPreferences("pref", Activity.MODE_PRIVATE);
        SharedPreferences.Editor editor = pref.edit();

        EditText edit1 = (EditText)findViewById(R.id.EditText);
        CheckBox check1 = (CheckBox)findViewById(R.id.CheckBox01);
...
        editor.putString("editText", edit1.getText().toString());
        editor.putBoolean("check1", check1.isChecked());
...
        editor.commit();
```

10. 다음 코드를 설명하라.

```
        Cursor c = db.getAllTitles();
        if(c.moveToFirst()) {
            do{
                alltables = alltables.concat("번호: " + c.getString(0) + "\n" +
                            "이름: " + c.getString(1) + "\n" +
                            "과: " + c.getString(2) + "\n" +
                            "학년: " + c.getString(3) + "\n" +
                            "------------------------" + "\n");
            } while(c.moveToNext());
        }
```

11. 다음 코드를 설명하라.

```
    private static final String TABLE_CREATE =
        "create table students (_id integer primary key autoincrement, "
        + "name text not null, dept text not null, "
        + "grade text not null);";
...
        public void onCreate(SQLiteDatabase db)
        {
            db.execSQL(TABLE_CREATE);
        }
```

12. 다음 코드를 설명하라.

```
    public long insertTitle(String name, String dept, String grade)
    {
        ContentValues initialValues = new ContentValues();
        initialValues.put(KEY_NAME, name);
        initialValues.put(KEY_DEPARTMENT, dept);
        initialValues.put(KEY_GRADE, grade);
        return db.insert(DATABASE_TABLE, null, initialValues);
    }
```

13. 다음 코드를 설명하라.

```
    public Cursor getAllTitles()
    {
        return db.query(DATABASE_TABLE, new String[] {
                KEY_ROWID,
                KEY_NAME,
                KEY_DEPARTMENT,
                KEY_GRADE},
                null, null, null, null, null);
    }
```

14. 다음 코드를 설명하라.

```
        Cursor c = getContentResolver().query(Phone.CONTENT_URI,
                PROJECTION, null, null, null);
```

15. 〈실습 9-2〉에서는 테이블에 삽입할 데이터들을 소스 코드 내에서 입력함으로써 프로그램의 융통성이 제한되고 있다. 사용자 인터페이스를 통해 데이터들을 입력받아 데이터베이스 college 내 테이블 students에 저장하는 애플리케이션으로 개선시켜보라.

16. 문제 15에서 생성된 테이블 students의 특정 항목들을 변경하는 애플리케이션으로 개선시켜보라.

**17.** 문제 15에서 생성된 테이블 students의 특정 항목들을 삭제하는 애플리케이션으로 개선시켜보라.

**18.** 아래의 데이터베이스와 테이블을 생성하고, 테이블에 임의의 레코드들을 삽입/갱신/삭제/조회하는 애플리케이션을 작성해보라.

| 종류 | 내용 |
|---|---|
| Database 명칭 | Living |
| Table 명칭 | foods |
| field 명칭/자료형 | _id INTEGER PRIMARY KEY AUTOINCREMENT,<br>name TEXT<br>price INTEGER |

**19.** 다음 중 프레퍼런스와 관련된 설명으로 적합하지 않은 것은 다음 중 어느 것인가?

① 프레퍼런스에 설정된 값은 애플리케이션 종료 후 보관되지 않는다.
② 프레퍼런스는 키와 값의 조합으로 데이터를 저장한다.
③ 프레퍼런스에 이름을 부여하고 다양한 자료형의 값을 저장할 수 있다.
④ 프레퍼런스는 애플리케이션에 고유한 설정값을 지정하기 위한 용도로 주로 사용된다.

**20.** 데이터베이스에서 테이블 조작과 관련된 연산이 아닌 것은 다음 중 어느 것인가?

① 삽입
② 테이블 생성
③ 갱신
④ 삭제

**21.** 다음 중 컨텐트 프로바이더와 관련된 설명으로 적합하지 않은 것은 어느 것인가?

① 컨텐트 프로바이더는 애플리케이션 자신의 데이터를 다른 애플리케이션이나 액티비티에게 제공한다.
② 다른 애플리케이션의 데이터를 접근하고자 하는 애플리케이션은 ContentResolver 객체를 사용한다.
③ 컨텐트 프로바이더가 제공하는 정보의 위치는 URI 형식으로 나타낸다.
④ 안드로이드의 기본 보안 정책은, 애플리케이션이 생성한 데이터는 해당 애플리케이션만이 접근할 수 있다고 제한하지 않는다.

Chapter

10

# 위치 기반 서비스

CHAPTER

# 10 위치 기반 서비스

구글에서 제공하는 지도 서비스는 휴대 단말에서 활용도가 가장 높은 서비스일 것이다. 구글 지도를 사용하면 주변 검색에서부터 목적지까지 경로 등을 쉽게 찾을 수 있을 뿐만 아니라, 거리 뷰처럼 실제 거리 모습을 볼 수도 있다. 이러한 이유로, 안드로이드에서도 구글 지도가 외부 라이브러리 형태로 제공된다. 모바일 사용자들에게 필수적인 서비스인 위치 기반 서비스(LBS[Location-Based Service])는 android.location 패키지와 Google Maps 외부 라이브러리 com.google. android.maps를 통해 제공된다. android.location 패키지는 GPS[Global Positioning System]나 무선 LAN 등의 정보를 이용하여 휴대 단말의 위치를 얻기 위한 클래스들을 포함하고 있다. 위치 정보로는 위도와 경도 좌표를 사용하며, 위치 정보와 주소 정보를 변환하는 Geocoder 클래스가 제공된다. com.google.android.maps 패키지는 간단하게 지도를 표시하거나 접근할 수 있게 해준다. 안드로이드에서 Google 지도와 GPS 등의 기능을 조합하면 위치를 활용하는 애플리케이션을 무궁무진하게 만들 수 있다.

## 10.1 위치 정보 출력

위치 기반 서비스에서 가장 중요한 시스템 서비스는 LocationManager에 의해 이루어지며, 이를 통하여 위치 기반 서비스를 위한 API를 제공한다. 개발자는 LocationManager 객체를 통해 다음의 3가지 작업을 수행할 수 있다.

- LocationManager로부터 최근의 위치 정보를 제공하는 LocationProvider를 생성한다.

- LocationProvider로부터 현재 위치 정보의 제공을 등록register 또는 해제unregister 한다.
- 휴대 단말이 설정된 위도 및 경도 범위 안에 들어오면, 위치 정보 Intent를 작동시킬 수 있도록 등록 및 해제한다.

그러나 AVD를 통하여 위치 기반 서비스를 개발하는 경우에는 실제로 GPS로부터 위도와 경도 좌표를 받지 못한다. 이런 경우에는 가상적으로 DDMS에서 위도와 경도 좌표를 설정할 수 있다. 위도와 경도 정보를 입력하는 방법으로 다음의 3가지가 제공된다. 간단한 애플리케이션의 경우 키보드를 통하여 입력하는 것이 편리하다.

- **키보드에서 입력**
  DDMS의 에뮬레이터 제어Emulator control에서 직접 좌푯값을 입력한다.
- **GPXGPS eXchange 파일을 통한 입력**
  다른 GPS 기종 간 파일 교환을 위한 표준 형식으로 XML 스키마로 표현되어 웨이포인트waypoint, 트랙, 경로 등을 간편하게 저장할 수 있다. 많은 양의 좌표 정보를 저장하는 데 유용하다.
- **KMLKeyhole Markup Language 파일을 통한 입력**
  이 형식의 파일도 Google Earth 등의 애플리케이션에서 XML로 작성되므로, DDMS의 에뮬레이터 제어에서 지정하여 읽어오면 된다. 이 형식으로 위치 정보를 저장하면 에뮬레이터상에서 연속적으로 현 위치를 변화시킬 수 있다.

아래 코드는 다른 시스템 서비스를 이용하는 것처럼 Context.LOCATION_SERVICE를 가지고 getSystemService() 메소드를 호출함으로써 안드로이드 시스템으로부터 위치 관리자 객체를 생성한다.

```
locationManager =
      (LocationManager)getSystemService(Context.LOCATION_SERVICE);
```

다음에는 getProviders() 메소드가 위치 제공자들을 가져와서 리스트를 만든다.

```
List<String> providers = locationManager.getProviders(true);
```

이러한 메소드들을 근간으로 현 위치에 대한 위도 및 경도 좌표를 가져와서 화면에 출력하는 실습을 해보자. 에뮬레이터에는 GPS가 장착되어 있지 않으므로, 이 실습을 수행하기 전에 먼저 DDMS를 통해 가상적으로 위칫값을 입력해야 한다. 프로젝트를 실행하기 전에 [그림 10-1]에서처럼 위돗latitude값 37.422006, 경돗longitude값 -122.084095를 먼저 입력한다.

## 실습 10-1 좌표 정보 출력

(1) BasicLocDemo라는 프로젝트를 생성한다.
(2) 〈코드 10-1〉을 복사하여 main.xml을 수정한다.
(3) 〈코드 10-2〉로 AndroidManifest.xml을 수정한다.
(4) 〈코드 10-3〉~〈코드 10-4〉를 복사하여 BasicLocDemo.java를 완성한다.
(5) 프로젝트를 실행하기 전에 DDMS를 이용하여 위도 및 경도를 먼저 입력한다. [그림 10-1]에서 보는 바와 같이 DDMS를 선택한 후, Emulator Control-Location Controls로 가서 위돗값 37.422006, 경돗값 -122.084095를 입력하고 send 버튼을 누른다.
(6) 프로젝트를 실행하면 [그림 10-2]와 같이 실행 결과가 나타난다.

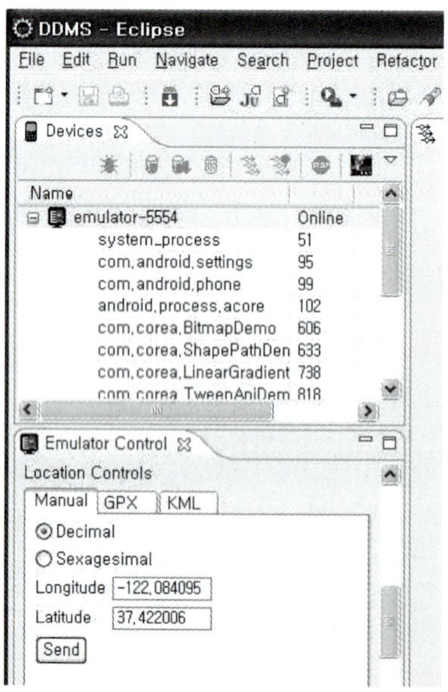


[그림 10-1] DDMS에 의한 위치 설정

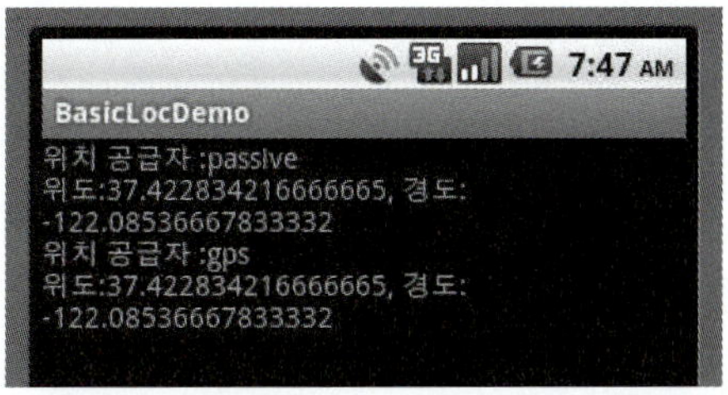


[그림 10-2] 위치 정보 출력

〈코드 10-1〉 main.xml

```
<TextView
    android:id="@+id/TextView01"
    android:layout_width="fill_parent"
    android:layout_height="wrap_content"
    android:text="@string/hello"
    />
```

〈코드 10-2〉 AndroidManifest.xml

```
...
14      <uses-permission android:name=
                        "android.permission.ACCESS_FINE_LOCATION"/>
...
```

14 위치 제공자가 제공하는 위치 정보를 받아오기 위해서는 위치 제공자(GPS, 이동통신망, 와이파이 등)에 대한 위치 접근 권한이 필요하다.

〈코드 10-3〉 BasicLocDemo.java(I)

```
import android.location.Location;
import android.location.LocationListener;
import android.location.LocationManager;
...
public class BasicLocDemo extends Activity {
    /** Called when the activity is first created. */
    LocationManager locManager;

    @Override
```

```
18    public void onCreate(Bundle savedInstanceState) {
19        super.onCreate(savedInstanceState);
20        setContentView(R.layout.main);
21
22        String loc_context = Context.LOCATION_SERVICE;
23        locManager = (LocationManager)getSystemService(loc_context);
24        locationProviders();
25    }
```

| | |
|---|---|
| 7~9 | 위치 기반 서비스에 요구되는 클래스들을 포함한다. |
| 15 | LocationManager 객체를 생성한다. 위치 정보는 모두 위치 관리자 객체가 접근 및 처리한다. |
| 23 | 안드로이드 시스템으로부터 위치 정보 서비스를 제공할 객체를 가져온다. |
| 24 | 위치 정보를 제공할 메소드를 호출한다. |

〈코드 10-4〉 BasicLocDemo.java(II)

```
27    public void locationProviders() {
28        TextView tv = (TextView)findViewById(R.id.TextView01);
29
30        List<String> pvdGroup = locManager.getProviders(true);
31        StringBuilder str = new StringBuilder("");
32        for(String pvder : pvdGroup) {
33            str.append("위치 공급자");
34            locManager.requestLocationUpdates
35               (pvder, 5000, 0, new LocationListener() {
36                 public void onLocationChanged(Location location) {}
37                 public void onProviderDisabled(String provider) {}
38                 public void onProviderEnabled(String provider) {}
39                 public void onStatusChanged
40               });
41            str.append(":").append(pvder).append("\n");
42
43            Location loc = locManager.getLastKnownLocation(pvder);
44            if(loc != null) {
45               double lat = loc.getLatitude();
46               double lng = loc.getLongitude();
47               str.append("위도:").append(lat).append(", 경도:").append(lng+"\n");
48            } else {
```

```
49                 str.append("위치를 찾을 수 없음");
50             }
51         }
52         tv.setText(str);
53     }
```

30 사용 가능한 공급자 전부를 리스트로 가져온다.
32 모든 공급자에 관하여 반복한다.
34~35 지정된 위치 제공자가 주기적으로 통지할 액티비티로 현 액티비티를 등록한다. 현 위치나 상태 변경 시 LocationListener가 호출된다. 두 번째 매개변수는 밀리초 단위로 위치 정보가 제공되는 시간 간격을 지정한다. 즉, 5초 간격으로 통지를 발생한다. 세 번째 매개변수는 미터 단위로 주어진 이동 거리로 휴대 단말이 이 거리를 넘어서면 통지가 발생한다.
36 위치 변화를 감지한다.
37 제공자가 비활성 상태인지 감지한다.
38 제공자가 활성 상태인지 감지한다.
39 상태 변화를 감지한다.
41 공급자 이름을 출력하기 위해서 스트링 버퍼에 넣는다.
43 위치 제공자로부터 최근 시점에 감지된 지리적 위치를 Location 객체에 할당한다. 위치는 위도, 경도, UTC 타임스탬프, 선택적으로 고도, 속도, 방위 등의 정보로 이루어진다.
45~46 위치 관리자로부터 가져온 위치에 대응하는 위도와 경도 좌표를 가져온다.
47 위도와 경도 값을 스트링 버퍼에 넣는다.
49 마지막 위치 기록이 없다면 "위치를 찾을 수 없음"을 출력하기 위해 스트링에 저장한다.
52 저장된 스트링을 화면으로 출력한다.

## 10.2 요구 기준에 의한 좌표 정보 조회

안드로이드는 다양한 위치 정보 제공자를 제공하고 있어 개발자들은 자신의 요구 기준[criteria]에 적합한 위치 정보를 제공받을 수 있다. 안드로이드는 개발자들이 다양한 위치 정보 제공자 중에서 자신에게 적합한 제공자를 선택할 수 있는 기능을 제공한다. 이러한 기능을 제공하는 클래스가 Criteria 클래스이다. 개발자는 Criteria 클래스를 통해 위치 정보와 관련된 설정을 한 후, 안드로이드에게 위치 정보를 요구하면 안드로이드는 최적의 위치 정보 제공자를 찾아 반환한다. 이 클래스의 다양한 메소드를 통해 개발자는 위치 정보의 정밀도 수준, 고도 정보, 방위 정보, 비용 발생 여부, 전력 소모량의 수준 등 관련 기준을 설정할 수 있다.

Criteria 클래스에서 자주 사용되는 setAccuracy() 메소드는 위치 정보의 정밀도 수준을 설정한다. 상수 ACCURACY_COARSE는 위치 정보의 정밀도가 낮아 넓은 지역을 보여주는 데 적합하고, 작은 지역을 세밀하게 보고자 하면 높은 정밀도를 나타내는 ACCURACY_FINE으로 설정하면 된다. 고도를 설정하는 setAltitude Required() 메소드는 고도 정보를 요청하는 경우에는 true로 설정하고, 요청하지 않은 경우에는 false로 설정한다. 방위를 설정하는 setBearingRequired() 메소드는 방위 정보를 요청하는 경우에는 true로 설정하고, 요청하지 않은 경우에는 false로 설정한다. 위치 정보 제공자가 위치 정보 제공 시 비용을 부과하는지 여부를 나타내는 setCostAllowed() 메소드는 비용이 발생하더라도 위치 정보를 제공받기를 원하면 true, 그렇지 않으면 false로 설정한다. setPowerRequirement()는 위치 정보 제공 시 단말기가 소모하는 전력량 수준에 대한 희망치를 설정한다. 설정값으로 NO_REQUIREMENT, POWER_LOW, POWER_MEDIUM, POWER_HIGH 등이 있다. 다음의 코드 부분은 Criteria 클래스를 사용하는 하나의 예를 보여준다.

```
Criteria reqment = new Criteria();
reqment.setAccuracy(Criteria.ACCURACY_COARSE);
reqment.setAltitudeRequired(false);
reqment.setBearingRequired(false);
reqment.setCostAllowed(true);
reqment.setPowerRequirement(Criteria.POWER_LOW);
```

이번에는 위치 정보에 대한 요구 기준을 설정하고 이에 적합한 위치 정보를 시스템으로부터 제공받는 실습을 해보자.

## 실습 10-2 요구 기준에 의한 좌표 정보 출력

(1) CriteriaLocDemo라는 프로젝트를 생성한다.

(2) 〈코드 10-5〉로 main.xml을 수정한다.

(3) 〈코드 10-2〉의 AndroidManifest.xml을 사용한다.

(4) 〈코드 10-6〉~〈코드 10-7〉을 복사하여 CriteriaLocDemo.java를 완성한다.

(5) 프로젝트를 실행하기 전에 DDMS를 이용하여 위치를 먼저 입력해야 한다. [그림 10-1]과 같이 DDMS를 선택한 후, Emulator Control-Location Controls에 가서 위돗값 37.422006, 경돗값 -122.084095를 입력한다.

(6) 프로젝트를 실행하면 [그림 10-3]과 같이 실행 결과가 나타난다.

[그림 10-3] 요구 기준에 의한 좌표 정보 조회

〈코드 10-5〉 main.xml

```
<TextView
    android:layout_width="fill_parent"
    android:layout_height="wrap_content"
    />
<TextView
    android:id="@+id/LocTextView"
    android:layout_width="fill_parent"
    android:layout_height="fill_parent"
    android:text="@string/hello"
    />
</LinearLayout>
```

〈코드 10-6〉 CriteriaLocDemo.java(I)

```
05 import android.location.Criteria;
06 import android.location.Location;
07 import android.location.LocationListener;
08 import android.location.LocationManager;
09 import android.os.Bundle;
10 import android.widget.TextView;
11
12 public class CriteriaLocDemo extends Activity {
13     /** Called when the activity is first created. */
14     @Override
15     public void onCreate(Bundle icicle) {
16         super.onCreate(icicle);
17         setContentView(R.layout.main);
18
19         LocationManager locManager;
20         locManager =
               (LocationManager)getSystemService(Context.LOCATION_SERVICE);
21
22         Criteria reqment = new Criteria();     // 최적의 provider를 찾아냄
23         reqment.setAccuracy(Criteria.ACCURACY_COARSE);
           // ACCURACY_FINE은 정밀도 높음, ACCURACY_COARSE는 정밀도 낮음
24         reqment.setAltitudeRequired(false);    // 고도 사용 유무
25         reqment.setBearingRequired(false);     // 방위 사용 유무
26         reqment.setCostAllowed(true);          // 비용 발생 시 부담 여부
27         reqment.setPowerRequirement(Criteria.POWER_LOW);  // 전력 소모량 정도
28         reqment.setSpeedRequired(false);       // 속도 사용 유무
29
30         String pvder = locManager.getBestProvider(reqment, true);
31         Location loc = locManager.getLastKnownLocation(pvder);
32
33         locUpdate(loc);
34         locManager.requestLocationUpdates(pvder, 5000, 50, locListener);
35     }
```

20 위치 정보 서비스를 실행하기 전에 제일 먼저 안드로이드의 위치 관리 매니저 객체를 얻는다.

34 위치 제공자가 5초 또는 단말기가 50m의 범위를 벗어날 때마다 locListner가 갱신된 위치 정보를 요청한다.

〈코드 10-7〉 CriteriaLocDemo.java(II)

```
38      private final LocationListener locListener = new LocationListener() {
39          public void onLocationChanged(Location location) {
40              locUpdate(location);
41          }
42
43          public void onProviderDisabled(String provider) {
44              locUpdate(null);
45          }
46
47          public void onProviderEnabled(String provider) {
48          }
49
50          public void onStatusChanged(String provider, int status, Bundle extras) {
51          }
52      };
53
54      /** Update UI with a new location */
55      private void locUpdate(Location location) {
56          TextView LocTV = (TextView) findViewById(R.id.LocTextView);
57
58          String str;
59          if (location != null) {
60              double lat = location.getLatitude();
61              double lng = location.getLongitude();
62              str = "위도:" + lat + ", 경도:" + lng;
63          } else {
64              str = "위치 찾지 못함.";
65          }
66          LocTV.setText("요구 기준에 의한 위치:\n" + str);
67      }
```

38 LocationManager에 의해 위치가 변경될 때마다 호출되는 콜백 매소드들을 정의한다.
39 위치 정보가 변경된 경우 호출되는 콜백 메소드이다. 이곳에 위치 정보 변경 시 처리할 작업 내용을 넣는다.
43 공급자가 비활성 상태인 경우 호출된다.
47 공급자가 활성 상태인 경우 호출된다.
50 공급자의 상태가 변경된 경우 호출된다.
55 Location 객체를 전달받아 위치 정보를 화면에 출력한다.

## 10.3 지오코딩

지오코딩geocoding은 보통 위도와 경도로 표시되는 지리적 좌표를 거리 주소street address나 우편번호와 같은 문자적 위치 정보로 변환하는 과정을 뜻한다. 이 중에서 역방향 지오코딩Reverse geocoding은 지리적 좌표인 위도 및 경도를 문자적 위치 정보로 변환하는 과정을 뜻하고, 순방향 지오코딩Forward geocoding은 반대로 문자적 위치 정보를 위도 및 경도 좌표로 변환하는 과정을 말한다. 역방향 지오코딩된 주소의 상세 수준은 매우 가변적이다. 예를 들어, 가까운 건물의 완전한 거리 주소를 포함할 수도 있고, 시 이름이나 우편번호만을 포함할 수도 있다. 이러한 경우, Geocoder 클래스는 안드로이드 프레임워크에는 포함되지 않는 또 다른 서비스backend service를 필요로 한다. 이러한 서비스가 제공되지 않는다면 Geocoder 클래스의 질의 메소드는 단지 빈 목록만을 돌려줄 수도 있다.

위도 및 경도 좌표로부터 주소를 출력하기 위해서는, 먼저 좌표 정보와 주소 간 변환을 수행하는 Geocoder 객체를 생성해야 한다.

```
Geocoder gc = new Geocoder(this, Locale.getDefault());
```

다음에는 아래 예처럼 좌표 정보로부터 실제 주소들의 목록을 가져온다. 다음 메소드는 위도와 경도 좌표를 둘러싼 지역을 나타내는 주소들의 배열을 돌려준다.

```
List<Address> addresses = gc.getFromLocation(lat, lng, 1);
```

### 역방향 지오코딩

이들을 활용하여 지리적 좌표 정보를 문자적 위치 정보인 주소로 변환하는 실습을 해보자.

#### 실습 10-3 역방향 지오코딩

(1) RevGeoDemo라는 프로젝트를 생성한다.
(2) 〈코드 10-8〉로 main.xml을 수정한다.
(3) 〈코드 10-2〉로 AndroidManifest.xml을 사용한다.

(4) 〈코드 10-9〉~〈코드 10-11〉을 복사하여 RevGeoDemo.java를 완성한다.

(5) 프로젝트를 실행하면 [그림 10-4]와 같은 실행 결과가 보여진다.

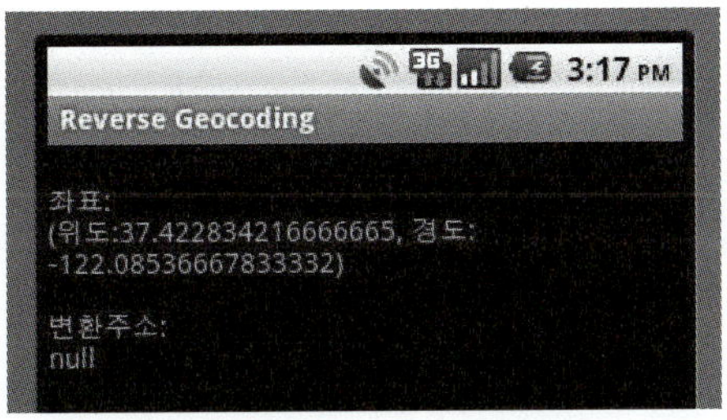


[그림 10-4] 역방향 지오코딩 출력

〈코드 10-8〉 main.xml

```
<TextView
    android:layout_width="fill_parent"
    android:layout_height="wrap_content"
    />
<TextView
    android:id="@+id/LocTextView"
    android:layout_width="fill_parent"
    android:layout_height="fill_parent"
    android:text="@string/hello"
    />
```

〈코드 10-9〉 RevGeoDemo.java(I)

```
import android.location.Address;
import android.location.Criteria;
import android.location.Geocoder;
import android.location.Location;
import android.location.LocationListener;
import android.location.LocationManager;
import android.os.Bundle;
import android.widget.TextView;

public class GeoLocDemo extends Activity {

 @Override
```

```
21      public void onCreate(Bundle savedInstanceState) {
22        super.onCreate(savedInstanceState);
23        setContentView(R.layout.main);
24
25        LocationManager locManager;
26        locManager =
            (LocationManager)getSystemService(Context.LOCATION_SERVICE);
27
28        Criteria reqment = new Criteria();
29        reqment.setAccuracy(Criteria.ACCURACY_FINE);
30        reqment.setAltitudeRequired(false);
31        reqment.setBearingRequired(false);
32        reqment.setCostAllowed(true);
33        reqment.setPowerRequirement(Criteria.POWER_LOW);
34
35        String pvder = locManager.getBestProvider(reqment, true);
36
37        Location loc = locManager.getLastKnownLocation(pvder);
38        LocUpdate(loc);
39        locManager.requestLocationUpdates(pvder, 5000, 50, locListener);
40      }
```

26 위치 정보 서비스를 실행하기 전에 먼저 안드로이드의 위치 관리 매니저 객체를 얻는다.
28 Criteria를 사용하여 최적의 공급자를 찾아낼 수 있다.
29 ACCURACY_COARSE는 정밀도를 낮게, ACCURACY_FINE은 정밀도를 높게 설정한다.
30 고도를 사용하지 않음으로 설정한다.
31 방위를 사용하지 않음으로 설정한다.
32 비용이 발생하더라도 사용한다고 설정한다.
33 전력 소모 설정으로 POWER_LOW, POWER_MEDIUM, POWER_HIGH가 있다.
35 criteria를 사용하여 최적의 공급자를 찾는다.
37 마지막으로 감지된 위도 및 경도 좌표 정보를 가져온다.
39 위치 공급자를 통해 5초 간격으로 이동 거리가 50미터를 벗어날 때 갱신된 위치 정보를 요청한다.

〈코드 10-10〉 RevGeoDemo.java(II)

```
42      private final LocationListener locListener = new LocationListener() {
43          public void onLocationChanged(Location location) {
44              LocUpdate(location);
45          }
46          public void onProviderDisabled(String provider){
47              LocUpdate(null);
48          }
49          public void onProviderEnabled(String provider) {}
50          public void onStatusChanged(String provider, int status,
                    Bundle extras){}
51      };
```

42 리스너를 정의한다.
43 위치가 바뀐 경우 호출되는 콜백 메소드이다.
46 공급자가 비활성 상태로 될 때 호출되는 콜백 메소드이다.
49 공급자가 활성 상태로 될 때 호출되는 콜백 메소드이다.

〈코드 10-11〉 RevGeoDemo.java(III)

```
private void LocUpdate(Location loc) {
  TextView LocTV = (TextView)findViewById(R.id.LocTextView);

  String str;
  String addrStr = null;

  if (loc != null) {
    double lat = loc.getLatitude();
    double lng = loc.getLongitude();
    str = "(위도:" + lat + ", 경도:" + lng + ")";

    Geocoder gCoder = new Geocoder(this, Locale.getDefault());

    try {
      List<Address> addrList = gCoder.getFromLocation(lat, lng, 1);
      StringBuilder strBlder = new StringBuilder();
      if (addrList.size() > 0) {
        Address addr = addrList.get(0);

```

```
72             for (int i = 0; i < addr.getMaxAddressLineIndex(); i++)
73                 strBlder.append(addr.getAddressLine(i)).append("\n");
74
75             strBlder.append(addr.getLocality()).append("\n");
76             strBlder.append(addr.getPostalCode()).append("\n");
77             strBlder.append(addr.getCountryName());
78             addrStr = strBlder.toString();
79         } else
80             addrStr = "주소 찾을 수 없음.";
81         } catch (IOException e)
           {System.out.println("IO Exception occurred.\n");}
82       } else {
83           str = "위치 발견 되지 않음.";
84       }
85       LocTV.setText("좌표:\n" + str + "\n\n변환주소:\n" + addrStr);
86     }
87 }
```

| | |
|---|---|
| 60~61 | 위도 및 경도 좌표 정보를 가져온다. |
| 64 | Geocoder 객체를 생성한다. |
| 67 | 위도 및 경도에 대응되는 주소 정보들의 배열을 반환한다. 세 번째 인자는 최대 반환 결과의 개수이다. |
| 68 | 문자열 빌더 객체를 생성하여 주소 정보를 저장한다. |
| 73~77 | 주소 정보를 가져와서 문자열 빌더에 이어 붙인다. |
| 80 | 주소 정보를 가지오지 못한다면, "주소 찾을 수 없음."을 저장한다. |
| 83 | 위치 정보가 없다면, "위치 발견 되지 않음."을 저장한다. |
| 85 | 최종 문자열을 출력한다. |

### 순방향 지오코딩

위치를 표현하는 명칭들은 일상적으로 자주 접하는 것들이다. 예를 들면, '대한민국', '부산광역시'와 같은 지역명, '서울시 종로구 청와대로 1'과 같은 주소, 'ICN'과 같은 인천국제공항 코드, '302-789'와 같은 우편번호 등이 그것들이다. 주소에 대한 질의가 네트워크 lookup에 의해 진행되므로 오랫동안 정체되기 쉽고, 반환 결과가 최상인 것으로 추정할 뿐 이 결과가 의미 있고 정확하다고 보장할 수 없다. 반환 결과를 얻는 데 오랜 시간이 걸릴 수 있으므로 UI 스레드와 분리된 다른 스레드가 이 메소드를 호출하는 것이 유용하다. 또한 반환 주소들은 Geocoder 클래스의 생성자에서 제공된 지역 설정에 따라 지역화될 수 있다. 다음 메소드가 위치를 표현하는 명칭에 대응하는 주소들의 배열을 제공한다.

```
List<Address> addrList = coder.getFromLocationName(placeName, 3);
```

위 메소드를 중심으로 문자적 위치 정보를 받아 지리적 좌표 정보로 변환하는 지오코딩을 실습해보자. 이 실습에서는 지도를 검색하므로 Google API로 실행파일을 생성하여야 함에 유의하자.

### 실습 10-4 순방향 지오코딩

(1) ForGeoLocDemo라는 프로젝트를 생성한다.
(2) 〈코드 10-12〉로 geoaddress.xml을 작성한다.
(3) 〈코드 10-2〉로 AndroidManifest.xml을 사용한다.
(4) 〈코드 10-13〉~〈코드 10-14〉를 복사하여 ForGeoLocDemo.java를 완성한다.
(5) 프로젝트를 실행하면 [그림 10-5]와 같은 실행 결과가 보여진다.

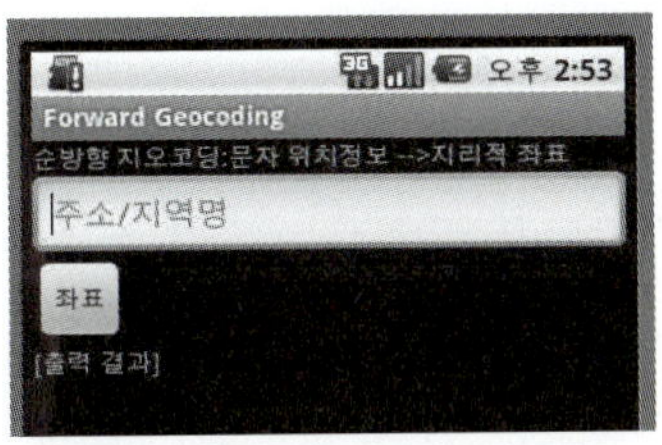


(a) 초기 화면

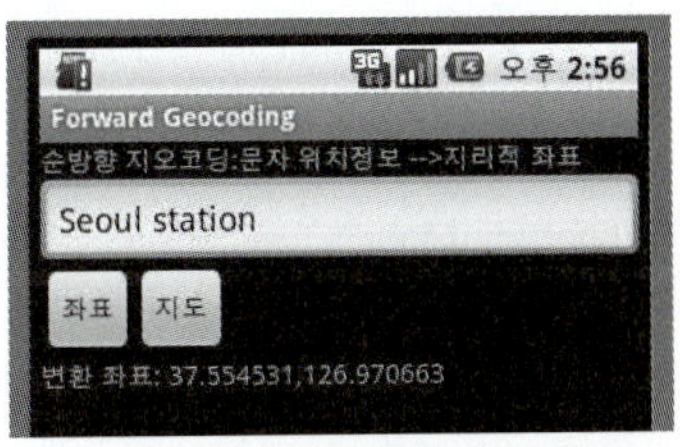


(b) 지역명 입력하고 좌표 버튼 누른 후

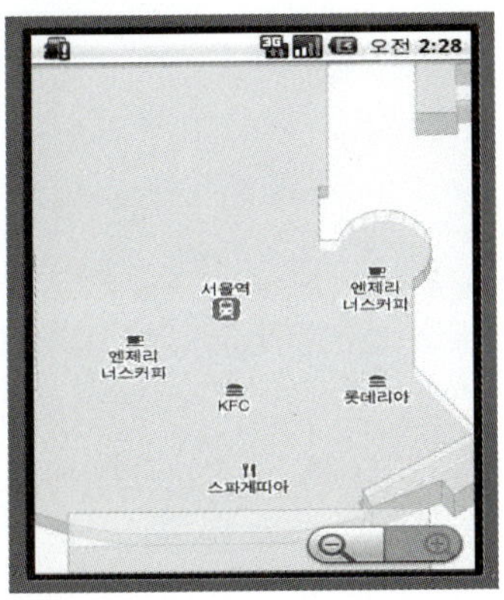


(c) 지도 버튼을 누른 화면

[그림 10-5] 순방향 지오코딩

〈코드 10-12〉 geoaddress.xml

```
<LinearLayout xmlns:android="http://schemas.android.com/apk/res/android"
    android:orientation="vertical"
    android:layout_width="fill_parent"
    android:layout_height="fill_parent">
  <TextView
    android:layout_width="fill_parent"
    android:layout_height="wrap_content"
    android:text="순방향 지오코딩: 문자 위치 정보 -->지리적 좌표" />
  <EditText
    android:id="@+id/named"
    android:layout_width="fill_parent"
    android:layout_height="wrap_content"
    android:hint="주소/지역명" />
  <LinearLayout
    android:orientation="horizontal"
    android:layout_width="fill_parent"
    android:layout_height="wrap_content">
      <Button
        android:id="@+id/gcode"
        android:layout_width="wrap_content"
        android:layout_height="wrap_content"
        android:text="좌표" />
      <Button
        android:id="@+id/map"
        android:layout_width="wrap_content"
        android:layout_height="wrap_content"
        android:text="지도"
        android:visibility="gone" />
  </LinearLayout>
    <TextView
        android:id="@+id/transform"
        android:layout_width="fill_parent"
        android:layout_height="wrap_content"
        android:text="[출력 결과]" />
</LinearLayout>
```

〈코드 10-13〉 ForGeoLocDemo.java(I)

```
import android.location.Geocoder;
import android.net.Uri;
...
import com.corea.RevGeoLocDemo.R;

public class RevGeoLocDemo extends Activity {
    /** Called when the activity is first created. */
    @Override
    protected void onCreate(Bundle savedInstanceState) {
        super.onCreate(savedInstanceState);
        setContentView(R.layout.geoaddress);

        final EditText name = (EditText) findViewById(R.id.named);
        final Geocoder coder = new Geocoder(getApplicationContext());
        final TextView coord = (TextView)findViewById(R.id.transform);
        final Button mapButton = (Button)findViewById(R.id.map);

        Button gButton = (Button)findViewById(R.id.gcode);
```

〈코드 10-14〉 ForGeoLocDemo.java(II)

```
        gButton.setOnClickListener(new View.OnClickListener() {
            public void onClick(View v) {
                String placeName = name.getText().toString();
                try {
                    List<Address> addrList = coder.getFromLocationName(
                            placeName, 3);
                    Iterator<Address> addrs = addrList.iterator();

                    String infoAddr = "";
                    double lat = 0f;
                    double lng = 0f;
                    while (addrs.hasNext()) {
                        Address loc = addrs.next();
                        infoAddr += String.format("변환 좌표: %f,%f",
                                loc.getLatitude(), loc.getLongitude());
                        lat = loc.getLatitude();
                        lng = loc.getLongitude();
```

```
                    }
                    coord.setText(infoAddr);

                    final String gURIForm = String.format("geo:%f,%f", lat, lng);
                    mapButton.setOnClickListener(new View.OnClickListener() {
                        public void onClick(View v) {
                            Uri gURI = Uri.parse(gURIForm);
                            Intent gMapIntent =
                                 new Intent(Intent.ACTION_VIEW, gURI);
                            startActivity(gMapIntent);
                        }
                    });
                    mapButton.setVisibility(View.VISIBLE);
                } catch (IOException e) {
                    Log.e("GeoAddress", "위치 정보 얻지 못함.", e);
                }
            }
        });
    }
}
```

## 10.4 MapView와 MapActivity를 이용한 지도 출력

개발자 관점에서 MapView 클래스와 MapActivity 클래스를 사용하여 애플리케이션에 지도 기능을 쉽게 추가할 수 있다. 두 개의 클래스를 활용하면 지도를 표시하거나 확대 또는 축소, 상하좌우로 얼마든지 이동할 수 있다. 그뿐만 아니라, 현재 위치도 지도에 표시할 수 있다. 현재 위치 기반 서비스를 위해 Google 플랫폼 2.2 API 레벨 8을 사용한다.

지도를 기반으로 하는 애플리케이션을 만들 때 MapActivity를 사용하는 것이 편리하다. MapActivity를 상속받아 액티비티를 생성하고 액티비티의 레이아웃을 설계할 때 지도가 들어가는 부분에 com.google.android.MapView 요소를 추가해야 한다. 다음 코드는 애플리케이션을 위한 MapView 객체를 생성하고, 이를 통해 지도 제어를 위한 getController() 메소드를 호출하여 지도 제어를 위한 객체를 얻어

오고 있다.

```
MapView mapView = (MapView)findViewById(R.id.MapView01);
mapControl = mapView.getController();
```

다음 코드는 지도 출력을 위한 옵션을 지정하고 있다. 위성 뷰와 거리 뷰를 사용하고, 줌 제어는 사용하지 않는다고 설정하고 있다.

```
// Configure the map display options
mapView.setSatellite(true);
mapView.setStreetView(true);
mapView.displayZoomControls(false);
```

다음 코드는 지도 좌표로 이동하는 부분이다. GeoPoint 클래스의 생성자를 통해 좌표를 설정하고, animateTo 메소드는 지도상의 좌표로 이동한다.

```
// Update the map location.
Double geoLat = location.getLatitude()*1E6;
Double geoLng = location.getLongitude()*1E6;
GeoPoint gPoint = new GeoPoint(geoLat.intValue(), geoLng.intValue());

mapControl.animateTo(gPoint);
```

**저자 한마디 | GeoPoint 클래스의 좌표 설정**

안드로이드에서 지도상의 위치는 GeoPoint 클래스에 의해 표현된다. GeoPoint에서 사용하는 값은 백만 단위로 측정된 위도 및 경도 좌표를 사용한다. MapController 클래스가 좌표 정보를 이용하여 지도를 나타내기 위해서는, 먼저 위도 및 경도 좌표에 백만(1,000,000, 즉 과학적 수치 표기로 1E6)을 곱한 뒤 GeoPoint 객체의 좌표를 설정하여야 한다. 예를 들면, 위돗값 40.747778이라면 이 값에 1E6를 곱하여 GeoPoint 객체가 사용할 40747778로 변환하는 것이다.

Google 지도를 사용하기 위해서는 AndroidManifest.xml에 두 가지를 포함하여야 한다. 먼저, 〈activity〉 ... 〈/activity〉 안에 다음과 같이 지도 라이브러리를 명시하여야 한다. 이것은 표준 안드로이드에 포함되지 않은 외부의 지도 라이브러리를 사용함을 뜻한다.

```
<uses-library android:name="com.google.android.maps" />
```

또한 인터넷 및 정밀한 지도 접근을 위해 다음과 같이 접근 권한이 부여되어야 한다.

```
<uses-permission android:name="android.permission.INTERNET" />
<uses-permission android:name="android.permission.ACCESS_FINE_LOCATION" />
```

com.google.android.MapView 태그를 포함하는 main.xml에 일반적인 레이아웃과 함께 Mapview와 관련된 다음의 조건을 지정해야 한다. android:enabled 조건은 지도를 움직일 수 있게 하며, android:clickable 조건은 사용자가 지도를 클릭하거나 상하좌우 이동할 수 있게 한다. android:apiKey 조건은 구글 지도 사용에 필요한 API 키를 지정하는 데 필요하다. API 키에 대해서는 10.5절에서 설명한다.

```
<com.google.android.maps.MapView
   android:id="@+id/MapView01"
   android:layout_width="fill_parent"
   android:layout_height="fill_parent"
   android:enabled="true"
   android:clickable="true"
   android:apiKey="<자신의 키 값>"
/>
```

이들을 종합하여 위도와 경도, 주소 정보를 출력하고, 지도를 출력하는 실습을 해보자. 출력된 지도를 사용자가 클릭하여 이동해보기 바란다.

### 실습 10-5 좌표, 주소, 지도 출력

(1) MapViewLocDemo라는 프로젝트를 생성한다.
(2) 〈코드 10-15〉로 main.xml을 작성한다.

(3) 〈코드 10-16〉으로 AndroidManifest.xml을 사용한다.

(4) 〈코드 10-17〉~〈코드 10-19〉를 복사하여 MapViewLocDemo.java를 완성한다.

(5) 프로젝트를 실행하면 [그림 10-6]과 같은 실행 결과가 보여진다.

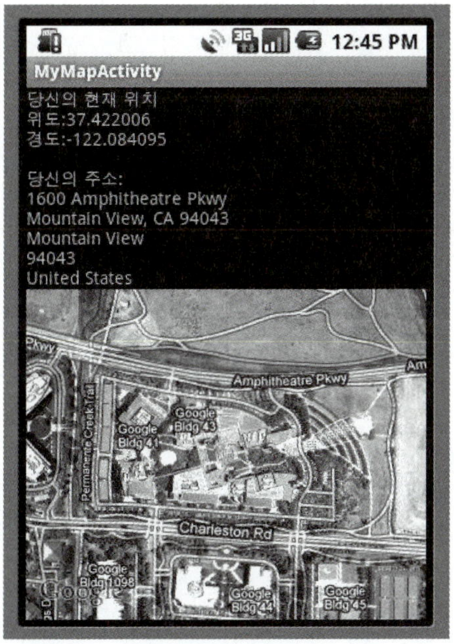


[그림 10-6] 실행 화면

〈코드 10-15〉 main.xml

```
  <TextView
      android:id="@+id/LocText"
      android:layout_width="fill_parent"
      android:layout_height="wrap_content"
      android:text="@string/hello"
    />
    <com.google.android.maps.MapView
      android:id="@+id/MapView01"
      android:layout_width="fill_parent"
      android:layout_height="fill_parent"
      android:enabled="true"
      android:clickable="true"
      android:apiKey="0OwSfxTEsO_ykqdRB_gwR7-4qgfchhOIOTb3wiQ"
    />
```

〈코드 10-16〉 AndroidManifest.xml

```
    <application android:icon="@drawable/icon" android:label="@string/app_name">
        <uses-library android:name="com.google.android.maps" />
        <activity android:name=".MapViewLocDemo" android:label="@string/app_name">
            <intent-filter>
                <action android:name="android.intent.action.MAIN" />
                <category android:name="android.intent.category.LAUNCHER" />
            </intent-filter>
        </activity>
    </application>
    <uses-permission android:name="android.permission.INTERNET" />
    <uses-permission android:name="android.permission.ACCESS_COARSE_LOCATION" />
    <uses-sdk android:minSdkVersion="7" />
```

〈코드 10-17〉 MapViewLocDemo.java(I)

```
import android.location.Criteria;
import android.location.Geocoder;
import android.location.Location;
import android.location.LocationListener;
import android.location.LocationManager;
import android.os.Bundle;
import android.widget.TextView;

import com.google.android.maps.GeoPoint;
import com.google.android.maps.MapActivity;
import com.google.android.maps.MapController;
import com.google.android.maps.MapView;

public class MapViewLocDemo extends MapActivity {
    // google Map을 다루는 클래스, google API에 포함
    MapController mapControl;

    @Override
    public void onCreate(Bundle savedInstanceState) {
      super.onCreate(savedInstanceState);
      setContentView(R.layout.main);

```

```
        MapView mapView = (MapView)findViewById(R.id.MapView01);
        mapControl = mapView.getController();

        // Configure the map display options
        mapView.setSatellite(true);          // 위성 사진
        mapView.setStreetView(true);         // 거리 뷰
        mapView.displayZoomControls(false);  // 줌 제어 기능 off

        // Zoom in
        mapControl.setZoom(17);              // 지도의 줌을 17

        LocationManager locManager =
          (LocationManager)getSystemService(Context.LOCATION_SERVICE);
```

〈코드 10-18〉 MapViewLocDemo.java(II)

```
        Criteria reqment = new Criteria();      // 최적의 공급자 설정
        reqment.setAccuracy(Criteria.ACCURACY_FINE);
        reqment.setAltitudeRequired(false);
        reqment.setBearingRequired(false);
        reqment.setCostAllowed(true);
        reqment.setPowerRequirement(Criteria.POWER_LOW);
        String provider = locManager.getBestProvider(reqment, true);
        // 마지막에 설정된 위치 반환
        Location location = locManager.getLastKnownLocation(provider);
        try {
            locUpdate(location);
        } catch (NullPointerException e) {
            // DDMS에서 좌푯값을 넣지 않으면 널값을 반환
        }
        locManager.requestLocationUpdates(provider,1000,50,locationListener);
    }

    private final LocationListener locationListener = new LocationListener() {
        public void onLocationChanged(Location location) {
            locUpdate(location);
        }
        public void onProviderDisabled(String provider){
            locUpdate(null);
```

```
        }
        public void onProviderEnabled(String provider) {}
        public void onStatusChanged(String provider,int status,Bundle extras) {}
    };
```

〈코드 10-19〉 MapViewLocDemo.java(III)

```
  /** Update the map with a new location */
    private void locUpdate(Location location) {
        // 좌표 설정 GeoPoing 객체는 위도, 경도에 1E6를 곱해줌
        Double geoLat = location.getLatitude()*1E6;
        Double geoLng = location.getLongitude()*1E6;
        GeoPoint gPoint = new GeoPoint(geoLat.intValue(),geoLng.intValue());
        mapControl.animateTo(gPoint);
        TextView locText = (TextView)findViewById(R.id.LocText);

        String latLngStr;
        String addrStr = "No address found";
        if (location != null) {
            double lat = location.getLatitude();
            double lng = location.getLongitude();
            latLngStr = "위도:" + lat + "\n경도:" + lng;

            Geocoder gCode = new Geocoder(this, Locale.getDefault());
            try {
              List<Address> addresses = gCode.getFromLocation(lat, lng, 1);
              StringBuilder strblder = new StringBuilder();
              if (addresses.size() > 0) {
                Address address = addresses.get(0);
                for (int i = 0; i < address.getMaxAddressLineIndex(); i++)
                    strblder.append(address.getAddressLine(i)).append("\n");
               strblder.append(address.getLocality()).append("\n");
               strblder.append(address.getPostalCode()).append("\n");
               strblder.append(address.getCountryName());
              }
              addrStr = strblder.toString();
            } catch (IOException e) {}
          } else {
            latLngStr = "위치 찾지 못했음.";
```

```
        }
        locText.setText("현재 위치\n" + latLngStr + "\n\n변환 주소:\n" + addrStr);
    }
```

## 10.5 Maps API 키 발급

안드로이드에서 구글 지도를 불러와 사용하려면 안드로이드 지도 API 키가 필요하다. 또한 개발 환경이 바뀌면 안드로이드 지도 API 키를 새로 발급받아야 한다. API 키를 얻기 전에 먼저 MD5를 얻어야 한다. 다음 [그림 10-7]은 안드로이드 지도 API 키를 얻기 위한 MD5 인증서 지문을 구하는 명령을 보여준다.

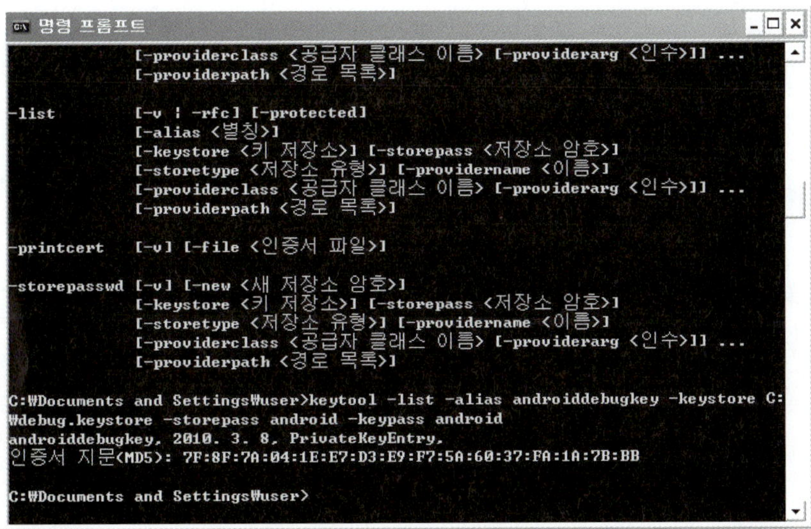


[그림 10-7] MD5 인증서 지문

MD5 인증서 지문을 구하는 과정은 아래와 같다. 이 과정은 약간 까다롭지만 google 지도 서비스를 받기 위해서는 반드시 필요하다. 운영체제마다 약간씩 다르지만 거의 비슷하다. 여기에서는 윈도우즈 XP를 대상으로 진행한다. 이 과정을 시작하기 전에 사용자는 www.google.com에 먼저 계정을 만든다.

① 편의상 C:/Program Files/Java/jre1.60_03/bin/ 밑에 있는 keytool.exe 파일

과 jli.dll 파일을 C:/Document and Settings/user/로 복사한다.

② 편의상 C:/Document and Settings/user/.android/ 밑에 있는 debug.keystore 파일을 C:/ 밑으로 복사한다.

③ 다음에 C:/Document and Settings/user/에 있는 keytool.exe 파일을 다음과 같이 실행한다.

```
C:/Document and Settings/user>keytool -list -alias androiddebugkey -keystore
C:/debug.keystore -storepass android -keypass android
```

④ [그림 10-7]과 같이 MD5 지문이 출력된다. MD5 지문은 두 개의 16진수와 :로 구성된 문자열 패턴이다. 예를 들어, "7F:8F:7A:04:1E:E7:D3:E9:F7:5A:60:37:FA:1A:7B:BB" 형태이다.

⑤ 구글 사이트(www.google.com)에 자신의 계정을 생성한 후 로그인한 다음, http://code.google.com/android/maps-api-signup.html에 MD5 지문을 입력하면 API Key가 [그림 10-8]과 같이 생성된다. 가운데 표시된 숫자들이 API Key이다.

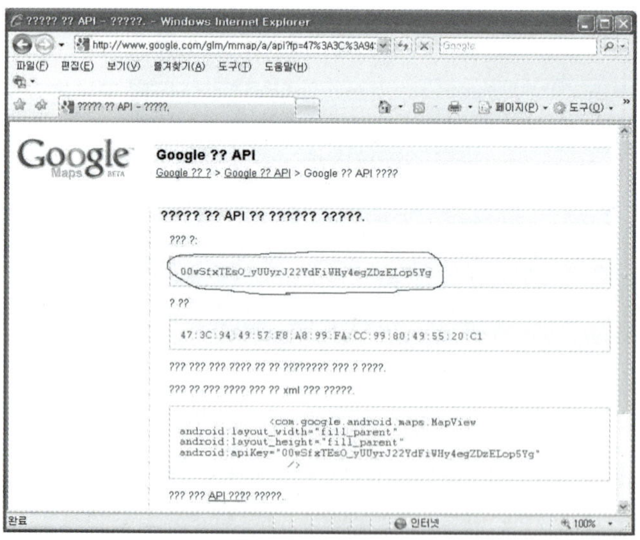


[그림 10-8] 지도 API 키가 생성된 화면

⑥ 생성된 API Key를 다음과 같이 main.xml 파일의 android:apiKey 속성에 복

사한다.

```
<com.google.android.maps.MapView
    android:id="@+id/myMapView"
    android:layout_width="fill_parent"
    android:layout_height="fill_parent"
    android:enabled="true"
    android:clickable="true"
    android:apiKey="0a1nyi................ BODt-Q"  ← 이 부분에 apiKey 복사
/>
```

⑦ Google 지도 서비스를 이용한다.

## 연/습/문/제

1. LocationManager란 무엇인가?

2. LocationProvider란 무엇인가?

3. 다음 코드를 설명하라.

```
locationManager =
      (LocationManager)getSystemService(Context.LOCATION_SERVICE);
```

4. 다음 코드를 설명하라.

```
List<String> providers = locationManager.getProviders(true);
```

5. 다음 코드를 설명하라.

```
    <uses-permission android:name=
                    "android.permission.ACCESS_FINE_LOCATION"/>
```

6. 요구 기준에 의한 좌표 찾기가 무엇인지 설명하라.

7. 다음 코드를 설명하라.

```
Criteria reqment = new Criteria();
reqment.setAccuracy(Criteria.ACCURACY_COARSE);
reqment.setAltitudeRequired(false);
reqment.setBearingRequired(false);
reqment.setCostAllowed(true);
reqment.setPowerRequirement(Criteria.POWER_LOW);
reqment.setSpeedRequired(false);
```

8. 지오코딩과 역지오코딩이란 무엇인가?

9. 다음 코드를 설명하라.

```
List<Address> addresses = gc.getFromLocation(lat, lng, 1);
```

10. 다음 코드를 설명하라.

```
List<Address> geocodeResults =
            coder.getFromLocationName(placeName, 3);
```

11. 다음 코드를 설명하라.

```
    <uses-library android:name="com.google.android.maps" />
...
<uses-permission android:name="android.permission.INTERNET" />
<uses-permission android:name="android.permission.ACCESS_COARSE_
LOCATION" />
```

12. 다음 코드에서 좌푯값에 왜 1E6를 곱하는지 이유를 설명하라.

```
Double geoLat = location.getLatitude()*1E6;
Double geoLng = location.getLongitude()*1E6;
GeoPoint point = new GeoPoint(geoLat.intValue(),geoLng.intValue());

mapController.animateTo(point);
```

13. 구글 지도 서비스를 이용하여 광화문, 인천국제공항, 잠실운동장 등 잘 알려진 지역의 좌푯값을 조사해보라.

14. 〈실습 10-4〉에서 현 위치를 광화문, 인천국제공항, 잠실운동장 등 잘 알려진 지역명으로 설정하여 실행해보라.

15. 〈실습 10-5〉처럼 DDMS를 통해 광화문, 인천국제공항, 잠실운동장 등 잘 알려진 지역의 좌푯값을 설정한 다음, 이들의 주소와 지도가 나타나도록 하라.

16. MD5 인증서 지문과 Maps API 키란 무엇인가?

17. 요즈음 휴대 단말기에는 GPS를 활용한 다양한 위치 관련 서비스들이 제공되고 있다. 이들의 특징, 서비스의 보급 정도 등을 조사하여 보고서를 작성하라. 또한 미래에는 어떠한 서비스가 출현할 것인지 예측하여 새로운 서비스를 발굴하는 제안을 하고, 제안한 서비스가 타당한 근거를 제시해보라.

18. 위치 기반 서비스는 개인 정보 침해라는 역작용이 있다. 개인 정보 침해의 관점에서 위치 기반 서비스를 분석하는 보고서를 작성하라.

19. 다음 중 위치 기반 서비스에서 사용되는 위치 정보와 관련이 없는 것은 무엇인가?
① 공항 코드
② 위도
③ 사람 이름
④ 지역명

20. 다음 중 지오코딩과 관련된 설명으로 적합하지 않은 것은 무엇인가?
① 지오코딩은 보통 위도와 경도로 표시되는 지리적 좌표를 거리 주소나 우편번호와 같은 문자적 위치 정보로 변환하는 과정을 말한다.
② 역방향 지오코딩된 주소의 상세 수준은 고정적이다.
③ 역방향 지오코딩은 지리적 좌표인 위도 및 경도를 문자적 위치 정보로 변환하는 과정을 의미한다.
④ 순방향 지오코딩은 반대로 문자적 위치 정보를 위도 및 경도 좌표로 변환하는 과정을 말한다.

21. 위치 기반 애플리케이션들은 구글의 지도를 사용자에게 제시한 후, 지도 위에 다른 부가 정보를 통해 유용한 서비스를 제공하고 있다. 이러한 서비스를 위해 안드로이드에서는 지도상에 다양한 부가 정보를 표시할 수 있는 기능을 제공하는데, 이러한 기능을 다음 중 무엇이라 하는가?
① 오버레이(overlay)
② 프레임
③ 지오코딩
④ 서비스

# 03 PART

# 실 제 편



실제편에서는 실제 타깃 장치에서의 애플리케이션 검증부터 마켓으로의 판매 관련 기술을 다룬다. 그에 따라 안드로이드 소프트웨어 플랫폼, 에뮬레이터, 리눅스 기반의 안드로이드 플랫폼 개발, 하드웨어 플랫폼 및 마켓 관련 내용을 자세히 기술한다.

실제 모바일 타깃 장치에서 애플리케이션을 구동시키기 위해서는 여러 가지 사항이 필요하다. 에뮬레이터를 기반으로 개발한 애플리케이션을 실제 모바일 타깃 장치에서 테스트를 수행하여 유효성에 대한 검증 과정을 거쳐야 한다. 또한 에뮬레이터에서 지원하지 않은 하드웨어 장치의 동작 검증을 수행하여야 하며, 에뮬레이터와는 다른 실제 타깃 장치에 적합한 새로운 파일시스템을 구성할 수 있어야 한다. 끝으로 애플리케이션을 개발한 후 마켓에 배포하기 위한 기술을 설명한다.

Chapter 11

# 안드로이드 아키텍처의 이해 및 분석

CHAPTER

# 11 안드로이드 아키텍처의 이해 및 분석

안드로이드 프로그래밍 과정은 꽤 방대하고 포괄적이며 다양하다. 이 장에서는 안드로이드에 대한 프로그래밍 기반을 더욱 견고히 하기 위하여 소프트웨어 플랫폼에 대한 구조, 기능, 동작 등에 대하여 심도 있게 기술한다. 안드로이드에서 사용하는 라이브러리, 런타임runtime 라이브러리, 애플리케이션 프레임워크framework, 애플리케이션 등에 대하여 기술하며, 안드로이드의 파일시스템 구조가 일반 리눅스와 다른 점을 살펴본다. 그에 따라 안드로이드 커널과 리눅스 커널의 차이점을 알 수 있다. 그리고 각종 라이브러리, 애플리케이션 프레임워크 및 애플리케이션이 부팅되는 과정을 알 수 있다.

## 11.1 안드로이드 소프트웨어 플랫폼

안드로이드 소프트웨어가 어떤 프로그램으로 구성되며, 어떤 파일시스템에 저장되는지 알아본다. 그리고 일반 리눅스의 파일시스템과는 어떠한 차이점이 있는지 알아본다.

### 플랫폼 구조

개별 프로그램은 아무 플랫폼에서나 실행되는 것이 아니고 특정 플랫폼에서만 실행된다. 윈도우즈 프로그램은 윈도우즈Windows 플랫폼에서만 실행되고, 리눅스 프로그램은 리눅스 플랫폼에서만 실행된다. 닷넷 프로그램은 닷넷 런타임 환경이 있어야 실행된다. 하지만 자바 프로그램은 운영체제에 대한 종속성이 거의 없고, 자바 런타임 환경이 있으면 실행된다. 플랫폼으로서 자바 런타임 환경을 필요로 하는 것이다.

**저자 한마디 | 런타임**

런타임runtime은 컴퓨터 프로그램이 실행되고 있는 동안의 프로그램 동작을 말한다. 런타임 환경은 프로세스나 프로그램 실행을 위한 소프트웨어 서비스를 제공하는 가상머신의 상태이다.

소프트웨어 플랫폼이란 소프트웨어의 주요 구성요소, 구성요소 간의 주요 인터페이스, 중요 동작 방식 등 소프트웨어의 주요 특징들을 결정짓는 모든 설계 구조를 의미한다. 소프트웨어 개발에 미치는 영향이 매우 크며, 소프트웨어 개발에 있어서 가장 중요한 부분이라고 할 수 있다.

구글은 안드로이드 소프트웨어 플랫폼을 운영체제, 미들웨어 그리고 핵심 애플리케이션key applications 프로그램으로 구성되는 모바일 장치를 위한 소프트웨어 집합체라고 정의한다. 플랫폼은 프로그램 위에 다른 프로그램을 구축할 수 있는 계층적 구조를 갖는다. 안드로이드 플랫폼은 [그림 11-1]처럼 리눅스 커널, 라이브러리, 런타임 라이브러리, 애플리케이션 프레임워크, 애플리케이션으로 적층된다. 플랫폼 구조의 개별 계층에 대해서는 나머지 절에서 설명한다.

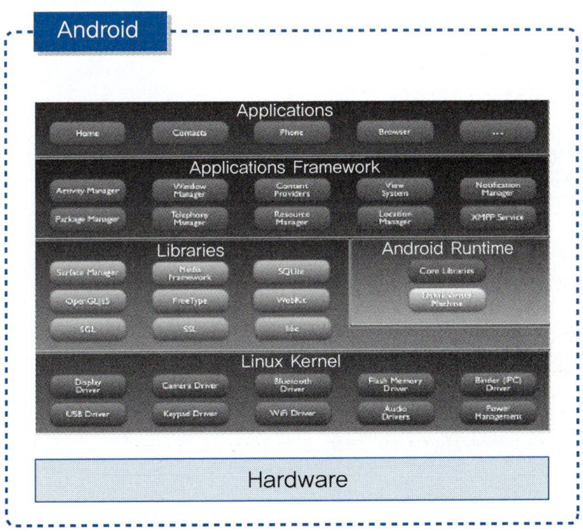


[그림 11-1] 안드로이드 플랫폼

제1부에서 안드로이드 SDKSoftware Development Kit의 도움으로 안드로이드 플랫폼이 설치되었고, 플랫폼에서 실행되는 애플리케이션도 제작되었다. 안드로이드 소프트

웨어 플랫폼부터 안드로이드 애플리케이션을 개발하는 데 필요한 각종의 도구와 API를 제공하는 일체의 소프트웨어 패키지를 안드로이드 SDK라고 한다.
안드로이드 애플리케이션이 Java 런타임 플랫폼에서 Java 언어 구문syntax 또는 라이브러리를 사용하고 있는 데도 불구하고 구글은 Java 플랫폼이라고 말하지 않는다. 이는 향후 있을지 모를 선마이크로시스템스와의 지적 소유권 분쟁을 회피하기 위한 전략일 것이다.

## 안드로이드 파일시스템 구조

안드로이드 플랫폼을 형성하는 프로그램 파일들이 어떠한 구조로 이루어졌는지를 분석하는 것은 중요하다. 안드로이드 플랫폼은 리눅스를 기본으로 사용하기 때문에 리눅스 파일시스템을 갖는다. 그러나 안드로이드 리눅스는 일반 리눅스와는 조금 다른 파일시스템 구조를 갖는다.
일반 리눅스의 파일시스템은 [그림 11-2]와 같이 /dev, /proc, /bin, /usr, /root, /var, /tmp, /home, /lib, /opt, /etc, /mnt 등으로 구성된다.

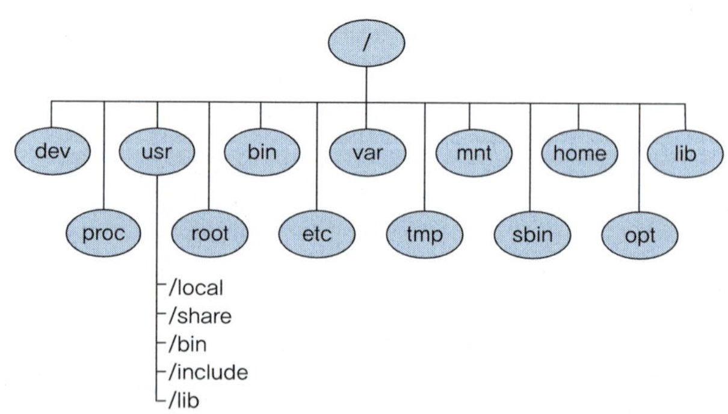


[그림 11-2] 일반 리눅스 파일시스템 구조

안드로이드 리눅스는 일반 리눅스 커널을 모바일 환경에 맞게 최적화한 것으로 우분트Ubuntu라는 리눅스 배포판을 사용하고 있다. [그림 11-3]은 안드로이드 리눅스 파일시스템의 기본 구성을 보여준다.

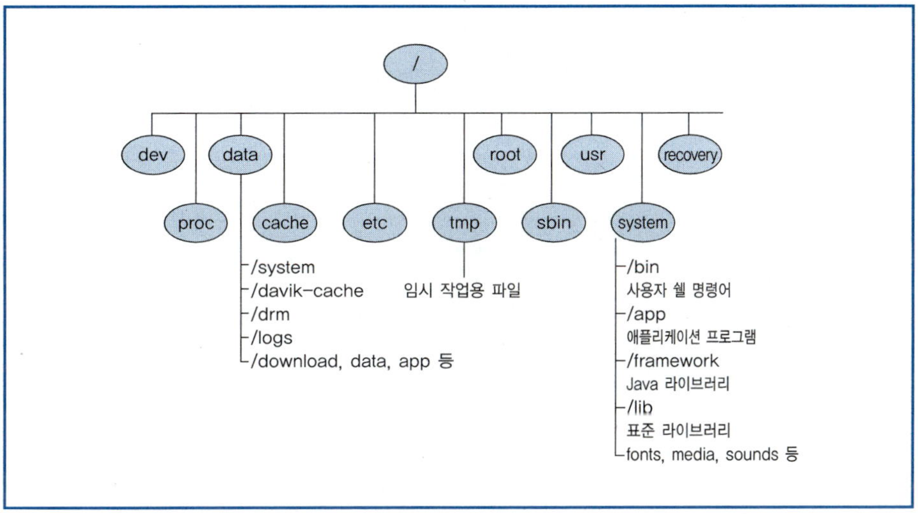


[그림 11-3] 안드로이드 리눅스 파일시스템 구조

안드로이드 리눅스 파일시스템의 디렉터리 구조를 살펴보면 일반 리눅스와 같은 구조라는 것을 알 수 있다. 그러나 일반 리눅스에서는 볼 수 없는 /system과 /data와 같은 디렉터리가 추가되어 있다. 특히 안드로이드 2.2부터는 /recovery 폴더가 추가되었다. 일반 리눅스에서는 /usr/bin에 저장되는 프로그램들이 안드로이드에서는 /system/bin에 저장되어 있다. 안드로이드에서 런타임 환경을 제공하는 달빅 프로그램[Dalvik VM]은 /system/bin 디렉터리에 들어 있다. 그리고 안드로이드 애플리케이션 패키지 파일들은 /system/app에 들어 있다. /system/framework와 /system/lib에는 애플리케이션 프레임워크와 라이브러리 관련 파일들이 있다. 이와 같이 안드로이드는 파일들을 관리하기 위하여 /data와 /system 디렉터리를 추가하여 사용하고 있다. [그림 11-4]는 안드로이드 리눅스 파일시스템에 구성된 디렉터리와 파일을 보여준다.

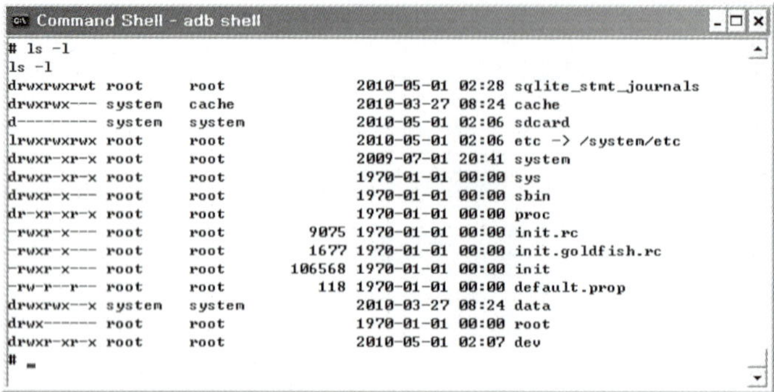


[그림 11-4] 안드로이드 파일시스템 구조 확인

/data 디렉터리는 안드로이드 애플리케이션에서 사용하는 데이터를 저장하는 데 사용된다. 애플리케이션을 컴파일하면 apk 파일이 생성되는데, 이 파일은 안드로이드의 /data/app 디렉터리에 복사된다. [그림 11-5]는 com.corea.Android.apk 패키지가 /data/app에 들어 있는 것을 보여준다.

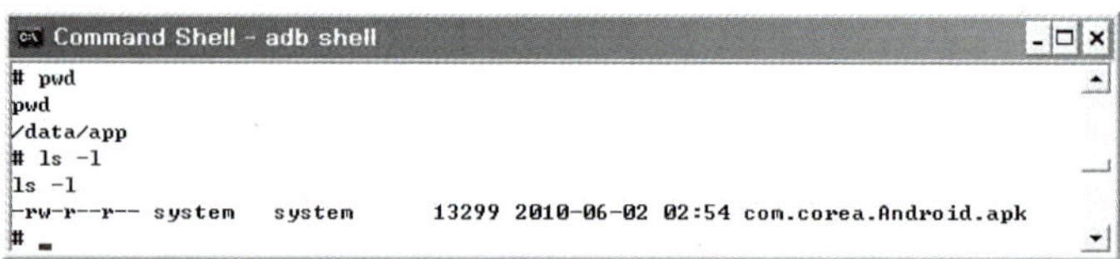


[그림 11-5] /data/app 디렉터리 내용

안드로이드 애플리케이션이 동작하면서 사용되는 데이터는 /data/data 디렉터리 아래 해당 패키지 이름으로 설치된다. 즉, /data/data/패키지명의 디렉터리에 데이터가 저장된다. [그림 11-6]은 com.corea.Android 패키지명 아래에 생성된 파일을 보여준다.

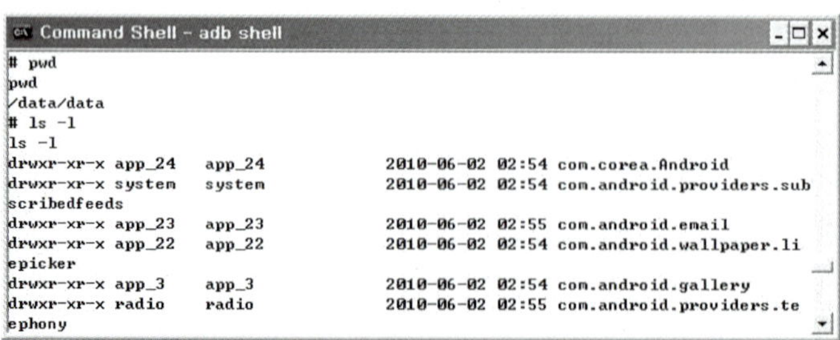


[그림 11-6] 애플리케이션용 데이터 저장 파일

## 11.2 안드로이드 커널

안드로이드 소프트웨어 플랫폼의 최하층에는 안드로이드 커널이 놓여 있다. 안드로이드 커널은 리눅스 커널을 모바일 환경에 맞도록 최적화한 것이며 안드로이드 커널과 리눅스 커널의 핵심적인 기능은 동일하다. 안드로이드 커널은 모바일 장치를 위해 개발된 임베디드 리눅스라는 특징을 갖는다. 데스크톱용 리눅스에서 불필요한 기능을 제거하여 가볍게 하였다.

안드로이드는 오픈 소스 바탕하에서 동작한다. 현재 구글 안드로이드는 리눅스 커널 2.6.x 버전을 기본으로 사용한다. 따라서 내부의 메모리 관리, 프로세스 관리, 네트워킹, 운영체제 시스템 서비스 등의 기능을 지원한다. 안드로이드 커널은 리눅스 커널에다 안드로이드 기능을 패치하여 사용하며, 현재까지 안정적으로 안드로이드 커널로 패치된 리눅스 커널 버전은 2.6.27이다.

커널 상위층에는 안드로이드 라이브러리와 달빅 런타임 계층이 위치해 있고, 그 위에 애플리케이션 층이 있다. 이러한 구조 때문에 안드로이드 애플리케이션이 커널을 직접 호출하지는 않지만, 개발자라면 리눅스 커널이 사용되고 있다는 사실을 인식하여야 한다. 안드로이드 단말기 사용자에게 리눅스는 보이지 않는다.

안드로이드 커널은 하위의 하드웨어 층을 담당하기 위하여 디바이스 드라이버를 활용한다. 새로운 하드웨어를 갖는 휴대폰을 개발할 때 디바이스 드라이버를 리눅스 커널로 이식하는 것이 편리하다. 하드웨어를 다루는 측면에서 일반 리눅스와의 차이점은 기본 장치 외에는 장치 드라이버를 커널 영역이 아닌 사용자 모드에서 동작시킨다는 것이다. 디바이스 드라이버를 모듈 형식으로 작성하여 리눅스 시스템에 등록하는 방식이다. 사용자 모드로 동작시키면 커널 버전이 갱신될 때마다 드라이버에 대한 갱신이 필요 없이 플러그인plug-in 방식으로 배포가 가능하기 때문이다. 또한 속도가 느려짐에도 불구하고 라이선스 문제와 안전성이 향상되는 장점이 있다. [그림 11-7]은 안드로이드 리눅스 파일시스템의 /dev 디렉터리에 설치된 각종 하드웨어 디바이스 드라이버를 보여주고 있다.

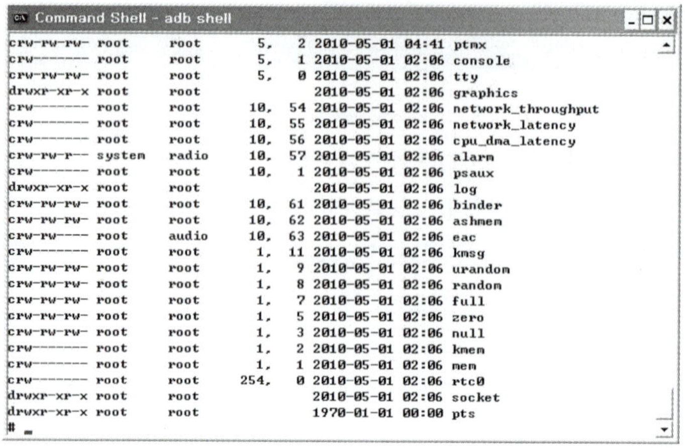

[그림 11-7] /dev 디렉터리 속의 하드웨어 드라이버 확인

안드로이드 커널은 우분투 리눅스로서 Debian GNU/Linux를 기본으로 만든 운영체제이다. 우분투 리눅스는 오픈 소스로서 배포되고 있는데 GNU/Linux 외에 약간의 전용 기능을 추가하고 있다. 우분투 리눅스는 사용성 및 설치에 큰 장점이 있으며, 데스크톱에서 주로 사용된다. 안드로이드 SDK에서 Ubuntu 8.04 이상의 버전을 사용하기를 추천한다. 우분투 리눅스는 [그림 11-8]의 http://www.ubuntu.com 사이트에서 무료로 다운로드받아 사용할 수 있다. 최근 몇년 전만 해도 레드햇redhat 리눅스가 많이 사용되었지만 레드햇이 상업용으로 전환되면서 우분투가 널리 사용되고 있다. 우분투의 대부분은 GPL 라이선스를 따르지만 일부 기능은 LGPL 규정을 따르고 있다. 상업용 프로그램 개발 시 소스코드를 공개해야 하는 문제가 발생하니 라이선스를 잘 이해하는 것이 좋다.

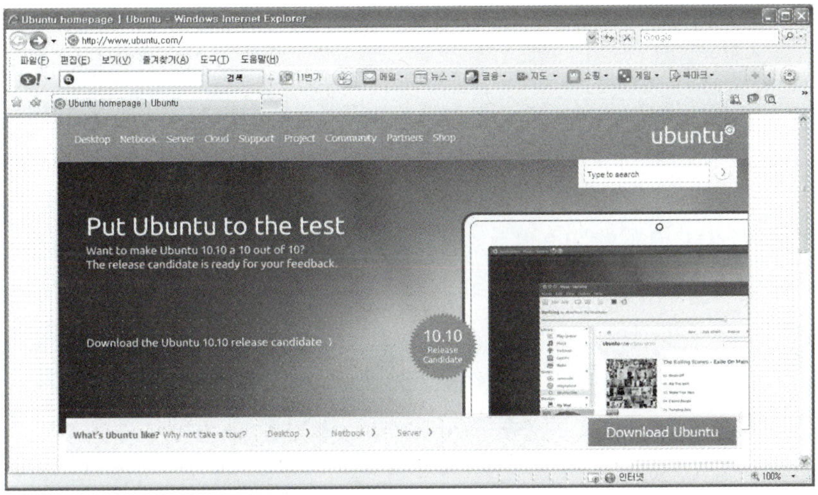


[그림 11-8] 우분투 홈페이지

**저자 한마디 | 오픈소스 라이선스 종류 - GPL, LGPL, BSD, MPL, Apache, MIT**

- GPL : GNU General Public 라이선스 3.0
  소프트웨어에 대한 상용을 제한하는 것이 아니라, 소프트웨어를 배포하는 경우 저작권 표시, 보증 책임이 없다는 표시 및 GPL에 의해 배포된다는 사실을 명시해야 한다. 소프트웨어를 수정하거나 새로운 소프트웨어를 링크시키는 경우 GPL에 의해 소스 코드를 공개해야 한다. 소프트웨어에 대한 자유로운 사용, 복제, 배포 및 수정을 허용한다.
- LGPL : GNU Lesser General Public 라이선스 3.0
  GPL 라이선스의 제한이 엄격해서 오픈 소스 소프트웨어의 사용을 장려하기 위한 전략적인 차원에서 다소 완화된 라이선스를 정의하였다. GPL과 대동소이하나 LGPL을 따르는 라이브러리를 링크시킬 경우 해당 응용프로그램의 소스를 공개할 필요가 없다는 점이 큰 차이이다. 언제든지 GPL로 변경이 가능하고, 대표적인 것으로 리눅스의 C 라이브러리가 있다.
- BSD : Berkeley Software Distribution 라이선스
  GPL, LGPL보다 덜 제한적이기 때문에 허용 범위가 넓다. '저작권 표시', '무보증 표시'만 한다면 BSD 라이선스를 따르는 프로그램의 소스코드를 구해 수정한 후 소스를 공개하지 않고 BSD가 아닌 다른 라이선스를 적용하여 판매할 수 있다.
- MPL : Mozila Public 라이선스
  넷스케이프 브라우저의 오픈 소스 버전인 모질라Mozilla가 채용한 라이선스이다. MPL의 경우 MPL하에 배포된 코드를 포함하는 파일이나, MPL하에 배포된 파일 자체를 수정한 경우에만 소스코드 배포를 요구한다. 원래의 소스코드가 아닌 새로운 파일에 작성된 소스코드에 대해서는 공개 의무가 없다.
- Apache, MIT 등의 오픈소스 라이선스
  아파치 라이선스는 아파치 재단의 모든 소프트웨어에 적용된다.

안드로이드 플랫폼에서 사용하는 우분투 리눅스와 일반 리눅스와의 차이에 대하여 살펴보자. 기존의 임베디드 리눅스에 없던 안드로이드만의 향상된 기능으로 알람alarm, 공유 메모리, 메모리 부족-킬러low memory-killer, 바인더binder, 커널 디버거kernel debugger, 전력 관리power management, 로거logger 등이 추가되었다. 대신에 기존의 리눅스의 일부 유틸리티를 포함하지 않는다.

안드로이드의 특별한 기능을 사용하고자 한다면 커널을 컴파일할 때 해당 옵션을 활성화하여야 한다. 예를 들어, 전력 관리를 수행하고자 한다면 13장 3절의 커널 설정 내용에서 보는 바와 같이 CONFIG_ANDROID_POWER의 커널 옵션을 활성화하여야 한다.

스마트폰은 알람을 기본적으로 제공하고 있다. 만일 포팅할 때 알람 기능을 사용하고 싶지 않다면 다른 기능과 맞물려 있기 때문에 의존성을 확인한 후 알람alarm 디바이스 드라이버 제거 작업을 진행해야 한다.

안드로이드는 메모리를 공유하기 위하여 가상 메모리 장치(ashmemAndroid Shared Memory)라는 특별한 드라이버가 포함된 라이브러리를 제공한다. 이 라이브러리는 서로 다른 프로세스 간에 메모리를 공유하는 데 사용되는데, ashmem이라는 드라이버를 사용하여 공유 메모리 블록을 할당하면 fdfile discripter를 지정해준다. 사용자는 fd를 사용하여 메모리에 접근할 수 있다.

안드로이드에서는 애플리케이션이 전력 관리를 할 수 있다. 전력 관리 기능은 기존 리눅스의 전력 관리(PMPower Management) 바탕에 기능을 추가한 것이다. 안드로이드 커널을 설정할 때는 전력 관리 모듈을 반드시 포함시켜야 한다. 모바일 장치에서 전력 소모를 줄이는 것이 중요하기 때문에 시간이 지날수록 전력 관리에 집중해야 한다. 전력은 전력 관리 칩(PMICPower Management Integrated Chip : Qualcomm PM7540)에 의하여 제어된다. 모바일 장치의 전력 소모를 줄이기 위하여 키보드, 액정, CPU와 같은 순서대로 전력을 차단시킨다. 최후에는 DRAM에만 전력을 공급하는 상태가 된다.

배경background 프로세스 작업의 경우 CPU 전원만이 켜져 있으면 동작할 수 있다. 영화를 보는 중에 스크린이 계속 켜져 있도록 하는 것과 같이 애플리케이션이 특정 상태가 유지되도록 할 때 특정 잠금lock 기능을 설정한다. 잠금 기능은 특정한 전원 상태를 유지하는 데 사용되며 옵션에 따라 꺼져 있는 것을 켤 수도 있다. 웨이크 잠금wake locks 기능은 전원을 유지하는 데 사용된다. 화면이 꺼지고, 패킷의 송수신 여부와 관련 없이 15분 후면 Wi-Fi가 비활성화되면서 2G/3G로 절체된다고 가정하자. 2G/3G의 사용은 배터리를 적게 소모하지만 높은 통신 비용을 요구한다. android.net.wifi.WifiManager.WifiLock을 사용하여 서비스가 활성화 중일 때

WifiLock을 설정하여 와이파이가 끊기지 않게 할 수 있다. 또 다른 예로 전력 절약을 위해 CPU가 동작하지 않게 하려면 android.os.PowerManager.WakeLock 설정이 필요하다.

일반 리눅스에서는 각 프로세스마다 우선순위를 주고 메모리가 부족하면 우선순위가 낮은 것을 먼저 없앤다. 하지만 안드로이드는 바인더binder 때문에 프로세스마다 우선순위를 주지 않고 그룹마다 우선순위를 준다. 따라서 메모리가 부족할 때 우선순위가 낮은 그룹을 먼저 제거한다. 안드로이드는 프로세스를 변경할 수 있지만 프로그램 종료 기능이 없어 안드로이드 시스템이 프로그램을 제거한다. 자바로 애플리케이션을 만들기 때문에 가비지 컬렉터garbage collector가 있어 알아서 제거한다. 종료 버튼이 있다 하더라도 사용자 인터페이스만이 없어질 뿐 애플리케이션 자체가 종료되는 것은 아니다.

바인더는 주 드라이버 번호가 10번으로 서비스 제공자와 사용자 간의 데이터 전달을 지원한다. 안드로이드는 기존 리눅스와 달리 프로세스와 프로세스 사이를 IPCInter Process Communication를 통하여 바인딩binding한다. 바인더는 IPC를 쉽게 해주는 드라이버로서 공유 메모리를 통하여 프로세스 간의 통신을 지원한다. 일반적으로 바인더는 애플리케이션으로 하여금 데이터를 공유하도록 하기 위한 것이다. 바인더는 원래 PalmOS에 있던 것이기 때문에 라이선스가 있다. 일반 리눅스는 커널을 통해서 데이터를 공유한다. 커널의 공유 메모리 영역에 데이터를 올려두고 시그널signals 등의 이벤트를 받아 메시지 큐 — 예를 들면, 세마포어semaphore, 뮤텍스mutex, 스레드threads 등 — 를 사용하여 데이터를 공유한다. 안드로이드는 바인더를 더욱 활성화시켰다. 바인더를 호출하면 애플리케이션에 바인더 서비스가 붙어 서로 통신하게 된다. 바인더 서비스는 커널이 아니다. 서로 다른 서비스 또는 애플리케이션 간에 데이터를 주고받을 때 동작하게 된다. 기존 리눅스 방식은 하나의 매개체를 공유했지만, 바인더는 각각의 서비스 또는 애플리케이션마다 바인더가 있어야 하기 때문에 메모리가 낭비되는 단점이 있다. 안드로이드는 메모리 낭비를 줄이기 위해 바인더를 230킬로바이트 정도의 크기로 최소화시켰다.

로거logger는 안드로이드 로그캣logcat 유틸리티에 의해 지원된다. 로그캣 명령어를 사용하여 로그 출력의 필터링, 출력 형식의 제어, 로그 버퍼 내용 보기 등이 가능하다. CONFIG_ANDROID_LOGGER 활성화로 로거가 활성화되나 성능이 느려진다.

일반 리눅스에서는 커널을 빌드build할 때 ARM사에서 표준으로 정해준 ABIApplication Binary Interface 규격의 gcc 컴파일러를 사용한다. 안드로이드 커널은 ARM EABIEmbedded Application Binary Interface를 사용한다. 일반 컴파일러에서 빌드한 것을 EABI에서 실행할 수 없기 때문에 EABI가 지원되는 컴파일러로 다시 빌드해야 한다. ARM EABI가 지원되는 툴체인[toolchains]을 사용하여 컴파일을 하여야 한다. 최근의 임베디드 컴파일러는 대부분 EABI 컴파일러를 사용한다. 사용하는 라이브러리도 GLIBC를 사용하지 않고, 표준 C 라이브러리인 BSD Unix의 libc를 기반으로 한다. 커널을 설정할 때 13장 3절의 커널 설정 내용에서 보는 바와 같이 CONFIG_AEABI의 커널 옵션을 활성화하여야 한다.

**저자 한마디 | ARM EABI**

EABI는 ARM Ltd.에서 만든 새로운 임베디드 ABI이다. ABI는 애플리케이션과 운영체제, 애플리케이션과 라이브러리, 애플리케이션의 컴포넌트 간의 저수준 인터페이스를 묘사한다. 어떻게 컴파일러, 어셈블러, 링커 및 다른 툴들이 오브젝트 파일과 실행 파일을 생성해야만 하는지를 설명하는 표준이다. ARM 아키텍처의 ABI를 정확히 구현한 도구들은 상호 운용[interoperate]될 수 있다.

기존의 ABI는 실수 연산을 수행할 때 빌드 옵션에서 VFP[Vector Floating Point]를 선택하거나 해제할 수 있었는데, 이는 환경이 달라지면 다시 빌드해야 하는 단점이 있었다. EABI는 혼용할 수 있기 때문에 빌드에 대한 부담이 줄어든다. 실수 연산 방식에 있어서 하드웨어 또는 소프트웨어 부동소수점[floating point]을 혼합하여 빌드할 수 있다.

## 라이브러리

안드로이드 라이브러리는 공유 라이브러리로서 [그림 11-1]과 같이 일반 라이브러리와 런타임 라이브러리로 구성된다. 개발자들은 상위 계층의 애플리케이션 프레임워크를 통해서 라이브러리의 기능을 활용한다. 또한 하위 계층의 커널에 필요한 라이브러리 등을 제공한다. 라이브러리는 모두 C 또는 C++ 언어로 제작되었으며, 기존의 라이브러리를 그대로 사용하지 않고 EABI로 빌드되었다.
[그림 11-9]는 안드로이드 /system/lib 디렉터리에 있는 주요 라이브러리를 보여준다. 약 100개의 각종 라이브러리가 포함되어 있다. 모든 라이브러리가 실행될 때 해당 라이브러리를 불러오는 형식의 동적 라이브러리 확장자(so)를 갖는다.

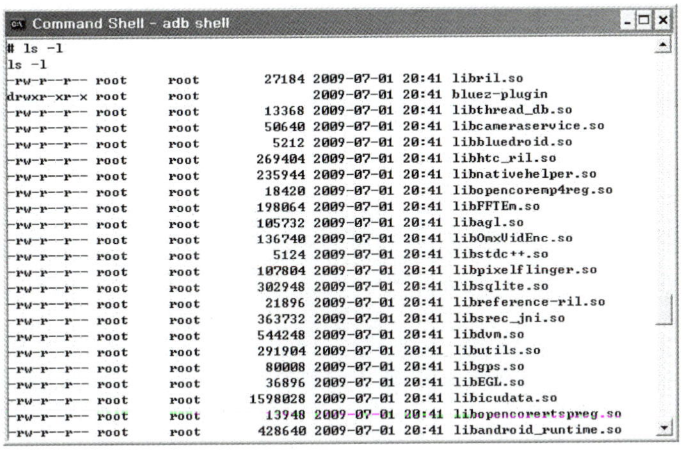


[그림 11-9] 안드로이드 라이브러리 종류

일반 라이브러리는 서피스 매니저Surface Manager, 미디어 프레임워크Media framework, SQLite, Webkit, libc 등으로 구성된다. 서피스 매니저는 [그림 11-10]과 같이 모든 애플리케이션의 서피스 렌더링rendering을 프레임 버퍼로 전달하여 LCD 모니터에 표시한다. 서피스 매니저는 개별 애플리케이션이 생성한 화면을 받아서 화면의 해당 위치에 표시한다. 프레임 버퍼는 화소 표현으로 변환된 데이터를 적어도 하나의 화면에 해당하는 분량을 보관하다가 화면에 화상 신호를 출력한다. LCD와 CPU에서 데이터 처리 속도에 차이가 있기 때문에 DRAM 또는 SRAM에 프레임 버퍼를 두고 메모리 블록 전체를 복사해서 한 번에 LCD로 출력한다. 다수의 애플리케이션에서 2D와 3D를 동시에 표현할 수 있다. 기존의 임베디드 리눅스는 2D와 3D를 별개로 처리했지만, 안드로이드는 2D와 3D를 동시에 처리한다. 서피스 매니저의 도움으로 화면 합성이나 결합, 반투명 효과 등을 한 번에 처리할 수 있다.

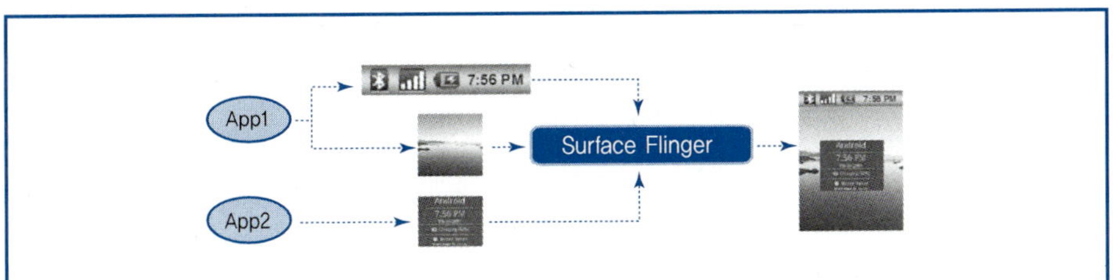


[그림 11-10] 서피스 매니저

미디어 프레임워크는 PocketVideo OpenCORE 플랫폼을 기반으로 한다. 동영상

디코딩을 하며 MPEG4, H.264, AAC 등 포맷을 지원한다. 코덱을 사용할 때 라이선스에 대한 비용이 발생할 수 있다.
SQLite는 개방형이며 경량화된 관계형 데이터베이스 엔진이다. Mysql과 거의 유사하며 안드로이드 내부의 위치 기반 서비스들과 같은 다양한 서비스들에서 사용된다.
웹킷WebKit은 웹 브라우저를 만드는 데 기반을 제공하는 오픈 소스 애플리케이션 프레임워크이다. 이 프레임워크는 웹브라우저가 웹페이지를 표현하도록 설계된 레이아웃 엔진이다. 웹킷 엔진은 화면에 웹 내용을 표현하는 데 필요한 클래스를 제공하고, 사용자에 의해 클릭될 때 연결 사이트, 앞뒤 목록, 최근 방문한 페이지의 목록화와 같은 웹브라우저 기능을 제공한다. 자바의 웹킷 디렉터리에서 웹킷 관련 클래스 등을 확인할 수 있다.

**저자 한마디 | 웹킷**

웹킷WebKit은 원래 Mac OS 10의 Safari 웹브라우저 엔진으로 사용하기 위해 Konqueror 브라우저의 KHTML 소프트웨어 라이브러리에서 가져온 것이다. 웹킷은 GNU의 LGPL와 BSD를 갖는다. 웹킷은 옴니웹, 시라, iCab, 어도비 통합 런타임, 노키아의 Series 60 브라우저, 구글의 안드로이드와 애플 아이폰iPhone 운영체제 플랫폼에서 사용되고 있다. 브라우저 속도가 매우 빠른 것이 특징이다. HTML 표준을 따르고 Active X는 지원하지 않는다.

임베디드 리눅스 기반의 디바이스를 위해서 표준 C 라이브러리인 BSD 라이선스의 libc를 플랫폼에 맞게 수정한 Bionic이라는 C 라이브러리를 사용한다. libc는 코드 크기가 작고 빠르지만, 일반 소스 공개 의무의 GPL 라이선스의 표준 glibc와는 호환되지 않는다. libc는 Bionic 라이브로서 BSD 라이선스이기 때문에 코드 공개의 의무가 없다. 그리고 프로세스마다 동적으로 적재되며 작은 크기 — 예를 들면, libc.so의 경우 226킬로바이트 —여서 경량 스레드가 된다. 안드로이드에서 glibc 대신에 libc를 연결하여 사용하는 방법은 13장을 참조하라. C 코드로 작성되기 때문에 자바로 구현되는 안드로이드 애플리케이션과 연결되기 위하여 JNI를 통한 바인딩이 필요하다. JNI에 대한 것은 14장에서 참조하라. 안드로이드의 네이티브 라이브러리는 Bionic lib이라고 부르며, 모든 라이브러리 코드는 bionic과 함께 컴파일되어야 한다. 안드로이드상에서 동작하기 위해 네이티브 코드(C/C++)로 작성된 것은 Bionic 라이브러리로 컴파일되어야 한다.
LibWebCore는 안드로이드 브라우저와 임베디드가 가능한 웹뷰를 제공하는 최신 웹브라우저이다. 3D 라이브러리는 OpenGL ES 1.0 API 기반의 그래픽 라이브러리이다. FreeType 라이브러리는 비트맵bitmap 또는 벡터 폰트vector font 렌더링을 지원한다.

오디오 매니저AudioManager는 미디어 플레이어, 오디오 드라이버 같은 소스로부터 이어폰, 헤드폰과 같은 장치로의 출력을 라우팅 처리한다. [그림 11-11]은 서로 다른 애플리케이션으로부터의 오디오 관련 데이터를 각각 해당되는 오디오 장치로 전달해주는 개념을 보여준다.

[그림 11-11] 오디오 매니저

## 안드로이드 런타임 라이브러리

안드로이드 애플리케이션은 자바 언어로 작성되며, dex 바이트 코드 형식의 파일로 컴파일된 후 런타임 라이브러리에 의해 구동된다. 런타임 라이브러리runtime library는 컴퓨터 프로그램을 실행하는 동안 기능을 추가하기 위해 컴파일러가 사용하는 특별한 프로그램 라이브러리이다. 런타임 라이브러리는 보통 운영 체제에 접근함으로써 수많은 기능을 수행한다. 입출력, 메모리 관리, 산술 함수의 기능이 포함되어 있다. 런타임 라이브러리와 표준 라이브러리 사이의 경계는 컴파일러 제조업체에 달려 있다. 런타임 라이브러리는 컴파일러와 플랫폼에 특화되어 있다. 런타임 라이브러리는 안드로이드 하드웨어에 종속이지만, 달빅 가상머신의 지원으로 하드웨어 종속성이 해결된다. 달빅은 약 405킬로바이트의 libdvm.so 라이브러리로 지원된다.

안드로이드에서 가장 신비스러운 부분이 바로 달빅 가상머신Dalvik VM이다. 달빅은 인터프린터, 레지스터 기반, 적은 메모리에 최적화된 기능을 갖는 가상머신이다. 달빅 가상머신 자체의 소스코드는 공개되지 않고 있다. 인터프린터 가상머신이란 한 번에 하나의 명령을 읽어 실행하는 형태를 말한다. 하지만 SUN의 자바는 다른 형태로서 실시간 번역기 또는 저스트 인 타임(JITJust-In-Time) 컴파일러라 불리는데, 실행 도중 필요에 따라서 바이트 코드를 기계어로 번역한다.

안드로이드 애플리케이션은 XML 레이아웃과 특화된 자바 문법을 사용한다. 안드로이드에서 사용하는 언어는 자바이지만 선마이크로시스템스의 자바 또는 가상머신과는 다르다. 안드로이드는 자바 소스 코드(.java)를 dex[Dalvik Executable]라는 바이트 코드로 컴파일한 것을 실행하는 고유의 달빅 가상머신을 지원한다. 하지만 일반 자바에서는 자바 소스 코드(.java)를 확장자가 .class인 바이트 코드로 컴파일된 후 가상머신에서 실행한다. 선마이크로시스템스의 자바는 [그림 11-12]의 (가)처럼 명령들이 전부 1~2바이트 길이를 갖는 바이트코드로 컴파일이 되지만, 안드로이드는 (나)처럼 ARM 프로세서에 최적화되어 4바이트 명령어를 사용한다.

```
000b: iload 05
000d: iload 04
000f: if_icmpge 0024
0012: aload_3
0013: iload_05
0015: iaload
0016; istore 06
0018: iload_1
0019: iload_06
001b: i21
001c: ladd
001d: lstore_1
001e:iinc 05,#+01
0021: qoto 000b
```

(가) 자바 바이트코드

```
0007: if-ge v0, v2, 0010
0009: aget v1, v8, v0
000b: int-to-long v5, v1
000c: add-long/2addr v3, v5
000d: add-int/lit8 v0, v0, #int 1
000f: goto 0007
```

(나) 달빅 바이트코드

[그림 11-12] 자바와 달빅 가상머신 바이트코드 비교

일반적인 자바 가상머신은 스택에 명령어를 쌓아서 하나씩 처리하는 스택[stack] 구조를 채택하고 있는 반면, 달빅 가상머신은 레지스터[register] 구조의 가상머신을 채택하고 있다. 기존의 선마이크로시스템스는 명령어가 스택에 들어가기 때문에 PUSH와 POP과 같은 명령어를 사용하지만, 달빅 가상머신은 뱅크 레지스터[banked registers]를 이용한 복사 명령을 이용하고 레지스터에서 바로 실행시키기 때문에 속도가 더 빠르다. 4바이트가 레지스터에 전부 들어가기 때문에 낮은 사양에서도 성능이 느려지지 않는 효과도 있다.

자바 컴파일러로 컴파일된 클래스(.Class) 파일은 DX 유틸리티를 이용하여 dex 포맷으로 변환된다. dex 포맷 파일은 최소의 메모리 영역에 최적화되어 실행된다. 달빅에 대한 소스코드가 공개되지 않아서 어떻게 dex 파일을 생성하는지 자세히 알 수가 없다. 대신에 안드로이드 SDK의 /tools 디렉터리에 있는 dexdump 유틸리티를 사용하여 dex 형식의 프로그램을 역어셈블하여 알아볼 수 있다. 헤더에는 그 파일에 저장되어 있는 클래스 명칭, 메소드 이름 등의 정보가 있다. dexdump를 사용

하여 dex 파일을 역어셈블하여 본다. dexdump 명령어에 대한 옵션으로 -d, -f, -h 등이 있다. -f는 파일 헤더에 대한 요약 정보를 제공한다.

```
tools> dexdump -d classes.dex
```

〈실습 11-1〉은 3장에서 생성한 Android 프로젝트의 classes.dex 파일을 dexdump 유틸리티로 분석하는 과정을 보여준다.

### 실습 11-1 dexdump의 이용

(1) cmd 명령으로 명령창을 띄운다.
(2) D 드라이버로 이동하기 위하여 d:를 입력한다.
(3) 안드로이드 SDK에 대한 환경 변수 설정이 되어 있지 않다면 "cdandroid\android-sdk\platforms\android-3\tools" 명령을 실행한다.
(4) "dexdump -f D:\android\workspace\android\bin\classes.dex" 명령을 실행하면 다음과 같은 결과를 출력한다.

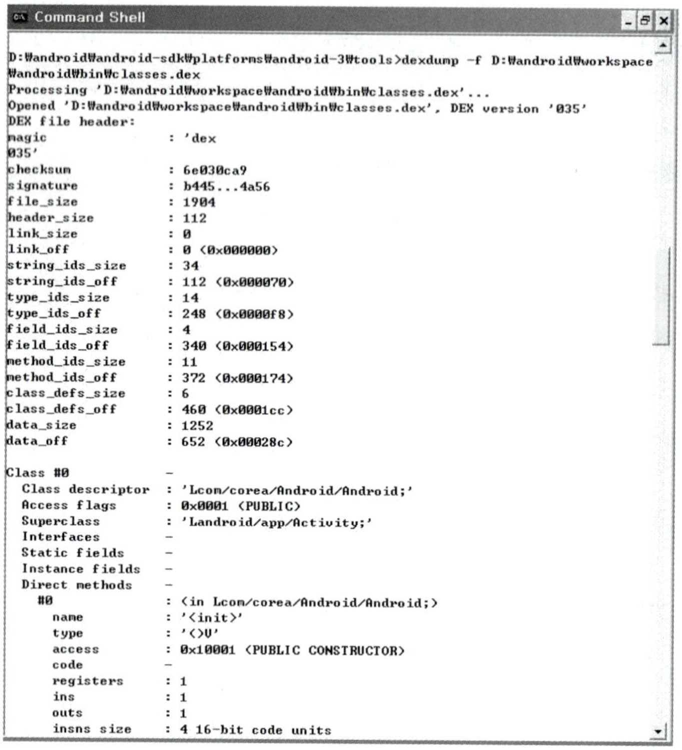

```
Command Shell

D:₩android₩android-sdk₩platforms₩android-3₩tools>dexdump -f D:₩android₩workspace
₩android₩bin₩classes.dex
Processing 'D:₩android₩workspace₩android₩bin₩classes.dex'...
Opened 'D:₩android₩workspace₩android₩bin₩classes.dex', DEX version '035'
DEX file header:
magic               : 'dex
035'
checksum            : 6e030ca9
signature           : b445...4a56
file_size           : 1904
header_size         : 112
link_size           : 0
link_off            : 0 (0x000000)
string_ids_size     : 34
string_ids_off      : 112 (0x000070)
type_ids_size       : 14
type_ids_off        : 248 (0x0000f8)
field_ids_size      : 4
field_ids_off       : 340 (0x000154)
method_ids_size     : 11
method_ids_off      : 372 (0x000174)
class_defs_size     : 6
class_defs_off      : 460 (0x0001cc)
data_size           : 1252
data_off            : 652 (0x00028c)

Class #0            -
  Class descriptor  : 'Lcom/corea/Android/Android;'
  Access flags      : 0x0001 (PUBLIC)
  Superclass        : 'Landroid/app/Activity;'
  Interfaces        -
  Static fields     -
  Instance fields   -
  Direct methods    -
    #0              : (in Lcom/corea/Android/Android;)
      name          : '<init>'
      type          : '()V'
      access        : 0x10001 (PUBLIC CONSTRUCTOR)
      code          -
      registers     : 1
      ins           : 1
      outs          : 1
      insns size    : 4 16-bit code units
```

[그림 11-13] dex 파일의 헤더 구조

〈표 11-1〉 dex 파일 헤더 구조

| 오프셋 | 크기(바이트) | 설명 |
|---|---|---|
| 0x0 | 8 | 'Magic' value: "dex\n009\0" |
| 0x8 | 4 | Checksum |
| 0xC | 20 | SHA-1 Signature |
| 0x20 | 4 | Length of file in bytes |
| 0x24 | 4 | Length of header in bytes (currently always 0x5C) |
| 0x28 | 8 | Padding (reserved for future use?) |
| 0x30 | 4 | Number of strings in the string table |
| 0x34 | 4 | Absolute offset of the string table |
| 0x38 | 4 | Not sure. String related |
| 0x3C | 4 | Number of classes in the class list |
| 0x40 | 4 | Absolute offset of the class list |
| 0x44 | 4 | Number of fields in the field table |
| 0x48 | 4 | Absolute offset of the field table |

| 0x4C | 4 | Number of methods in the method table |
|---|---|---|
| 0x50 | 4 | Absolute offset of the method table |
| 0x54 | 4 | Number of class definitions in the class definition table |
| 0x58 | 4 | Absolute offset of the class definition table |

출처: http://www.dalvik.com

〈표 11-1〉을 참조하여보면 [그림 11-13]의 최초 8바이트의 Magic Value 값은 '035' 이다. 이는 DEX 버전을 의미한다. dex 파일 구조에 대하여 자세히 분석하려면 -d와 -h 등과 같은 옵션을 사용하면 된다.

모든 안드로이드 애플리케이션은 각자의 프로세스를 이용하여 실행되며, 고유의 Dalvik 가상머신의 인스턴스를 갖는다. 안드로이드 프로세스들은 여러 개의 가상머신을 동시에 실행시키도록 디자인되어 있다. 반면에 일반 자바는 한 개의 가상머신을 사용한다. 안드로이드에서 애플리케이션 프로세스 간의 독립과 메모리 관리 스레드는 리눅스 운영체제에 의하여 해결되고 있다.

[그림 11-14]는 안드로이드에서 애플리케이션의 전반적인 동작 과정을 설명한다. 애플리케이션 개발은 자바 언어로 작성되고, 라이브러리에 있는 하드웨어 장치에 대한 드라이버들은 대부분 C나 C++이지만 그 사이에 JNI가 있기 때문에 동작이 가능해진다. JNI는 자바 코드에서 C나 C++ 라이브러리를 호출할 수 있도록 만들어진 규약이다. 안드로이드에서도 애플리케이션을 C 혹은 C++로도 만들 수 있다. 백그라운드 서비스를 제작할 경우 굳이 자바로 할 필요는 없다. 이 부분에 대해서는 14장에서 자세히 기술한다. 하지만 안드로이드의 애플리케이션 프레임워크가 제공하는 사용자 인터페이스 기능을 사용할 수 없다.

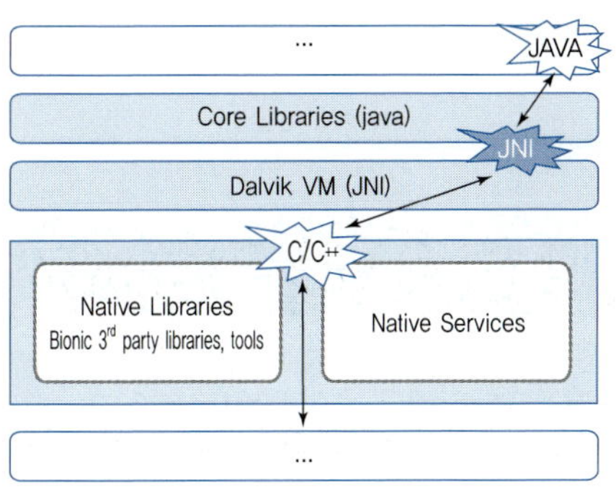


[그림 11-14] 라이브러리 동작 개념

## 애플리케이션 프레임워크

애플리케이션 프레임워크는 안드로이드 애플리케이션을 개발하는 데 필요한 기반 클래스들을 지원한다. 애플리케이션 프레임워크는 액티비티 매니저activity manager, 윈도우 매니저window manager, 패키지 매니저package manager, 텔레포니telephony, 리소스 매니저resource manager, 위치 매니저location manager와 컨텐트 프로바이더content provider 등으로 구성된다. 개발자는 애플리케이션 프레임워크에서 제공하는 API를 활용하여 애플리케이션을 쉽게 개발할 수 있다. 보통 애플리케이션과 애플리케이션 프레임워크는 자바로 구현된다. 프레임워크와 라이브러리 사이에는 자바와 C 사이의 호출 규약 등을 매핑mapping하는 JNI라는 바인딩 기술이 존재한다. 하드웨어 드라이버를 C로 만들면 JNI를 구현해주어야 한다. 이를 위한 구글 가이드가 있고 샘플도 공개되어 있다.

표준 리눅스나 윈도우즈 데스크톱에서는 여러 창windows에 다양한 애플리케이션을 동시에 실행하고 보여준다. 그 창 중 하나에만 키보드 포커스가 있다는 사실 외에는 모든 프로그램이 동등하며, 여러 창 사이를 쉽게 옮겨다닐 수 있다. 반면에, 안드로이드는 고유한 작동 방식을 갖고 있다. 안드로이드는 하나의 전경foreground 애플리케이션을 갖는다. 사용자가 애플리케이션을 실행시키면 안드로이드는 그 프로그램을 시작한 후 화면의 전면에 위치시킨다. 사용자는 다른 애플리케이션을 호출하거나 또는 동일한 애플리케이션의 다른 화면을 호출할 수 있다. 이 모든 화면은 시스템의 액티비티 매니저에 의해 관리되어 애플리케이션 스택에 기록되고, 언제든 '이전back' 버튼을 누르면 스택에 저장된 이전 화면으로 이동한다.

**저자 한마디 | 백그라운드 서비스**

백그라운드 서비스background service는 사용자의 직접적인 관여 없이도 화면에 보이지 않은 채 시스템에 의해 자동적으로 수행하는 서비스를 말한다. 백그라운드 서비스는 애플리케이션이 이벤트 중심으로 동작하게 한다. 이것은 전화가 걸려오거나 SMS 메시지 수신에 대하여 우선적으로 처리할 수 있다.

패키지 매니저는 시스템에 동작 중인 애플리케이션들에 관련된 정보를 관리하고, 윈도우 매니저는 모든 애플리케이션과 관련된 화면을 관리한다. 윈도우는 많은 DLLdynamic link library 파일들로 구성되지만, 안드로이드는 하나의 패키지 파일로 되어 있어 프로그램을 쉽게 배포할 수 있다.

애플리케이션은 자신의 데이터를 SQLite 데이터베이스 또는 다른 방법으로 파일에 저장할 수 있다. 컨텐트 프로바이더는 디바이스상의 데이터에 대한 접근을 제어하는 저장소repository이다. 컨텐트 프로바이더는 애플리케이션 데이터가 다른 애플리케이션과 공유할 필요가 있을 때 아주 유용하다. 컨텐트 프로바이더 클래스는 다른 애플리케이션이 데이터를 저장하거나 가져오는 것과 같은 작업을 할 수 있도록 해준다.
이 밖에도 애플리케이션 프레임워크는 블루투스, 전화, GPS와 같은 하드웨어 관련 API 서비스도 제공한다.

### 애플리케이션

안드로이드 아키텍처의 최상위 계층은 애플리케이션 계층이다. 최종 사용자가 접하게 되는 애플리케이션을 말한다. 안드로이드 애플리케이션은 액티비티Activity, 브로드캐스트 리시버Broadcast Receiver, 서비스Service, 컨텐트 프로바이더라는 4가지 컴포넌트로 구성된다. 모든 애플리케이션이 4가지 컴포넌트를 모두 필요로 하지는 않지만 이들의 조합으로 구성된다. 애플리케이션에서 어떤 컴포넌트들을 사용할지 결정하였다면 이 컴포넌트들의 목록을 AndroidManifest.xml 파일에 기록해야 한다. 이 xml 파일은 애플리케이션에서 어떤 컴포넌트들을 선언했는지, 그들의 기능과 요구 사항은 무엇인지를 기록하는 파일이다.
안드로이드의 특징 중 하나는 부팅 후 기본 홈 화면home screen을 사용자가 선택할 수 있다는 것과 기본 애플리케이션이나 서드파티third party의 애플리케이션을 차별하지 않는다는 것이다. 이는 윈도우의 내장 익스플로러와는 달리 사용자의 선호도에 따라 서드파티 애플리케이션을 사용할 수 있도록 한다. 안드로이드에서는 모든 애플리케이션의 권한이 동일하다는 개념이다. 즉, 홈 화면과 애플리케이션을 사용자가 재구성하여 사용할 수 있는 오픈마인드를 갖는다는 의미이다.
APK는 애플리케이션 패키지Application Package를 의미하는 하나의 파일이다. 일반적으로 하나의 애플리케이션은 하나의 APK 파일에 묶여서 배포된다. 사용자가 자신의 휴대폰 전원을 켰을 때 처음 보는 애플리케이션은 홈 화면이다. 이 프로그램은 시간, 배경 이미지, 사용 가능한 애플리케이션 목록 등을 보여준다. 안드로이드 휴대폰을 구입하면 다음과 같은 기본적인 애플리케이션이 미리 설치되어 있다.

- 전화 다이얼 장치
- 이메일
- 주소록
- 웹브라우저

● 안드로이드 마켓

[그림 11-15]는 안드로이드 애플리케이션에 대한 분류를 나타낸다. 개발자가 애플리케이션을 마켓에 등록할 때 참고한다.

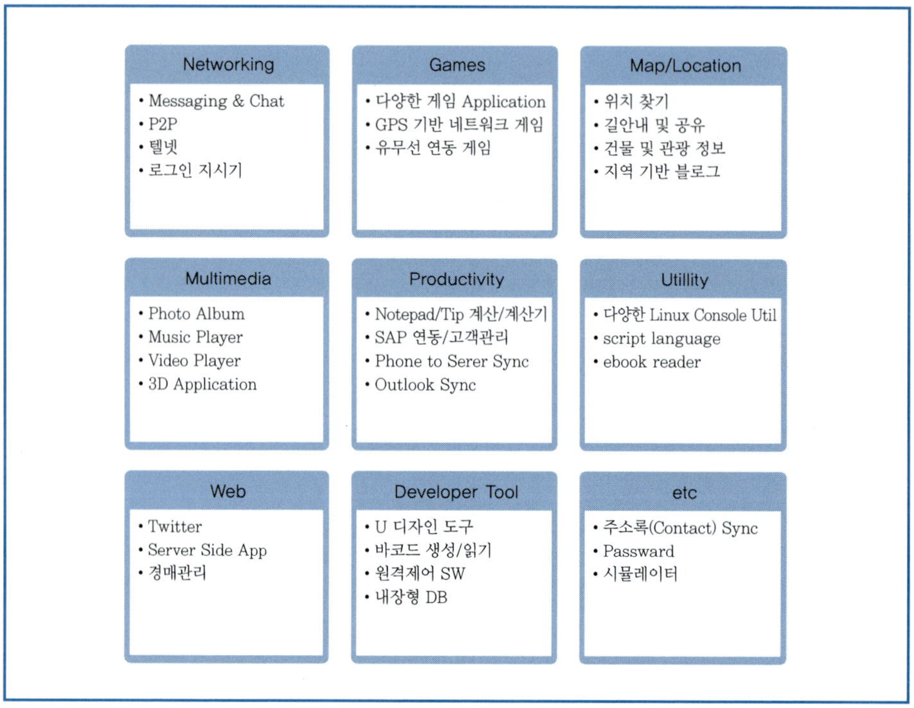


[그림 11-15] 애플리케이션 분류

아이폰은 하나의 애플리케이션을 독립된 미디어처럼 별도로 동작시킨다. 그러나 안드로이드는 웹과 같이 데이터를 중심으로 애플리케이션들이 뒤섞일 수 있다. 안드로이드 애플리케이션에서 제공하는 인텐트intent가 이것을 가능하게 한다. 안드로이드에서 각각의 애플리케이션은 각각 독립된 메모리 공간에서 동작하는데, 인텐트는 애플리케이션 간의 메모리를 공유할 수 있도록 한다. 지금은 안드로이드도 아이폰과 별반 다르지 않게 애플리케이션이 만들어지고 있는 것처럼 보이지만, 가까운 미래에는 이 부분 때문에 안드로이드와 아이폰 사이에 많은 차이가 나게 될 것이다.

## 안드로이드 플랫폼 부팅

안드로이드 플랫폼은 [그림 11-16]과 같은 과정을 통하여 부팅된다. 안드로이드는 커널의 부팅으로부터 각종 데몬이 실행되고, 이어서 안드로이드 프레임워크를 구성하는 각종의 매니저가 등록되며, 끝으로 애플리케이션 서비스가 시작된다. 안드로이드 리눅스 커널부터 init 초기화, libc를 기본으로 하는 각종의 데몬 올리기, 서비스 매니저를 통한 자이고트 시동, 기본 서비스를 위한 시스템 서버가 시동된다.

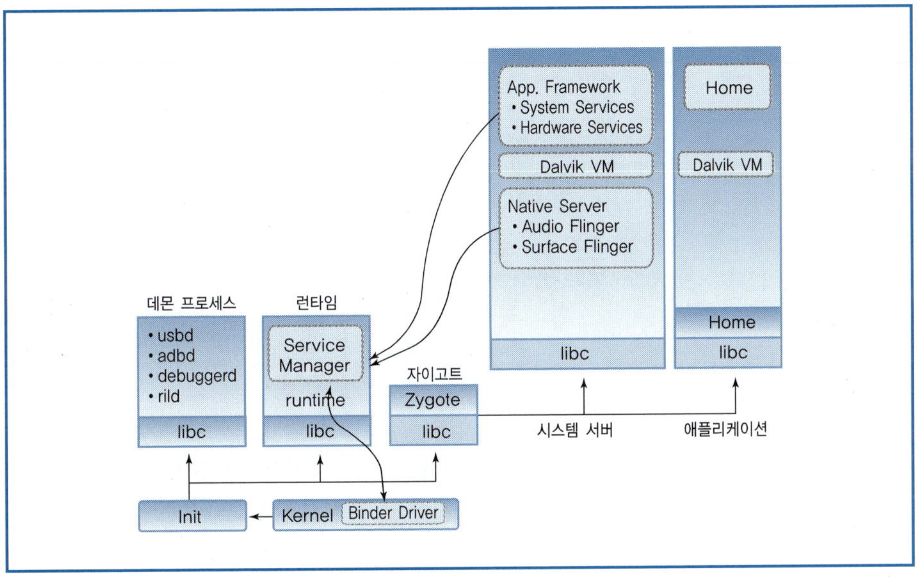


출처: http://yotteum.tistory.com/1

[그림 11-16] 안드로이드 플랫폼 부팅 과정

안드로이드 리눅스 커널이 부팅되면서 init 프로세스가 먼저 실행된다. [그림 11-17]은 init 프로세스 번호identifier가 1번인 것과 몇 개의 데몬이 동작 중인 것을 보여주고 있다. 파일시스템 root에 있는 init.rc라는 파일에는 init이 해야 할 작업들이 기록되어 있다. 파일시스템 마운팅, 디렉터리 권한 설정, 캐시 디렉터리 삭제, 시작 프로그램 동작 등을 기록한다. 안드로이드 플랫폼에서 동작할 데몬 프로그램들을 적재한다. 데몬은 init에 의해 리눅스와 같이 시작되었다가 리눅스가 종료될 때 없어지는 프로그램으로서 데몬을 작성하는 규격에 따라 만들어진다.

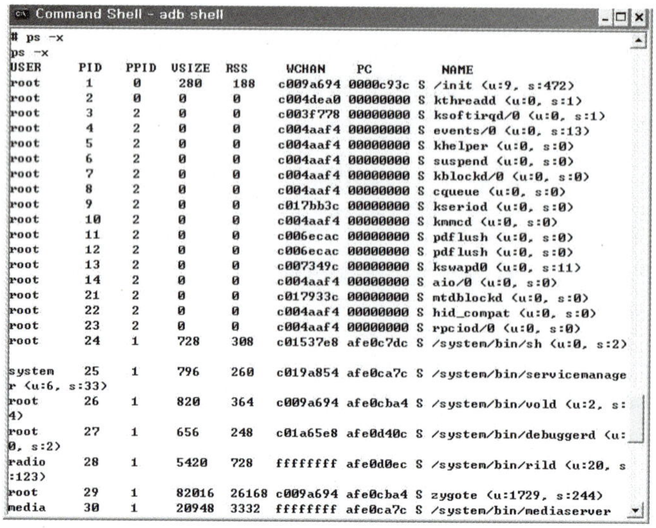

```
Command Shell - adb shell
# ps -x
ps -x
USER     PID   PPID  VSIZE  RSS    WCHAN    PC         NAME
root      1     0     280    188   c009a694 0000c93c S /init (u:9, s:472)
root      2     0     0      0     c004dea0 00000000 S kthreadd (u:0, s:1)
root      3     2     0      0     c003f778 00000000 S ksoftirqd/0 (u:0, s:1)
root      4     2     0      0     c004aaf4 00000000 S events/0 (u:0, s:13)
root      5     2     0      0     c004aaf4 00000000 S khelper (u:0, s:0)
root      6     2     0      0     c004aaf4 00000000 S suspend (u:0, s:0)
root      7     2     0      0     c004aaf4 00000000 S kblockd/0 (u:0, s:0)
root      8     2     0      0     c004aaf4 00000000 S cqueue (u:0, s:0)
root      9     2     0      0     c017bb3c 00000000 S kseriod (u:0, s:0)
root      10    2     0      0     c004aaf4 00000000 S kmmcd (u:0, s:0)
root      11    2     0      0     c006ecac 00000000 S pdflush (u:0, s:0)
root      12    2     0      0     c006ecac 00000000 S pdflush (u:0, s:0)
root      13    2     0      0     c007349c 00000000 S kswapd0 (u:0, s:11)
root      14    2     0      0     c004aaf4 00000000 S aio/0 (u:0, s:0)
root      21    2     0      0     c017933c 00000000 S mtdblockd (u:0, s:0)
root      22    2     0      0     c004aaf4 00000000 S hid_compat (u:0, s:0)
root      23    2     0      0     c004aaf4 00000000 S rpciod/0 (u:0, s:0)
root      24    1     728    308   c01537e8 afe0c7dc S /system/bin/sh (u:0, s:2)

system    25    1     796    260   c019a854 afe0ca7c S /system/bin/servicemanage
r (u:6, s:33)
root      26    1     820    364   c009a694 afe0cba4 S /system/bin/vold (u:2, s:
4)
root      27    1     656    248   c01a65e8 afe0d40c S /system/bin/debuggerd (u:
0, s:2)
radio     28    1     5420   728   ffffffff afe0d0ec S /system/bin/rild (u:20, s
:123)
root      29    1     82016  26168 c009a694 afe0cba4 S zygote (u:1729, s:244)
media     30    1     20948  3332  ffffffff afe0ca7c S /system/bin/mediaserver
```

[그림 11-17] 커널 부팅 후 실행 중인 프로세스

리눅스 커널의 시작 과정이 종료되면 안드로이드 고유 시스템이 동작한다. 소리 볼륨 데몬Volume daemon Void, 디버그 시스템 데몬debug system daemon debuggerd와 같은 데몬 프로세스들이 시작되고, 이어서 자이고트Zygote가 실행된다. 자이고트는 필요한 라이브러리들을 탑재한 상태로 반쯤 생성된 프로세스에 실제 핵심이 되는 애플리케이션의 로직을 태워 해당 애플리케이션을 구동시키는 방법이다. 시스템에서 exec() 호출을 통해 특정 애플리케이션을 실행하기 전까지는 중립적인 상태, 즉 특정 애플리케이션과 합체되지 않은 상태를 유지한다. 자이고트에 의해 등록된 서비스는 실행이 빨라진다.

**저자 한마디 | 자이고트**

자이고트Zygote의 사전적 의미는 접합자 또는 접합체라는 뜻이다. 안드로이드에서 자이고트란 애플리케이션을 빠르게 구동하기 위해서 미리 생성된 프로세스이다.

다음은 자이고트가 안드로이드 런타임 가상머신 달빅을 초기화하여 런타임 서비스가 이루어지도록 한다. libc 라이브러리를 기본으로 하는 C 프로그램들과 상위 서비스들은 런타임 달빅을 통해 실행된다. 이어서 시스템 서버, 서피스 매니저, 오디오 매니저를 부팅한 후 시스템 서비스들을 활성화하기 위하여 서비스 매니저에 등록한다. [그림 11-18]은 안드로이드의 부팅 과정을 보여주는데, 시스템 서버에 의해 서비스할 것들을 서비스 매니저에 등록한다. 자이고트와 시스템 서버 간에는 IPC

소켓(127.0.0.1)으로 통신한다.

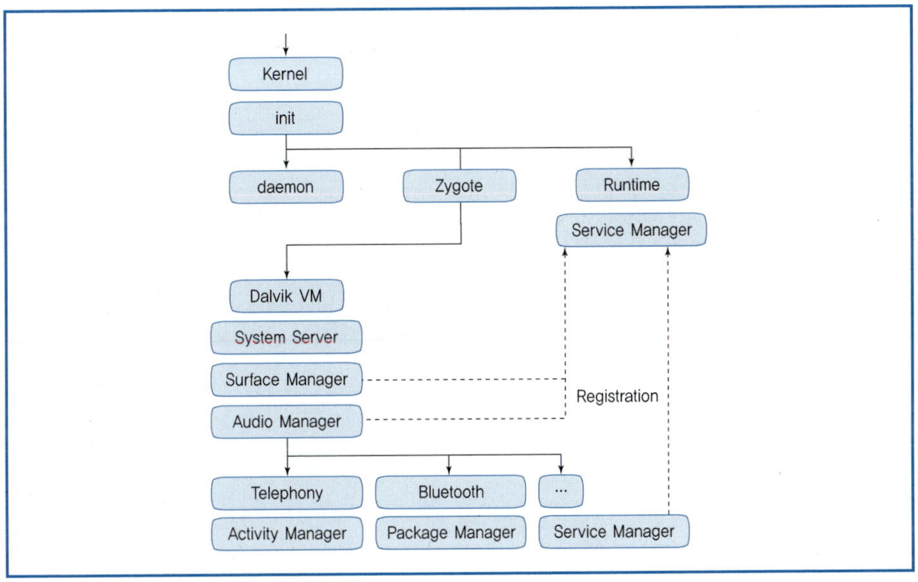


출처: http://yotteum.tistory.com/1

[그림 11-18] 안드로이드 부팅 과정

시스템 서버System Server는 네이티브 서비스Native Service와 여러 가지 기본 서비스들로 구성된다. 시스템 서버의 초기화를 진행하는 부분은 /framework/base/cmds/system_server/library/system_init.cpp 코드 소스에 있는 system_init() 함수이다. [그림 11-19]는 네이티브 서비스의 초기화 순서를 보여주고, 〈코드 11-1〉은 시스템 초기화 코드를 보여준다. 네이티브 서비스로 미디어와 관련된 서비스인 AudioFlinger, MediaPlayerService, Camera Service를 시작한다. 미디어 서버와 관련된 소스 코드는 /framework/base/media/ mediaserver/main_mediaserver.cpp를 참조하라.

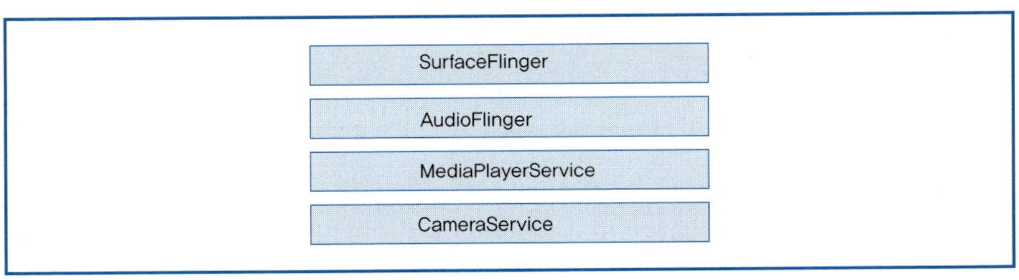


[그림 11-19] 네이티브 서비스 초기화 순서

〈코드 11-1〉 네이티브 서비스 초기화 코드

```
extern "C" status_t system_init()
{
LOGI("Entered system_init()");
sp<ProcessState> proc(ProcessState::self());
sp<IServiceManager> sm = defaultServiceManager();
LOGI("ServiceManager: %p\n", sm.get());
sp<GrimReaper> grim = new GrimReaper();
sm->asBinder()->linkToDeath(grim, grim.get(), 0);
char propBuf[PROPERTY_VALUE_MAX];
property_get("system_init.startsurfaceflinger", propBuf, "1");
if (strcmp(propBuf, "1") == 0) {
    // Start the SurfaceFlinger
    SurfaceFlinger::instantiate();
    }
    // On the simulator, audioflinger et al don't get started the
    // same way as on the device, and we need to start them here
    if (!proc->supportsProcesses()) {
    // Start the AudioFlinger
    AudioFlinger::instantiate();
    // Start the media playback service
    MediaPlayerService::instantiate();
    // Start the camera service
    CameraService::instantiate();
    }
```

이 밖에도 부트 사운드 데몬 bootsound, dbus 데몬, hcid, 블루투스 핸즈프리 Bluetooth handsfree 오디오 게이트웨이 데몬 hfag, 블루투스 핸드셋 Bluetooth headset 오디오 게이트웨이 데몬 hsag, 인스톨 패키지 데몬 installd, 플래시 복구를 위한 flash_recovery를 시작한다. [그림 11-20]은 자이고트 이후 안드로이드의 각종 기본 서비스 및 애플리케이션이 부팅되어 동작되고 있는 상태를 보여준다.

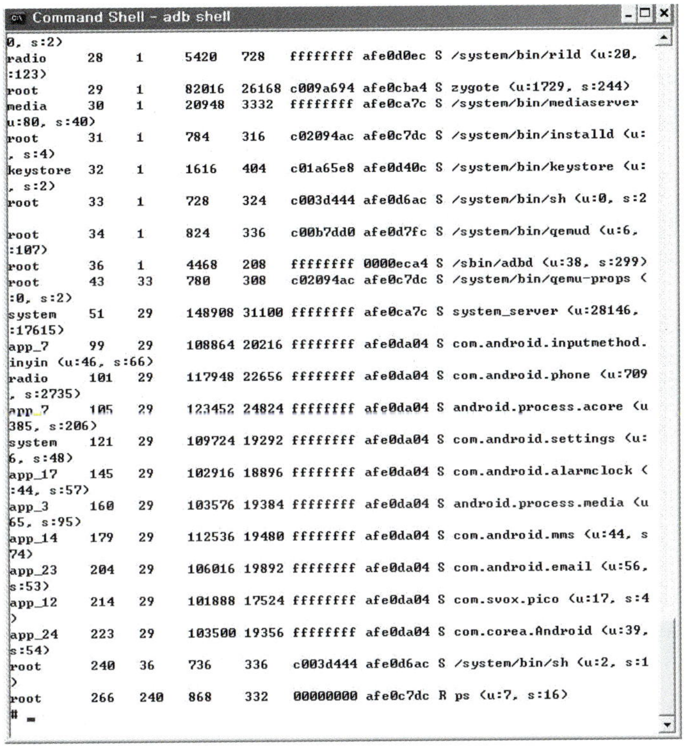


[그림 11-20] 안드로이드 데몬/애플리케이션 동작 상황

안드로이드가 동작하기 위한 여러 가지 기본 서비스들 외에도 JAVA 서비스를 시작하는 곳도 시스템 서버System Server이다. 관련된 파일은 /frameworks/base/services/java/com/android/server/SystemServer.java에 위치해 있다. 시스템 서버는 네이티브 서비스 외에도 다양한 서비스를 지원한다. 시스템 서버 클래스는 init2() 함수를 호출하게 되고 서버 스레드Server Thread를 동작시키며 여기에서 다양한 서비스들을 시작한다. [그림 11-21]은 서비스를 시작하는 개략적인 순서를 나타내며, 〈코드 11-2〉는 시스템 서버에서 init2()를 호출하는 코드를 보여준다.

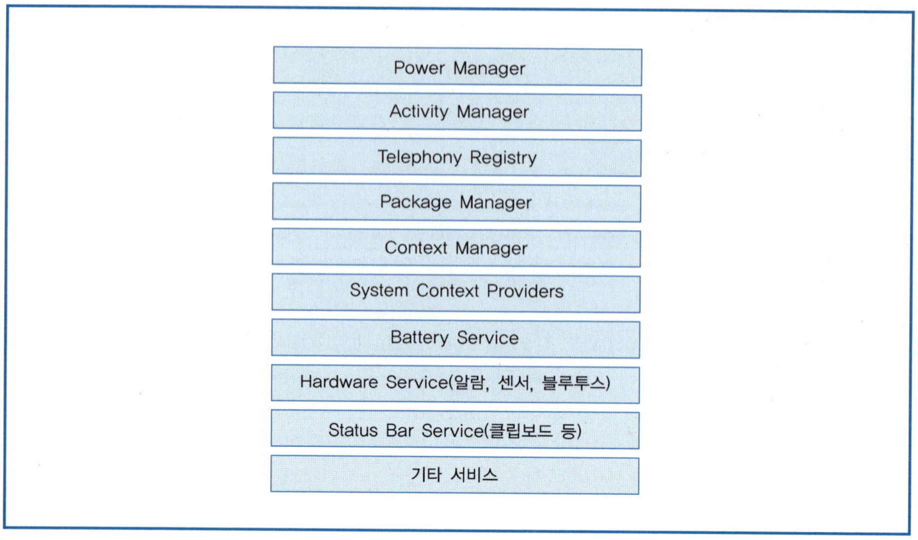


[그림 11-21] 시스템 서버 서비스 순서

〈코드 11-2〉 시스템 서버에서 init2()와 스레드를 호출하는 코드

```
    // And now start the Android runtime.
    LOGI("System server: starting Android runtime.\n");
    AndroidRuntime* runtime = AndroidRuntime::getRuntime();
    LOGI("System server: starting Android services.\n");
    runtime->callStatic("com/android/server/SystemServer", "init2");
// If running in our own process, just go into the thread
    // pool.  Otherwise, call the initialization finished
    // func to let this process continue its initilization.
    if (proc->supportsProcesses()) {
    LOGI("System server: entering thread pool.\n");
    ProcessState::self()->startThreadPool();
    IPCThreadState::self()->joinThreadPool();
    LOGI("System server: exiting thread pool.\n");
    }
    return NO_ERROR;
}
```

시스템 서버의 기타 서비스로는 [그림 11-22]의 서비스 목록에 나타난 바와 같이 네트워크 상태 서비스NetStat Service, 연결 서비스Connectivity Service, 노티피케이션 매니저Notification Manager, 마운트 서비스Mount Service, 디바이스 스토리지 모니터 서비스Device Storage Monitor Service, 위치 매니저Location Manager, 탐색 매니저 서비스Search Manager Service, 폴백 체크인 서비스Fallback Checkin Service, 배경화면 서비스Wallpaper Service, 오디오 서비스Audio Service, 핸드셋 옵저버Headset Observer 등이 있다.

```
Command Shell - adb shell
# service list
service list
Found 47 services:
0       phone: [com.android.internal.telephony.ITelephony]
1       iphonesubinfo: [com.android.internal.telephony.IPhoneSubInfo]
2       simphonebook: [com.android.internal.telephony.IIccPhoneBook]
3       isms: [com.android.internal.telephony.ISms]
4       appwidget: [com.android.internal.appwidget.IAppWidgetService]
5       backup: [android.backup.IBackupManager]
6       audio: [android.media.IAudioService]
7       wallpaper: [android.app.IWallpaperManager]
8       checkin: [android.os.ICheckinService]
9       search: [android.app.ISearchManager]
10      location: [android.location.ILocationManager]
11      devicestoragemonitor: []
12      mount: [android.os.IMountService]
13      notification: [android.app.INotificationManager]
14      accessibility: [android.view.accessibility.IAccessibilityManager]
15      connectivity: [android.net.IConnectivityManager]
16      wifi: [android.net.wifi.IWifiManager]
17      netstat: [android.os.INetStatService]
18      input_method: [com.android.internal.view.IInputMethodManager]
19      clipboard: [android.text.IClipboard]
20      statusbar: [android.app.IStatusBar]
21      window: [android.view.IWindowManager]
22      sensor: [android.hardware.ISensorService]
23      alarm: [android.app.IAlarmManager]
24      hardware: [android.os.IHardwareService]
25      battery: []
26      content: [android.content.IContentService]
27      account: [android.accounts.IAccountManager]
28      permission: [android.os.IPermissionController]
29      activity.providers: []
30      activity.senders: []
31      activity.services: []
32      activity.broadcasts: []
33      cpuinfo: []
34      meminfo: []
35      activity: [android.app.IActivityManager]
36      package: [android.content.pm.IPackageManager]
37      telephony.registry: [com.android.internal.telephony.ITelephonyRegistry]
38      usagestats: [com.android.internal.app.IUsageStats]
39      batteryinfo: [com.android.internal.app.IBatteryStats]
40      power: [android.os.IPowerManager]
```

[그림 11-22] 서비스 목록

독자는 고급 안드로이드 API를 활용하기 위하여 외부 라이브러리 또는 패키지를 프로그램 개발에서 추가하여 사용하는 방법을 이해했으면 한다. 안드로이드 기본 패키지로는 android.util, android.os, android.graphics, android.text, android.database, android.context, android.view, android.widget 등이 있다.

## 연 습 / 문 / 제

1. 일반 리눅스와 안드로이드 리눅스의 차이점을 설명하라.

2. 임베디드 시스템에서 ABI와 EABI의 차이점을 기술하라.

3. SUN사의 Java 가상머신과 안드로이드에서 사용하는 달빅 가상머신의 차이점을 설명하라.

4. 안드로이드 애플리케이션 프레임워크에 대하여 설명하라.

5. 안드로이드에서는 기존의 일반 임베디드 리눅스에 어떤 기능이 추가되었는가?

6. 안드로이드 소프트웨어 플랫폼의 부팅 과정을 설명하라.

7. 안드로이드에서 사용하는 C 라이브러리는 무엇인가?

8. 자이고트의 기능에 대하여 설명하라.

9. init.rc 파일을 열어보고 실행되는 내용을 이해하라.

Chapter 12

# 안드로이드 개발 지원 환경 및 분석

CHAPTER

# 12 안드로이드 개발 지원 환경 및 분석

안드로이드 SDK(Software Development Kit)는 다양한 프로그램 개발 도구를 지원하고 있다. 이 장에서는 윈도우 기반에서 개발된 apk 파일을 테스트해볼 수 있는 에뮬레이터와 관련 개발 도구의 사용 방법을 기술한다. 또한 adb, sqlite, busybox 같은 지원 도구에 대한 사용 방법과 에뮬레이터의 파일시스템 디버깅 방법에 대하여 기술한다.

## 12.1 안드로이드 개발 환경

안드로이드 플랫폼이 계층 구조로 구성되어 있지만 퍼즐을 맞추듯이 하나하나 짜맞추어 완성하는 것이 그리 쉬운 일은 아니다. 다행히 이클립스 통합 개발 환경(IDE(integrated development environment))의 도움으로 플랫폼을 빌드하고, 애플리케이션 개발을 편리하게 할 수 있다. x86 프로세서와 윈도우 기반에서 안드로이드 애플리케이션을 개발하였다고 모든 개발 작업이 종료되지는 않는다. 개발한 내용을 ARM 프로세서와 리눅스 기반의 실제 타깃으로 적재하고 검증하는 과정이 필요하며, 검증 후 안드로이드 마켓에 배포하는 과정을 이해할 필요가 있다.

프로그램 개발 전에 작업 환경에 대한 이해가 필요하다. x86 프로세서와 윈도우에서 안드로이드 애플리케이션을 개발할 수 있는 환경을 [그림 12-1]에 보여준다. 이클립스의 도움으로 안드로이드 플랫폼을 구성하는 자바와 안드로이드 SDK가 통합되어 컴파일 및 빌드 작업을 편리하게 할 수 있다. 이러한 환경에서는 자바 프로그램의 컴파일 및 빌드 후 바이트코드의 실행파일이 만들어진다. 가상머신 기술의 발달로 윈도우 환경에 가상의 ARM 프로세서와 리눅스 운영체제를 갖는 가상 타깃 플랫폼이 만들어진다. 또한 QEMU 가상머신 기반의 에뮬레이터를 사용하여 개발한 애플리케이션 실행파일을 테스트해볼 수 있다. 에뮬레이터는 ARM 프로세서와 주변 하드웨어 장치에 대한 드라이버를 제공하는 시뮬레이터simulator이다. 개발한 apk 형식의 애플리케이션 패키지를 가상 타깃 장치 에뮬레이터로 적재하여 동작하게 할 수 있다.

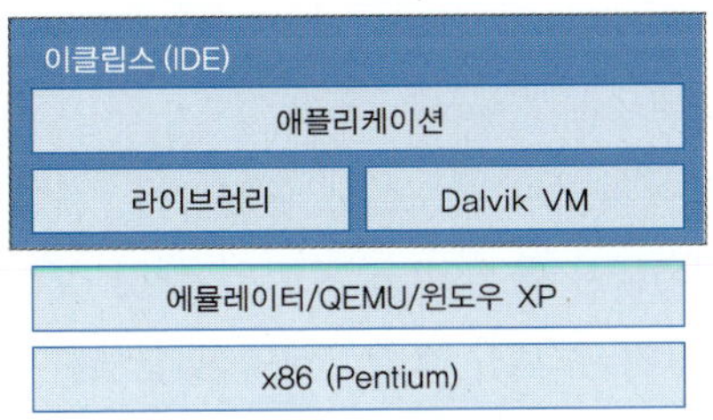


[그림 12-1] 윈도우 기반 개발 환경

> **저자 한마디 | 에뮬레이터와 시뮬레이터**
>
> 에뮬레이터Emulator는 모방하다emulate라는 뜻에서 붙여진 이름인데, 본래의 기능을 모방하여 유사한 기능을 할 수 있도록 했다는 뜻에서 사용하게 되었다. 에뮬레이터는 다른 프로그램이나 장치를 모방하는 '컴퓨터 프로그램 또는 전자기기의 능력'을 뜻한다. 예를 들어, 하나의 프로그램을 실행시킬 때 사용 중인 컴퓨터의 입출력 장치 등의 조건이 실행 프로그램과 일치하지 않는다면 프로그램은 절대로 실현되지 않는데, 이러한 상황에서 프로그램이 작동되도록 하는 방법으로 많이 이용된다. PC 통신에 접속한 개인용 컴퓨터를 호스트 컴퓨터의 단말기처럼 동작하게 하는 통신 에뮬레이터와 같은 프로그램이 대표적이다.
>
> 시뮬레이터simulator는 실제로 실행하기 어려운 실험을 간단히 행하는 모의실험용 장치이다. 특히 컴퓨터를 이용하여 모의실험을 할 때는 컴퓨터 시뮬레이션이라고 한다. 모의실험은 컴퓨터에 실제의 환경과 거의 같은 상황을 연출하는 프로그램을 기억시켜 놓고 자료를 주어 실행시키는 것으로 실제 실험과 같은 결과를 얻어낼 수 있다. 모의실험은 여러 가지 조건이 주어질 수 있고 그 결과를 쉽게 얻을 수 있어 적은 비용과 짧은 시간 안에 큰 효과를 볼 수 있다.

[그림 12-2]처럼 x86 프로세서와 리눅스에서 개발할 수 있는 환경이 있다. 이 환경은 윈도우 기반의 개발 환경에서 지원되는 기능 외에 좀 더 고급 개발에 적합한 도구를 지원한다. 또한 안드로이드 플랫폼의 고급 활용과 타깃 하드웨어 드라이버를 포함한 개발에 적합하다. 안드로이드 소스를 다운로드하여 직접 안드로이드 커널 설정 및 빌드까지도 가능하며, 고유의 특별한 시스템 개발도 가능하다.

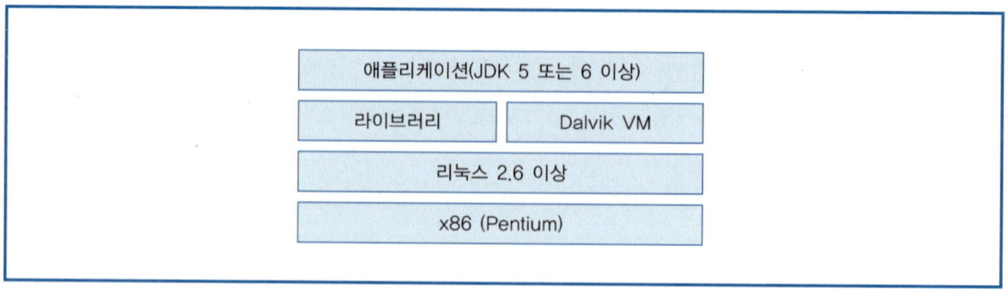


[그림 12-2] 리눅스 기반의 안드로이드 개발 환경

[그림 12-3]은 개발 환경이라기보다는 실행 환경으로, 개발보다는 개발한 프로그램을 실행하는 실제 모바일 장치 환경이다. 모바일 타깃 장치에는 ARM 프로세서 기반에 안드로이드 커널, 파일시스템, 애플리케이션 실행파일이 적재된다. 타깃 장치에 안드로이드 커널, 플랫폼, 파일시스템을 적재하는 방법도 다양하다. 또한 회사마다 파일시스템을 다르게 하며, 이에 따른 부팅 과정도 다르다. 안드로이드 플랫폼 전체가 적재되는 것이 아니고 apk 파일을 실행할 수 있는 환경만 적재된다. 더 이상은 자바 컴파일러, 리눅스 컴파일러, 빌더 같은 것이 필요 없다. 개발 과정에는 다운로드를 위한 통신 프로그램과 adb 같은 디버그 도구를 적재하여 사용하지만, 개발이 완료되면 최적화한 내용만이 탑재된다.

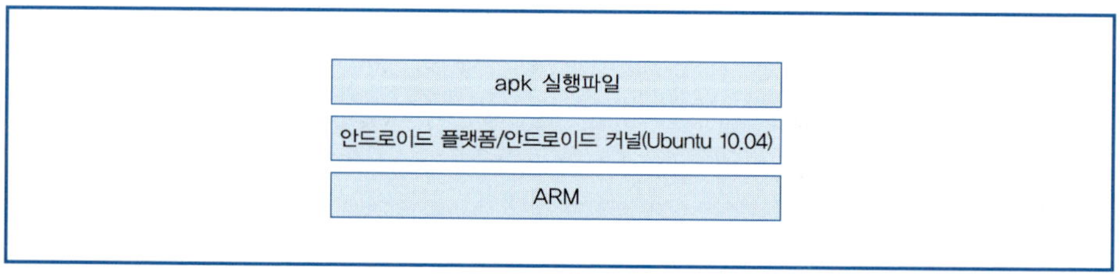


[그림 12-3] ARM 기반 실행 환경

## 12.2 안드로이드 개발 지원 도구

안드로이드 애플리케이션을 개발하는 데는 자바 코드 에디터, 컴파일러, 빌더 등의 개발 도구가 필요하다. 개발 지원 도구란 개발하는 데 직접적으로 사용되지는 않지만 디버깅, 파일관리, 인증, 배포 등을 위해 필요한 간접적인 지원 도구를 총칭한다.

안드로이드 소프트웨어 SDK에는 안드로이드 프로그램 개발에 관련된 직 · 간접적인 도구들이 포함되어 있다. 중요한 개발 지원 도구인 에뮬레이터 외에 디버깅, 패키징, 포팅을 할 수 있는 것들이 있다.

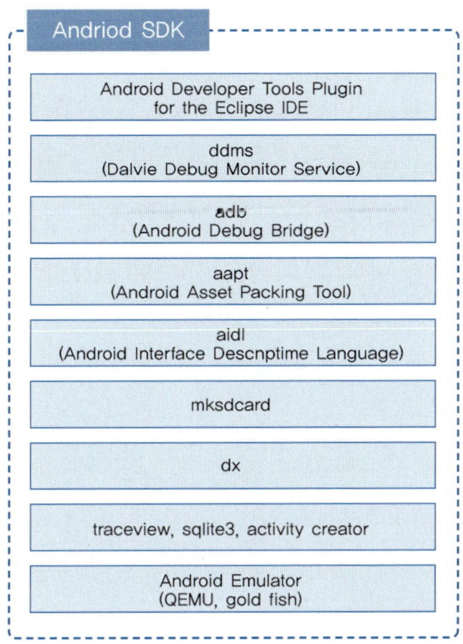


[그림 12-4] 개발 지원 도구

[그림 12-4]는 다양한 개발 지원 도구를 보여준다. aapt[andoird asset packaging tool]는 안드로이드 애플리케이션 배포 파일인 apk 파일을 만들어주는 도구이다. adb[android debug bridge]는 명령창에서 에뮬레이터나 애플리케이션을 관리하는 도구이다. mksdcard는 sd 카드를 에뮬레이터에서 사용할 수 있도록 FAT32 디스크 이미지를 만들 수 있는 도구이다. ddms[dalvik debug monitor service]는 디버깅할 때 사용되며 1부에서 설명했다. 에뮬레이터는 가상의 안드로이드폰으로 애플리케이션을 실행하며, sqlite3는 데이터베이스를 생성하고 관리할 수 있는 프로그램이다.

## adb

adb[android debug bridge]는 에뮬레이터의 상태에 대한 조회 및 관리, 리눅스 셸 명령어의 구동, 포트 포워드port forward, 파일 복사 및 이동 작업에 활용된다. 다양한 기능으로 개발 작업에 가장 많이 사용되는 도구이다. adb 프로그램은 안드로이드 SDK의 /tools 디렉터리에 있다.

adb는 클라이언트와 서버로 동작하는 프로그램이다. SDK가 설치된 호스트 PC의 명령창에서 adb 프로그램을 실행하면 adb 클라이언트가 시동된다. adb 클라이언트는 시작하면서 서버의 동작 여부를 조사한다. adb 클라이언트가 구동되면 서버가 자동으로 시작된다. 시작된 서버 adbd는 adb 클라이언트의 명령 수신 상태가 된다. 클라이언트는 에뮬레이터에서 백그라운드 프로세스로 동작하는 adbd 서버와 TCP/IP 통신을 통하여 연결된다. 연결되면 원격으로 리눅스 시스템에 연결한 것과 같은 상황으로 에뮬레이터의 안드로이드 커널에 대한 셸 명령어를 사용할 수 있게 된다. 2장에서 설명한 바와 같이 이클립스에 ADTAndroid Development Tools 플러그인을 설치하고 AVD 지원으로 안드로이드 가상 장치를 사용할 수 있는 환경이 만들어져 있다. adb를 사용하려면 먼저 호스트 PC의 에뮬레이터를 구동된 상태에서 adb 클라이언트로 연결한다. 명령창에서 다음과 같이 adb 명령을 실행하면 에뮬레이터와 연결이 된다.

```
adb [-d|-e|-s <serialNumber>] <command>
```

## 실습 12-1 adb 구동 및 활용

(1) 윈도우의 명령창command shell을 띄운다.

(2) adb 프로그램이 있는 디렉터리(D:\android\android-sdk\tools)로 이동한다. 안드로이드 SDK 경로 설정이 된 경우에는 필요 없다.

(3) adb를 실행한다. 에뮬레이터가 동작하지 않고 있을 경우 [그림 12-5]처럼 "device not found" 오류 메시지가 나타난다. adb 프로그램을 사용하기 위해서는 adb.exe 파일이 위치한 경로가 올바르게 설정되었든지 또는 에뮬레이터가 동작하고 있어야 한다.

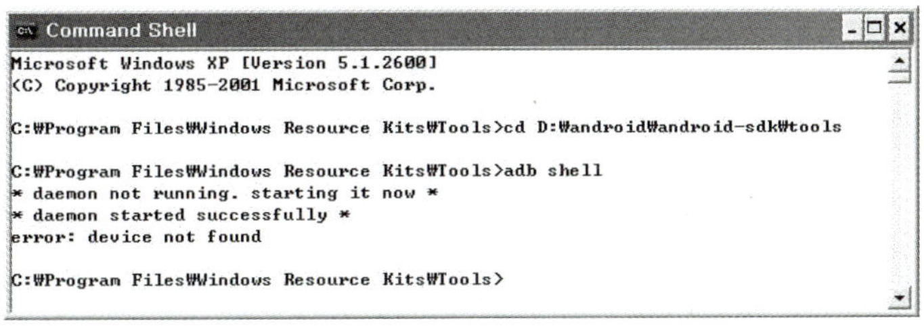


[그림 12-5] 에뮬레이터가 동작하고 있지 않은 경우 오류 메시지

(4) 이클립스에서 com.corea.Android 패키지를 실행시켜 에뮬레이터를 구동시킨다. 실행 과정을 [그림 12-6]처럼 이클립스 콘솔 화면에서 관찰할 수 있다. 안드로이드가 런치[Launch]하면서, adb 데몬, Android 애플리케이션도 런치되고, myAVD라는 가상 장치를 기반으로 에뮬레이터도 동작한다. 에뮬레이터에 com.corea.Android 애플리케이션이 업로드되어 동작한다.

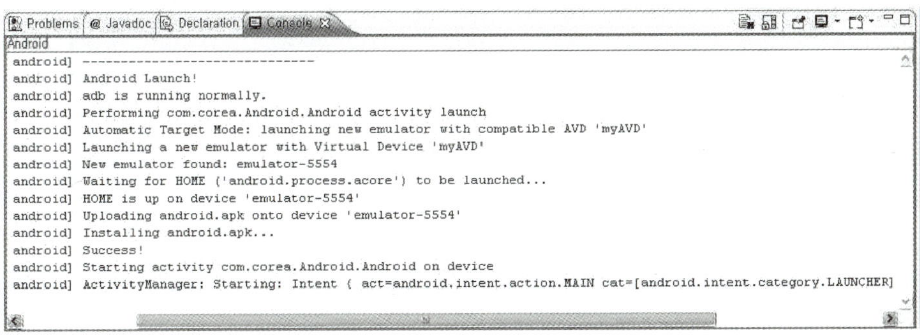


[그림 12-6] myAVD 에뮬레이터에 Android 패키지 동작 과정

(5) 다시 adb 프로그램을 실행시킨다. 에뮬레이터의 adbd 서버가 동작됨으로써 adb로 연결되어 리눅스 셸 명령어를 사용할 수 있다. 'adb shell'을 입력하면 [그림 12-7]처럼 셸 프롬프트[shell prompt]가 >에서 #로 변경된다. DOS 모드에서 ubuntu 리눅스의 셸 모드로 들어간 것이다. ls 같은 리눅스 셸 명령어를 사용할 수 있다. 안드로이드는 일반 리눅스 셸 명령어를 최적화한 극히 일부 명령어만 지원한다.

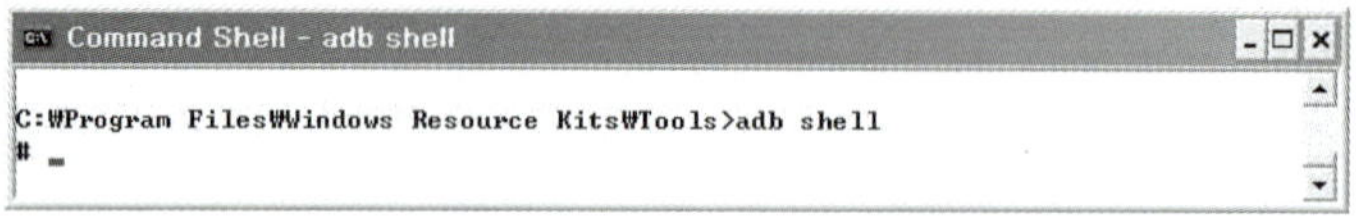


[그림 12-7] 원격 셸 접속

## 실습 12-2 호스트 컴퓨터에 연결되어 동작 중인 에뮬레이터 및 단말기 장치 목록 검색하기

(1) 이클립스 'Windows' 메뉴의 'Android SDK and AVD Manager'를 선택한다. 그리고 Virtual Devices를 선택하여 새로운 가상 장치를 만들기 위해 'New'를 선택한다. [그림 12-8]처럼 API Level 3의 'test'라는 가상 장치를 등록한다.

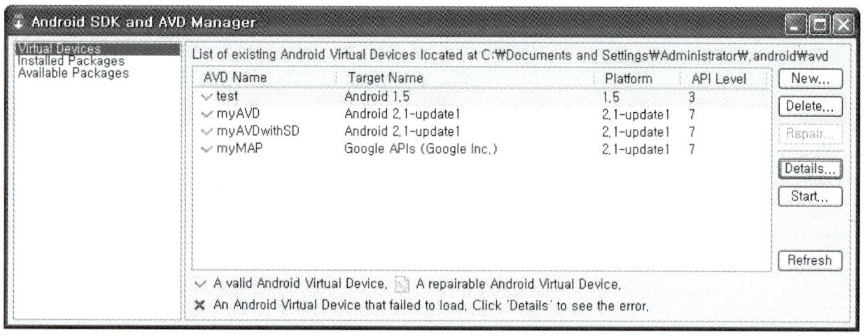


[그림 12-8] test라는 가상 장치 등록

(2) 생성한 'test'라는 가상장치 에뮬레이터를 [그림 12-9]처럼 'emulator -avd test' 명령으로 1개 더 시동시킨다.

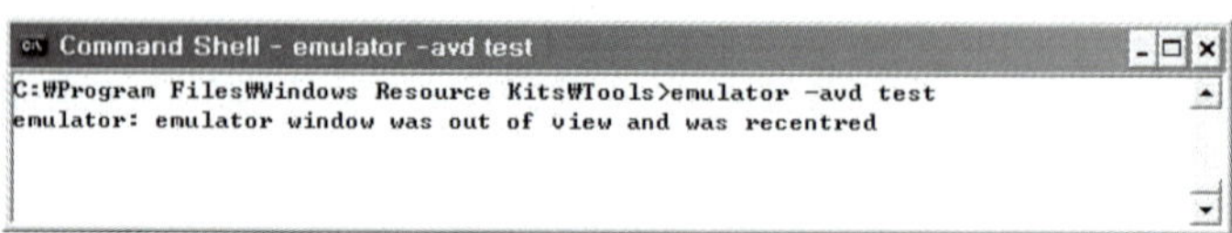


[그림 12-9] test라는 이름의 가상 장치를 시동

(3) 두 개의 에뮬레이터가 [그림 12-10]처럼 호스트에서 동작 중인 것을 확인한다. 에뮬레이터는 emulator-포트 번호 형식으로 표현된다. 참고로 개별 에뮬레이

터/모바일장치는 일련의 쌍(콘솔 연결 시는 짝수, adb 연결 시는 홀수)으로 된 포트 번호를 사용한다. 예를 들면 다음과 같다.

Emulator 1, console: 5554

Emulator 1, adb: 5555

Emulator 2, console: 5556

Emulator 2, adb: 5557 ……

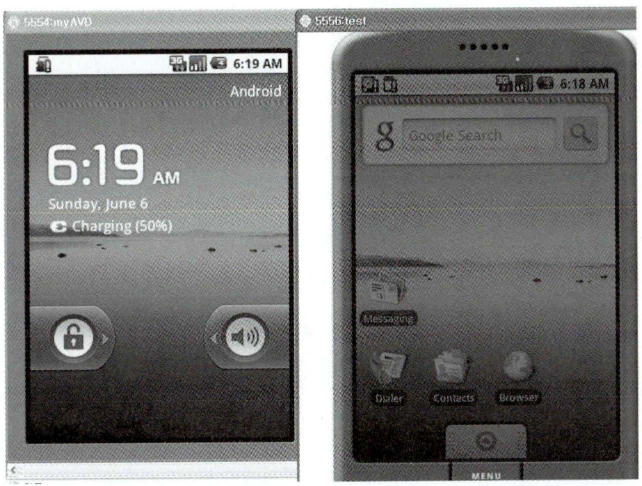


[그림 12-10] 두 개의 에뮬레이터가 동작

(4) 또 다른 명령창을 열고 adb devices를 입력한다. [그림 12-11]처럼 두 개의 에뮬레이터가 동작 중인 것을 확인한다.

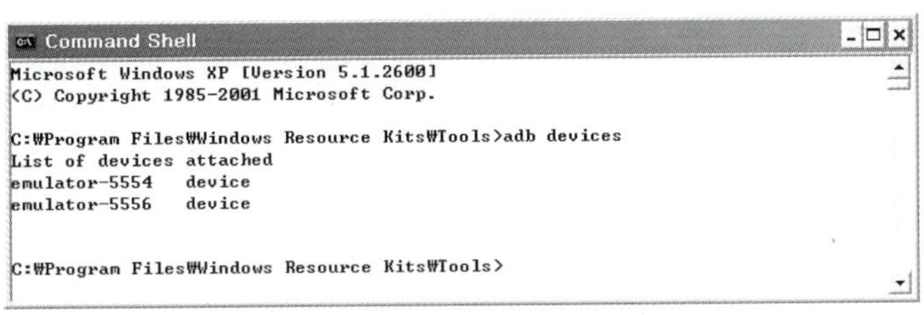

```
Command Shell
Microsoft Windows XP [Version 5.1.2600]
(C) Copyright 1985-2001 Microsoft Corp.

C:\Program Files\Windows Resource Kits\Tools>adb devices
List of devices attached
emulator-5554   device
emulator-5556   device

C:\Program Files\Windows Resource Kits\Tools>
```

[그림 12-11] adb devices 명령 사용

호스트 PC에 다수의 단말기가 동작하고 있을 수 있다. 이때 adb가 어느 휴대단말 또는 에뮬레이터를 연결 대상으로 할 것인가는 시리얼 번호로 지정한다.

단지 한 대의 휴대 단말 또는 에뮬레이터일 경우에는 〈표 12-1〉의 옵션과 같이 지정하면 시리얼 번호를 지정할 필요가 없다. 에뮬레이터/모바일 장치가 다수일 때는 시리얼 번호를 사용하여 에뮬레이터를 지정하여야 한다.

〈표 12-1〉 관리 대상의 휴대 단말 또는 에뮬레이터를 지정하는 옵션

| 옵션 | 동작 |
|---|---|
| -d | 휴대 단말이 하나만 접속된 경우 |
| -e | 에뮬레이터가 하나만 접속된 경우 |
| -s 시리얼 번호 | 관리 대상의 휴대 단말 또는 에뮬레이터 시리얼 번호 |

현재 호스트에는 두 개의 에뮬레이터가 동작 중이다. 5554:myAVD의 에뮬레이터에는 Hello World, Android!를 표시하는 Android 패키지가 동작 중이다. 하지만 새로 생성한 5556:test 가상 장치는 안드로이드만 동작하면서 Home만 런치된 상태이다. 두 개 이상의 에뮬레이터/단말기가 연결되어 있을 경우에는 -s 옵션을 사용하여 접속할 에뮬레이터/단말기를 지정해주어야 한다. -s 옵션 뒤에 접속할 에뮬레이터의 이름이나 단말기의 일련 번호를 입력한다.

## 실습 12-3 복수 에뮬레이터 고급 활용하기

(1) adb -s emulator-5556 shell을 입력한다. [그림 12-12]는 5556번 test 에뮬레이터 가상 장치에 셸 모드로 연결한 상태를 보여준다.

[그림 12-12] 셸 모드 연결하기

(2) 셸 모드에서 'ls -l' 명령어를 입력한다. adb를 통해 셸 명령어를 사용해보면 안드로이드가 리눅스 기반이란 것을 이해할 수 있다. 셸 명령어 'ls -l'을 사용하여 루트root 디렉터리 구조를 살펴보고 [그림 12-13]처럼 리눅스 파일시스템 관찰을 실습한다.

```
Command Shell - adb -s emulator-5556 shell

C:₩Program Files₩Windows Resource Kits₩Tools>adb -s emulator-5556 shell
# ifconfig eth0
ifconfig eth0
eth0: ip 10.0.2.15 mask 255.255.255.0 flags [up broadcast running multicast]
# ls -l
ls -l
drwxrwxrwt root     root              2010-06-06 06:13 sqlite_stmt_journals
drwxrwx--- system   cache             2010-03-27 08:24 cache
d--------- system   system            2010-06-06 06:13 sdcard
lrwxrwxrwx root     root              2010-06-06 06:13 etc -> /system/etc
drwxr-xr-x root     root              2009-07-01 00:24 system
drwxr-xr-x root     root              1970-01-01 00:00 sys
drwxr-x--- root     root              1970-01-01 00:00 sbin
dr-xr-xr-x root     root              1970-01-01 00:00 proc
-rwxr-x--- root     root         9075 1970-01-01 00:00 init.rc
-rwxr-x--- root     root         1677 1970-01-01 00:00 init.goldfish.rc
-rwxr-x--- root     root       106568 1970-01-01 00:00 init
-rw-r--r-- root     root          118 1970-01-01 00:00 default.prop
drwxrwx--x system   system            2010-03-27 08:24 data
drwx------ root     root              1970-01-01 00:00 root
drwxr-xr-x root     root              2010-06-06 06:14 dev
#
```

[그림 12-13] 리눅스 파일시스템 관찰

(3) 5554번 에뮬레이터 명령창을 띄운다.

(4) 셸 모드에서 ifconfig eth0를 입력한다. 셸 모드에서 5554번 에뮬레이터의 IP 번호 설정 상태를 확인하기 위하여 명령창에서 네트워크 해석 도구인 netstat -anob를 입력한다. IP 주소가 10.0.2.15로 [그림 12-14]처럼 확인된다.

```
Command Shell - adb -s emulator-5554 shell
# ifconfig eth0
ifconfig eth0
eth0: ip 10.0.2.15 mask 255.255.255.0 flags [up broadcast running multicast]
#
```

[그림 12-14] 에뮬레이터 IP 주소 확인

(5) 셸 모드에서 netstat -anob를 입력한다. 5554번 에뮬레이터에서 동작 중인 TCP 통신 프로토콜 연결 상태를 확인하는 명령어이다. 모든 adb 클라이언트는 서버와의 통신에 TCP 5037 포트를 바인딩하여 사용하며, [그림 12-15]처럼 에뮬레이터 서버 5555번 포트로 adb와 TCP 연결 설정이 이루어진 것을 확인할 수 있다.

```
Command Shell - adb -s emulator-5554 shell
C:₩Program Files₩Windows Resource Kits₩Tools>adb -s emulator-5554 shell
# netstat -anob
netstat -anob
Proto Recv-Q Send-Q Local Address          Foreign Address        State
tcp        0      0 127.0.0.1:5037         0.0.0.0:*              LISTEN
tcp        0      0 0.0.0.0:5555           0.0.0.0:*              LISTEN
tcp        0      0 10.0.2.15:5555         10.0.2.2:2616          ESTABLISHED
# _
```

[그림 12-15] TCP 연결 상태

(6) 호스트 명령창에서 netstat -anob를 입력한다. 호스트 관점에서는 2개의 에뮬레이터가 동작하고 있으므로, [그림 12-16]처럼 2개의 에뮬레이터가 동작 중인 상태를 확인할 수 있다. adb 클라이언트와 에뮬레이터의 IP 주소가 동일하지만 포트 번호가 다름을 주목하라.

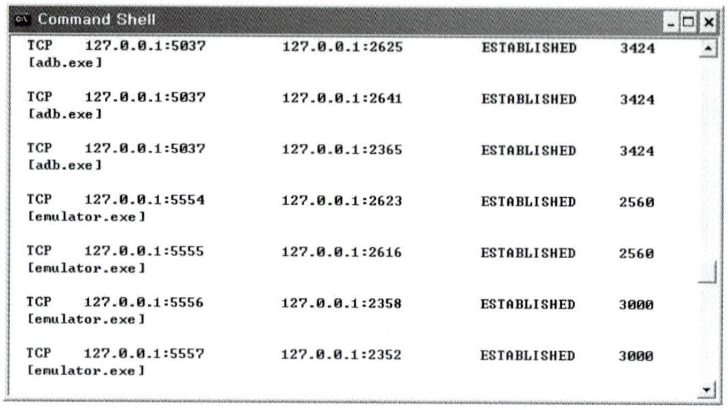


[그림 12-16] netstat -anob를 사용한 에뮬레이터 연결 상태 확인

모든 adb 클라이언트는 서버와의 통신에 TCP 5037 포트를 바인딩binding하여 사용하며, 에뮬레이터 서버는 연결 동작 중인 에뮬레이터 또는 모바일 장치에 5555부터 5585 범위 내에서 각각의 포트 번호를 설정한다.

자바로 개발되어 빌드된 애플리케이션을 에뮬레이터로 이전시키기 위해서는 에뮬레이터의 파일시스템에 접근하는 방법이 필요하다. adb라는 도구를 사용하여 리눅스 셸에 접근하여 파일시스템을 보면 매우 간결한 구조의 파일시스템을 관찰할 수 있다. 예를 들면, 안드로이드 관련 파일은 /system, /data 디렉터리에 저장되며, 구동 시 실행되는 스크립트는 /etc 디렉터리에 저장된다. adb를 사용하면 리눅스 파일시스템에 접근하여 파일 관리를 할 수 있다.

이클립스를 사용하고 ADT가 플러그인되어 있으면, 애플리케이션을 에뮬레이터에 설치하는 데 adb를 사용할 필요가 없다. ADT가 애플리케이션의 패키징과 설치를 대신해주기 때문이다. 하지만 adb를 사용하여 SDK에서 개발한 애플리케이션을 에뮬레이터로 설치할 수도 있다. 그러기 위해서는 install 옵션에 설치하고자 하는 패키지의 경로를 지정한다. 애플리케이션을 삭제하는 경우는 adb uninstall을 사용한다.

```
> adb install <path_to_apk>
```

**저자 한마디 | adb 명령을 사용한 파일 이동**

명령어 adb pull은 휴대 단말기의 파일이나 에뮬레이터 파일시스템 파일을 호스트 PC로 이동시키며, 명령어 adb push는 호스트 PC의 파일을 주변의 휴대 단말기 또는 에뮬레이터 장치로 이동시킨다. 각 명령어의 형식은 다음과 같다.

adb push 〈SDK 원본〉 〈에뮬레이터 경로〉

adb pull 〈에뮬레이터 경로〉 〈SDK 경로〉

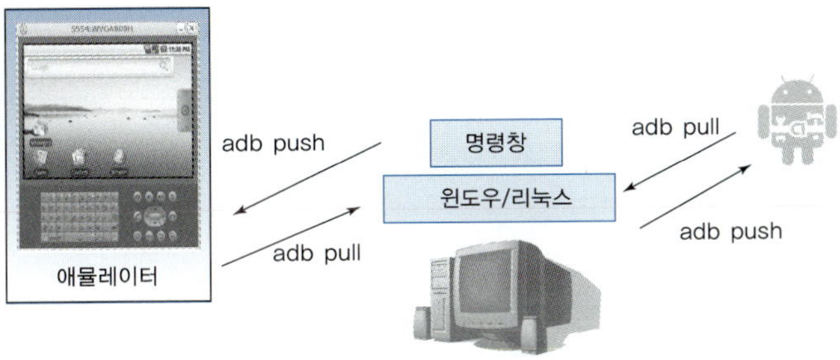


[그림 12-17] adb를 사용한 파일 이동

## 에뮬레이터

에뮬레이터는 통합 개발 환경에서 개발한 프로그램을 테스트해볼 수 있는 가상의 모바일 플랫폼이다. ARM 프로세서와 주변 장치를 갖는 가상머신으로서 안드로이드 커널을 탑재하여 실행할 수 있는 시뮬레이션 환경을 제공한다. 대부분의 많은 개발자들이 Windows PC(또는 리눅스 버전으로)에서 동작하는 에뮬레이터를 사용하고 있다. 에뮬레이터 프로그램은 안드로이드 SDK 디렉터리 아래의 /tools 디렉터리에 존재한다.

안드로이드 애플리케이션이 에뮬레이터에서 동작되어야 하기 때문에 안드로이드 커널 리눅스가 필요하다. 하지만 에뮬레이터는 윈도우 운영체제 또는 x86 프로세서에서 동작하는 프로그램이다. 그래서 에뮬레이터는 윈도우에서 리눅스 환경을 제

**저자 한마디 | 가상머신**

가상머신(VM Virtual Machine)은 진짜 컴퓨터같이 특정한 프로그램을 실행하는 소프트웨어이다. 운영체제의 대부분의 기능을 지원하는 시스템 가상머신과 단일 프로세스를 지원하는 프로세스 가상머신으로 구분된다. 단일 프로세스를 실행하는 프로세스 가상머신은 실제 환경에서 동작하는 것과는 차이가 있다. 가상머신의 장점은 이미지 파일만 있으면 하드디스크의 파티션을 나누지 않고 윈도우에서 리눅스가 동작하게 하는 것이 가능하다. 설치한 운영체제를 제거하려면 가상머신을 생성한 디렉터리를 삭제하면 된다. 대표적인 가상머신으로 VMware, virtualbox, virtualpc 등이 있는데, 모두 시스템 가상머신에 속한다.

공하는 가상머신의 지원이 필요하다.
Google에서는 윈도우에 리눅스 환경을 제공하고, ARM CPU상에서 동작하게 하는 가상머신을 위하여 [그림 12-18]과 같은 QEMU 가상머신을 사용한다. QEMU는 오픈 소스이다. QEMU는 x86에서도 동작하지만, ARM과 같은 가상의 프로세서를 기반으로 리눅스와 같은 운영체제 환경을 제공할 수 있는 가상머신이다. QEMU는 CPU 가상화와 가벼운 용량이 가능하나, 속도가 느리며 사용하기가 쉽지 않다.

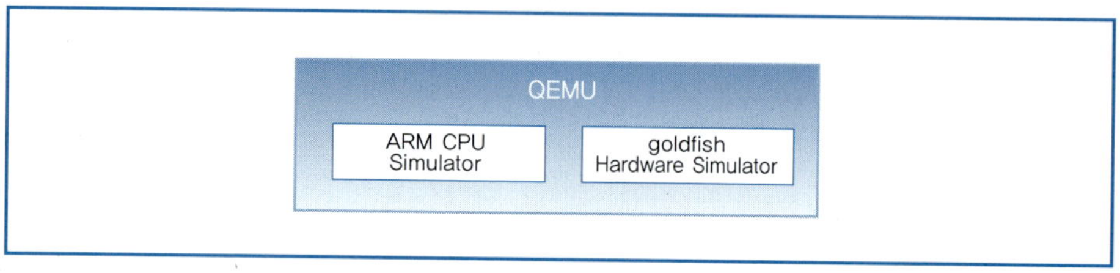


[그림 12-18] QEMU 가상머신

안드로이드는 특정의 ARM SoC^System on a Chip^를 위하여 개발한 것은 아니다. 하지만 에뮬레이터는 골드피시^Goldfish^라는 가상의 ARM SoC를 기반으로 한다. 가상의 ARM SoC 골드피시 플랫폼에 리눅스 커널을 부팅시켜 안드로이드 애플리케이션이 실행되도록 한다. 하지만 가상의 장치는 실제 타깃^real target^과는 다르다는 것을 유의한다.
호스트 PC의 안드로이드 애플리케이션에서는 byte, char, short, int, long, float, double, Object, String, array를 포함한 모든 자바 데이터 형식이 지원된다. 하지만 32비트 프로세서를 사용하는 실제 모바일 하드웨어 또는 가상 장치에서는 부동소수점을 에뮬레이션^emulation^한다. 이는 부동소수점이 하드웨어가 아닌 소프트웨어에서 실행되므로 작업이 느려짐을 의미한다.

**저자 한마디 | 부동소수점 에뮬레이션**

부동소수점 장치(FPU^Floating Point Unit^)는 CPU의 일부로서 부동소수점 연산을 효율적으로 처리하기 위해서 만든 장치이다. 보통 부동소수점 수에 대한 덧셈과 곱셈을 지원하며, 일부는 제곱뿐 아니라 삼각함수도 계산할 수 있다. 모든 CPU가 별도의 FPU를 가지고 있는 것은 아니다. FPU가 없는 CPU는 마이크로 코드를 이용하여 ALU에서 FPU의 기능을 흉내 낸다. 이것을 부동소수점 에뮬레이션이라고 한다.

에뮬레이터의 안드로이드 프레임워크^Android framework^에는 서비스 매니저^service^

manager, 사용자 인터페이스 프레임워크UI framework 등이 유기적으로 연동되어 있다. 그리고 특정 하드웨어 장치들이 반드시 동작한다는 가정하에 서비스를 지원한다. 하지만 실제 타깃 장치에서는 어떤 서비스가 제대로 동작하지 않는 경우, 안드로이드 프레임워크는 장치가 정상적인 동작을 하지 않는 것으로 간주하고 재부팅을 하기도 한다.

리눅스 초기화 init.rc 설정 파일에서 시스템 프로퍼티property 영역을 property:ro.kernel.qemu=1로 설정하면 QEMU가 동작하며, 에뮬레이터에는 adbd 데몬 서버 서비스가 시작한다. [그림 12-19]처럼 QEMU가 동작되는 것을 콘솔 메시지를 통하여 확인할 수 있다.

### 실습 12-4 에뮬레이터에서 QEMU 동작 및 /proc 확인하기

(1) 'adb shell' 로 셸 모드로 간다.

(2) cd proc로 /proc 디렉터리로 이동한다.

(3) cat cmdline 명령을 실행한다. cmdline은 커널이 시작될 때 커널에 전달하는 매개변수를 갖는다. qemu=1을 전달하고 있다.

```
Command Shell - adb shell
# pwd
pwd
/proc
# cat cmdline
cat cmdline
qemu=1 console=ttyS0 android.checkjni=1 android.qemud=ttyS1 android.ndns=1
#
```

[그림 12-19] QEMU 동작 확인

(4) cd /proc/1 명령을 실행한다. 주 메모리에 생성되는 /proc 디렉터리에는 현재 동작 중인 프로세스와 커널의 실행 상태를 기록하고 있다. /proc/1은 부팅 시 가장 먼저 시작하는 프로세스 번호이다. cmdline을 사용하여 /proc/1번 프로세스에 대한 커널로의 입력 변수를 확인해보니 init인 것으로 확인된다.

```
# pwd
pwd
/proc/1
# cat cmdline
cat cmdline
/init #
```

[그림 12-20] 프로세스 1번 /proc 확인

## sqlite

안드로이드 애플리케이션에서 데이터베이스를 생성하고 관리하기 위하여 sqlite 프로그램을 사용한다. sqlite에 관한 것은 http://www.sqlite.org/ 사이트를 참고한다. sqlite는 에뮬레이터에서 동작하는 관계형 데이터베이스(RDB^Relational Data Base^) 라이브러리로서 최소한의 동작 기능을 갖고 있다. sqlite는 에뮬레이터의 /system/bin에 위치하며 SQL 표준 명령어를 사용하고 매우 빠르다. MySQL과 비교해도 최소 2배 최대 10배 이상 빠르다. 기존 임베디드시스템은 데이터 관리에 JFFS 같은 파일시스템을 사용하지만 안드로이드는 sqlite를 사용하기 때문에 빠른 검색의 특징을 갖는다. 하나의 애플리케이션에 대해서 애플리케이션 이름 아래에 하나의 디렉터리가 할당된다. 즉, 애플리케이션마다 databases라는 디렉터리가 생성되고, DB 파일이 생성된다. 개별 애플리케이션이 작성한 sqlite의 데이터베이스는 에뮬레이터 /data/data/〈패키지이름〉/databases 디렉터리에 작성된다. 개별 애플리케이션에서는 다른 애플리케이션의 데이터베이스를 읽고 쓸 수 없다. 그 경우에는 Content Provide의 기능을 이용해야 한다.
에뮬레이터의 데이터베이스 내용을 확인하기 위하여 셸 모드로 접속한다. 그리고 sqlite 명령어를 사용하여 탐색한다. 다음은 셸 모드로 접속하여 sqlite로 데이터베이스를 열어보는 예를 보여준다. sqlite3은 sqlite의 새로운 버전이다.

```
$ adb -s emulator-5554 shell
# sqlite3 /data/data/com.example.google.rss.rssexample/databases/rssitems.db
```

명령어 sqlite를 사용하여 애플리케이션이 작성한 데이터베이스를 조작할 수 있다. 예로써 테이블 작성에는 CREATE 명령어를 사용한다.

```
CREATE TABLE <테이블 이름> (Column 정의, [테이블제약]);

CREATE TABLE contact_list (id INTEGER, name TEXT, tel TEXT);
```

## 실습 12-5 sqlite 사용법 및 데이터베이스 열기

(1) 데이터베이스 관리 실습을 위하여 에뮬레이터 5554번 1개만을 남겨둔다. adb shell 셸 모드로 이동한다.

(2) cd /data/data/com.android.browser/databases 디렉터리로 이동한다.

(3) ls 명령으로 webview.db 존재를 확인한다.

(4) sqlite3 명령으로 webview.db 파일을 열어본다.

```
Command Shell - adb shell
# pwd
pwd
/data/data/com.android.browser/databases
# sqlite3 /data/data/com.android.browser/databases/webview.db
sqlite3 /data/data/com.android.browser/databases/webview.db
SQLite version 3.5.9
Enter ".help" for instructions
sqlite>
```

[그림 12-21] sqlite3 사용법

(5) 또 다른 /data/system/ 디렉터리에 있는 syncmanager.db 데이터베이스 내용을 살펴본다. sqlite를 사용하여 [그림 12-22]처럼 데이터베이스에 접속을 하고, '.tables' 명령을 입력하면 active, history, settings, status 등의 테이블이 나온다.

(6) select * from history 명령을 입력한다. history 테이블의 내용을 본다.

```
Command Shell - adb shell
# sqlite3 syncmanager.db
sqlite3 syncmanager.db
SQLite version 3.5.9
Enter ".help" for instructions
sqlite> .tables
.tables
active              history             settings            status
android_metadata    pending             stats
sqlite> select * from history;
select * from history;
15|1|1270865469242|13451|2|1|0|0|success
16|2|1270865483379|28700|2|1|0|0|success
17|3|1270865512849|13165|2|1|0|0|success
18|4|1270865526336|2592|2|1|0|0|success
19|3|1270865529187|222|1|1|0|0|success
20|2|1270865529573|1252|0|1|0|0|success
```

[그림 12-22] 데이터베이스 내용 보기

## 기타 도구

● OpenGL ES

안드로이드는 복잡한 3D 이미지를 다루기 위해 OpenGL ES 라이브러리를 제공한다. 이것은 사용하기가 좀 어렵지만, 3D 객체에 대해서 빠른 실행을 지원한다. graphics.glutils 패키지에 OpenGL ES 기능이 포함되어 있다.

● dx

안드로이드 SDK에서는 애플리케이션 Java 소스 코드를 직접 달빅의 바이트코드로 컴파일하는 것이 아니다. 먼저 보통의 자바 컴파일러 Javac를 사용하여 바이트코드로 변환한다. 이어서 달빅을 사용하여 그 바이트코드를 달빅의 바이트코드로 변환하는 작업을 한다. 'dx'는 자바 컴파일러로 컴파일된 애플리케이션 .class 파일을 classes.dex 실행 가능 dex로 변경한다. 이렇게 작성된 안드로이드 애플리케이션은 각각의 프로세스로 실행되며 고유의 Dalvik 가상머신 인스턴스를 가지게 된다. 안드로이드에 다수의 Dalvik 가상머신이 존재할 수 있기 때문에 이들이 효율적으로 실행될 수 있도록 최소의 메모리로 최적화된 .dex^Dalvik Executable^ 포맷 파일을 사용한다. Dalvik 가상머신은 리눅스 커널을 사용하여 실행하며 캐시 파일을 /data/dalvik-cache에 보관한다. classes.dex는 달빅의 실행 가능 파일이다. 다음과 같이 캐시 디렉터리 내용을 확인해볼 수 있다.

```
$ adb shell
# cd /data/dalvik-cache
cd / data/dalvik-cache
# ls
.........
-rw-rw-rw root root 73852 2007-11-27 system@app@Contacts.apk
@classes.dex ......
```

dex 파일을 덤프^dump^하려면 에뮬레이터에 포함된 dexdump를 사용한다. 덤프하는 것은 컴퓨터 메모리 내용을 전부 접근하여 보는 것이다.

```
# dexdump [-f] [-h] dexfile...
-d : 코드 영역을 역어셈블한다.
-f : 파일 헤더로부터 요약 정보를 보여준다.
-h : 파일 헤더를 자세히 보여준다.
-C : 저수준의 심볼 이름을 디코드한다.
-S : 크기만을 계산한다.
```

/system@app@Contacts.apk@classes.dex를 다음과 같이 덤프한다.

```
# dexdump -d -f -h -C system@app@Contacts.apk@classes.dex >> Contacts.apk.dump
```

덤프한 파일을 에뮬레이터의 특정한 곳에 저장한 후, 달빅 캐시파일 디렉터리로부터 SDK의 특정 디렉터리로 복사한다. 그러면 ~/android 디렉터리에 덤프 파일이 저장된 것을 확인할 수 있다.

```
$ adb pull /data/dalvik-cache/Contacts.apk.dump ~/android
$ adb pull /data/dalvik-cache/ContactsProvider.apk.dump ~/android
```

● ANT

이클립스 이외의 IDE로 개발 작업을 할 때 필요한 도구들 중의 하나이다. 안드로이드 SDK에 포함된 개발 도구로 Apache Ant가 있다. Ant는 make와 같은 빌드build 프로그램이다. 아파치 그룹에서 내놓은 개발 도구로 컴파일, 빌드 도구로서 설치 가능 apk 파일을 생성한다. 하지만 요즘은 보통 Eclipse 같은 IDE에서 빌드를 한다. 하나의 프로젝트에 대하여 윈도우에서는 Visual Studio를 사용하여 빌드하고, 리눅스에서는 gcc를 이용하여 빌드한다. 환경 변수에 변경 사항이 있을 때마다 매번 빌드 스크립트를 모두 갱신하는 것이 불편하다. 이럴 경우 XML 기반의 설정 파일만 작성해두면 Ant를 사용하여 각 개발 환경을 빌드하는 것이 가능하다.

● valgrind

valgrind는 메모리 누설, 스택 붕괴, 배열 경계 overflows 등을 찾는 데 사용한다. valgrind는 다음과 같은 명령으로 설치된다.

```
$ sudo apt-get install valgrind
```

일반 리눅스에서는 시스템 관리 작업을 할 수 있는 권한을 root 또는 su로 부여하는데, 우분투에서는 sudo를 사용한다. apt^advanced package tool^은 우분투의 소프트웨어 관리 도구를 의미한다.

● AIDL

안드로이드 플랫폼에서 하나의 프로세스는 다른 프로세스의 메모리에 접근할 수 없다. 경계 건너 객체를 전달하기 위해서는 지루한 코드 작업이 필요하다. 객체를 전달해줄 수 있는 도구로 AIDL가 제공된다. AIDL^Android Interface Definition Language^은 안드로이드 장치에 있는 두 개의 프로세스가 서로 통신(IPC^interprocess communication^)하게 하는 코드를 생성하는 IDL 언어이다. 안드로이드는 AIDL를 SDK의 /tools 디렉터리에 제공하고 있다.

## 12.3 에뮬레이터에 안드로이드용 busybox 설치

리눅스에서는 시스템 관리를 위한 1,000여 개의 명령어를 포함한 toolbox를 제공한다. 하지만 안드로이드의 toolbox는 [그림 12-23]처럼 50여 개의 linux 관련 명령어만을 지원한다. 안드로이드에서는 최소한으로 셸 조작 명령어인 ls, mv, chmod 등을 toolbox라 부르는 하나의 프로그램으로 통합하여 관리하고 있다. 하지만 일반 리눅스의 cp, tar 같은 명령어를 사용할 수 없다. 특히 개발 및 디버그 시에는 제약사항이 많기 때문에 이에 대한 하나의 해결책으로 busybox를 필요로 한다.

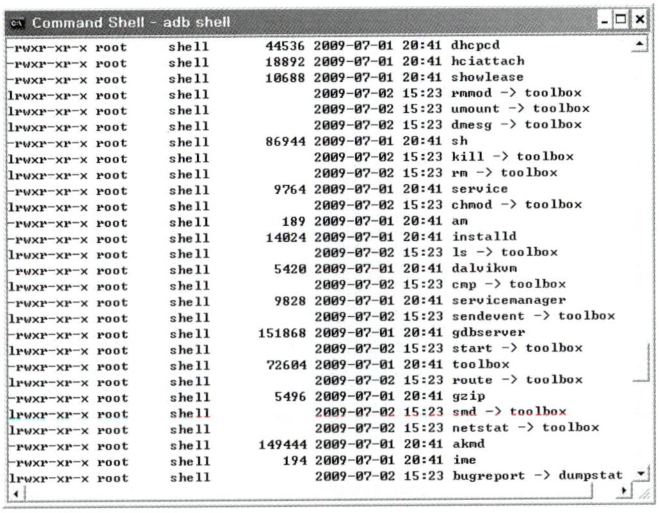

```
Command Shell - adb shell
-rwxr-xr-x root     shell      44536 2009-07-01 20:41 dhcpcd
-rwxr-xr-x root     shell      18892 2009-07-01 20:41 hciattach
-rwxr-xr-x root     shell      10688 2009-07-01 20:41 showlease
lrwxr-xr-x root     shell            2009-07-02 15:23 rmmod -> toolbox
lrwxr-xr-x root     shell            2009-07-02 15:23 umount -> toolbox
lrwxr-xr-x root     shell            2009-07-02 15:23 dmesg -> toolbox
-rwxr-xr-x root     shell      86944 2009-07-01 20:41 sh
lrwxr-xr-x root     shell            2009-07-02 15:23 kill -> toolbox
lrwxr-xr-x root     shell            2009-07-02 15:23 rm -> toolbox
-rwxr-xr-x root     shell       9764 2009-07-01 20:41 service
lrwxr-xr-x root     shell            2009-07-02 15:23 chmod -> toolbox
-rwxr-xr-x root     shell        189 2009-07-01 20:41 am
-rwxr-xr-x root     shell      14024 2009-07-01 20:41 installd
lrwxr-xr-x root     shell            2009-07-02 15:23 ls -> toolbox
-rwxr-xr-x root     shell       5420 2009-07-01 20:41 dalvikvm
lrwxr-xr-x root     shell            2009-07-02 15:23 cmp -> toolbox
-rwxr-xr-x root     shell       9828 2009-07-01 20:41 servicemanager
lrwxr-xr-x root     shell            2009-07-02 15:23 sendevent -> toolbox
-rwxr-xr-x root     shell     151868 2009-07-01 20:41 gdbserver
lrwxr-xr-x root     shell            2009-07-02 15:23 start -> toolbox
-rwxr-xr-x root     shell      72604 2009-07-01 20:41 toolbox
lrwxr-xr-x root     shell            2009-07-02 15:23 route -> toolbox
-rwxr-xr-x root     shell       5496 2009-07-01 20:41 gzip
lrwxr-xr-x root     shell            2009-07-02 15:23 smd -> toolbox
lrwxr-xr-x root     shell            2009-07-02 15:23 netstat -> toolbox
-rwxr-xr-x root     shell     149444 2009-07-01 20:41 akmd
-rwxr-xr-x root     shell        194 2009-07-01 20:41 ime
lrwxr-xr-x root     shell            2009-07-02 15:23 bugreport -> dumpstat
```

[그림 12-23] toolbox에 들어 있는 명령어들

그래서 http://benno.id.au/blog/2007/11/14/android-busybox에서 안드로이드용으로 컴파일된 이진 실행파일 busybox를 다운로드받아 사용할 수 있다. 혹은 wget이라는 유틸리티를 사용하여 busybox를 다운로드받을 수 있다. 즉, http://www.gnu.org/software/wget/에서 wget.exe를 다운로드받아서 \SDK\tools\ 디렉터리에 저장한다. wget 명령어를 사용하여 busybox 이진 실행 파일을 다음과 같이 다운로드받는다.

```
>{SDK}₩tools₩wget http://benno.id.au/android/busybox
```

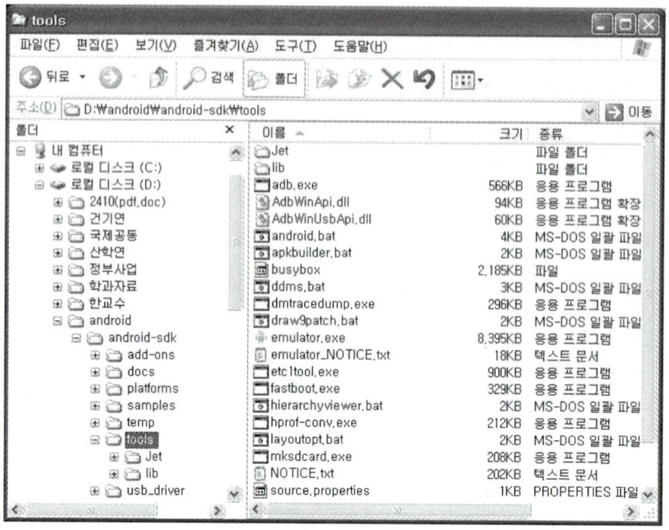


[그림 12-24] busybox를 설치해 넣기

[그림 12-24]는 윈도우의 SDK 디렉터리(/android/tools/)에 busybox 이진 파일이 복사된 것을 보여준다.

busybox를 사용하기 위하여 에뮬레이터에 설치해야 한다. busybox를 에뮬레이터에 설치한 후에는 실행 가능한 상태로 설정한다. [그림 12-25]처럼 'adb push busybox /data/' 명령어를 사용하여 SDK의 busybox 파일을 에뮬레이터 파일시스템의 /data 디렉터리에 복사한다. /data 디렉터리는 에뮬레이터의 파일시스템으로서 외부에서는 보이지 않지만, shell 환경으로 접속하면 디렉터리 내용의 확인이 가능하고, 다양한 shell 명령어를 사용할 수 있다. 이로써 busybox에서 제공하는 리눅스 명령어를 사용할 수 있게 된다. ls 명령어로 디렉터리 구조를 살펴보면 /data, /system, /dev, /proc 등의 디렉터리를 확인할 수 있다.

### 실습 12-6 에뮬레이터에 busybox 설치하기

(1) 명령창을 연다.

(2) d:에서 하드디스크 D로 이동한다.

(3) cd D:\android\android-sdk\tools 폴더로 이동한다.

(4) adb push busybox /data를 입력한다. adb를 이용해 SDK의 busybox 실행파일을 에뮬레이터 파일시스템 /data 아래로 복사한다.

(5) adb shell 명령어를 입력한다. adb를 이용하여 android 에뮬레이터의

shell(/system/bin/sh) 명령 실행 후 셸 프롬프트 #로 전환한다.

(6) cd data; ls -l 명령으로 복사된 busybox 파일 존재 여부를 확인한다. [그림 12-25]처럼 busybox가 설치된 것을 확인한다.

(7) chmod 777 busybox 명령을 실행하여 busybox 명령을 사용하기 위해 실행 가능한 권한으로 설정한다.

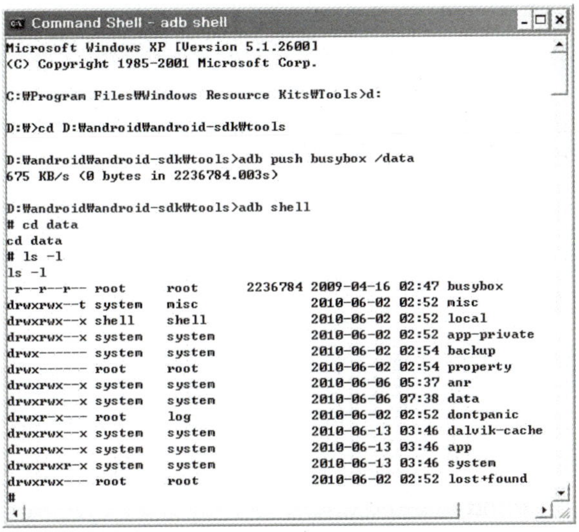


[그림 12-25] busybox 파일 에뮬레이터에 설치

## 12.4 파일 추출 실습

파일 추출이란 에뮬레이터 파일시스템 디렉터리 내용을 데스크톱 컴퓨터로 추출하는 것을 의미한다. 또는 에뮬레이터 디렉터리에 저장되어 있는 개발된 애플리케이션을 추출하여 실제 타깃에서 테스트해볼 때 사용된다. 데스크톱에 있는 파일을 에뮬레이터 파일시스템으로 이동시킬 때도 사용된다.

설치된 busybox를 사용하여 파일을 추출하는 실습을 해본다. 에뮬레이터의 특정 디렉터리를 압축하여 SDK로 추출하는 실습이다.

### 실습 12-7 파일 압축 및 추출하기

(1) adb shell 셸 모드로 이동한다.

(2) /data/busybox tar cvf /data/system.tar /system을 입력한다. busybox의 tar 명령을 사용하여 에뮬레이터의 /system 디렉터리를 /data/system.tar 파일로 압축한다. [그림 12-26]은 에뮬레이터 /system 디렉터리에 대한 압축 결과를 보여준다. [그림 12-27]은 에뮬레이터 /data 디렉터리에 system.tar 압축 파일이 복사된 것을 ls -l 명령어로 보여준다.

```
Command Shell - adb shell
# pwd
pwd
/
# cd data
cd data
# /data/busybox tar cvf /data/system.tar /system
/data/busybox tar cvf /data/system.tar /system
tar: removing leading '/' from member names
system/
system/app/
system/app/Browser.apk
system/app/EnhancedGoogleSearchProvider.apk
system/app/Music.apk
system/app/MediaProvider.apk
system/app/NetSpeed.apk
system/app/Calculator.apk
```

[그림 12-26] 에뮬레이터 /system 디렉터리의 압축 및 복사하기

```
Command Shell - adb shell
# pwd
pwd
/data
# ls -l
ls -l
-rw-r--r-- root     root     45321728 2010-06-13 04:43 system.tar
-rwxrwxrwx root     root      2236784 2009-04-16 02:47 busybox
drwxrwx--t system   misc              2010-06-02 02:52 misc
drwxrwx--x shell    shell             2010-06-02 02:52 local
drwxrwx--x system   system            2010-06-02 02:52 app-private
drwx------ system   system            2010-06-02 02:54 backup
drwx------ root     root              2010-06-02 02:54 property
drwxrwx--x system   system            2010-06-06 05:37 anr
drwxrwx--x system   system            2010-06-06 07:38 data
drwxr-x--- root     log               2010-06-02 02:52 dontpanic
drwxrwx--x system   system            2010-06-13 03:46 dalvik-cache
drwxrwx--x system   system            2010-06-13 03:46 app
drwxrwxr-x system   system            2010-06-13 04:45 system
drwxrwx--- root     root              2010-06-02 02:52 lost+found
#
```

[그림 12-27] system.tar 복사 확인

(3) exit 명령어를 수행하여 shell을 빠져나온다.

(4) 에뮬레이터 /data/ 디렉터리에 있는 system.tar 압축 파일을 데스크톱 컴퓨터의 SDK로 추출하는 실습이다. adb pull /data/system.tar system.tar 명령을 실행한다. [그림 12-28]은 system.tar가 SDK의 /tools 디렉터리에 복사된 것

을 보여준다.

```
Command Shell
D:\android\android-sdk\tools>adb pull /data/system.tar system.tar
819 KB/s (0 bytes in 45321728.053s)

D:\android\android-sdk\tools>dir
 D 드라이브의 볼륨에는 이름이 없습니다.
 볼륨 일련 번호: 449B-724C

 D:\android\android-sdk\tools 디렉터리

2010-06-13  오후 02:31    <DIR>          .
2010-06-13  오후 02:31    <DIR>          ..
2010-06-02  오전 11:17           578,611 adb.exe
2010-06-02  오전 11:17            96,256 AdbWinApi.dll
2010-06-02  오전 11:17            60,928 AdbWinUsbApi.dll
2010-06-02  오전 11:17             3,394 android.bat
2010-06-02  오전 11:17             1,565 apkbuilder.bat
2009-04-16  오전 11:47         2,236,784 busybox
2010-06-02  오전 11:17             2,129 ddms.bat
2010-06-02  오전 11:17           302,823 dmtracedump.exe
2010-06-02  오전 11:17             1,491 draw9patch.bat
2010-06-02  오전 11:17         8,596,234 emulator.exe
2010-06-02  오전 11:17            17,976 emulator_NOTICE.txt
2010-06-02  오전 11:17           921,075 etc1tool.exe
2010-06-02  오전 11:17           336,613 fastboot.exe
2010-06-02  오전 11:17             1,528 hierarchyviewer.bat
2010-06-02  오전 11:17           216,987 hprof-conv.exe
2010-06-02  오전 11:17    <DIR>          Jet
2010-06-02  오전 11:17             1,680 layoutopt.bat
2010-06-02  오전 11:17    <DIR>          lib
2010-06-02  오전 11:17           212,741 mksdcard.exe
2010-06-02  오전 11:17           205,851 NOTICE.txt
2010-06-02  오전 11:17               311 source.properties
2010-06-02  오전 11:17         1,627,623 sqlite3.exe
2010-06-13  오후 02:32        45,321,728 system.tar
2010-06-02  오전 11:17             1,982 traceview.bat
2010-06-02  오전 11:17           628,727 zipalign.exe
              23개 파일          61,375,037 바이트
               4개 디렉터리  9,933,852,672 바이트 남음
```

[그림 12-28] SDK 디렉터리로 파일 추출 결과

**저자 한마디 | tar 사용법**

●백업 시

tar -cvpf archive.tar a.txt b.txt

a.txt와 b.txt를 archive.tar로 묶음

tar -cvpf archive.tar ./

하위 경로를 포함하여 경로 안의 모든 파일을 archive.tar로 묶음

tar -zcvpf archive.tar.gz ./

하위 경로를 포함하여 경로 안의 모든 파일을 gzip를 이용하여 archive.tar.gz로 압축함

●압축 풀기

tar -xvpf archive.tar

archive.tar 파일을 해제한다.

tar -xvpf archive.tar.gz -C ./dir

archive.tar.gz 파일을 dir 방에 파일을 해제한다.

●선택 명령어

c : tar 파일을 만듦

t : 파일 목록을 보임

p : 파일 권한을 저장함

v : 진행하는 내용을 화면에 보임

x : tar 파일을 풂

z : gzip로 압축함

우분투 리눅스에서 이미지 압축 파일을 관리하는 도구로 cpio가 있다. 실제 타깃으로 파일시스템을 포팅할 때 램디스크ramdisk 또는 sdcard 이미지 파일로 만들어 타깃에 포팅한다. 램디스크 이미지ramdisk.img는 크기가 143KB로 매우 작고, 설정 파일과 init 같은 실행 프로그램을 포함하는 것으로 알려져 있다. init은 안드로이드 시스템을 시작하기 위한 특별한 작업을 수행한다. 램디스크 이미지는 gzip으로 압축된 cpio 파일이다. 램디스크 이미지에 어떤 내용이 들어 있는지를 확인하기 위하여 SDK 디렉터리에서 ramdisk.img를 gzip과 cpio를 사용하여 현재 작업 중인 디렉터리에 압축 파일을 푼다. 다음의 작업은 13장과 14장에서 설명할 리눅스 시스템 컴퓨터에서 실행되는 명령어이다.

```
# gzip -cd ramdisk.img > ramdisk
# cpio -iv -F ramdisk     // 하드디스크에 있는 압축 풀기
```

[그림 12-29]는 리눅스에서 cpio를 사용하여 ramdisk 이미지 내용을 확인한 결과이다. 예상대로 init 프로세스를 포함하고 /dev, /system, /data 등과 같은 파일시스템을 포함하고 있다.

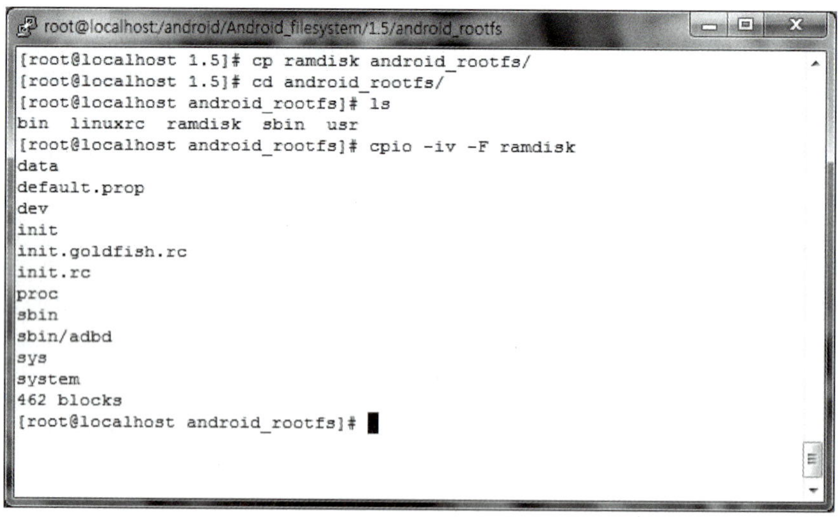


[그림 12-29] 램디스크 이미지 내용 확인

**저자 한마디 | cpio**

cpio는 대용량 파일 압축에 사용하는 명령어이다. xxx.cpio.gz 파일들은 백업을 위해 압축된 파일이다. 리눅스 파일 중에 이렇게 압축이 되어 있는 경우 다음과 같이 두 가지 방법으로 해제한다.

**방법 1. gunzip과 cpio를 사용하는 방법**

```
# gunzip linux_disk.cpio.gz
# cpio -idmv < linux_disk.cpio
```

gunzip으로 압축을 풀고 cpio로 지정한 디렉터리 Disk1/에 압축 파일을 저장한다.

**방법 2. zcat과 cpio를 사용하는 방법**

```
# zcat linux_disk.cpio.gz | cpio -idmv
```

zcat 결과를 파이프로 받아 압축을 풀 수 있다. zcat 명령어는 cat과 같이 파일을 보는 명령으로 압축 파일을 볼 때는 앞에 'z' 가 붙는다.

cpio 명령어 옵션

i 압축 해제
o 압축 생성
p 표준 입력에서 파일명을 읽는다.
B 5120bytes 블록 단위로 입출력한다.
c 아스키 형식으로 헤더 정보를 읽고 쓴다.
d 디렉터리가 없을 경우에는 디렉터리를 생성한다.
u 기존 파일과 겹치면 덮어쓰지 않는다.
m 파일의 변경 시간을 그대로 유지한다
v 파일명 목록을 출력한다.
h 헤더의 형식을 tar와 같이 읽고 쓴다.
x 장치 파일도 읽고 쓴다.

## 12.5 에뮬레이터에 SD 카드를 가상 장치로 연결하기

SD(Secure Digital) 카드는 대용량 이미지를 저장할 수 있다. 현재 내장된 플래시메모리는 32MB 정도로 동영상 같은 멀티미디어를 저장하는 데 한계가 있다. SD 메모리는 내부 메모리보다 용량이 훨씬 크므로 동영상 같은 파일을 저장할 수 있다. 그래서 모바일 장치에 SD 카드를 대용량 주변장치로 사용하고 있다. 비록 코드 저장용으로 사용되지는 않지만 애플리케이션이 이 저장 장치에 파일을 읽고 쓰기를 할 수도 있다.

SD 카드는 에뮬레이터의 골드피시 장치에 속하지 않는다. 따라서 SD 카드를 에뮬레이터에 가상 장치로 추가하여 사용하는 방법을 이해하여야 한다. 먼저 에뮬레이터에 SD 카드를 접속시키기 전에 mksdcard라는 명령어를 사용하여 원하는 크기의 SD 카드 이미지를 생성한다. 256MB의 용량에 sd.img라는 이름을 부여한다. 그리고 검색을 통하여 [그림 12-30]처럼 sd.img 파일의 생성 여부를 확인한다.

### 실습 12-8 SD 카드 생성 및 파일 추출하기

(1) 명령창을 띄운다.

(2) D:\android\android-sdk\tools 디렉터리로 이동한다.

(3) mksdcard 256M sd.img 명령을 실행한다.

(4) dir 명령을 실행하여 [그림 12-30]처럼 256MB의 sd.img가 생성된 것을 확인한다.

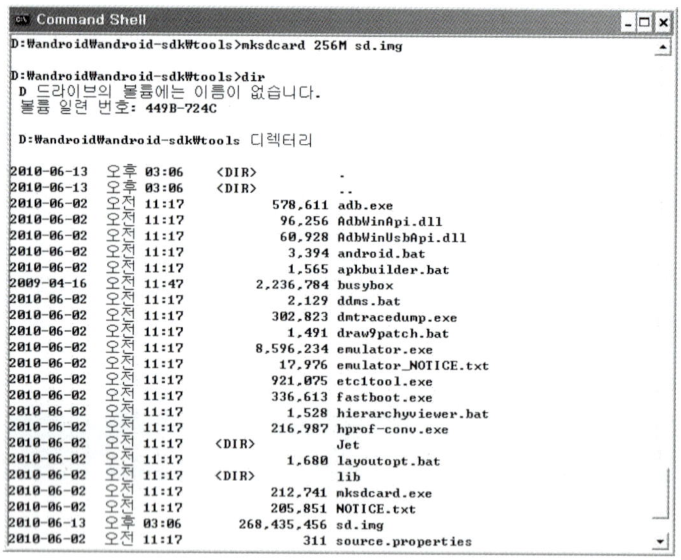


[그림 12-30] sd.img 파일 생성 확인

(5) sd.img를 c:\temp로 복사한다. \tools 폴더의 sd.img는 에뮬레이터의 가상 장치로 연결이 되어 있지 않다. 그래서 \temp 같은 폴더에 옮겨놓고 작업한다.

(6) emulator -avd myAVD -sdcard c:\temp\sd.img 명령을 실행하여 에뮬레이터에 sd.img 이미지를 가상 장치로 연결한다. 에뮬레이터에 SD 카드를 접속하

는 방법에는 이클립스에서 하는 방법과 SDK에서 하는 방법이 있다. 이클립스에서 연결하는 방법은 'Run' 메뉴에서 'Android Emulator Command Line Options'에 -sdcard D:\android\android-sdk\tools\sd.img와 같이 이미지 경로를 설정한다. 이것에 대한 실습은 연습문제에서 다룬다. SDK에서 연결하는 방법은 본 실습에서 실행하는 방법으로 SDK 명령줄에 직접 옵션을 추가하는 방식이다. 에뮬레이터에서 AVD의 지원으로 가상의 sdcard를 인식하게 한다. 에뮬레이터를 닫고 AVD를 사용하여 [그림 12-31]처럼 명령어를 입력한다. 에뮬레이터가 동작 중인 동안은 명령창이 [그림 12-31]처럼 정지되어 있다.

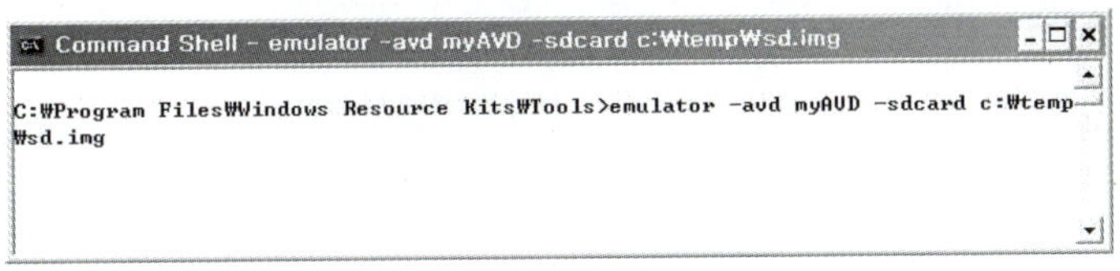


[그림 12-31] AVD 지원에 의한 sdcard 장치 연결 명령

(7) 에뮬레이터에서 setting 메뉴 → SD card & phone storage settings를 클릭한다. [그림 12-31]의 실행 결과 자동으로 에뮬레이터가 구동되고 SD 카드가 인식된 것을 [그림 12-32]의 (a)와 (b)처럼 확인할 수 있다. 약 256MB 메모리 용량이 할당되어 있다. 여기서 avd 이름은 이클립스 'Run Configurations' 메뉴에서 target 탭의 avd 이름 설정에서 사용한 것과 동일하여야 한다. 에뮬레이터에는 'myAVD'라는 avd가 가상 장치로서 연결되었고, 이제 sd.img 이미지가 SD 카드로서 연결되어 사용 가능하다.

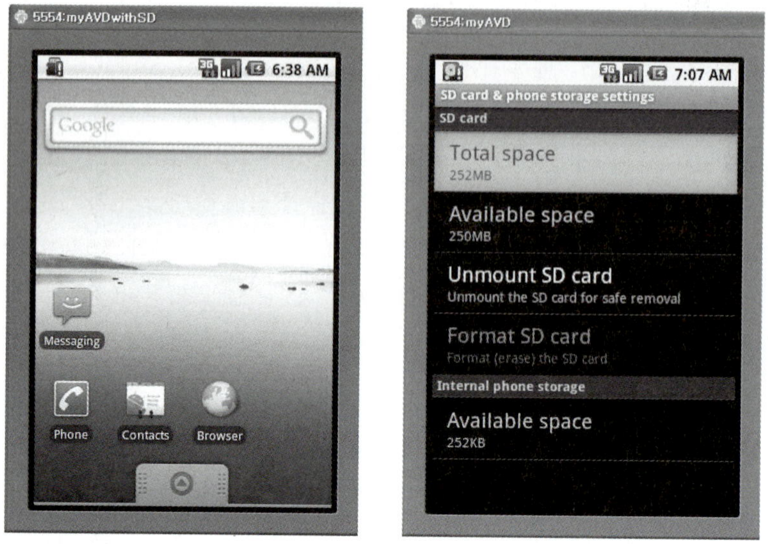


(a) 초기 화면 (b) SD 가상 장치 연결

[그림 12-32] SD 카드 인식 화면

(8) SDK에 있는 busybox 파일을 에뮬레이터 /sdcard 디렉터리에 복사하는 과정을 실습한다. [그림 12-31]의 명령창이 정지해 있으므로 또 하나의 명령창을 열어서 SDK에 있는 busybox 파일을 에뮬레이터 /sdcard 디렉터리에 복사한다. [그림 12-33]에 나타난 것처럼 adb push busybox /sdcard 명령을 실행한다.

```
Command Shell - adb shell
D:\android\android-sdk\tools>adb push busybox /sdcard
621 KB/s (0 bytes in 2236784.003s)

D:\android\android-sdk\tools>adb shell
# cd sdcard
cd sdcard
# ls -l
ls -l
d---rwxr-x system   sdcard_rw          2010-06-13 07:11 LOST.DIR
----rwxr-x system   sdcard_rw  2236784 2009-04-16 02:47 busybox
# _
```

[그림 12-33] 또 다른 명령창 열기 및 busybox 추출하기

(9) 에뮬레이터 가상 장치인 SD 카드에 있는 파일을 SDK로 복사하는 과정이다. adb pull /data/app/com.corea.Android.apk 명령을 실행한다. /data/app 디렉터리에 있는 com.corea.Android.apk 파일을 데스크톱 SDK의 하드디스크로 다운로드하는 과정을 [그림 12-34]에서 보여준다.

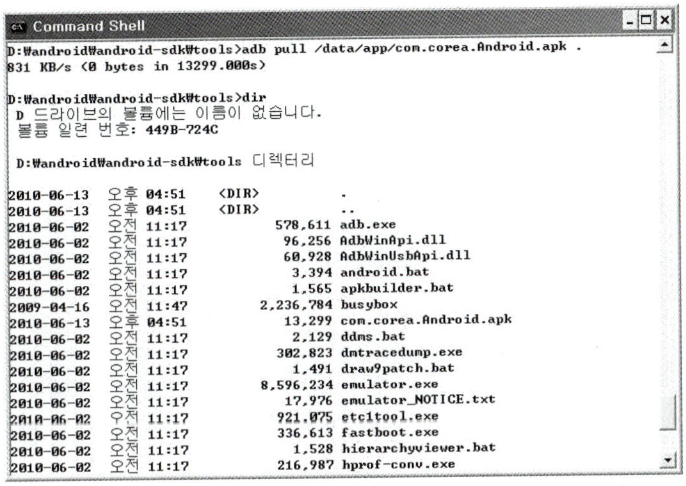

```
Command Shell
D:₩android₩android-sdk₩tools>adb pull /data/app/com.corea.Android.apk .
831 KB/s (0 bytes in 13299.000s)

D:₩android₩android-sdk₩tools>dir
 D 드라이브의 볼륨에는 이름이 없습니다.
 볼륨 일련 번호: 449B-724C

 D:₩android₩android-sdk₩tools 디렉터리

2010-06-13  오후 04:51    <DIR>          .
2010-06-13  오후 04:51    <DIR>          ..
2010-06-02  오전 11:17           578,611 adb.exe
2010-06-02  오전 11:17            96,256 AdbWinApi.dll
2010-06-02  오전 11:17            60,928 AdbWinUsbApi.dll
2010-06-02  오전 11:17             3,394 android.bat
2010-06-02  오전 11:17             1,565 apkbuilder.bat
2009-04-16  오전 11:47         2,236,784 busybox
2010-06-13  오후 04:51            13,299 com.corea.Android.apk
2010-06-02  오전 11:17             2,129 ddms.bat
2010-06-02  오전 11:17           302,823 dmtracedump.exe
2010-06-02  오전 11:17             1,491 draw9patch.bat
2010-06-02  오전 11:17         8,596,234 emulator.exe
2010-06-02  오전 11:17            17,976 emulator_NOTICE.txt
2010-06-02  오전 11:17           921,075 etc1tool.exe
2010-06-02  오전 11:17           336,613 fastboot.exe
2010-06-02  오전 11:17             1,528 hierarchyviewer.bat
2010-06-02  오전 11:17           216,987 hprof-conv.exe
```

[그림 12-34] com.corea.Android.apk 파일 추출 결과

(10) 리눅스에서 실제 타깃을 사용한 실습 과정이다. 본 실습을 위해 하이버스의 H-AndroSV210 보드를 사용하여야 하며 구체적인 것은 연습문제 4번을 참고한다. 에뮬레이터의 SD 카드에 들어 있는 apk 파일을 실행하기 위해서는 안드로이드 애플리케이션 소스에서 변경이 필요하다. 통상적인 애플리케이션 apk는 개발 시 /data/data/packagename/에 생성 및 저장된다. /data/data/packagename/이 아닌 SD 카드에 저장된 애플리케이션 파일을 실행하려면 자바 소스에서 데이터에 대한 경로 설정을 변경해주어야 한다. 예를 들면, 비디오를 재생하려면 자바 소스에서 SD 카드의 데이터를 사용할 수 있도록 Video 클래스의 해당 메소드를 변경해주어야 한다. 즉, Video.java 프로그램 소스에서 Video.setVideoPath("/sdcard/MiniRobot.mp4")를 수정한다. 그러면 애플리케이션에서 비디오 데이터를 /sdcard에서 읽게 된다. 본 실습에 대한 구체적인 것은 연습문제를 참고한다.

## 연 습 / 문 / 제

1. busybox를 사용하여 에뮬레이터 /system, /data, /dev 디렉터리를 각각 tar 압축 파일로 만들어 sdcard에 복사하는 실습을 해보라.

2. sdtest.img를 만들어 이클립스에 연결하는 실습을 수행해보라.

3. AVD를 사용하여 에뮬레이터를 2개 생성하고, adb로 2개의 장치가 접속되어 있는 것을 확인해보라. 에뮬레이터에서 가상의 sdcard를 인식하게 한다. 참고로 안드로이드 1.5부터는 AVD가 여러 개 생성되므로 에뮬레이터를 생성할 때 어떤 AVD를 사용할 것인지 명시해주어야 한다. 에뮬레이터를 실행한 후 SD 카드가 인식된 것을 확인한다.

4. 아래의 Video.Java 소스 코드를 구현하여 실행해보라. 그러면 SD 카드의 파일시스템에 있는 동영상 파일을 플레이시킨다.

Video.java

```
package net.hybus.UiTest;

import android.app.Activity;
import android.os.Bundle;
import android.widget.VideoView;
public class Video extends Activity  {
@Override
public void onCreate(Bundle savedInstanceState)  {
super.onCreate(savedInstanceState);
// Fill view from resource
setContentView(R.layout.video);
VideoView video = (VideoView) findViewById(R.id.video);
// Load and start the movie
video.setVideoPath("/sdcard/MiniRobot.mp4");
video.start();
      }
}
```

5. adb 포트 2000번으로 들어오는 요청을 에뮬레이터의 다른 포트로 포워딩하는 실습을 해보라. netstat -ano 옵션을 사용한 후 결과를 보여준다.

6. 5556번의 에뮬레이터에 helloworld.apk 패키지를 설치해보라.

Chapter 13

# 실제 타깃 제작하기

CHAPTER

# 13 실제 타깃 제작하기

윈도우 PC 에뮬레이터에서만 동작되는 안드로이드 애플리케이션은 실제 타깃에서 동작하도록 포팅하는 것이 필요하다. 실제 안드로이드 타깃을 개발하기 위해서는 리눅스에서 개발 작업을 수행하여야 한다. 이 장에서는 안드로이드 커널과 플랫폼을 만들기 위해 소스들을 직접 다운로드받고, 이미지를 빌드하고, 실제 타깃에 설치하는 과정을 설명한다. 리눅스에서의 작업 환경 및 도구에 대해서도 설명한다. 개발된 안드로이드 패키지를 삼성 갤럭시에서 사용하는 것과 동일한 32비트 ARM 기반의 H-AndroSV210 실제 타깃으로 포팅과 부팅하는 과정을 설명한다.

## 13.1 타깃 개발 개요

윈도우에서 개발한 안드로이드 커널, 플랫폼, 애플리케이션을 ARM 기반의 실제 모바일 타깃에서 동작되도록 하는 작업을 포팅porting 또는 이식이라고 한다. 타깃에 대한 이해를 하고, 윈도우에서 개발한 애플리케이션을 타깃으로 다운로드하기 위한 이론과 방법을 소개한다.

[그림 13-1]은 안드로이드 플랫폼에 대한 포팅 개요를 보여준다. 안드로이드 플랫폼을 구성하는 애플리케이션, 프레임워크, 라이브러리, 런타임 라이브러리, 커널을 빌드하여 ELF 형식의 이미지를 생성한 후 타깃으로 포팅을 하는 과정이다. 이 밖에도 안드로이드 SDK에는 개발 지원 도구들이 포함되어 있는데 타깃으로 포팅을 하여야 한다. 빌드를 하기 위한 교차 컴파일 방법, 링커에 의한 ELF 파일 형식의 이미지 코드 생성, 타깃 보드로의 이미지 다운로드와 로더를 통한 부팅 과정이 필요함을 보여준다.

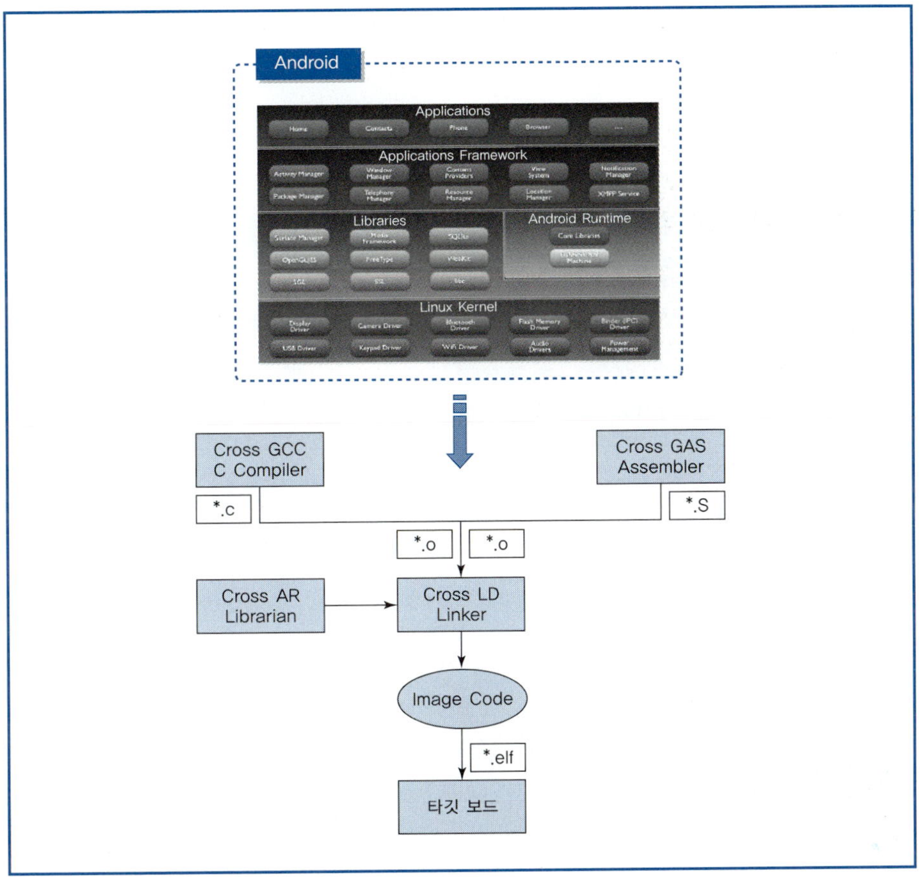


[그림 13-1] 안드로이드 플랫폼 포팅 개요

[그림 13-2]는 펜티엄 기반의 윈도우에서 동작하는 에뮬레이터에 대한 안드로이드 플랫폼 구성에 대하여 보여준다. ARM CPU를 가상 시뮬레이트하는 QEMU 가상 머신 위에 안드로이드 플랫폼을 탑재하고 있다. 개발자는 이클립스에서 자바로 개발한 애플리케이션을 에뮬레이터의 파일시스템 폴더로 다운로드하여 실행시킬 수 있다. 앞의 장들에서 애플리케이션 개발 및 실행 작업을 많이 해봤기 때문에 이해하는 데 문제가 없을 것이다.

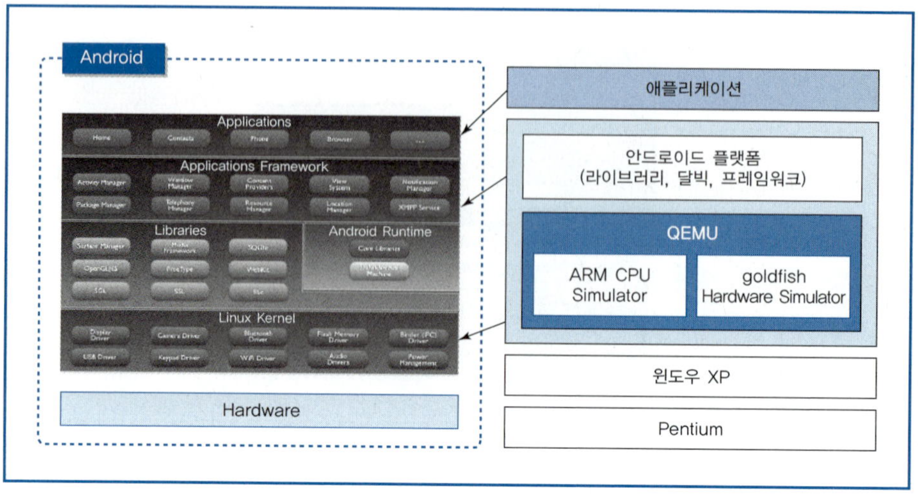


[그림 13-2] 에뮬레이터 기반 에뮬레이터 플랫폼 구성

[그림 13-3]은 일반 타깃 보드(하이버스 X-Hyper320TKU)에 안드로이드를 포팅하는 방식을 보여준다. 이더넷, RS-232 등 통신 포트가 지원되어 원격 개발이 가능하다. 독자가 커널과 루트 파일시스템 이미지, 안드로이드 시스템 이미지, 애플리케이션 이미지를 각각 별도로 생성하여 타깃으로 다운로드하여 부팅하는 방식이다. 파일시스템의 경우, 구글에서 기본적으로 추천한 파일시스템을 사용하는 대신 제작회사에서 선택하여 안드로이드에 포함되도록 구성할 수 있다. 하이버스는 JFFS 파일시스템을 사용한다. 먼저, 윈도우 에뮬레이터에서 안드로이드 커널, 안드로이드 시스템 /system 폴더, 애플리케이션 /data 폴더에 대한 이미지 파일 ramdisk.img, system.img, data.img를 각각 추출한다. 초기 타깃에는 안드로이드 커널과 루트 파일시스템만이 탑재된다. 이어서, 나머지 /system, /data 폴더가 JFFS 파일시스템에서 추가된다. 이더넷 통신이 지원되어 원격에서 tftp, SSH 통신을 사용하여 타깃으로 다운로드가 가능하여 편리하다. 하지만 윈도우에서 애플리케이션 이미지를 추출하여 매번 타깃에 포팅해야 하는 불편함이 있다.

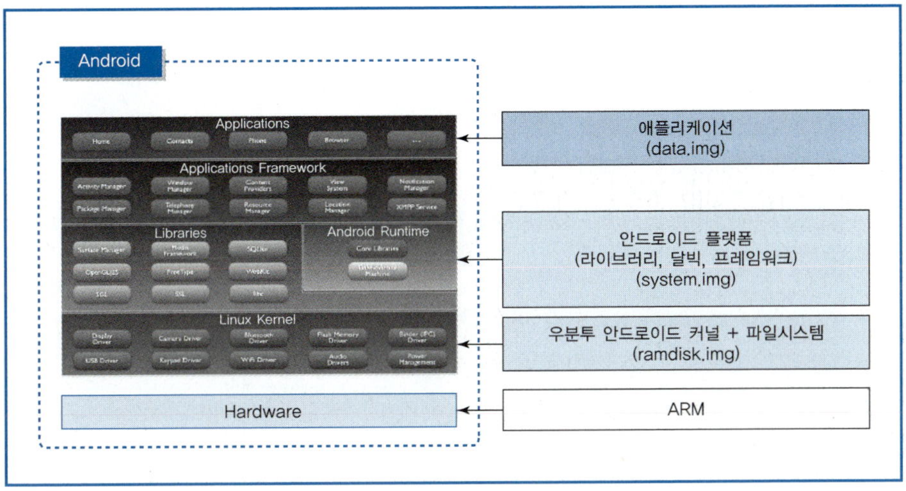


[그림 13-3] 일반 타깃 보드(하이버스 X-Hyper320TKU) 포팅 예

[그림 13-4]는 모바일 전용 타깃 보드(하이버스 H-AndroSV 210)에 안드로이드를 포팅하는 방식을 보여준다. 모바일 전용으로 이더넷 포트가 없다. 커널과 루트 파일시스템 이미지, 안드로이드 시스템 이미지가 통합적으로 일괄 생성된다. 애플리케이션은 이미지를 만들 필요 없이 데스크톱에서 타깃으로 직접 다운로드가 가능하다.

파일시스템의 경우 구글에서 기본적으로 추천한 YAFFS 파일시스템을 사용한다. 리눅스에서 안드로이드 커널과 플랫폼에 대한 이미지가 통합적으로 빌드하여 생성한다. 타깃의 각각 지정된 위치로 다운로드하고 파일시스템에 마운팅되게 한다. 부팅되면서 커널과 안드로이드 플랫폼이 형성된다. 다음은 윈도우에서 타깃으로 USB 통신을 통하여 직접 애플리케이션을 다운로드한다. 원격에서 프로그램 다운로드가 되지 않지만, 애플리케이션을 다운로드하여 실행해보기가 편리하다.

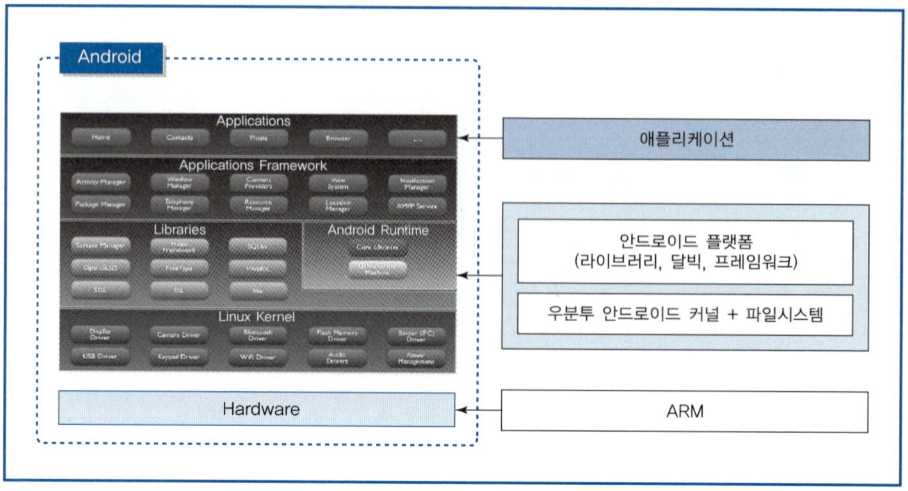


[그림 13-4] 모바일 전용 타깃 보드(하이버스 H-AndroSV210) 포팅 예

## 13.2 안드로이드 모바일 하드웨어 플랫폼

안드로이드 플랫폼을 위한 실제 하드웨어 요구 사항과 추상계층을 두어 하드웨어를 관리하는 방법을 소개한다.

### 플랫폼 구성 및 특징

윈도우 기반의 안드로이드 SDK에서 개발한 프로그램을 에뮬레이터를 통하여 테스트를 해왔다. 에뮬레이터는 몇 가지 주변장치만이 있는 goldfish라는 가상의 장치이기 때문에 실제 타깃을 통한 검증이 필요하다. 에뮬레이터에서의 애플리케이션 실행은 매우 느리기 때문에 성능 평가가 제대로 이루어지지 않는다. 따라서 실제 타깃에서의 성능과 타깃의 하드웨어 동작 여부를 검증할 필요가 있다.
휴대폰은 소형이며, 전력 소모가 적어야 한다는 요구 조건으로 펜티엄 프로세서를 사용할 수 없다. 대신 RISC 프로세서를 사용하여 전력 소모량과 크기를 줄이고 있다. 내장형 시스템에서 최근 가장 많이 사용되고 있는 RISC 프로세서는 ARM 계열이다. 안드로이드 모바일 플랫폼이 개방성으로 인기를 얻으면서 ARMv6 프로세서를 중심으로 제품 개발이 확산되고 있다. ARM11JZF-S 코어를 중심으로 한 제품도 출시되고 있다. 안드로이드를 구현하기 위한 실제 하드웨어에 대한 필수 요구 사양은 다음과 같다.

- ARM926 또는 그 이상(ARM11, ARM MPC, ARM Cortex)을 포함한 SOC (ARMv4 기반인 ARM920T는 동작하지 않음에 유의한다.)
- Thumb, MMU, EABI를 지원
- Display/Frame buffer(Frame buffer는 double buffer/page flipping을 지원해야 함)
- Keyboard
- USB(optional)
- RTC(optional)
- Serial console
- Storage(64MB 이상), 예를 들어 NFS, USB stick, NAND, NOR, MMC, SD card 등
- 충분한 main memory(SDRAM 32MB 이상)

현재까지 안드로이드가 구현되어 동작하는 실제 ARM SoC 하드웨어로는 다음과 같은 것들이 있다.

- H-AndroSV210 : 강력한 성능을 자랑하는 Cortex-A8 기반 1GHz의 Samsung 최신 프로세서 S5PV210을 탑재한 보드
- X-Hyper320(PXA 320)
- OMAP1(ARM v5 ARM926)
- OMAP2(ARM v6 ARM11)
- Sharp Zaurus SL-C760(PXA255)
- Sharp Zaurus SL-C3000(PXA270)
- A&W6410(삼성 S3C6410)

이 장에서 다루는 타깃 장치는 (주)하이버스의 H-AndroSV210 보드로 〈표 13-1〉의 사양을 갖는다.

〈표 13-1〉 H-AndroSV210 사양

| 품명 | 내용 |
|---|---|
| CPU | Processor(SamSung Cortex-A8 S5PV210) |
| DDR SDRAM | DDR2 SDRAM 768Mbyte |
| NAND Flash | NAND Flash 256Mbyte |
| 전원 | 리튬-이온 배터리 사용(USB 충전) |
| Wi-Fi, Bluetooth | MBH7BWZ04(SDIO) - IEEE 802.11 b/g |
| USB | USB 2.0 Host 1 port, USB 2.0 OTG 1port |
| Audio | ALC5622(I2S) - mic / speaker AMP and jack |
| Camera | CMOS 1.5M Pixel |
| SD | SDIO 1Slot |
| Touch Screen | 저항막 방식 |
| Display | 4.8 inch 800 x 480 TFT LCD/HDMI OUTPUT |
| GPS | SiRF |
| Sensor | 3 Axis acceleration, Digital Compass |
| LED | Power:1EA, Charging:1EA, App:3EA |
| KEY | 7EA |
| Debug Board | Debug UART, Comm UART, JTAG I/F, GPIO, PI, I2C, 어댑터 |

[그림 13-5]는 타깃 장치의 모습이다.

[그림 13-5] 타깃 장치

## 추상계층

우분투 리눅스에서는 [그림 13-6]처럼 하드웨어의 제어 및 관리를 위하여 하드웨어 추상계층Hardware Abstraction Layer을 두고 있다. 추상계층의 도움으로 상위 드라이버나 하위 기본 드라이버를 서로 독립적으로 개발할 수 있고 응용프로그램도 독립적으로 동작할 수 있다. 모든 제조사는 자신의 하드웨어 컴포넌트를 표준화된 API를 사용하여 안드로이드 플랫폼에 쉽게 넣을 수 있도록 하고 있다.

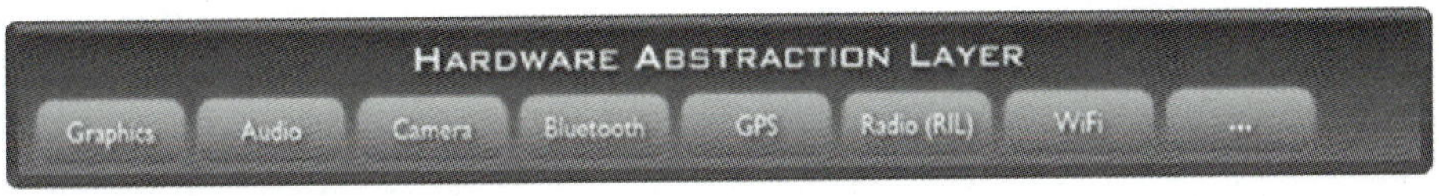


[그림 13-6] 하드웨어 추상계층

## 13.3 실제 타깃 개발 환경 구축

타깃을 개발하기 위해서는 리눅스 서버, 교차 개발 환경 구축, 개발 지원 도구 구축이 필요하다. 리눅스 서버에 교차 개발 환경을 설계하고, 개발 지원 도구들을 설치한다.

### 리눅스 서버 구축

지금까지 우리는 윈도우 기반의 이클립스와 안드로이드 SDK를 기반으로 애플리케이션을 개발하는 데 익숙해져 있다. 실제 타깃에서 동작하는 안드로이드 플랫폼을 개발하기 위해서는 리눅스 서버가 필요하다. 특히 14장에서 언급할 JNI를 이용한 프로그램을 개발할 때 리눅스가 필요하다. 펜티엄 기반의 리눅스 서버에 교차 개발 환경 구축과 개발 지원 도구 관리가 필요하다.
[그림 13-7]은 로컬(윈도우/리눅스)에서 리눅스 서버에 원격으로 접속하는 실제 타깃 개발 환경을 보여준다. 리눅스 서버는 타깃 개발에 필요하고, 윈도우는 에뮬레이터를 활용한 애플리케이션 개발에 활용된다. 타깃으로의 애플리케이션 다운로드는 윈도우에서 USB를 통하여 진행한다. 이러한 개발 환경과 달리 리눅스 서버에 자바 SDK, 이클립스, 안드로이드 SDK, 에뮬레이터를 설치하고, 모든 애플리케이션과 타깃 작업을 리눅스 서버에서 수행하는 방식도 있다. 본 교재에서는 로컬에서 리눅스 서버에 원격으로 접속하는 방식을 채택한다. 리눅스 서버를 여러 명의 개발자가 공동으로 사용할 수 있어 여러 가지가 편리하기 때문이다.

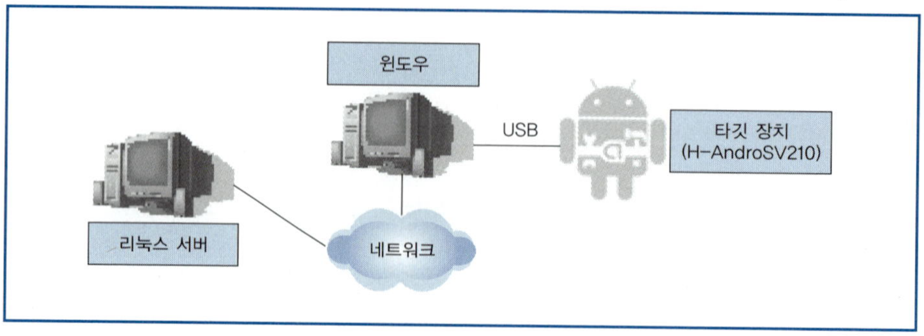


[그림 13-7] 실제 타깃 개발 지원 환경

● 리눅스 서버 설치

안드로이드 플랫폼 소스를 준비하고 빌드하여 타깃에 포팅하기 위해서는 리눅스 서버가 필요하다. 리눅스 서버를 위하여 Google에서 권장하는 Ubuntu 9.10을 다운로드받아서 설치할 것을 권장한다. 리눅스 서버에서 안드로이드 플랫폼을 실제 타깃에 맞게 개발하여야 한다. 리눅스를 위하여 윈도우 환경에서 VMware를 사용해도 좋다. 또는 다른 종류의 리눅스 서버를 설치하여 사용해도 좋으나 우분투 리눅스를 설치하여 사용하는 것이 편리하다. 우분투 리눅스를 설치하는 작업은 생략한다.

● 통신 환경 설치

윈도우에서 Telnet 또는 SSH 클라이언트를 사용하여 리눅스 서버에 원격 접속할 수 있도록 한다. 원격 접속을 위하여 리눅스 서버에는 Telnet 또는 SSH 서버가 설치되어야 한다. 개발 통신 환경을 구성하는 데는 다양한 방법이 있으나 SSH 방식을 추천한다. X-Hyper320TKU 보드는 RJ-45 이더넷 포트가 지원되어 타깃의 원격 제어가 가능하다. 하지만 윈도우와 H-AndroSV210 보드는 USB로 연결되어 있다. 타깃 장치에 USB 포트만이 지원되면서 타깃에 대한 원격 제어가 가능하지 않다.

## 교차 개발 환경 설계

안드로이드를 포팅하는 방법이 다양하기 때문에 어떤 방법을 선택할 것인지 결정을 하여야 한다. 선택된 프로세서에 대해서는 교차 개발 환경을 구축하여야 한다. 펜티엄 기반에서 개발하여 ARM 같은 다른 프로세서에서 실행하기 위해서는 교차 개발 환경이 필요하다. 교차 개발 환경으로 교차 컴파일러, 교차 어셈블러, 링커linker, 라이브러리, 디버깅 툴 등이 필요하다. ARM 프로세서로 교차 컴파일하거나 교차 어셈블링하는 도구들이 개발되어 제공되고 있다. 예를 들어, 펜티엄 계열 윈도우에서는 컴파일러 cl.exe와 빌더 nmake.exe를 사용하나 ARM 계열 리눅스에서는 arm-none-linux-gnueabi -gcc와 arm-none-linux-gnueabi-ld가 각각 사용된다.

또한 개발된 프로그램을 타깃 보드로 다운로드하기 위한 미니컴, JTAG, TFTP, NFS, USB 등의 통신 수단이 필요하다. 그리고 타깃 보드에 탑재할 운영체제, 파일시스템 및 셸shell, 응용프로그램 작성 및 실행 방법 등이 필요하다. 부팅은 탑재된 시스템의 실행을 의미한다. 포팅의 마지막인 부팅을 위해서는 부트로더의 선택이 필요하다. 임베디드 안드로이드 시스템의 경우 자원의 제한으로 사용자 환경 구축에 몇 가지 유의해야 할 사항이 있다. 가장 중요한 것은 사용자 인터페이스, 파일시스템, 적재, 부팅 방법으로 사용 성능 및 속도를 고려해야 한다.

● 사용자 인터페이스

실제 타깃을 개발하다보면 타깃의 제어 및 상태 감시를 위한 인터페이스가 필요하다. 만약 타깃에 운영체제가 없는 임베디드 시스템이라면 사용자와 타깃 하드웨어 사이에 셸이 없기 때문에 사용자가 직접 하드웨어와 교신하는 수단을 만들어 사용해야 한다. 데스크톱의 경우 COMMAND.COM이 사용자와 데스크톱 하드웨어 사이를 인터페이스한다. COMMAND.COM은 일종의 셸 프로그램이다. 데스크톱에 전원이 공급되면 DOS가 구동되면서 하드디스크로부터 COMMAND.COM을 가져온다. 임베디드 리눅스 시스템에서는 사용자 인터페이스로 ash, bsh, tch 같은 셸 프로그램을 제공하고 있으나 수백 KB의 메모리를 차지한다. 안드로이드에서는 메모리의 효율적 사용을 위하여 불필요한 셸 명령어를 제거하고 최소한의 ls, cd 같은 기능만을 제공하고 있다.

사용자 인터페이스로서 bash 환경을 사용하며, 커널 위에 탑재될 안드로이드 SDK 개발 작업 시 각종 셸 프로그램이 호출되어 진행된다. 그리고 디버그 및 개발 관련 대용량의 toolbox를 대체하기 위하여 교차 컴파일 도구만을 포함한 Toolchain과 소형의 사용자 인터페이스 도구인 busybox를 사용한다.

● 파일시스템

안드로이드에서 사용하는 각종 애플리케이션, 라이브러리, 프레임워크, 리눅스 커널 관련 파일들을 저장하기 위해서는 [그림 11-2]와 같은 디렉터리 체계 구성이 이루어져야 한다. 플래시 메모리 같은 대형 저장 매체를 포맷하여 ext, jffs, yaffs 같은 파일시스템으로 구성하여 사용한다. 그런데 파일시스템 구성을 위하여 어떤 파일시스템을 선택하고, 안드로이드 커널의 개별 디렉터리를 어느 장소에 어떻게 구성할지가 중요 이슈가 된다.

● 다운로드 방법

데스크톱에 만들어진 실행 이미지를 타깃 보드로 다운로드하는 방법은 다양하다. 타깃으로 다운로드해야 할 것으로는 부트로더, 커널, 파일시스템, 애플리케이션, 안드로이드 플랫폼 이미지 등이 있다.
이미지 다운로드는 제품의 개발 단계 — 초기 개발 단계, 중간 개발 단계, 최종 제품 단계 — 에 따라 사용 방법이 다를 수 있다. 최종 제품 단계에서 초기 또는 중간 개발 단계의 이미지 다운로드 방법을 사용하면 비실용적이다. 초기에는 타깃에 아무런 프로그램이 없는 상태이기 때문에 JTAG 혹은 BDM 같은 인터페이스를 통하여 타깃의 플래시에 부트로더를 다운로드한다.
다음은 부트로더의 직렬 통신 혹은 네트워크 기능을 사용하여 다른 이미지를 다운로드한다. 이 경우는 호스트와 타깃에 데이터 전달에 관련된 통신 응용 서비스 프로그램이 설치되어야 한다. 직렬 통신(RS-232C) 혹은 USB를 통하여 이미지를 다운로드하는 방법은 타깃의 RAM에 이미지를 다운로드하는 방식과 같다. tftp를 통해 다운로드하는 경우는 타깃에 이미 커널과 파일시스템이 동작하고 있을 때에만 가능하다. 부트로더를 이용해 커널, 파일시스템, 안드로이드 플랫폼 이미지를 다운로드한다. 그리고 애플리케이션은 tftp를 통해 다운로드한다. H-AndroSv210 보드는 이더넷 포트가 없고 USB만을 갖고 있기 때문에 USB로 모든 프로그램을 다운로드 한다.

● 부팅

전원을 인가함으로써 타깃이 동작되는데, 플래시 또는 하드디스크 같은 파일시스템에 저장되어 있는 커널, 안드로이드 플랫폼, 애플리케이션이 메모리로 탑재되어 구동되도록 해야 한다. 리눅스 커널이 부팅되어야 하며, 리눅스는 다시 안드로이드 플랫폼을 구동시켜야 하고, 이는 다시 애플리케이션을 구동시킬 수 있어야 한다.
리눅스 빌드 과정에서 링커[linker]는 라이브러리 파일 등과 결합하여 ELF 형식의 실행 이미지를 만든다. 실행 이미지는 명령어 코드와 데이터로 구성된다. 링커는 실행 파일에 대한 섹션 부분별로 — 예를 들면 ELF 파일 형식의 경우 text, data, bss 섹션 등으로 구성 — 시스템에게 적재 위치를 알려준다. 실행파일은 섹션별로 메모리 지도를 주어 시스템에게 메모리의 특정 위치로 연결되도록 한다.

**저자 한마디 | ELF**

ELF Executable and Linking Format는 AT&T System V 유닉스 시스템에서 개발되었으며 리눅스 및 유닉스 계열에서 가장 널리 사용되는 목적파일 및 실행파일에 대한 형식이다. 과거에는 컴파일러 혹은 컴퓨터 제조 회사마다 다른 종류의 목적파일 형식을 사용했지만, 최근에는 호환성을 위하여 표준화된 목적파일 형식이 제안되고 있다. 리눅스 환경에서 가장 많이 사용되는 형식은 ELF와 COFF Common Object File Format이다. 두 파일 형식은 서로 호환되지 않으므로 컴파일러, 디버거 및 기타 도구들을 선택할 때 지원하는 파일 형식을 확인해야 한다.

파일시스템에 저장된 실행 이미지를 메모리로 올려 실행시키도록 해야 한다. 이러한 작업을 부팅 booting이라고 하며 로더 또는 부트로더가 대행한다. 로더가 실행파일의 위치 정보를 사용하여 메모리에 적재시키는 역할을 한다. 실행파일은 코드, 데이터 및 스택 섹션 등으로 구성되며 배치되는 방식에 따라 재배치 relocatable 또는 절대 absolute 코드라고 한다. 만약 실행파일의 구성이 재배치 가능하다면 실행파일을 메모리 공간의 임의 장소에 적재하여 실행하게 할 수 있다. 반면 실행파일의 구성이 절대 코드라면 메모리의 특정 위치에서 실행한다. 프로그램의 코드 섹션에는 2개의 주소, 즉 적재 주소와 실행 주소가 있다. 적재 주소는 프로그램이 저장될 플래시 주소를 말하며, 실행 주소는 부트로더가 프로그램을 복사한 후 실행 준비를 하는 RAM 주소를 말한다. 만약 MMU Memory Management Unit가 있으면 프로그램의 실행 위치가 자동으로 지정되어 프로그래머는 실행 위치를 알 수 없다.
프로그램 이미지에는 초기화된 것과 초기화되지 않은 데이터 섹션을 포함한다. 데이터 섹션은 RAM에 위치한다. 하드웨어의 초기화 시 데이터 섹션은 플래시 메모리에서 RAM으로 복사된다. 초기화된 데이터 섹션(data와 sdata)은 전역 및 정적 변수에 대한 초깃값을 포함한다. 반면 초기화되지 않은 데이터 섹션(bss와 sbss)은 비어 있다. RAM에 초기화되지 않은 섹션을 위한 공간이 예약된다. RAM 내부의 할당 정보, 섹션 크기 및 섹션 구동 주소는 섹션 헤더의 일부분이다. 섹션 헤더에서 이와 같은 정보를 추출하는 것은 부트로더의 임무이고, 적재 중에 필요한 양의 메모리를 할당한다. 부트로더는 섹션의 구동 주소에 따라 RAM에 이 섹션을 배치한다.
적재된 프로그램을 부트로더에 의해 실행하는 방법으로 다음의 3가지가 있다.

- 데이터는 RAM, 코드는 ROM에서 실행
- ROM에서 RAM으로 복사한 후 실행
- 데스크톱에서 타깃의 RAM으로 직접 다운로드하여 실행

데스크톱 리눅스에서는 로더 loader가 하드디스크에서 실행파일을 가져와서 데스크

톱 메모리 공간에 적재하여 실행될 수 있도록 한다. 데스크톱은 다수의 응용프로그램을 동시에 구동하기 때문에 실행될 프로그램이 어떠한 메모리로 적재될지 예측할 수 없다.
임베디드 안드로이드 시스템의 경우는 로더를 부트로더라고 한다. 임베디드 리눅스 시스템은 응용프로그램을 특정한 메모리 위치에서 동작하도록 관리한다. 대표적인 부트로더로 BLOB과 u-Boot가 있다. 참고로 하이버스 안드로이드 X-Hyper320 TKU 보드에서는 BLOB, H-AndroSV210 보드에서는 u-Boot가 사용된다. 부트로더는 기본적으로 타깃의 부팅 과정을 지원하는 유틸리티로서 스타트업 및 로더 기능을 수행한다. 부팅할 때 타깃을 초기 상태로 설정한다. 즉, 프로세서의 레지스터를 적절한 기본값으로 설정한다. 인터럽트에 대하여 아직 준비되지 않았기 때문에 부트로더는 인터럽트를 금지시킨 후 RAM과 프로세서 내부의 캐시를 초기화한다. 부트로더의 동작에 필요한 소수의 디바이스에 대하여 간단한 하드웨어 진단을 실시하기도 한다. 부트로더는 플래시 메모리에 있는 코드 이미지를 RAM으로 복사하여 빨리 실행이 되게 한다.

## 개발 지원 도구 구축

리눅스 서버에는 교차 개발 환경을 위해 필요한 교차 컴파일러, 교차 어셈블러, 링커 등의 각종 도구를 포함하고 있는 툴체인Toolchain의 설치가 필요하다. 또한 사용자 인터페이스 제공을 위한 도구인 busybox의 설치가 필요하다. 리눅스 서버에서는 안드로이드 관련 프로그램 소스를 다운로드받아 개발하는 데 필요한 각종 지원 도구의 설치가 있어야 한다.

### ● 툴체인 설치

툴체인은 개발에 사용되는 도구들의 집합을 말한다. 툴체인에는 컴파일러, 어셈블러, 로더 등의 각종 도구가 포함된다. 대부분의 프로그램은 윈도우와 펜티엄 프로세서 환경에서 작성되고 컴파일되며 실행된다. 대부분의 컴파일러가 이렇게 펜티엄 프로세서에 맞게 기계어를 생성하고 있는데 이때의 컴파일러를 네이티브native 컴파일러라고 한다. 이와 반대로 다른 기종의 프로세서로 컴파일하는 컴파일러를 교차cross 컴파일러라고 한다. 따라서 ARM 프로세서 기반의 임베디드 시스템에서 동작하는 프로그램을 작성한다면 교차 컴파일러, 교차빌더, 교차 어셈블러 등을 포함하는 환경을 구축해야 한다.
기존 내장형 리눅스 시스템 개발에서 사용되던 툴체인은 안드로이드 시스템을 만드는 데는 적합하지 않다. 따라서 안드로이드 환경에 맞도록 기존 툴체인을 변환해주어야 한다. 기존 툴체인과의 큰 차이점은 ARM ABI의 사용에서 ARM EABI 아키텍처를 사용한다는 것이다.

툴체인의 준비가 필요한데, Khem Raj의 arm-softfloat-eabi.sh 스크립터와 Codesourcery 툴체인을 사용할 수 있다. 스크립터를 사용하면 네트워크가 연결된 상태에서 툴체인 소스를 자동으로 다운로드받을 수 있다. gcc 4.1.1과 glibc 2.5를 사용해서 컴파일 및 빌드를 하여 사용한다. 하지만 안드로이드용 툴체인으로 이미 컴파일 및 빌드되어 공급이 되고 있는 Codesourcery 툴체인을 많이 사용하고 있다. Codesourcery에서 직접 툴체인을 다운로드하여 /toolchain 폴더에 설치하는 실습을 해본다.

물론 H-AndroSV210 보드를 위해 CD에 제공되는 arm-20093q.tar.gz를 사용하면 편리하지만, 〈실습 13-1〉을 통해 툴체인에 대한 이해를 돕고자 한다.

### 실습 13-1 툴체인 설치

(1) http://www.codesourcery.com/downloads/public/gnu_toolchain/arm-none-linux- gnueabi 사이트를 방문하면 [그림 13-8]처럼 다양한 플랫폼에 대한 툴체인이 있다.

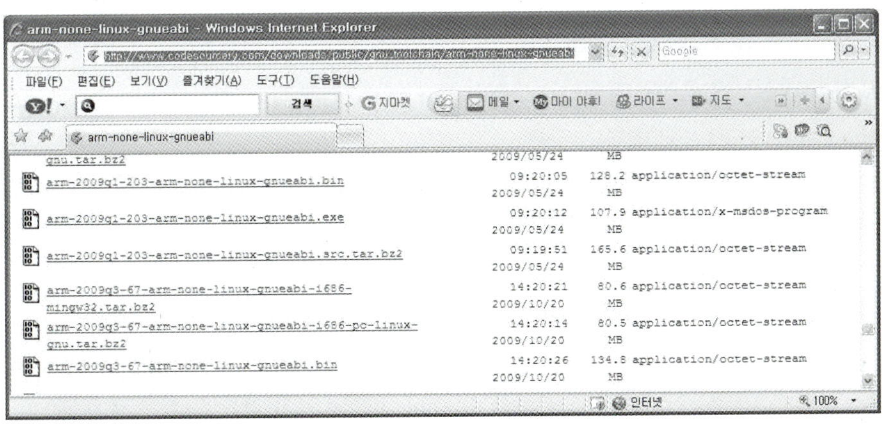

[그림 13-8] 툴체인 선택 및 다운로드

(2) arm-2009q3-67-arm-none-linux-gnueabi-i686-pc-linux-gnu.tar.bz2 툴체인 파일을 /toolchain 디렉터리에 다운로드받는다.

(3) bzip2-d arm-2009q3-67-arm-none-linux-gnueabi-i686-pc-linux-gnu.tar.bz2

(4) tar xvf arm-2009q3-67-arm-none-linux-gnueabi-i686-pc-linux-gnu.tar

bzip2와 tar를 사용하여 /toolchain 디렉터리에 저장된 툴체인 파일에 대하여 압축을 해제한다. 그러면 실제 타깃에서 사용할 커널 및 파일시스템을 만들고 포팅을 하기 위한 각종의 교차 컴파일 도구가 /toolchain 디렉터리에 생성된다. [그림 13-9]는 설치된 툴체인의 종류를 보여준다.

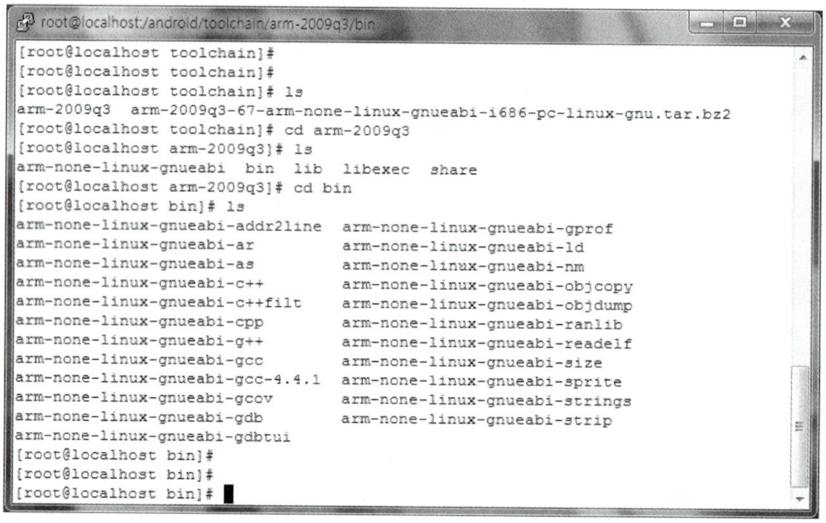


[그림 13-9] 설치된 툴체인 종류

툴체인 중에서 가장 중요한 도구는 C 소스 파일을 컴파일하여 오브젝트 파일로 만들어주는 교차[cross] 컴파일러 arm-none-linux-gnueabi-gcc이다. 안드로이드를 컴파일하기 위해서는 EABI가 지원되는 교차 컴파일러가 필요하다. arm-none-linux-gnueabi-gcc는 명령줄에서 다양한 옵션과 함께 사용된다. 링커[linker] arm-none-linux-gnueabi-ld는 타깃 플랫폼에 적합한 실행파일을 생성한다. 링크 과정까지 완료되면 오브젝트 코드는 하나 이상의 라이브러리 파일들을 묶어서 재배치하는데, ARM 기반의 실행 가능 이진 파일로 변환된다. 단순한 애플리케이션은 arm-none-linux-gnueabi-gcc로 교차 컴파일과 링크를 한 번에 처리하지만, 여러 개의 소스파일로 구성된 복잡한 애플리케이션은 컴파일 후 링커를 별도로 사용하여 이진 실행파일을 생성한다. 오브젝트 덤프(arm-none-linux- gnueabi-

objdump)는 만들어진 애플리케이션을 분석 또는 역어셈블disassemble하는 데 사용되는 도구이다.
툴체인의 설치 후 .bashrc 파일을 열어 경로를 설정해주어야 한다. UBOOT_CROSS_COMPILE 환경 변수에 해당 경로를 설정한다. 변경된 내용을 적용하기 위해 source .bashrc를 수행한다.

● busybox 설치

표준 리눅스는 Toolbox와 셸에서 제공하는 명령어가 방대하다. 사용자 인터페이스를 위한 시스템 명령어들을 최소 크기의 것들로 대체할 수 있는 도구로 busybox가 있다. busybox는 작은 크기의 프로그램으로서 제한된 자원을 가진 임베디드 플랫폼의 기반 도구로 사용된다. 하지만 안드로이드에서는 기존의 리눅스 기반의 busybox를 사용할 수 없어 안드로이드 플랫폼에 맞도록 조정을 해주어야 한다.
일반 임베디드 리눅스 시스템 busybox와의 차이점은 정적static 라이브러리 옵션으로 설정하여 빌드했다는 것이다. 정적으로 라이브러리를 설정하였기 때문에 1.8MB 정도로 크다. 동적 라이브러리로 빌드된 150KB busybox 이미지와는 대조가 된다. 이미 빌드된 busybox 이미지를 다운로드하여 사용하는 것이 편리하다. H-AndroSV210 보드에서는 busybox 이미지를 CD로 공급하고 있는데 파일시스템의 /bin 폴더에 설치된다.

● 지원 도구 설치

리눅스 서버에서는 추가로 다음과 같은 도구들이 설치되어야 한다. 이러한 도구들은 안드로이드 소스를 빌드하는 데 필요한 도구들로서 모두 설치할 것을 권장한다.

- Flex, bison, gperf, libsdl-dev, libesd0-dev, libwxgtk2.6-dev(optional), build-essential, zip, curl
- Valgrind
- libreadline
- Repo

우분투 리눅스에서는 패키지 검색 및 의존성 검사에 apt 프로그램을 이용한다. apt 도구는 미경험 사용자가 부주의로 보안상의 허점을 만들거나 심각하게 시스템을 변경하지 못하게 예방한다. apt-get 옵션으로 Valgrind, readline 프로그램을 설치한다. Valgrind 패키지는 메모리 누출, 스택 붕괴, 오버플로되려는 배열 등을 알려주는 도구이다. lib32readline5-dev는 우분투 버전 상태를 확인하는 데 도움을 준다. 보안상의 이유로 sudo를 사용하여 사용자 계정으로 로그인한다.
다음은 리눅스 서버에 각종 패키지와 관련 도구를 설치하는 방법을 보여준다.

```
$ sudo apt-get install git-core gnupg flex bison gperf libsdl-dev libesd0-dev
libwxgtk2.6-dev build-essential zip curl libncurses5-dev zlib1g-dev
$ sudo apt-get install valgrind
$ sudo apt-get install lib32readline5-dev
```

몇 가지 패키지들은 단지 안드로이드 소스를 다운로드할 때만 사용되지만 모든 패키지들을 설치할 것을 권장한다. 실행 시 나타나는 모든 메시지에 y를 선택하면 시스템에서 이미 해당 패키지들을 설치했음을 알게 되었을 때 이 패키지들은 건너뛸 것이다. 이 단계는 수 분 걸릴 수 있으며 단계가 완료되면 안드로이드 저장소에서 안드로이드 소스 코드를 얻을 수 있다.

## 13.4 실제 타깃 커널 제작

안드로이드 소스 파일들에 대하여 분석해보면 우분트 리눅스 소스, 안드로이드 2.2 플랫폼 소스, u-Boot 소스 그리고 문서를 포함하여 3GB의 크기에 128,000여 개의 파일로 구성되어 있다. 안드로이드 소스만 2.1GB이다. 이러한 방대한 파일을 이용하여 안드로이드 커널과 플랫폼을 만드는 것은 물론이고, 타깃의 하드웨어적 특성을 포함하는 실제 타깃을 제작하여야 한다. 타깃 이미지를 만들고, 파일시스템을 탑재하며, 타깃으로 다운로드한 후 이들이 부팅되도록 하여야 한다. 이러한 작업은 리눅스 서버에서 이루어져야 한다.
리눅스 서버에서 실제 타깃 장치를 위하여 안드로이드 소스를 컴파일하고 빌드하며 파일시스템을 구성하는 것에 대하여 설명한다. 윈도우에서 사용하던 에뮬레이터에는 이미 안드로이드 커널과 플랫폼, 파일시스템, 가상의 하드웨어 장치가 설치되어 있다. 에뮬레이터는 가상 장치를 사용하는 것으로서 속도도 느리고 일부 하드웨어도 장치만 포함되어 있다. 따라서 실제 타깃 환경과는 차이점이 있다. 실제 하드웨어 타깃에서는 더 이상 QEMU와 goldfish를 사용하지 않기 때문에 컴파일 시 QEMU를 비활성화해야 한다.

## 안드로이드 커널 빌드

안드로이드 커널을 제작하는 과정은 [그림 13-10]과 같다. 안드로이드 커널의 제작을 위하여 소스 준비, 패치, 옵션 설정, 컴파일 및 빌드 과정이 필요하다.

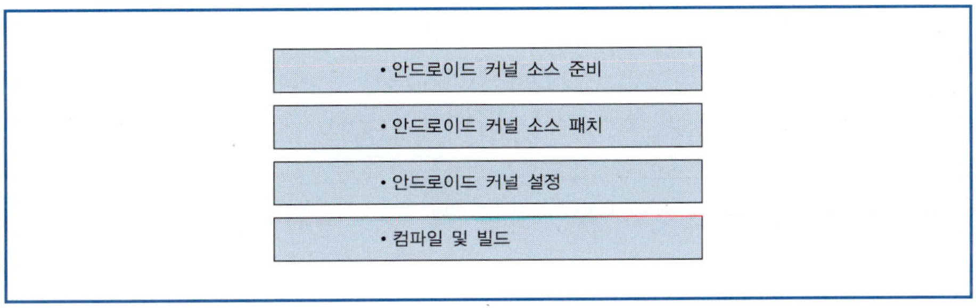


[그림 13-10] 커널 제작 및 부팅 절차

### ● 안드로이드 커널 소스 준비

안드로이드 커널 소스를 준비하고 싶으면 http://source.android.com에서 공개된 것을 다운로드받아 사용한다. 보통 소스 코드에 대한 빌드 작업이 필요 없이 이미 빌드된 것을 사용해도 되지만, 자신만의 특별한 안드로이드를 개발할 때는 소스 코드를 다운로드받아 수정하여 사용한다.

구글에서 운용하는 소스 저장소GIT에서 분산형의 버전 관리 git 도구로 안드로이드 커널 소스를 가져와도 좋다. 또는 분산되어 있는 소스 및 관련된 다수의 프로그램을 통합하여 관리할 수 있는 repo라는 도구를 사용하면 편리하다. 커널 소스를 다운로드할 때 최근 대부분이 이 스크립트 파일을 사용한다. repo는 git를 다루는 명령어를 사용하여 만든 스크립트 파일이다.

**저자 한마디 | git, repo**

- git는 공개 소스로서 다중의 저장소에 분포되어 있는 대형 프로젝트를 다루기 편리하도록 고안된 제어 시스템이다. 안드로이드에서는 local branching, commits, diffs, edits와 같은 지역적 운영을 위하여 git를 사용한다.
- repo는 git 상위에 만들어진 하나의 도구이다. repo는 개발자가 다수의 git를 관리하는 것을 도와주고, 제어 시스템에 업로드하게 하며, 안드로이드 개발 작업의 일부를 자동화한다. repo는 git를 대체하기 위한 것이 아니라, git와 함께 작업하는 것을 더 쉽게 한다. repo 명령어는 실행 가능한 Python 스크립트이다.
- 왜 git를 사용하는가?
  안드로이드 프로젝트를 시작할 때 외부의 동호회에서부터 대형 제조사까지를 망라하여 각종의 지원을 해주는 방법을 고민하였다. 그 결과 개별 요소들이 교체될 수 있는 구조가 나왔고, 먼저 배포 경신 제어 시스템을 사용하다가 나중에는 git로 결론을 내렸다.

소스 다운로드 같은 개발 작업을 리눅스 서버에서 직접 해도 좋지만, [그림 13-7]에 제시된 것처럼 윈도우에서 telnet 또는 ssh를 통하여 원격으로 리눅스 서버에 접속하여 작업을 한다.

repo 스크립트로 안드로이드 커널 소스를 다운로드받는다. 즉, repo 스크립터의 init 명령어로 git 장소에서 최신 버전의 커널 소스를 다운로드받는다. 그리고 repo sync 명령어로 최신 버전과 동기화하여 다운로드를 시작한다. 다운로드 개시와 함께 곧이어 실제 이름과 이메일 주소를 요청받게 되는데 이때 각자의 정보로 응답해 주면 된다. 안드로이드 소스는 크기 때문에 다운로드받는 데 상당한 시간이 걸린다.

```
# mkdir ~/bin                                          // bin 디렉터리를 생성
# curl http://android.git.kernel.org/repo > ~/bin/repo // repo 스크립트 다운로드
# chmod 755 ~/bin/repo                                 // repo를 실행 가능하게 설정
# cp ~/bin/repo  /bin
# repo init -u git://android.git.kernel.org/platform/manifest.git
                        // repo init를 사용하여 repo의 최신 버전을 다운로드받는다.
# repo sync
```

repo가 준비되어 있지 않으면 리눅스 서버에 /bin 폴더를 준비하고, curl 명령어를 사용하여 repo 프로그램을 /bin 폴더에 다운로드받는다. 이어서 저장된 repo 스크립트 프로그램을 실행할 수 있도록 설정한다. PATH 환경 변수에 ~/bin이 포함되어 있는지 '$echo $PATH'를 사용하여 확인하고, 포함되어 있지 않으면 .bashrc로 설정한다.

```
$ vi ~/.bashrc                  // vi로  ~/.bashrc에 다음과 같이 환경 변수 추가
export PATH=/home/<your_home>/bin:$PATH:
```

파일 이름 linux-2.6.25-android-1.0_r1은 리눅스 2.6.25 버전에 안드로이드 1.0 버전을 패치하였다는 의미이다. 안드로이드 홈페이지에서 다운로드받고 압축 해제를 하는 실습을 해본다.

### 실습 13-2 커널 소스 다운로드하기

(1) 안드로이드 홈페이지에서 linux-2.6.25-android-1.0_r1을 리눅스 서버에 /kernel 디렉터리를 만들어 다운로드한다.

(2) tar zxf linux-2.6.25-android-1.0_r1.tar.gz
/kernel 디렉터리에 압축 해제하면 [그림 13-11]처럼 kernel.git 디렉터리가 생성된다.

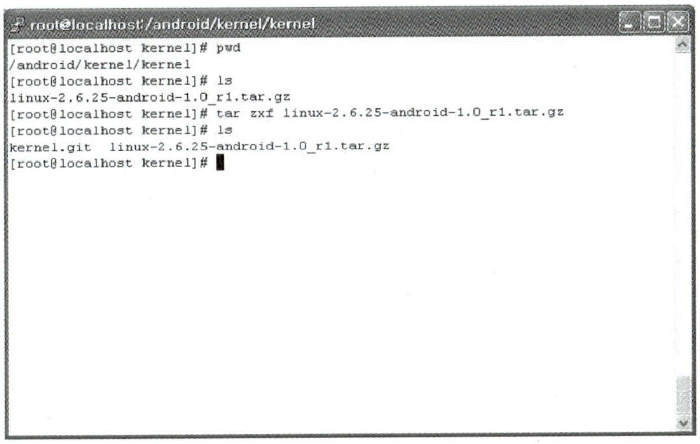


[그림 13-11] 커널 소스 압축 해제

● 안드로이드 커널 소스 패치

안드로이드 홈페이지에서 다운로드받은 소스는 특정의 ARM 또는 주변장치에 대한 드라이버를 갖고 있지 않다. 따라서 실제 타깃 장치의 하드웨어 특성에 맞도록 하는 패치 작업이 이루어져야 한다. 보통 타깃 제조자가 이러한 패치를 공급해주고 있다.

X-Hyper320TKU 보드를 위한 패치 작업을 실습한다. 하이버스에서 제공하는 linux-2.6.25-android-1.0_r1-xhyper320tku_patch_v1.gz을 사용하여 소스에 패치하는 실습을 해본다. 소스 패치의 개념을 이해하면 되기 때문에 반드시 실습을 할 필요는 없다.

## 실습 13-3 커널 소스 패치하기

(1) gzip linux-2.6.25-android-1.0_r1-xhyper320tku_patch_v1.gz | patch -p1
패치 파일이 압축 파일 형태로 제공되므로 gzip을 사용하여 패치 파일의 압축을 해제하고 소스에 패치한다. 패치는 'patch' 명령어와 옵션을 사용하여 이루어진다. 압축 해제는 /kernel.git 디렉터리에 한다.

(2) /kernel.git 디렉터리로 이동하여 패치 결과를 확인한다.
[그림 13-12]와 같은 소스 폴더가 생성된다. 일반 리눅스 소스 폴더에서 보던 것과 유사하다는 것을 알 수 있다.

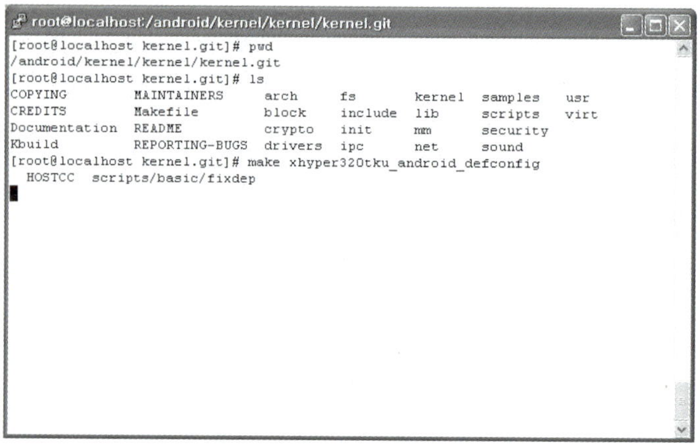


[그림 13-12] 소스 폴더 구조

### ● 안드로이드 커널 설정

커널 설정은 커널의 각종 변수와 변숫값을 지정하는 것이다. 설정 방법은 미리 만들어놓은 옵션 설정 파일을 사용하는 방법과 menuconfig를 이용하여 옵션을 설정하는 방법이 있다. 안드로이드 커널에 대한 일반적인 설정 내용은 다음과 같다.

일반적인 안드로이드 kernel 2.6.25 설정 내용

- Select Target Board
- CPU Implementations
- General Setup
- System Type
- Kernel features : Use the ARM EABI to compile the kernel

    Power management options

    Memory Technology Device (MTD) support

    NAND device support

    Misc devices

    Support for frame buffer devices : frame buffer-android

    Console display driver support : frame buffer console support

    Bootup logo : standard 224-color linux logo

    Touchscreen

    Android (RAM 버퍼 console, Android power driver, Binder IPC Driver)

    File System

하이버스 H-AndroSV210 보드에 대한 최종 안드로이드 설정 내용을 다음의 h_androsv210_config 파일에서 찾아볼 수 있다. 안드로이드의 주요 기능 설정, 파일시스템, 부팅 옵션에 대한 설정 내용을 보여준다.

h_androsv210_config 파일 주요 내용

```
## Automatically generated make config: don't edit
# Linux kernel version: 2.6.32.9
# Thu Sep 30 22:06:51 2010
CONFIG_HAVE_PWM=y
CONFIG_GENERIC_GPIO=y
CONFIG_DEFCONFIG_LIST="/lib/modules/$UNAME_RELEASE/.config"
## General setup
CONFIG_BLK_DEV_INITRD=y   // 초기 램디스크(initramfs) 사용 설정
## System Type
CONFIG_ARCH_S5PV210=y
CONFIG_PLAT_SAMSUNG=y
## Boot options
CONFIG_S3C_LOWLEVEL_UART_PORT=2
## Power management
```

```
CONFIG_S5P_HAVE_PWM=y
## Processor Type
CONFIG_CPU_V7=y
CONFIG_CPU_32v7=y
## Boot options
CONFIG_ZBOOT_ROM_BSS=0
CONFIG_CMDLINE="root=/dev/mtdblock3 rw rootfstype=yaffs2 init=/init console=
ttySAC2,115200"
## CPU Power Management
CONFIG_CPU_IDLE=y
## Floating point emulation
CONFIG_FPE_NWFPE_XP=y
## Power management options
CONFIG_PM_SLEEP=y
CONFIG_WAKELOCK=y
## Networking options
CONFIG_PACKET_MMAP=y
## Bluetooth device drivers
CONFIG_BT_HCIUART=y
## Device Drivers
### Generic Driver Options
CONFIG_MTD=y
## Character devices
CONFIG_CONSOLE_TRANSLATIONS=y
CONFIG_VT_CONSOLE=y
## Serial drivers
CONFIG_SERIAL_SAMSUNG_UARTS_4=y
## Frame buffer hardware drivers
CONFIG_FB_S3C_SPLASH_SCREEN=y
CONFIG_FB_S3C_LCD_INIT=y
# USB
CONFIG_USB_ANDROID=y
CONFIG_USB_ANDROID_ADB=y
CONFIG_USB_ANDROID_MASS_STORAGE=y
## LED drivers
CONFIG_LEDS_GPIO=y
CONFIG_LEDS_GPIO_PLATFORM=y
## Android
CONFIG_ANDROID_BINDER_IPC=y
```

```
CONFIG_ANDROID_LOGGER=y
CONFIG_ANDROID_RAM_CONSOLE=y
CONFIG_ANDROID_RAM_CONSOLE_ENABLE_VERBOSE=y
CONFIG_ANDROID_RAM_CONSOLE_ERROR_CORRECTION=y
CONFIG_ANDROID_TIMED_OUTPUT=y
CONFIG_ANDROID_TIMED_GPIO=y
CONFIG_ANDROID_LOW_MEMORY_KILLER=y
## File systems
CONFIG_EXT3_FS=y
CONFIG_JBD=y
## Caches
CONFIG_MSDOS_FS=y
CONFIG_VFAT_FS=y
## Pseudo filesystems
CONFIG_YAFFS_FS=y
CONFIG_YAFFS_AUTO_YAFFS2=y
## Partition Types
CONFIG_MSDOS_PARTITION=y
## Kernel hacking
## Security options
CONFIG_CRYPTO=y
```

세부적인 옵션 설정은 여러 단계를 거쳐 진행된다. 옵션 설정 화면에서 요청하는 것에 대하여 응답을 해주어야 한다. 중요한 것은 일반적인 리눅스 커널에 안드로이드 고유의 특성이 추가되도록 항목을 설정하여야 한다.

다양한 아키텍처를 지원하기 때문에 서로 다른 아키텍처를 표현하는 arch/$(ARCH)에 선택한 옵션이 저장된다. 따라서 ARM 프로세서를 장착한 타깃 보드들은 arch/arm/ 디렉터리에 커널 옵션 파일이 저장된다. Hybus 보드의 경우 arch/arm/configs/s5pv210_defconfig 파일에 옵션 설정 내용이 저장된다.

IPC 지원은 CONFIG_ANDROID_BINDER_IPC 설정으로 확인된다. CONFIG_LOW_MEMORY_KILLER가 활성화되면 Low Memory Killer가 리소스 부족 시 자동으로 실행된다. 그룹의 중요성에 따라 프로세스를 분류하고 init을 제외한 가장 낮은 그룹의 프로세스를 죽인다. 예를 들면, UI 프로세스(foreground 프로세스)는 최종 사용자에게 가장 중요한 프로세스이다. 안드로이드는 그룹당 우선순위를 주어 해당되는 그룹을 한 번에 해제한다.

로거를 활성화하면 시스템 성능이 약간 느려지지만 커널의 다양한 데이터를 기록할 수 있다. 이 기능을 사용하기 위해서 CONFIG_ANDROID_LOGGER를 활성화시킨다. CONFIG_ANDROID_POWER는 디바이스상의 전원 관리에 관련된 파일시스템상의 inotify 기능과 같은 서브시스템을 위한 것이다.

안드로이드 2.2에서는 yaffs2 파일시스템을 사용하는 것으로 커널 설정이 이루어졌다. yaffs2 파일시스템으로 부팅할 경우 CMDLINE을 다음과 같이 설정하여야 한다.

```
CONFIG_CMDLINE="root=/dev/mtdblock3 rw rootfstype=yaffs2 init=/init
```

● 컴파일 및 빌드

안드로이드 소스는 android_kernel_2.6.32_sv210과 android_froyo_sv210 폴더에 제공된다. 각각의 폴더에는 SamSung Cortex-A8 S5PV210을 기반으로 한 하이버스의 H-AndroidSV210 보드에 맞게 패치된 상태로 우분투 리눅스 커널과 안드로이드 플랫폼 소스가 포함되어 있다. 압축을 해제하고 빌드를 하면 배치 작업처럼 컴파일, 패치, 커널 설정, 빌드가 자동으로 진행된다.

### 실습 13-4 리눅스 커널 빌드하기

(1) 터미널 창을 열고 root 계정으로 로그인한다.
(2) CD-ROM에 H-AndroSV210의 BSP CD를 삽입한다.
(3) 우분투 9.10을 기준으로 CD는 자동으로 마운트되는데 /cdrom이란 폴더에 자동 마운트된다.
(4) mkdir /mnt/cdrom/KERNEL 명령으로 /mnt/cdrom/KERNEL이란 폴더를 생성한다.
(5) "cp -r /cdrom /mnt/cdrom/KERNEL" 명령으로 CD-ROM의 압축 커널 파일 android_kernel_2.6.32_sv210.tgz 내용을 /mnt/cdrom/KERNEL에 복사한다.
(6) "ls /mnt/cdrom/KERNEL"으로 복사한 내용을 확인한다.
(7) 압축 커널 파일 android_kernel_2.6.32_sv210.tgz을 해제한다.
   [그림 13-13]처럼 CD 이미지가 있는 폴더로 이동하여 tar 명령을 이용해서 압축을 해제한다.

```
root@ubuntu: /mnt/cdrom/KERNEL
File Edit View Terminal Help
root@ubuntu:/# cd /mnt/cdrom/KERNEL/
root@ubuntu:/mnt/cdrom/KERNEL# ls
android_kernel_2.6.32_sv210.tgz
root@ubuntu:/mnt/cdrom/KERNEL# tar zxvf android_kernel_2.6.32_sv210.tgz
```

[그림 13-13] H-AndroSV210의 커널 파일 준비

(8) cd android_kernel_2.6.32_sv210; ls

압축을 해제한 커널의 디렉터리로 이동하여 ls 명령으로 압축 해제된 파일 구성 내용을 [그림 13-14]처럼 확인해본다.

```
root@ubuntu: /mnt/cdrom/KERNEL/android_kernel_2.6.32_sv210
File Edit View Terminal Help
root@ubuntu:/mnt/cdrom/KERNEL# cd android_kernel_2.6.32_sv210
root@ubuntu:/mnt/cdrom/KERNEL/android_kernel_2.6.32_sv210# ls
arch          Documentation          init          Makefile        scripts
block         drivers                ipc           mm              security
build_kernel  firmware               Kbuild        net             sound
COPYING       fs                     kernel        README          tools
CREDITS       h-androsv210_config    lib           REPORTING-BUGS  usr
crypto        include                MAINTAINERS   samples         virt
root@ubuntu:/mnt/cdrom/KERNEL/android_kernel_2.6.32_sv210#
```

[그림 13-14] 커널 파일 구성 확인

(9) ./build_kernel

build_kernel이라는 스크립트를 이미 정의해두어 사용자가 일일이 커널 설정을 하는 것을 간소화하고 쉽도록 구성해놓았다. "./build_kernel"을 실행하여 [그림 13-15]처럼 커널 빌드를 한다.

```
root@ubuntu: /mnt/cdrom/KERNEL/android_kernel_2.6.32_sv210
File Edit View Terminal Help
root@ubuntu:/mnt/cdrom/KERNEL/android_kernel_2.6.32_sv210#
root@ubuntu:/mnt/cdrom/KERNEL/android_kernel_2.6.32_sv210# ./build_kernel
```

[그림 13-15] 커널 빌드 작업

[그림 13-16]처럼 "cat build_kernel" 명령어로 build_kernel의 내용을 확인할

수 있다. build_kernel은 cp 명령을 이용하여 h-androsv210_config 파일을 .config란 파일에 복사하고 복사한 내용을 적용한 후 make zImage라는 명령으로 zImage 파일을 생성한다. 커널의 컴파일 및 빌드 내용을 포함하고 있기 때문에 커널 이미지 빌드 작업이 진행되며 수 분에서 수십 분이 소요될 수 있다. h-androsv210_config 파일을 위한 Makefile 파일에서 교차 개발 환경 툴체인의 경로가 올바른지 확인한다.

커널 소스를 컴파일하는 데 Kbuild를 사용한다. Kbuild는 커널 소스 트리의 최상위 디렉터리의 .config 파일을 가지고 커널을 컴파일한다. 앞에서 .config 파일은 커널 옵션 설정 이후 자동으로 생성되었다. 커널 컴파일 시 최상위 디렉터리의 Makefile은 .config 파일을 읽어들여, 커널 디렉터리의 하위 디렉터리를 찾아 들어가며 결과물을 만들어낸다. .config 파일은 리눅스 최상위 디렉터리에 존재하는 파일로서 현재 리눅스의 설정 정보를 갖는다. 커널 소스 트리에는 다양한 플랫폼과 드라이버 소스들이 모두 포함되어 있기 때문에 .config 파일에 설정된 옵션을 가지고 필요한 디렉터리의 소스 파일들만을 컴파일하게 된다.

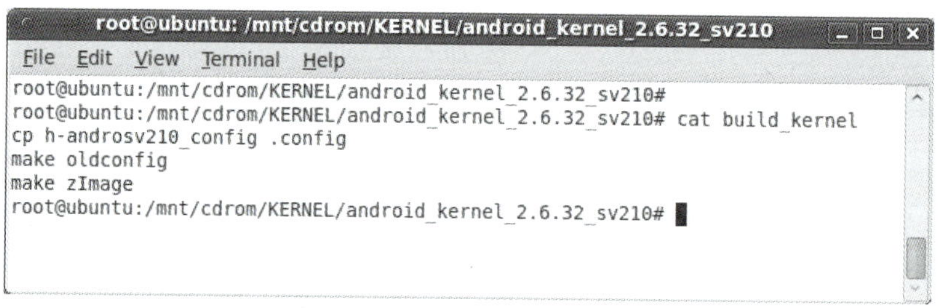


[그림 13-16] build_kernel 내용 확인

(10) cd arch/arm/boot; ls

컴파일이 완료되면 [그림 13-17]과 같이 프롬프트가 출력이 되며, arch/arm/boot/zImage라는 파일로 컴파일된 3.2MB 크기의 zImage 이미지가 생성된 것을 볼 수 있다.

```
root@ubuntu: /mnt/cdrom/KERNEL/android_kernel_2.6.32_sv210/arch/ar
File  Edit  View  Terminal  Help
  LD [M]  crypto/krng.ko
  CC      crypto/rng.mod.o
  LD [M]  crypto/rng.ko
  CC      drivers/scsi/scsi_wait_scan.mod.o
  LD [M]  drivers/scsi/scsi_wait_scan.ko
root@ubuntu:/mnt/cdrom/KERNEL/android_kernel_2.6.32_sv210# cd arch/arm/boot/
root@ubuntu:/mnt/cdrom/KERNEL/android_kernel_2.6.32_sv210/arch/arm/boot# ls
bootp  compressed  Image  install.sh  Makefile  zImage
root@ubuntu:/mnt/cdrom/KERNEL/android_kernel_2.6.32_sv210/arch/arm/boot#
```

[그림 13-17] 커널 이미지 생성 확인

참고로 X-Hyper320TKU 보드에 대한 커널 이미지 zImage의 크기는 약 1.4MB이다. 커널 이미지 크기는 커널에 루트 파일시스템 포함 여부에 따라 차이가 난다. 안드로이드 2.2를 사용하는 H-AndroSV210에서는 속도 향상 목적으로 정적 컴파일을 하여 zImage가 크다.

## 안드로이드 플랫폼 빌드하기

지금까지 커널 이미지 제작 과정을 실습하였다. 다음은 Android 플랫폼 이미지를 빌드하는 실습을 해본다.

### 실습 13-5 안드로이드 플랫폼 이미지 빌드하기

(1) CD-ROM에 H-AndroSV210의 BSP CD를 삽입한다.

(2) 우분투 9.10을 기준으로 CD는 자동으로 마운트되는데 /cdrom이란 폴더에 자동 마운트된다.

(3) mkdir /mnt/cdrom/ANDROID 명령으로 /mnt/cdrom/ANDROID란 폴더를 생성한다.

(4) "cp -r /cdrom /mnt/cdrom/ANDROID" 명령으로 CD-ROM의 압축 플랫폼 파일 android_froyo_sv210.tgz 내용을 /mnt/cdrom/ANDROID에 복사한다.

(5) "ls /mnt/cdrom/ANDROID"으로 복사한 내용을 확인한다.

(6) tar zxvf android_froyo_sv210.tgz
압축 플랫폼 파일 android_froyo_sv210.tgz을 [그림 13-18]처럼 해제한다. 파일 용량이 크기 때문에 압축 해제 과정은 PC에 따라 수 분이 걸릴 수 있다.

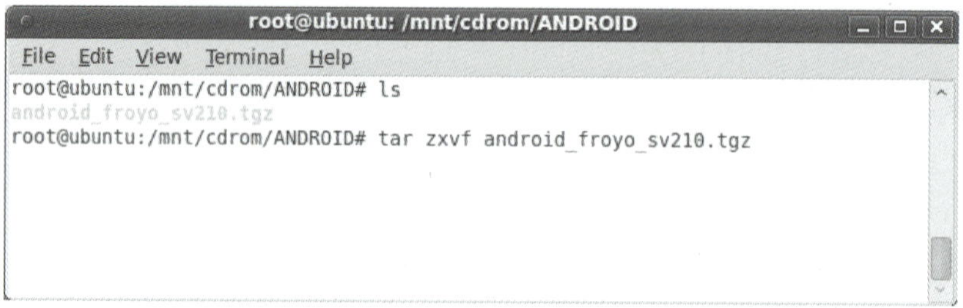


[그림 13-18] 안드로이드 플랫폼 압축 파일 해제

(7) cd android_froyo_sv210; ls

압축 해제를 완료했으면 압축이 해제된 android_froyo_sv210 폴더로 이동한다. 그리고 ls 명령어로 폴더 내용을 확인한다.

(8) ./build_android.sh

build_android.sh 파일은 system.img와 root.img 같은 안드로이드 플랫폼 이미지를 생성하기 위해 이미 작성해놓은 스크립트 파일이다.

(9) cd out/target/product/sv210; ls

안드로이드 이미지의 생성은 PC 사양에 따라 수 시간이 소요된다. 안드로이드 이미지의 빌드가 완료되면 out/target/product/sv210 이하에 이미지가 생성된 것을 [그림 13-19]처럼 볼 수 있다. 기본 파일 시스템 이미지 root.img와 플랫폼 이미지 파일 system.img가 생성된다.

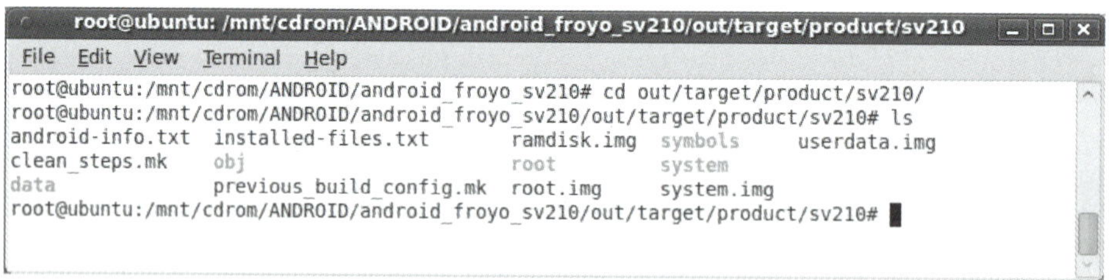


[그림 13-19] 안드로이드 플랫폼 이미지 생성

## 13.5 타깃으로 이미지 다운로드

앞에서 생성한 zImage, root.img, system.img 이미지를 H-AndroSV210 타깃에 다운로드해보도록 한다. 기존은 RS-232 또는 이더넷을 통한 미니컴 또는 tftp 통신을 사용하여 타깃에 다운로드하여 왔다. 하지만 H-AndroSV210 보드는 그러한 통신 포트가 없고 USB 포트만 있다.

H-AndroSV210 보드로의 이미지 다운로드는 Windows 환경에서 진행하며 dnw 프로그램을 사용하여 커널을 다운로드한다. dnw 프로그램 사용 방법은 매뉴얼을 참고한다. zImage, root.img, system.img 이미지를 H-AndroSV210에 다운로드하는 실습을 해본다.

### 실습 13-6 안드로이드 이미지 다운로드

(1) nand scrub

다운로드하기에 앞서 이미 Nand Flash에 올라가 있던 내용을 삭제한다.

(2) nand erase 80000 FF8000

nand scrub 작업이 모두 진행되었으면 [그림 13-20]처럼 NAND 플래시의 내용을 모두 지운다. 메모리 영역 중 80000~FF8000의 내용을 삭제한다.

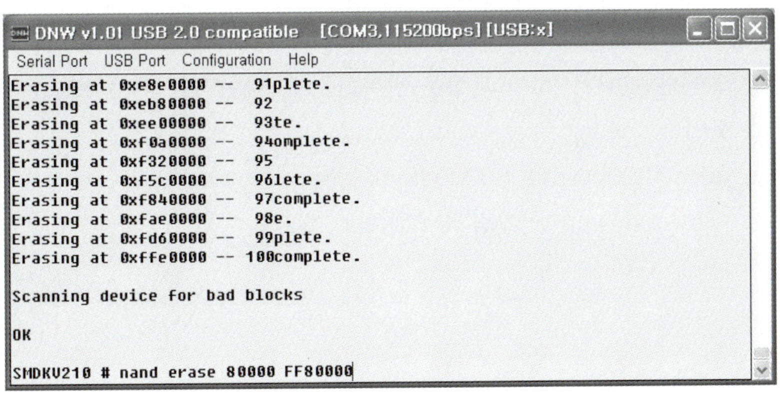


[그림 13-20] NAND 메모리 지우기

(3) dnw c0008000

Nand Flash의 내용을 삭제하였으면 커널의 이미지를 다운로드하기 위하여 USB Port의 통신 연결을 설정한다. 그리고 zImage 파일이 있는 곳의 경로를 지정한다. 파일이 선택되면 다운로드가 진행된다. 결과적으로 zImage라는 커널 이미지가 SDRAM에 다운로드되었다. SDRAM의 경우 휘발성 메모리이기 때문에 SDRAM에 다운로드된 zImage를 Nand Flash로 Write해주어야 한다.

(4) nand write c0008000 600000 500000

Nand Flash에 zImage를 [그림 13-21]처럼 쓰기를 한다.

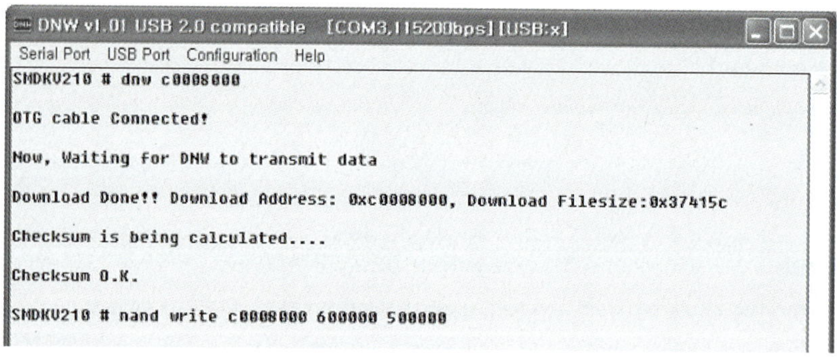


[그림 13-21] zImage 다운로드하기

(5) dnw 40000000

다음은 앞에서 생성한 system.img를 H-AndroSV210에 다운로드한다. 안드로이드는 root와 system 이미지로 나누어져 있기 때문에 2개의 파일시스템 이미지를 업로드하여야 한다. (3)의 과정을 반복하는데, 차이점은 다운로드 주소가 다르다는 것이다.

(6) nand write.yaffs 40000000 1000000 [byte size of system.img]

Nand Flash에 system.img를 [그림 13-22]처럼 쓰기를 한다.

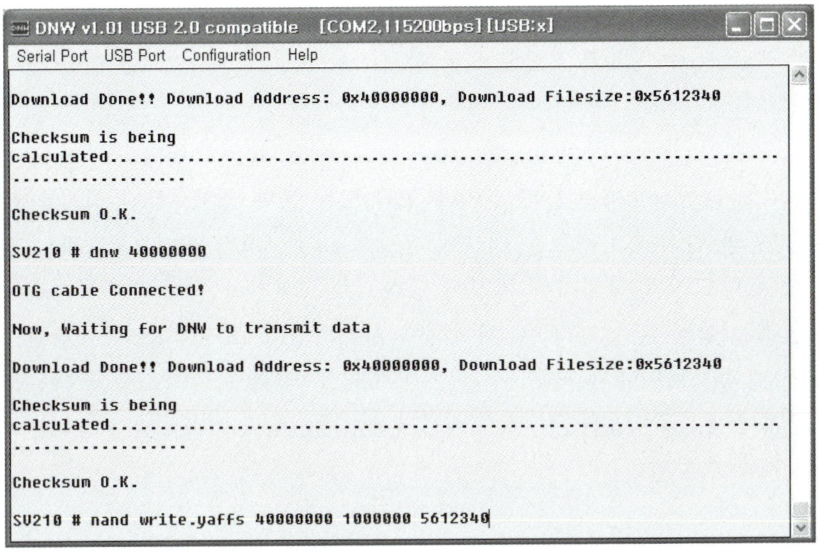


[그림 13-22] system.img 다운로드하기

마지막 옵션으로 붙는 [byte size of system.img]는 이미지를 다운로드할 때 다운로드된 사이즈를 적어준다. 위에서 0x5612340의 파일 크기가 다운로드된 것을 볼 수 있으면 마지막 옵션에 5612340이라고 입력해준 것이다. 위의 작업을 모두 진행했다면 system 이미지의 다운로드가 완료된 것이다.

(7) root.img 이미지를 다운로드하여 플래시에 저장한다.

## 13.6 파일시스템 구성

타깃에 탑재할 안드로이드 커널과 플랫폼이 빌드되었다. 이제는 커널에 탑재할 파일시스템을 구성하는 것이 중요한 이슈이다.

임베디드 시스템에서 파일시스템을 구성할 때에는 임시 루트 파일시스템을 만든 후 나중에 대형 파일시스템을 루트에 마운트하여 사용한다. 속도 향상을 위하여 램 기반의 루트 파일시스템을 구현하고, 이어서 나머지 파일시스템을 마운트하는 개념으로 진행한다. 루트 파일시스템을 위하여 initrd를 사용한다.

커널 부팅 시 init 프로세스가 실행되면서 루트 파일시스템(initrd 또는 initramfs)을 마운팅한다. 루트 파일시스템은 회사마다 특성 있게 구성하여 사용한다. 타깃 제조 회사마다 사용하는 저장 매체가 다르다는 것을 기억하라.

초기 램디스크 initrd는 램RAM 기반의 블록 장치로서 고정된 크기의 메모리를 갖는다. 일반 디스크 장치처럼 포맷과 마운트하여 사용한다. 초기 램디스크로의 내용 기록을 위하여 포맷이 되어야 하는데 mke2fs 또는 losetup 같은 특별한 도구가 있어야 한다. 그리고 리눅스에서는 블록 장치에 쓰기 또는 블록 장치로부터 읽기를 할 때에 모든 파일과 디렉터리 정보를 캐시에 저장하도록 설계되어 있다. 그래서 초기 램디스크는 메모리를 낭비하는 특징이 있다. 초기 버전의 임베디드 시스템에서는 initrd를 사용한 부팅 방식을 채택하여 사용하였다. 하이버스 안드로이드 H-hyper320TKU 보드에서는 initrd를 기반으로 한 루트 파일시스템을 사용하고 있다. 반면에 H-AndroSV210 보드에서는 initramfs을 기반으로 한 루트 파일시스템을 사용하고 있다.

**저자 한마디 | ramfs와 initramfs**

몇년 전 Linus Torvald는 리눅스의 캐시를 파일시스템처럼 다룰 수 있는 방법을 고안하였다. 캐시에 파일들을 저장할 수 있고 그러면서 삭제하기 전까지는 소실되지 않는 방법으로 ramfs를 고안한 것이다. ramfs를 더욱 향상시킨 버전이 initramfs이다. initramfs는 데이터 크기에 따라 확장과 수축이 가능하다.

initramfs를 루트 파일시스템으로 사용하는 시스템은 리눅스 커널에서 동작하는 파일시스템 드라이버를 필요로 하지 않는다. 파일시스템으로 해석하기 위한 블록block 디바이스가 아니기 때문이다.

H-AndroSV210 보드에서 안드로이드 부팅 시 동작하는 과정을 설계해놓은 init.rc와 다음의 build_android.sh 파일을 보면 yaffs 파일시스템을 마운트하고 root.img와 system.img를 생성한 것을 알 수 있다. root.img에는 루트 파일시스템과 기본 폴더를 포함하며, system.img에는 안드로이드 플랫폼을 포함하는 /system 내용을 포함하고 있다.

build_android.sh 파일 내용

```
#!/bin/bash
SEC_PRODUCT=sv210
CLEAN_BUILD='false'
#CLEAN_BUILD='true'
ROOT_DIR=$(pwd)
BUILD_OUT_DIR="$ROOT_DIR/out/target/product/$SEC_PRODUCT"
CPU_JOB_NUM=$(grep processor /proc/cpuinfo | awk '{field=$NF};END{print field+1}')
function check_exit()
{   if [ $? != 0 ]
    then
        exit $?
    fi
}function build_android()
{   echo
    echo '[[[[[[[ Build android platform ]]]]]]]'
    echo
        START_TIME='date +%s'
.....
}function make_output()
{   cd $ROOT_DIR
    echo
    echo '[[[[[[[ BusyBox, Bash Copy ]]]]]]]'
    echo
    cp -a $ROOT_DIR/vendor/rootfs_base/* $BUILD_OUT_DIR/system
    $ROOT_DIR/vendor/mkyaffs2image $BUILD_OUT_DIR/system $BUILD_OUT_ DIR/system.img
    $ROOT_DIR/vendor/mkyaffs2image $BUILD_OUT_DIR/root $BUILD_OUT_ DIR/root.img
    sync
}echo
echo '                Build android for 'HyBus_$SEC_PRODUCT''
echo
## Clean output folder
echo ok success !!!
exit 0
```

안드로이드 표준 파일시스템으로 yaffs2가 추천되고 있다. YAFFS(Yet Another Flash File System)는 2세대 파일시스템으로서 NAND와 NOR 플래시를 위한 빠르고 견고한 파일시스템을 제공해준다. 현재 리눅스와 RTOS를 사용한 소비자 장치에서 널리 사용되고 있다. 그리고 commercial/GPL 라이선스를 갖고 있다.

## 13.7 부팅 및 실행

지금까지 커널과 플랫폼 파일시스템 이미지 제작과 타깃으로의 다운로드를 완료하였다. 이제 H-AndroSV210을 재부팅한다. 그러면 먼저 리눅스 커널이 부팅된 후 안드로이드 플랫폼을 탑재하기 위한 작업을 한다. 리눅스 bash 셸에서 안드로이드 플랫폼을 탑재하기 위하여 android_froyo_sv210/build_android.sh 셸 스크립트를 호출한다. android_froyo_sv210/build/core/main.mk에서 먼저 버전을 검사한 후 자바로 작성된 안드로이드 플랫폼을 위한 각종 mk 파일을 빌드한다. 자바 컴파일러 javac에 의하여 컴파일된 후 mksdcrd, dexdump, adb 같은 각종 안드로이드 API를 포함하는 안드로이드 SDK가 만들어진다.

### 실습 13-7 안드로이드 부팅

(1) H-AndroSV210을 재부팅한다.
(2) 잠시 후 H-AndroSV210이 정상적으로 부팅되는 것을 그림처럼 볼 수 있다.

[그림 13-23] 안드로이드 부팅

## 연습/문제

1. repo 스크립트 프로그램을 사용하여 안드로이드 커널 소스를 다운로드받아라.

2. DDMS를 사용하여 타깃 보드 H-AndroSV210에 있는 HelloAndroid.apk 파일을 PC로 전송해보아라.

3. 빌드된 리눅스 커널 이미지는 어떤 디렉터리에 생성되는가?

4. 이클립스상에서 프로그래밍한 애플리케이션 HelloAndroid를 이클립스에서 직접 타깃 H-AndroSV210 보드로 다운로드하여 실행해보아라.
   참고로 안드로이드 애플리케이션은 /data/app 폴더 이하에 넣어주기만 하면 애플리케이션을 실행할 수 있다.

5. 윈도우 SDK에 있는 램디스크 이미지 ramdisk.img를 압축 해제하여 파일시스템을 구성하는 것을 설명하라.

6. 안드로이드 SDK에서 제공하는 adb 프로그램을 사용하여 타깃 H-AndroSV210으로 애플리케이션 HelloAndroid.apk를 다운로드하여 실행해보아라.

7. 안드로이드 SDK에서 제공하는 adb 프로그램을 사용하여 타깃의 애플리케이션 HelloAndroid.apk를 PC로 업로드하여 실행해보아라.

8. 생성한 안드로이드 커널 이미지 zImage의 크기는 얼마인지 조사해보아라.

9. [실습 13-6]에서 (7)번의 root.img를 타깃으로 다운로드하는 과정을 설명하라.

Chapter 14

# 타깃 장치로 고급 포팅하기

CHAPTER

# 14 타깃 장치로 고급 포팅하기

안드로이드 모바일 플랫폼에 새로운 하드웨어 장치를 추가하고, 애플리케이션에서 하드웨어 장치를 활용하고자 한다. 그러기 위해서는 안드로이드 커널에 하드웨어 장치를 제어하는 드라이버를 C/C++로 작성하여 추가하는 방법을 이해하여야 한다. Java로 제작된 애플리케이션에서 커널에 추가로 연결된 C/C++ 기반의 드라이버를 활용하는 방법 또한 이해하여야 한다. 자바와 C/C++의 서로 다른 환경을 연결해주는 데 JNI 기술이 사용된다. 이러한 일련의 과정과 관련 기술을 이해하는 학습을 한다.

## 14.1 안드로이드에서 C 프로그램 실행시키기

지금까지는 안드로이드 플랫폼에서 자바로 애플리케이션 프로그램을 작성하여왔다. 이 장에서는 C/C++로 작성된 프로그램과 안드로이드 플랫폼에서 자바로 작성된 애플리케이션과의 상호 연동에 관하여 학습한다.

먼저, 자바로 작성된 안드로이드 애플리케이션과의 상호 연동성을 설명하기 위하여, C로 작성한 간단한 프로그램을 안드로이드 플랫폼에 추가하여 동작하게 하는 과정을 설명한다. 다음, C로 작성한 간단한 프로그램을 안드로이드 애플리케이션과 연동시키기 위한 개발 도구인 NDK에 대하여 설명한다. 이어서, C로 작성한 프로그램을 에뮬레이터에 포팅하여 동작시키는 실습과 실제 타깃 장치의 하드웨어를 제어하는 드라이버를 안드로이드 커널에 추가하여 자바 애플리케이션에서 하드웨어를 제어하는 고급 실습을 진행한다.

그럼, 리눅스 기반에서 C로 간단한 프로그램을 작성하여 안드로이드 플랫폼에서 동작하도록 하는 실습을 해본다. 안드로이드 애플리케이션을 자바[Java]로 작성하지 않고 일반 C를 사용한 간단한 프로그램을 제작한 후 타깃(에뮬레이터) 장치에서 실행하는 예이다. 반드시 자바로 작성하지 않아도 된다는 의미이다. 이는 apk 패키지가 아님에도 불구하고 동작하는 예이다.

### 실습 14-1 가장 평범한 C로 helloworld.c 프로그램을 정적으로 빌드하여 안드로이드 플랫폼에서 동작시키기

(1) vi helloworld.c

```
#include <stdio.h>
int main(int argc, char **argv)
{
    printf("Hello World! \n");
    return 0;
}
```

위의 C 프로그램은 main 함수로부터 시작한다. main 함수에 두 개의 매개변수가 있다. argc는 호출 시 명령줄에서 넘겨지는 인자의 개수를 나타내며, argv는 입력되는 인자에 대한 배열 포인터를 의미한다. 따라서 argv[0]은 실행하는 프로그램의 이름이 된다. C 언어 애플리케이션에서는 #include 헤더 파일이 필요하다. 함수 printf는 헤더 파일 stdio.h에 정의되어 있다.

(2) arm-none-linux-gnueabi-gcc -static helloworld.c -o helloworld

다음은 실행파일을 만들기 위하여 컴파일 과정을 진행한다. gcc를 사용하여 애플리케이션 컴파일과 빌드를 하는데, 정적static 옵션을 사용하여 빌드를 한다. helloworld 실행파일을 빌드할 때 모든 라이브러리가 이진 파일에 포함된다. 정적으로 연결한 결과 500KB나 되는 큰 파일이 생성된다. 이는 완전히 독립적인 실행 프로그램 형태로 만들어지는 것을 의미하며, 다른 추가적인 컴포넌트를 필요로 하지 않는다는 것을 의미한다. 여기서 gcc는 실행파일을 빌드하는 데 필요한 함수와 자료를 모두 정적으로 링크한다. 그래서 애플리케이션은 완전히 독자적으로 타깃 안드로이드 에뮬레이터에서 추가적인 요소 지원 없이 동작 가능하다. 하지만 단순히 화면에 메시지 한 줄을 표시하는 데 500KB 실행파일을 사용한다면 문제가 있다.

(3) adb push helloworld data/helloworld

리눅스로 만들어진 C 애플리케이션 프로그램을 에뮬레이터에 설치하고 실행하는 과정을 설명한다. 리눅스에서 새로 작성한 애플리케이션 실행파일

helloworld를 윈도우의 에뮬레이터에서 실행해볼 수 있도록 에뮬레이터로 복사한다. adb를 사용하여 에뮬레이터 파일시스템의 data/helloworld 디렉터리로 업로드한다.

(4) adb shell
에뮬레이터 셸 모드로 간다.

(5) chmod 777 data/helloworld
helloworld 프로그램에 대한 소유 권한을 실행 가능 상태로 설정한다.

(6) ./helloworld
파일을 실행시키기 위하여 ./helloworld를 입력한다. 실행파일에 대한 경로 정보를 현재 디렉터리가 포함하고 있지 않아서 현재 디터토리를 나타내는 접두사 './' 을 붙여준다. 간단하지만 안드로이드 에뮬레이터에서 리눅스 C 프로그램이 동작되는 것을 확인할 수 있다.

(7) Hello World!
실행 결과 Hello World! 가 화면에 나타나는 것을 확인한다.

지금까지의 실습은 static 옵션을 사용하여 정적으로 실행파일을 만들어 실행하는 과정을 설명하였다. 하지만 실행파일 크기가 너무 크다는 문제점을 발견하였다. 이 문제는 안드로이드 플랫폼에 내장된 라이브러리를 동적으로 연결하여 사용함으로써 해결할 수 있다.

이제, 안드로이드 상주 라이브러리를 활용하여 해결하는 실습을 해보자. 그렇게 하기 위해서는 안드로이드 파일시스템을 살펴보아야 한다. 안드로이드의 시스템 라이브러리들이 /system/lib 디렉터리에 저장되어 있다. 이 디렉터리에 OpenGL, SQLite, 표준 C 라이브러리, 안드로이드 런타임, UI 루틴 같은 중요한 기능들이 포함되어 있다.

### 실습 14-2 hellodynamic.c 프로그램을 동적으로 빌드하여 안드로이드 플랫폼에서 동작시키기

(1) 리눅스 서버에서 〈실습 14-1〉처럼 helloworld.c와 같은 hellodynamic.c를 작성한다.

(2) 에뮬레이터 /system/lib 파일을 D:\android\system\lib으로 추출
윈도우 에뮬레이터 /system/lib에 있는 모든 동적 라이브러리 파일을 D:\android\system\lib으로 추출한다. 그리고 리눅스 서버의 \android\

system\lib 디렉터리로 복사한다. 애플리케이션을 개발할 때 동적으로 링크하는 데 사용될 것이다.

**에뮬레이터에서 동적 라이브러리 파일 추출 실습 내용**

```
adb pull /system/lib/libdl.so  D:\android\system\lib
adb pull /system/lib/libthread_db.so  D:\android\system\lib
adb pull /system/lib/libc.so   D:\android\system\lib
adb pull /system/lib/libm.so   D:\android\system\lib
adb pull /system/lib/libGLES_CM.so  D:\android\system\lib
adb pull /system/lib/libssl.so   D:\android\system\lib
...
adb pull /system/lib/libhardware.so  D:\android\system\lib
adb pull /system/lib/libsqlite.so  D:\android\system\lib
```

(3) arm-none-linux-gnueabi-gcc -c hellodynamic.c -o hellodynamic.o
hellodynamic.c를 컴파일한다. -c 옵션으로 컴파일만 수행한다. 그러면 gcc가 링크 작업을 하지 않는다는 것을 의미한다. -c 옵션을 사용하지 않으면 컴파일과 링크를 한 번에 수행한다.

(4) arm-none-linux-gnueabi-ld -entry=main -dynamic-linker /system/bin/linker -nostdlib -rpath /system/lib -rpath-link /android/system/lib -L /android/system/lib -l android_runtime -l c -o hellodynamic hellodynamic.o
hellodynamic.c 프로그램에 대한 라이브러리를 동적으로 연결하여 빌드하기 위하여 arm-none-linux-gnueabi-ld를 사용한다. 안드로이드 애플리케이션을 만들 때 일반 툴체인의 라이브러리에만 의존하지 않고, 안드로이드 시스템 라이브러리와 상호 연동이 되게 한다.

(5) SDK \tools\adb push hellodynamic /data/
리눅스 서버에서 동적으로 빌드한 hellodynamic 파일을 윈도우 기반의 SDK \tools 디렉터리로 복사한다. 이어서 SDK \tools\adb push hellodynamic /data/ 명령으로 에뮬레이터 /data/ 디렉터리로 이동시킨다. 그리고 'chmod 777 /data/hellodynamic' 명령으로 hellodynamic에 대한 소유 권한을 읽기, 쓰기, 실행 모두 가능한 상태로 설정한다.

〈표 14-1〉 링커 옵션 설명

| 링커 옵션 | 설명 |
|---|---|
| -entry=main | 애플리케이션의 시작 부분을 지정 |
| -dynamic-linker /system/bin/linker | 안드로이드에서 동적 링커의 위치 |
| -nostdlib | 링크 시 표준 C 라이브러리를 포함하지 않음 |
| -rpath /system/lib | 런타임 시 실행 가능한 라이브러리의 위치 |
| -rpath-link /android/system/lib | 링크 시 사용될 라이브러리 위치 지정 |
| -L /android/system/lib | 사용될 라이브러리 위치 지정 |
| -l android_runtime | libandroid_runtime.so 라이브러리 파일 지정 |
| -l c | libc.so 파일 지정 |
| -o hellodynamic | 생성되는 실행파일 이름 |
| hellodynamic.o | hellodynamic.o 파일을 링크 시 입력 파일로 지정 |

애플리케이션이 OpenGL 또는 SQLite 라이브러리와 연계하여 사용된다면, 연결 명령어에 -l GLES_CM 또는 -l sqlite 옵션을 각각 추가해준다. 이러한 라이브러리 옵션을 사용하지 않으면 자동으로 OpenGL 또는 SQLite 라이브러리를 사용하지 않게 된다. 실행 결과 hellodynamic 파일의 크기가 2,504바이트가 되었다.

(6) # adb shell; # cd data; # ls -l

윈도우에서 adb 셸 모드로 들어간 후, 에뮬레이터 /data 디렉터리로 이동한다. 파일 목록을 ls -l로 검사한다.

```
2504 hellodynamic
568231 helloworld
```

(7) ./helloworld

실행 결과로 'Hello World!'를 갖는다.

(8) ./hellodynamic

실행 결과로

'Hello World!'

```
[1] Killed    ./hellodynamic
```

을 갖는다. 동적 링크 프로그램 실행에서 "killed"라는 메시지를 받았는데, 이는 예제 프로그램이 libandroid_runtime.so와 libc.so 안드로이드 시스템 라이브러리를 링크하고 실행도 되었지만, 한 가지 문제로 인해 애플리케이션이 정상적으로 수행되지 않았다는 것을 의미한다. return 함수는 리턴될 곳이 없기 때문에 스택 언더플로가 일어난다. 그래서 exit으로 대체하면 프로그램이 수행 완료 된 후 운영체제로 복귀한다. 그러면 "killed" 메시지가 사라지고 정상적으로 수행된다.

(9) vi hellodynamic.c

```
#include <stdio.h>
int main(int argc, char **argv)
{
    printf("Hello World! \n");
    exit(0);
    // return 0;
}
```

## 14.2 안드로이드 NDK 설치

모바일 환경에서 모든 프로그램을 자바로 작성하면 속도 등에서 성능에 문제가 생긴다. 동영상과 같은 것은 C/C++로 프로그램을 작성하여 처리하는 것이 훨씬 더 빠르다.

원래 Java에는 C/C++로 작성된 코드를 사용할 수 있도록 해주는 JNI(Java Native Interface)라는 것이 지원된다. 안드로이드에서는 네이티브(native) 메소드를 애플리케이션에서 사용할 수 있도록 하는 NDK(Native Development Kit) 개발 키트를 제공한다. 여기에서 네이티브 메소드란 안드로이드(Java)에서 사용할 수 있도록 C/C++로 만들어진 라이브러리에 대한 메소드를 말한다.

안드로이드에서의 NDK는 C/C++로 작성된 코드를 공유 라이브러리 형태로 만들어서 안드로이드 애플리케이션에서 사용할 수 있도록 해주는 역할을 한다. 리눅스 기반으로 작성된 C/C++ 프로그램은 어떠한 형태이든 안드로이드 애플리케이션과 연동이 이루어져야 한다. 이때 [그림 14-1]에 표현된 것처럼 NDK가 상호작용에 중요한 역할을 한다.

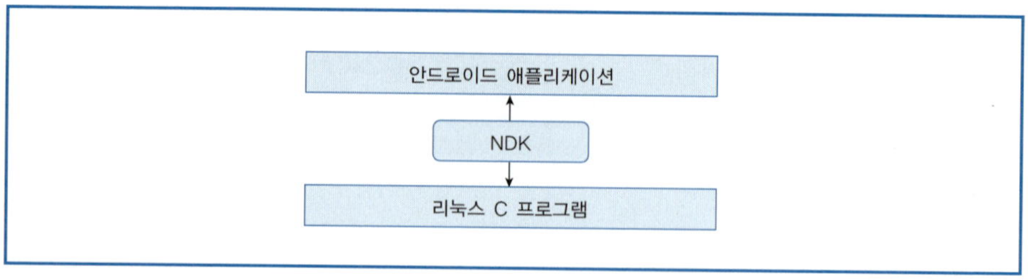


[그림 14-1] NDK 역할

네이티브 C 함수를 사용하는 방법과 NDK 관련 자료를 http://developer.android.com/sdk/ndk/index.html에서 다운로드받을 수 있다. 안드로이드 NDK는 네이티브 코드로 애플리케이션이나 공유 라이브러리를 개발할 때 필요한 문서와 개발 툴의 모음이다. NDK에는 리눅스에서 동작할 수 있는 ARM용 네이티브 이진 파일 생성을 위한 컴파일러, 링커와 같은 교차 컴파일 도구를 포함한다. NDK는 C/C++로 개발된 코드를 네이티브 라이브러리 형태로 만들어서 Java에서 사용할 수 있도록 해주는 도구와 빌드 파일을 포함한다. 그리고 NDK에는 네이티브 API를 위하여 다음과 같은 헤더header 파일을 제공한다.

- libc(C 라이브러리) 헤더
- libm(Math 라이브러리) 헤더
- libz(Zlib 압축) 헤더
- liblog(안드로이드 로깅) 헤더
- JNI 인터페이스 헤더
- C++ 지원을 위한 헤더

안드로이드 애플리케이션 패키지(apk) 파일에 네이티브 라이브러리를 삽입할 수 있고, 안드로이드에 설치도 할 수 있다. 구글은 현재까지 android-ndk-r4-linux-x86.zip을 발표했다. 안드로이드 NDK는 r1부터 r4까지 발표되면서 조금씩 그 기능이 변경되고 있다.

NDK에는 프로그램을 효율적으로 하게 하는 빌드 시스템을 제공한다. 빌드 시스템은 어떤 파일을 컴파일할지 그리고 어떤 안드로이드 애플리케이션이 그들을 사용하게 될지를 정의한다. 그러면 빌드 시스템은 컴파일도 하고 공유 라이브러리를 애플리케이션에 직접 집어넣기도 한다. NDK를 사용하여 C 프로그램을 안드로이드 플랫폼에서 자바 애플리케이션과 연동하여 사용하게 하는 과정을 [그림 14-2]에 보여준다.

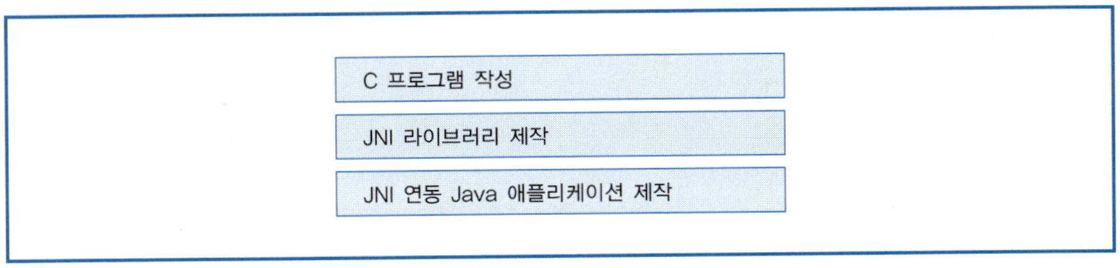


[그림 14-2] NDK 개발 절차

## 실습 14-3 NDK 설치하기

(1) http://developer.android.com/sdk/ndk/index.html

NDK 소스를 다운로드받기 위하여 NDK 사이트 http://developer.android.com/sdk/ndk/index.html을 방문한다. 그리고 [그림 14-3]처럼 android-ndk-r3-linux-x86.zip 파일을 다운로드받는다. 이 책에서는 r3으로 시작했는데 그 사이 r4로 변경되었다.

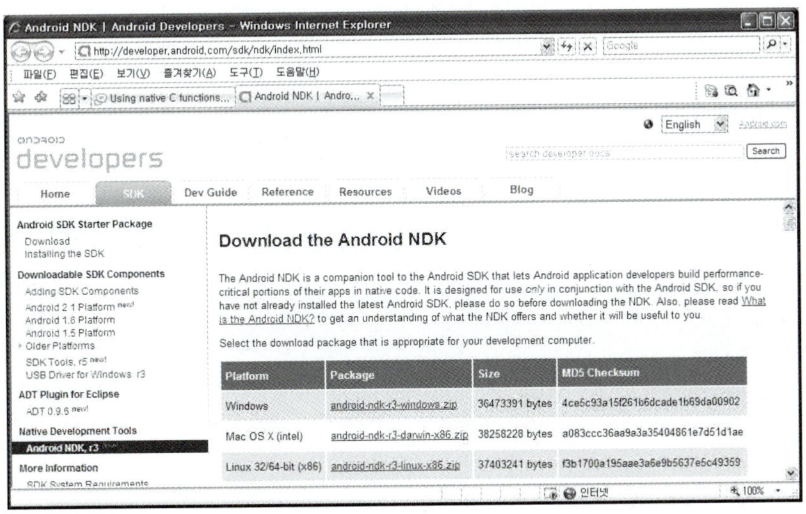


[그림 14-3] NDK 다운로드하기

(2) # wget http://dl.google.com/android/ndk/android-ndk-r3-linux-x86.zip

(1) 방법 대신에 wget을 사용하여 NDK 소스를 다운로드받을 수도 있다. 리눅스 서버에 /android/android-ndk-r3 디렉터리를 생성하고 리눅스용 안드로이드 NDK를 다운로드한다.

(3) unzip android-ndk-r3-linux-x86.zip

NDK 파일을 압축 해제한다.

(4) cd /android-ndk-r3

/android-ndk-r3 디렉터리에 /apps, /build, /docs, /out, GNUmakefile, README.txt 디렉터리와 파일들이 포함되어 있는 것을 [그림 14-4]처럼 확인한다. /apps 디렉터리에는 안드로이드 애플리케이션이 들어간다. NDK 예제를 빌드할 경우 해당 애플리케이션의 /libs 디렉터리에 컴파일된 라이브러리가 저장된다.

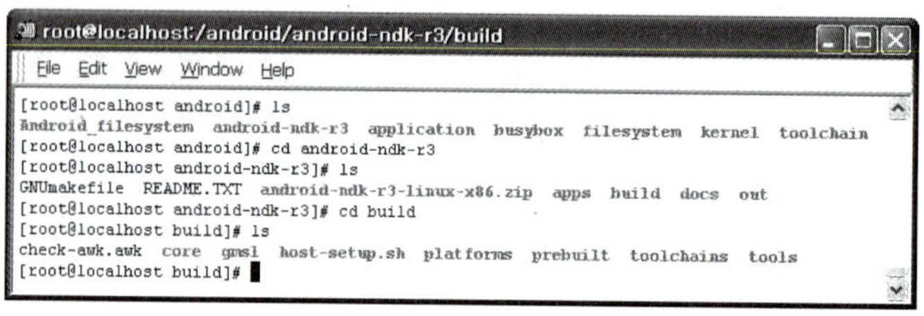


[그림 14-4] android-ndk-r3 디렉터리 내용

(5) cd build

(6) vi host-setup.sh; cd ..

〈소스 14-1〉 host-setup.sh

```
--------------다음과 같이 수정한다--------------------
fi
local result
result='echo "" | $executable -f build/check-awk.awk'
if [ "$result" = "Pass"] ; then
    AWK="$1"
fi
log2 "   Check $result"
------------- 저장 후 종료 -------------------------
```

(7) ./build/host-setup.sh

host-setup.sh를 실행해서 [그림 14-5]처럼 결과가 나타나면 NDK 설치가 완성된 것이다. 참고로 /build에서 실행하면 안 된다.

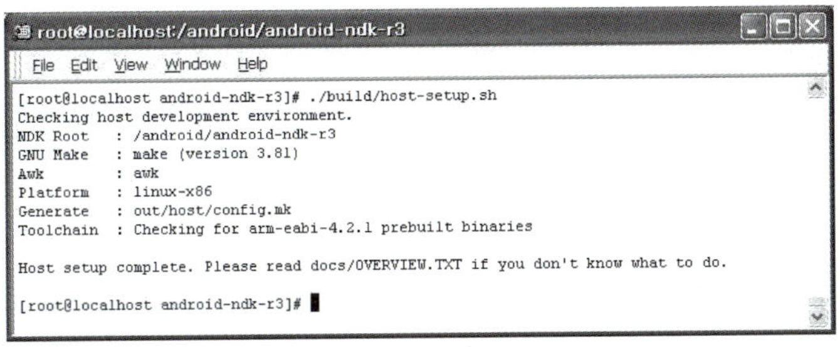


[그림 14-5] /build/host-setup.sh 실행

## 14.3 NDK 기초 실습

간단한 C 프로그램을 작성하여 안드로이드 플랫폼에 넣고, NDK를 사용하여 자바를 사용한 안드로이드 애플리케이션과 연동되도록 하는 실습을 한다.

### 실습 14-4 hellojni 애플리케이션

(1) vi hello-jni.c

NDK 설치가 정상적으로 되었는지 확인하기 위해 NDK에서 제공하는 샘플 프로그램 중에 hello-jni.c를 빌드하여 실행해본다. 리눅스 서버 \android\android-ndk-r3\apps\hello-jni\project\jni 디렉터리 안에 hello-jni.c라는 소스 파일이 들어 있고 해당 파일을 Make하는 Android.mk 파일이 함께 있다. hello-jni.c 파일의 내용은 다음과 같다.

〈소스 14-2〉 hello-jni.c

```
#include <string.h>
#include <jni.h>
jstring
Java_com_example_hellojni_HelloJni_stringFromJNI( JNIEnv* env, jobject thiz )
{
return (*env)->NewStringUTF(env, "Hello from JNI !");
}
```

hello-jni.c 파일은 단순히 "Hello world, hellojni!"라는 텍스트를 출력하는 파일이다.

(2) make APP=hello-jni

NDK의 루트 위치에서 'make APP=hello-jni' 명령어를 입력하면 [그림 14-6]처럼 된다. hello-jni.c 파일이 Android.mk 파일에 의해 libhello-jni.so라는 라이브러리로 생성되고 helloJni.java 애플리케이션에서는 생성된 라이브러리를 참조해 구동하게 된다.

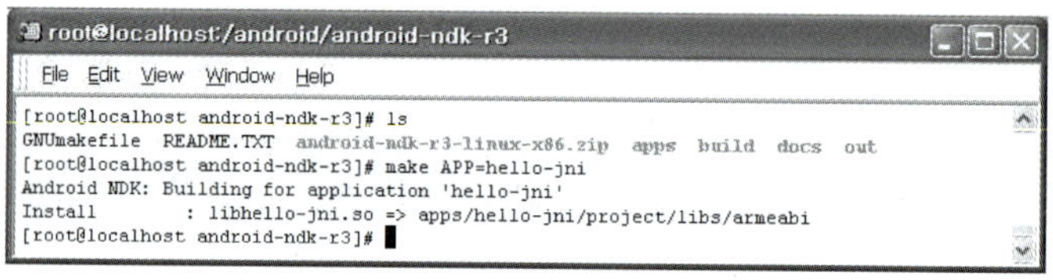


[그림 14-6] 빌드하기

(3) cd /armeabi; ls

ls 명령으로 hello-jni 빌드 결과 libhello-jni.so 동적 라이브러리가 생성된 것을 [그림 14-7]처럼 확인한다.

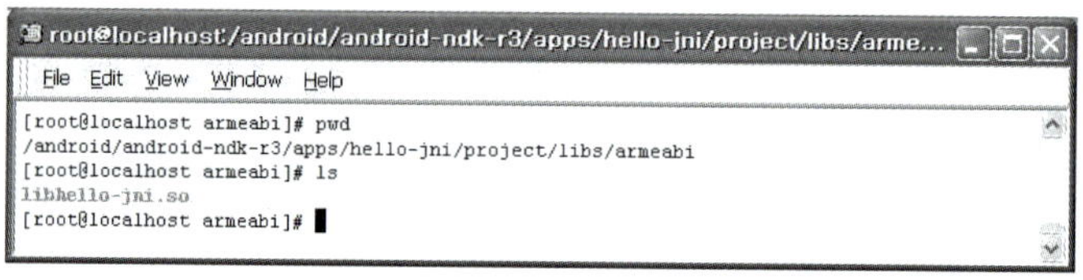


[그림 14-7] libhello-jni.so

(4) HelloJni.java 파일을 작성한다.

NDK에서 빌드된 라이브러리는 안드로이드 프로그램에서 바로 사용할 수 없다. (3)에서 확인한 libhello-jni.so를 사용하는 안드로이드 애플리케이션 프로그램을 작성해야 한다. 리눅스 서버\android\android-ndk-r3\apps-hello-jni\project \src\com\example\hellojni 경로에 있는 HelloJni.java 파일을 확인해본다. 다음 〈소스 14-3〉은 HelloJni.java 파일의 내용이다.

〈소스 14-3〉 HelloJni.java

```
package com.example.hellojni;
import android.app.Activity;
import android.widget.TextView;
import android.os.Bundle;

public class HelloJni extends Activity
{
/** Called when the activity is first created. */
@Override
public void onCreate(Bundle savedInstanceState)
{
super.onCreate(savedInstanceState);
TextView tv = new TextView(this);
tv.setText( stringFromJNI() );
setContentView(tv);
}
public native String stringFromJNI();
public native String unimplementedStringFromJNI();
static {
System.loadLibrary("hello-jni");
}
}
```

(5) 리눅스 서버의 \android\android-ndk-r3\apps\hello-jni 내용을 에뮬레이터가 동작하는 윈도우 PC D:\android\ndk\hello-jni로 전송한다. [그림 14-8]처럼 진행한다.

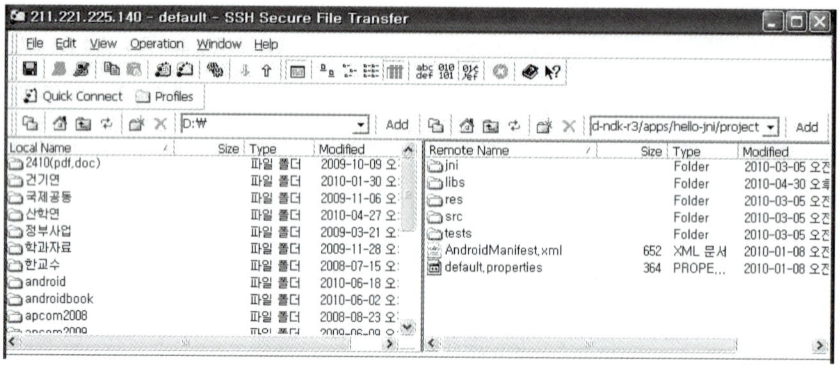

[그림 14-8] \android\android-ndk-r3\apps\hello-jni 전송

(6) 윈도우 PC에 전송된 프로젝트를 확인한다.

윈도우 PC에 전송된 프로젝트가 [그림 14-9]처럼 확인된다.

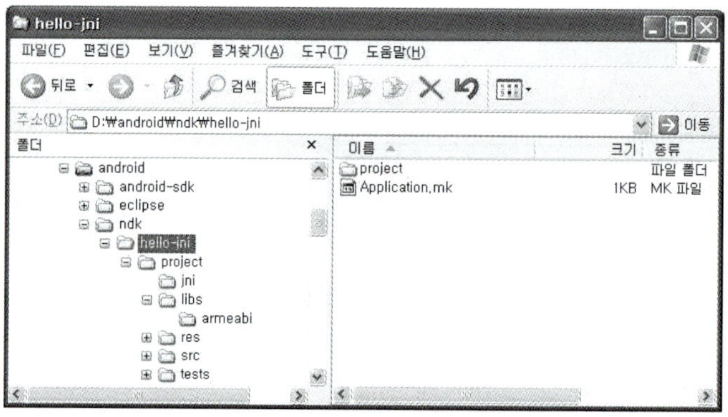

[그림 14-9] 윈도우에 android\ndk\로 전송된 project

(7) 이클립스에서 새로운 프로젝트 생성하기

이클립스에서 새로운 프로젝트를 생성한다. 이클립스를 구동하고, File → New → Project → Next를 선택하면 새로운 안드로이드 프로젝트 생성 입력창이 나타난다. [그림 14-10]과 같은 새로운 프로젝트 입력창에서 프로젝트 이름(Hello-Jni), 타깃 이름(Android 1.5), 애플리케이션 이름(HelloJni), 패키지 이름(com.example.hellojni), Activity(HelloJni) 등의 이름을 라이브러리와 일치시켜 입력한다. 그러면 [그림 14-11]처럼 이클립스에 Hello-Jni 프로젝트가 추가된 것을 확인할 수 있다.

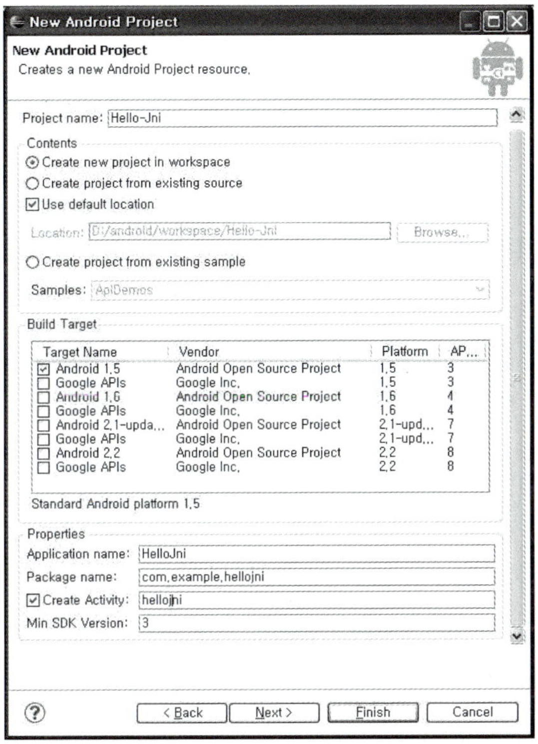

[그림 14-10] 안드로이드 프로젝트 생성

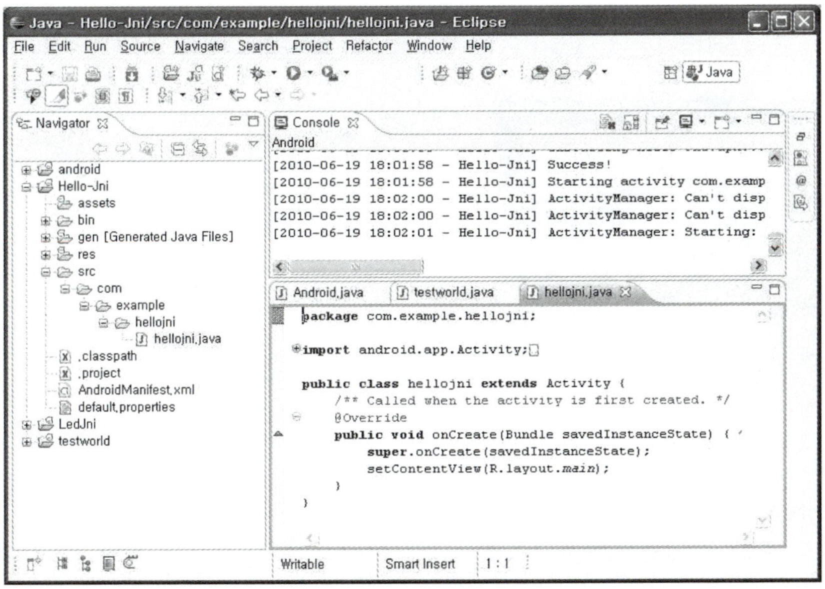

[그림 14-11] 이클립스에 생성된 프로젝트 보기

(8) JNI 라이브러리 추가

다음은 리눅스 서버에서 NDK로 작성한 JNI 라이브러리 \libs\armeabi\libhello-jni.so를 이클립스의 프로젝트에 포함시켜야 한다. 라이브러리 \libs 디렉터리 전체를 [그림 14-12]처럼 D:\android\ndk\project\libs로 이동시킨다.

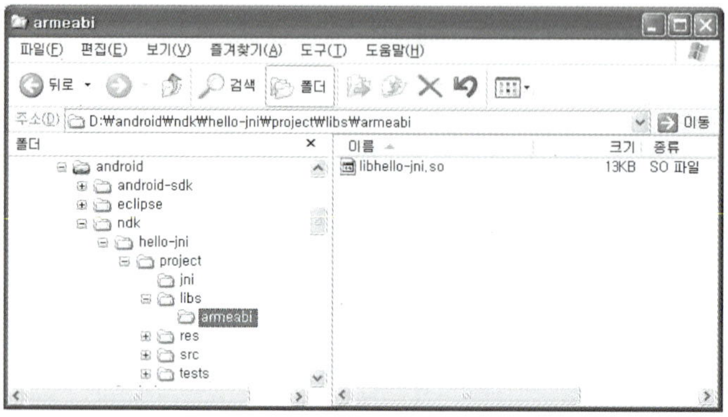


[그림 14-12] 라이브러리 추가하기

(9) 애플리케이션에서 라이브러리 실행하기

이클립스 화면에서 Hello-Jni 프로젝트를 빌드하기 위하여 'RUN' 한다. 에뮬레이터가 구동되면서 'Hello world, hellojni!' 라는 텍스트가 [그림 14-13]처럼 출력된다.

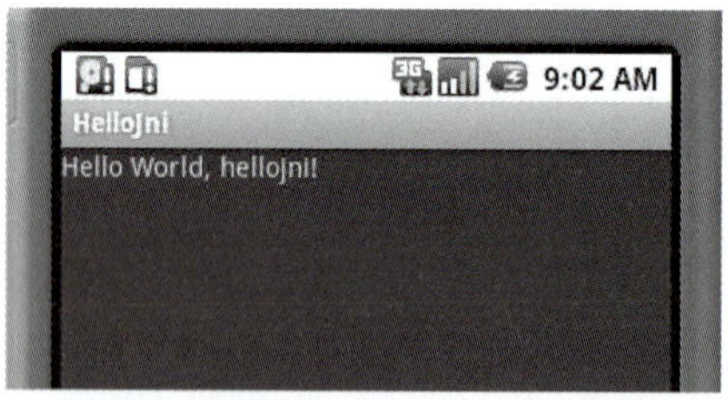


[그림 14-13] Hello-Jni 프로젝트 실행 결과

## 14.4 NDK 고급 실습

하이버스 보드에 있는 LED를 제어하는 C 드라이버를 작성하여 안드로이드 플랫폼에 적재하고, NDK를 사용하여 자바로 작성한 프로그램과 연동하게 하는 고급 실습을 수행한다. 하드웨어를 제어하는 드라이버를 제작하여 리눅스 커널에 등록하여야 하는 어려움이 있다.

### LED 하드웨어

하이버스 보드에 있는 LED를 제어하는 프로그램을 개발한다. LED는 ARM GPIO 포트에 연결되어 있으며, 정해진 물리주소에 값을 출력하면 해당 비트가 1인 경우 LED가 켜진다. [그림 14-14]는 타깃 보드에 있는 3개의 LED를 보여준다.

[그림 14-14] 타깃 보드의 3개의 LED 위치

### LED 디바이스 드라이버

LED 디바이스 드라이버를 제작하여 안드로이드 커널에 모듈로서 등록하는 작업이 필요하다. LED 드라이버 제작은 리눅스 서버에서 진행한다. 작업 디렉터리를 생성하고 해당 디렉터리로 이동한다.

디바이스 드라이버 소스는 led.c 파일이다. 디바이스 드라이버는 open, read, write, module_init에 대한 개별 코드로 구성된다. LED에 대한 물리주소와 가상주소의 매핑이 필요하다. 드라이버에 대한 소스 개발이 이 장의 목적이 아니기 때문에 주어진 드라이버 소스 led.c를 사용한다.

드라이버 소스 led.c

```
/*
 * android device sv210 led
 *
 * by newboder
 *
 */
#include <linux/module.h>
#include <linux/kernel.h>
#include <linux/init.h>
#include <linux/interrupt.h>
#include <linux/input.h>
#include <linux/platform_device.h>
#include <linux/miscdevice.h>
#include <linux/device.h>
#include <linux/delay.h>
#include <linux/fs.h>
#include <linux/poll.h>
#include <linux/types.h>
#include <linux/ioport.h>
#include <asm/io.h>
#include <asm/delay.h>
#include <asm/irq.h>
#include <mach/map.h>
#include <mach/gpio.h>
#include <asm/gpio.h>
#include <mach/gpio-bank.h>
#include <mach/regs-gpio.h>
#define DEVICE_NAME "sv210_led"
static int sv210_led_ioctl(struct inode *inode, struct file *file, unsigned int
cmd, unsigned long arg)
{   return 0;
}static int sv210_led_open(struct inode *minode, struct file *mfile)
{   return 0;
}static int sv210_led_release(struct inode *minode, struct file *mfile)
{   return 0;
```

```
}// LED ON - GPH0_4, GPH0_5, GPH0_6
#define GPH0CON             (*(unsigned long *)S5PV210_GPH0CON)
#define GPH0PUD             (*(unsigned long *)S5PV210_GPH0PUD)
#define GPH0DAT             (*(unsigned long *)S5PV210_GPH0DAT)
static ssize_t sv210_led_write (struct file *file, const char *buf, size_t
count, loff_t *f_pos){

  unsigned char led_data;
  get_user(led_data, (unsigned char *)buf);
// copy_from_user(led_data, (unsigned char*)buf, count);
// LED ON - GPH0_4, GPH0_5, GPH0_6
    GPH0CON &= (~0x0FFF0000); GPH0CON |= 0x01110000;
    GPH0PUD &= (~0x00003F00); GPH0PUD |= 0x00002A00;
    GPH0DAT &= ~0x00000070;

  printk("%s led:[0x%X]\n", __func__, led_data);
  if(led_data & (1<<4))
      GPH0DAT |= (1<<4);
  if(led_data & (1<<5))
      GPH0DAT |= (1<<5);
  if(led_data & (1<<6))
      GPH0DAT |= (1<<6);

  return 0;
}static ssize_t sv210_led_read (struct file *file, const char *buf, size_t
count, loff_t *f_pos){
  return 0;
}static struct file_operations sv210_led_fops = {
   .read       =  sv210_led_read,
   .write      =  sv210_led_write,
   .open       =  sv210_led_open,
   .release    =  sv210_led_release,
   .ioctl      =  sv210_led_ioctl,
};
static struct miscdevice sv210_led_miscdev = {
    .minor  = MISC_DYNAMIC_MINOR,
    .name   = DEVICE_NAME,
    .fops   = &sv210_led_fops,
};
```

```
static int sv210_led_probe(struct platform_device *pdev)
{    int result;
     result = misc_register(&sv210_led_miscdev);
     if (result < 0) {
         printk("unable to register misc device %s\n", DEVICE_NAME);
         return result;
     }
    printk("register misc device %s\n", DEVICE_NAME);
     return 0;
}static int sv210_led_remove(struct platform_device *pdev)
{    misc_deregister(&sv210_led_miscdev);
     return 0;
}static struct platform_driver sv210_led_driver = {
     .driver = {
         .name       = DEVICE_NAME,
     },
     .probe      = sv210_led_probe,
     .remove     = sv210_led_remove,
};
static int __init sv210_led_init(void){
     platform_driver_register(&sv210_led_driver);
    return 0;
}static void __exit sv210_led_exit(void){
     platform_driver_unregister(&sv210_led_driver);
}module_init(sv210_led_init);
module_exit(sv210_led_exit);
```

드라이버 /dev/led가 정상적으로 동작하게 되면, 사용자가 입력한 LED 설정값이 write() 함수를 통하여 해당 LED를 제어하게 된다.

### JNI 라이브러리

안드로이드 애플리케이션에서 H-AndroSV210의 LED 드라이버를 제어하기 위해서는 JNI 인터페이스가 필요하다. 구글의 NDK를 이용하여 인터페이스를 제공할 JNI 라이브러리를 개발한다. 다음은 JNI 라이브러리 인터페이스 프로그램을 개발하는 실습이다.

## 실습 14-5 JNI 라이브러리 생성 및 다운로드

(1) vi led_test.c

LED 드라이버를 테스트할 수 있는 프로그램 led_test.c를 JNI 라이브러리로 인터페이스를 만드는 작업을 진행한다.

JNI 프로그램 /android-ndk-r3/app/led_test/project/jni/led_test.c

```
#include <stdio.h>
#include <fcntl.h>
#include <jni.h>
jint Java_com_hybus_led_Led_LEDTest (JNIEnv*  env, jobject  thiz, jint data)
{    return main(data);
 }
#define led_dev "/dev/sv210_led"
int main(data)
{    int dev;
    int buff;
    dev = open(led_dev, O_RDWR);
            buff = data;
            write(dev,&buff, 2);
    close(dev);
    return 0;
}
```

위와 같이 선언하면 안드로이드 애플리케이션의 패키지 이름은 com_hybus_led가 된다. 안드로이드 애플리케이션에서 호출하는 함수는 다음과 같이 선언이 되어야 한다.

```
public native int LEDControl (int data);
```

함수의 인자인 data는 다음과 같은 의미를 갖는다.

"1" : LED를 켠다.
"0" : LED를 끈다.

앞의 소스에서 Java에서 호출하여 쓰는 부분은 LEDTest이며, LEDTest에서는 자바에서 data라는 인자를 받도록 구성되어 있다. LEDTest에서는 main을 호출하여 실행하고 /dev/sv210_led라는 장치에 data라는 값을 write하도록 구성되어 있다.

H-AndroSV210에서의 3개의 LED는 각각 0x10, 0x20, 0x40 값을 write하여 3개의 LED를 제어할 수 있다. 위의 내용을 컴파일하면 libled-jni.so라는 라이브러리 파일이 생성되며, 이 라이브러리 파일을 H-AndroSV210에 다운로드하여 사용할 수 있다.

**저자 한마디 | 용어 정의**

jint : 함수의 리턴 타입
com_hybus_led : 안드로이드 애플리케이션의 패키지 이름
LedActivity : 안드로이드 애플리케이션의 액티비티 이름
LEDControl : 안드로이드 애플리케이션의 함수 이름
jint data : 함수의 인자

(2) make clean APP=led_test

앞에서 알아본 led_test.c 파일을 컴파일해보도록 한다. 컴파일을 하기 위해서는 리눅스 서버에 android-NDK가 설치되어 있어야 한다. LED 제어 예제에 대한 JNI app/led_test/project/jni/led_test.c 소스를 컴파일하기 전에 make clean 명령어를 통하여 기존에 있던 LED 제어 라이브러리 파일을 삭제한다.

(3) make APP=led_test

그리고 다시 make 명령으로 새롭게 [그림 14-15]처럼 컴파일한다.

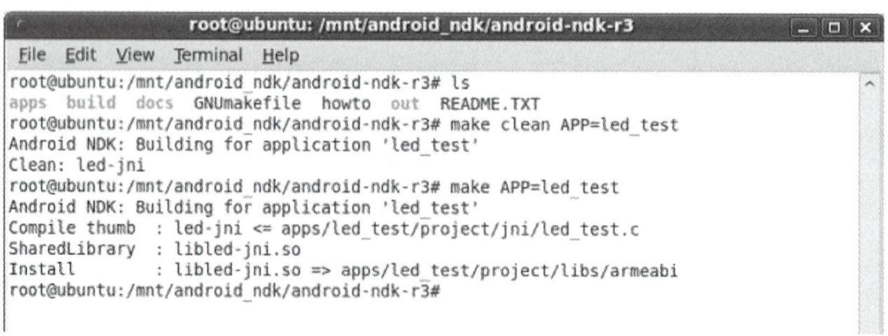


[그림 14-15] JNI 라이브러리 컴파일

(4) cd app/led_test/project/armeabi; ls

컴파일된 라이브러리 파일은 app/led_test/project/libs/armeabi/로 이동하여 확인해보면 앞에서 컴파일한 LED 제어 라이브러리 파일이 생성된 것을 [그림 14-16]처럼 볼 수 있다.

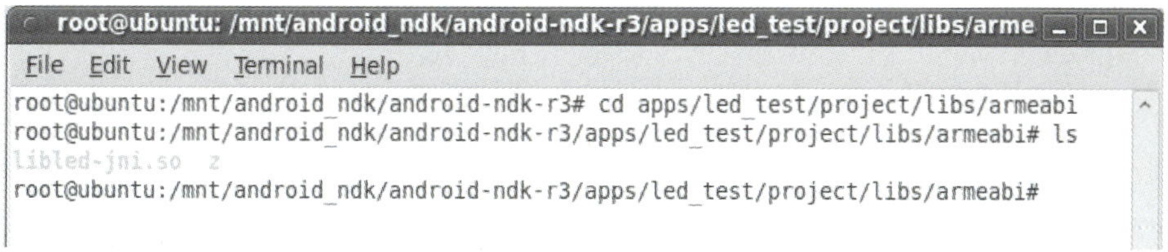


[그림 14-16] JNI 라이브러리 생성

(5) mount -o rw,remount -t yaffs2 /dev/block/mtdblock3 /system

위에서 생성한 libled-jni.so 라이브러리 파일을 사용하기 위해서는 라이브러리 파일을 H-AndroSV210에 옮겨서 실행하여야 한다. adb를 사용하여 H-AndroSV210에 연결하여 생성된 libled-jni.so 파일을 다운로드한다. 다운로드를 하기 전에 H-AndroSV210의 시스템 폴더는 Readonly로 되어 있기 때문에 Write할 수 있도록 파일시스템을 재마운트해야 한다.

파일시스템을 Read-Write가 가능하도록 하기 위해서 터미널을 열어서 부팅이 완료된 H-AndroSV210의 콘솔 화면에서 [그림 14-17]과 같이 입력한다. system에 해당하는 /dev/block/mtdblock3을 Read-Write가 가능한 파일시스템으로 마운트한 것이다.

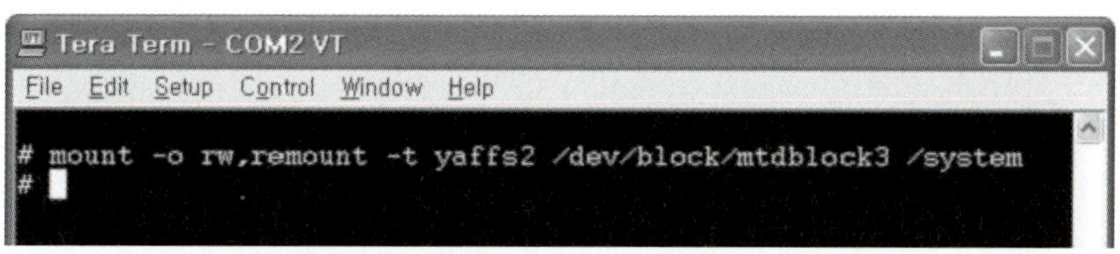


[그림 14-17] libled-jni.so 라이브러리 파일 타깃으로 이동하기

(6) 위의 작업을 진행하였으면 adb를 사용하여 위에서 생성한 libled-jni.so 파일을 /system/lib 이하로 [그림 14-18]처럼 이동한다.

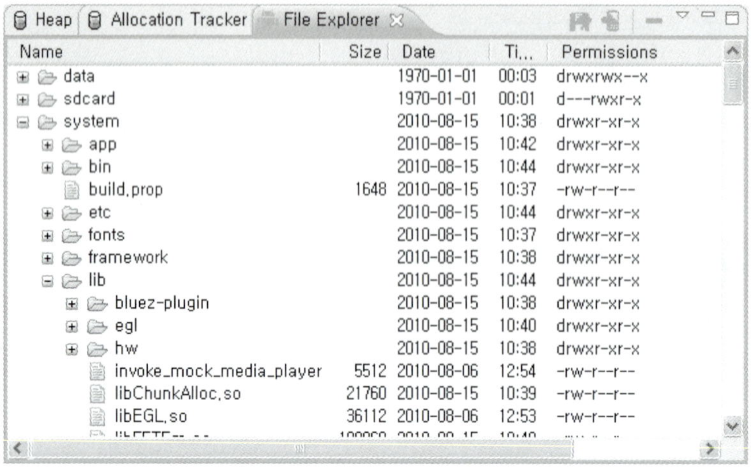


[그림 14-18] libled-jni.so 파일 저장

**저자 한마디 | JNI 소스**

JNI 소스는 Android NDK를 이용해 Native 소스를 빌드할 때 사용되는 소스이다. 즉, 프로젝트의 libs 안에 *.so 파일을 만들기 위해 사용되는 소스이다. JNI 소스는 이클립스에서 빌드할 수 없으며 반드시 NDK를 이용하여 빌드하여야 한다. 디바이스 제어 실습에 사용된 JNI 소스의 내용은 Android NDK에서 제공하는 hello-jni의 소스를 참고하여 수정하여 사용하였다.

## LED 제어 안드로이드 애플리케이션

이제 JNI용 라이브러리 인터페이스를 이용하는 안드로이드 애플리케이션을 작성한다. 먼저 안드로이드 개발 환경이 설치된 이클립스를 실행한다. 이클립스에서 새로운 프로젝트를 만든다.

LED 제어 JNI 파일을 호출하여 사용하는 LED 제어 애플리케이션을 작성한다. 내용을 확인하기 위해서 압축을 해제하도록 하자.

### 실습 14-6 LED 제어 Android 애플리케이션 생성 및 실행

(1) cd /mnt/cdrom/SV210_Android_100822/APP

LED를 제어하기 위한 소스가 APP 폴더에 Source.tgz 파일로 압축되어 있다.

(2) tar zxvf Source.tgz

[그림 14-19]처럼 /SV210_Test_app라는 폴더 이하에 압축이 해제된다.

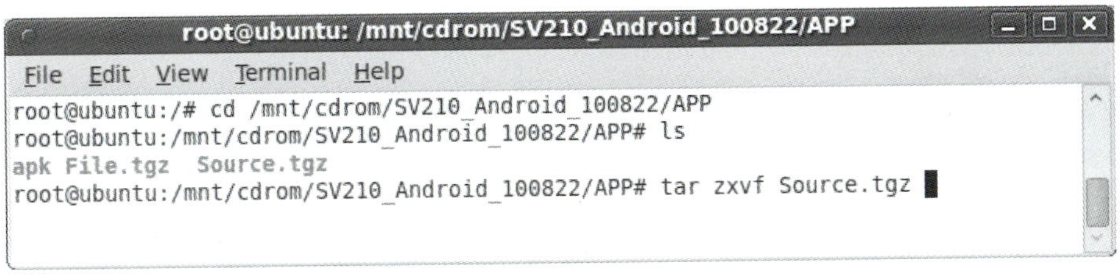


[그림 14-19] LED 제어 애플리케이션 파일 Source.tgz 압축 해제

(3) cd SV210_Test_app; ls
해당 폴더로 이동하여 폴더 내용을 확인한다.

(4) Led 폴더를 이클립스의 프로젝트에 추가한다.
이클립스 메뉴에서 File → New → Project → Android Project 화면에서 'Contents' 항목의 'Create project from existing source'를 선택하고, Location에서 추가할 프로젝트의 경로를 지정해준다. [그림 14-20]처럼 설정이 되어 있는지 확인한 후에 'Finish' 버튼을 누른다.

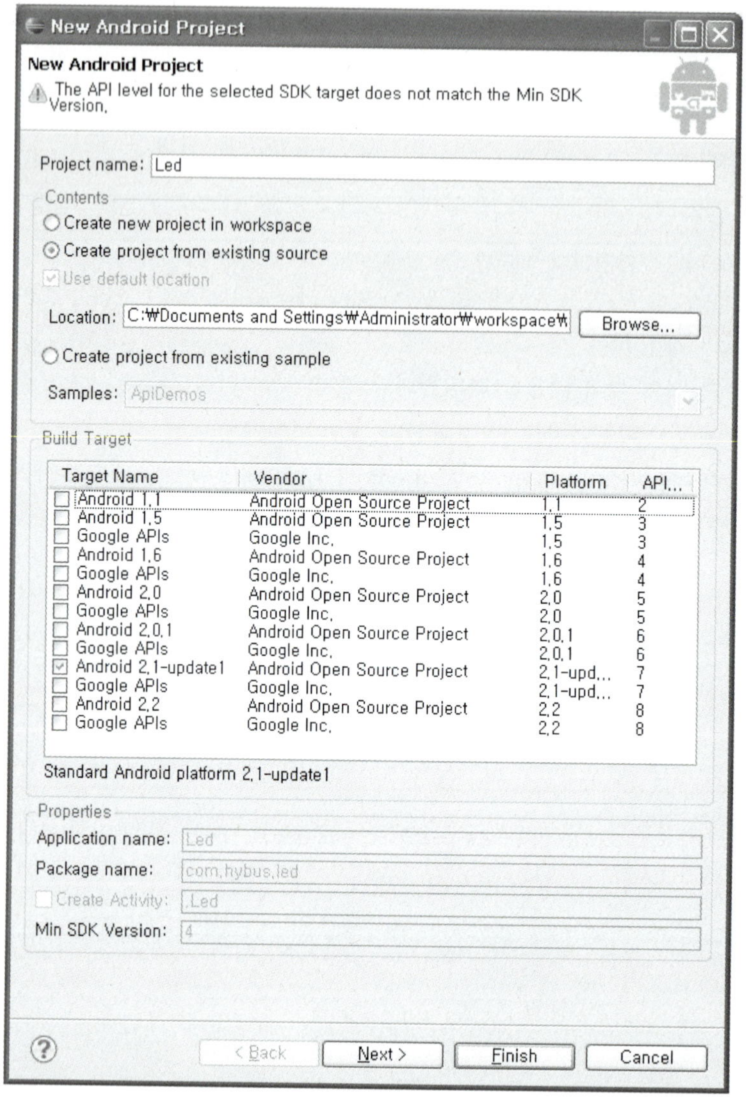

[그림 14-20] LED_Test 프로젝트 추가

(5) 프로젝트가 정상적으로 추가되었으면 좌측의 Workspace 화면에 Led라는 프로젝트가 추가된 것을 볼 수 있다.

(6) Led.java를 확인한다.

추가된 Led라는 프로젝트 아래의 src/com.hybus.led/Led.java 파일을 오픈하면 다음과 같은 내용을 확인할 수 있다. 다음은 Led.java의 전체 소스의 내용이다.

```
package com.hybus.led;
import android.app.Activity;
import android.widget.CheckBox;
import android.widget.ToggleButton;
import android.os.Bundle;
import android.view.View;
public class Led extends Activity
{    /** Called when the activity is first created. */
 int LedData;
      @Override
   public void onCreate(Bundle savedInstanceState)
   {
      super.onCreate(savedInstanceState);
      setContentView(R.layout.main);
      System.loadLibrary("led-jni");

      LedData = 0x70;
      LEDTest(LedData);

      final ToggleButton Red = (ToggleButton)findViewById(R.id.RedLED);
      final ToggleButton Yellow = (ToggleButton)findViewById(R.id.YellowLED);
      final ToggleButton Blue = (ToggleButton)findViewById(R.id.BlueLED);

      Red.setChecked(true);
      Red.setOnClickListener(new CheckBox.OnClickListener(){
            public void onClick(View v){
                  if(Red.isChecked())
                  {
                        LedData |= (0x10);

                  }else
                  {
                        LedData &= ~(0x10);
                  }
                  LEDTest(LedData);
            }
      });

      Yellow.setChecked(true);
```

```
        Yellow.setOnClickListener(new CheckBox.OnClickListener(){
            public void onClick(View v){
                if(Yellow.isChecked())
                {
                    LedData |= (0x20);
                }else
                {
                    LedData &= ~(0x20);
                }
                LEDTest(LedData);
            }
        });

        Blue.setChecked(true);
        Blue.setOnClickListener(new CheckBox.OnClickListener(){
            public void onClick(View v){
                if(Blue.isChecked())
                {
                    LedData |= (0x40);
                }else
                {
                    LedData &= ~(0x40);
                }
                LEDTest(LedData);
            }
        });

    }
    public native int LEDTest(int value);
}
```

간단하게 3개의 버튼을 생성하고 버튼이 클릭되었을 때 각각의 LED를 On/Off 하게 되는 내용이다. 내부적으로 JNI 인터페이스 LEDTest를 호출하여 값을 Write하는 구조로 되어 있다.

(7) 실행

애플리케이션은 라이브러리 파일에 접근하여 라이브러리 내에 있는 내용을 호출한다. NDK로 작성된 애플리케이션은 C 언어 자체가 VM에서 실행되는 Java

보다 실행 속도가 빠르기 때문에 속도 면에서 유리하다. 하지만 NDK를 따로 빌드해야 하고 프로그래밍이 Java로만 작성하는 것보다 까다로운 단점이 있다. 실행 결과는 [그림 14-21]과 같다.

[그림 14-21] Led.java 실행 결과

## 연습 / 문 / 제

1. 안드로이드 스타트업 코드 crt.S는 http://benno.id.au에서 찾을 수 있다. 애플리케이션에 이 스타트업 코드가 추가되어야 하는데, 어셈블리 언어로 작성된 스타트업 코드는 컴파일러에 의해 c 언어처럼 취급된다.

    arm-none-linux-gnueabi-gcc -c -o crt0.o crt.S

    컴파일 결과 오브젝 파일 crt0.o은 링커에게 전달된다. 링커에 대한 진입 지점으로 _start를 지정해야 되는데, main()이 아님을 명시한다. 스타트업 코드를 링크하여 빌드하는 명령어를 작성하라.

2. 다음 〈소스 연습 14-1〉은 에뮬레이터에서 'adb pull' 명령으로 추출된 ping 프로그램의 .text 섹션을 보여준다. 줄번호 01부터 12까지를 해석하라.

**〈소스 연습 14-1〉**

```
01 96d0: e1a0000d mov r0, sp
02 96d4: e3a01000 mov r1, #0; 0x0
03 96d8: e28f2004 add r2, pc, #4; 0x4
04 96dc: e28f3004 add r3, pc, #4; 0x4
05 96e0: eaffff8b b 9514 <dlopen-0x21c>
06 96e4: ea000e03 b cef8 <dlclose+0x37bc>
07 96e8: 0000e408 andeq lr, r0, r8, lsl #8
08 96ec: 0000e410 andeq lr, r0, r0, lsl r4
09 96f0: 0000e418 andeq lr, r0, r8, lsl r4
10 96f4: 0000e420 andeq lr, r0, r0, lsr #8
11 96f8: e1a00000 nop (mov r0,r0)
12 96fc: e1a00000 nop (mov r0,r0)
```

3. [실습 14-4] hellojni 애플리케이션에서 실행한 결과를 타깃 보드(하이버스)에서 실행해 보라.

4. 리눅스에서 daytime 서버는 현재 날짜와 시간을 제공해준다. 리눅스에서 동작하는 daytime 서버 프로그램을 안드로이드에 맞게 향상시키기 위하여 자바 프로그램으로 daytime 서버와 상호 동작하는 애플리케이션을 제작해보라. 표준 daytime 서버는 13번 TCP 포트를 사용한다. 본 애플리케이션 예제에서는 1024 포트를 바인드하여 사용한다. 1023번 이하의 포트를 일반 애플리케이션이 사용할 수 없다는 것을 유의한다.

5. 안드로이드 애플리케이션에서 C/C++로 작성된 프로그램을 연계하여 사용하는 방법을 설명하라.

Chapter 15

# 안드로이드 마켓

CHAPTER

# 15 안드로이드 마켓

이 장에서는 지금까지 개발한 애플리케이션을 마켓에 배포하는 과정과 마켓에서 다운로드받은 애플리케이션을 타깃 장치 또는 에뮬레이터에서 실행하는 과정을 기술한다. 마켓에 배포하기 위해서는 개발자 등록, 디지털 서명, 인증, 라이선스 및 버전 관리 관련 이론과 기술이 필요하다.

## 15.1 Apk 파일

안드로이드 애플리케이션을 제작하여 빌드 과정을 거치면 최종적으로 apk 파일이 생성될 것이다.(Home.apk, Phone.apk, ApiDemos.apk 등이 그 예에 속한다.) 윈도우 SDK에서 애플리케이션은 빌드된 후 프로젝트의 /bin 디렉터리에 '프로그램의 activity 이름'으로 apk 파일이 [그림 15-1]처럼 생성된다. 에뮬레이터에서 apk 파일은 안드로이드 파일시스템 /data/app에 저장된다.

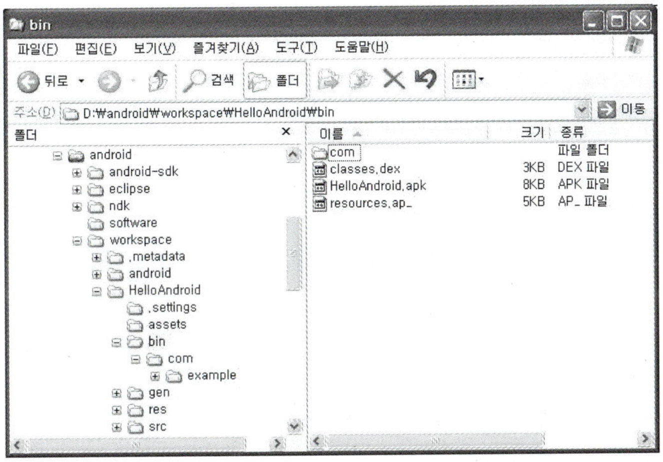


[그림 15-1] Helloandroid.apk 생성

apk 파일은 ZIP 압축파일인데, 역컴파일decompile하면 java 소스 코드가 얻어져서 소스 유출, 소스 변조 및 재배포의 가능성이 존재한다. 이것이 애플리케이션에 보안이 필요한 이유이다. 일부에서 역컴파일하여 자바 소스를 얻는 기술을 개발하려 하고 있다. dex 파일은 안드로이드의 가상머신인 달빅에 맞게 class 파일을 바이트코드로 바꾼 파일이다.

- classes.dex : 이 파일에는 실제 애플리케이션의 내용이 담겨져 있다. java class를 묶어주는 파일이며, apk 파일로 바꾸기 바로 전 단계이다. 〈SDK〉\tools\dx.bat가 컴파일하여 생성된다.
- resources.ap_ : resource를 압축한 파일이다. 〈SDK〉\tools\aapt.exe가 컴파일하여 생성된다.
- HelloAndroid.apk : 두 개 파일 classes.dex와 resources.ap_가 압축되어 모바일에서 실행될 수 있는 apk 파일로 생성된다.

[그림 15-2]는 Helloandroid.apk 파일을 unzip으로 압축 해제한 화면이다. apk 파일을 압축 해제하면 dex, xml, arsc 파일이 생성된다.

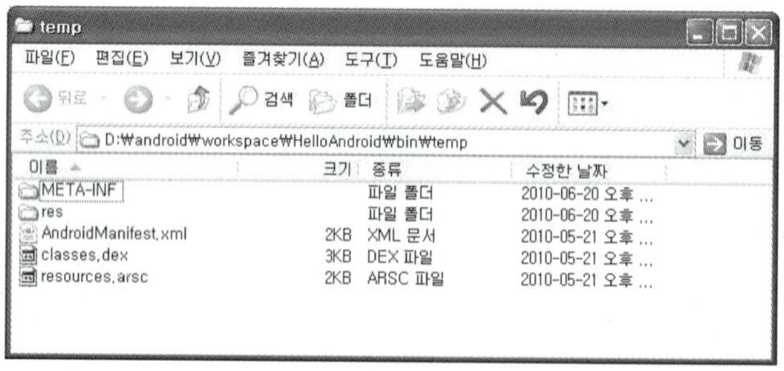


[그림 15-2] apk 파일의 압축 해제

## 15.2 안드로이드 마켓

안드로이드 마켓(http://www.android.com/market/)을 통하여 프로그램을 판매하고 싶다면, 프로그램 작성부터 관리까지 [그림 15-3]과 같은 몇 가지 절차가 필요하다.

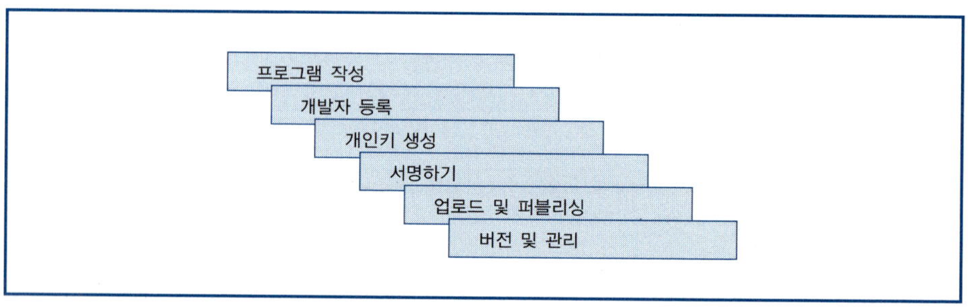


[그림 15-3] 안드로이드 마켓 및 관리 과정

### 프로그램 작성

이클립스에서 자바로 안드로이드 프로그램을 작성하는 방법에 대하여는 지금까지 책에서 많이 다루어왔다. 프로그램 작성 후 애플리케이션을 빌드하는 데에는 디버그debug 모드와 릴리스release 모드의 두 가지 모드가 있다. 빌드 도구로서 Ant를 사용하기도 하는데, 에뮬레이터 또는 모바일 장치에 설치될 수 있는 apk 파일을 생성한다.

## 애플리케이션 개발자로 등록하기

개발한 안드로이드 애플리케이션을 마켓에서 팔고 싶다면 [그림 15-4]처럼 안드로이드 마켓(http://www.android.com/market)에 방문하여 개발자로 등록하여야 한다. 현재 시점에서 등록비를 $25 지불하여야 한다. 그 밖에도 개발자 프로파일을 작성하고 'Android Market Developer Distribution Agreement'에 동의하여야 한다.

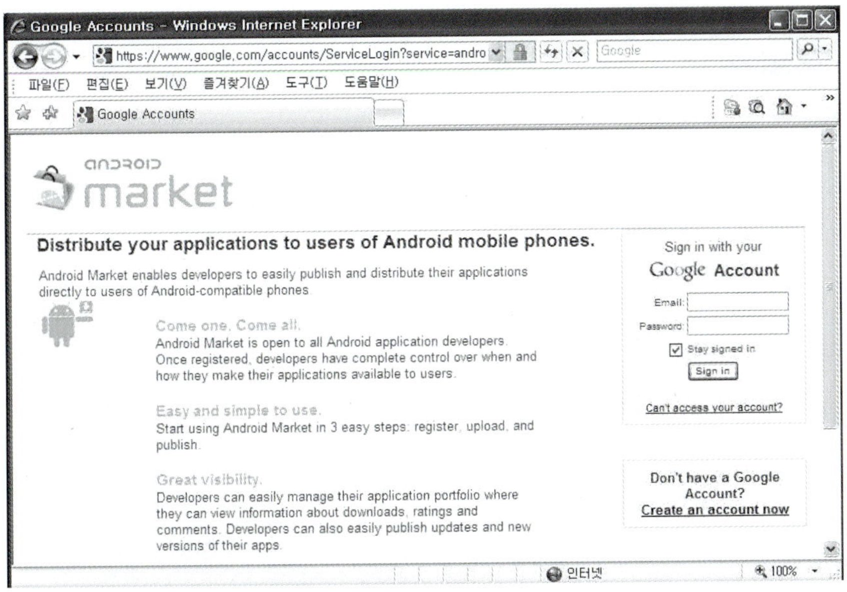


[그림 15-4] 안드로이드 마켓 사이트

아이디와 암호를 입력하고 'sign in' 버튼을 입력한 후 개발자로 등록하기 위한 절차를 진행한다. 신용카드 정보, 주소, 전화번호를 입력하고, 'Agree and Continue' 버튼을 누른 후 결재를 진행한다. 결재가 완료되면 안드로이드 마켓 홈으로 이동한다.

개발자로 등록해도 바로 애플리케이션을 업로드할 수는 없다. 등록 절차가 진행되는 데 보통 하루 정도의 시간이 걸린다. 하루 정도 지난 후 안드로이드 마켓을 다시 방문하면 'Android Market Developer Distribution Agreement'를 읽고 동의하라는 메시지를 보게 된다. 이때 동의를 해주어야 마켓에 등록이 완료되었다는 메시지를 받게 된다.

개발자로 등록이 완료되면 안드로이드 개발폰Android Dev Phone1을 구입할 수 있게 된다. 개발폰은 SIM(가입자 인증모듈)과 하드웨어 잠금장치가 해제되어 있다. 가격은 $399이며, 애플리케이션을 만들어 휴대폰에서 직접 테스트해볼 수 있다.

**실습 15-1** 안드로이드 마켓에 개발자 등록하기

안드로이드 마켓을 방문하여 사용자 프로필, 비용 지불, 사용자 동의 등을 거쳐 등록을 해본다.

## 개인키 생성하기

에뮬레이터 또는 타깃 장치에 설치하기 전에 디지털적으로 서명이 이루어져야 한다. 안드로이드 마켓에 애플리케이션을 등록할 때는 자기서명된 전자 인증서를 요구하기 때문이다. 인증서는 애플리케이션 저자를 식별하고 애플리케이션 간의 신뢰성 있는 관계를 설정하는 방안으로 사용된다. 인증서가 인증기관에 의해 반드시 서명될 필요는 없다. 안드로이드 애플리케이션은 보통 자기서명된 인증서를 사용한다. 자기서명 인증서란 개발용 데스크톱에서 작성되는 것으로 애플리케이션의 변경을 방지하기 위함이다. 미국 인증국Certificate Authority과 같은 인증기관의 서명까지는 필요하지 않으며, 자기서명 정도의 서명만으로 충분하다.

**저자 한마디 | 인증서**

비즈니스를 위한 문서 교환 시 사용자의 신원과 내용을 보증하는 전자문서이다. 국가에서 인증한 공인 인증기관에서 발급한다. 한국전자인증, versign, Thawte, Trust 등이 공인 인증기관에 속한다. 인증서는 상대방의 신원과 문서 내용의 위변조를 확인한다. 또는 제3자로 인한 훼손을 예방하므로 거래의 안전성을 확보하거나 기밀 서류를 다룰 때 유용하다. 인증서에는 일련번호, 유효기간, 발급기관명과 발급기관이 사용하는 전자서명의 알고리즘 정보, 사용자에 대한 정보, 인증서 버전 등을 포함한다.

이클립스에서 개발된 애플리케이션 apk 파일을 바로 안드로이드 마켓에 업로드하면 오류가 발생한다. 오류가 발생하면 디버그키로 서명된 인증서를 갖는 apk 파일을 수용할 수 없다는 메시지를 받게 된다. 최소한 50년 동안 유효한 키를 갖는 새로운 인증서가 필요하다는 메시지를 받는다.

## 실습 15-2 apk 파일용 비밀키 생성하기

(1) 이클립스 /workspace/(project name)/bin 디렉터리의 애플리케이션을 안드로이드 마켓에 업로드해본다. 어떤 오류 메시지가 나오는지 확인해본다.
키를 생성하고 apk를 서명하는 표준 도구인 'keytool.exe'와 'jarsigner.exe'를 사용한다. 특히 keytool은 개인키와 인증서를 관리한다.

**저자 한마디 | keytool**

자바 SDK에 포함되어 있는 keytool은 자신만의 개인키나 공개된 키의 생성 및 인증서를 관리할 수 있는 도구이다. keytool은 키를 생성하여 발급받은 인증서와 함께 keystore라고 하는 파일에 저장한다. 그리고 그 파일은 비밀번호를 사용하여 보호된다.
인증서는 특정인이나 회사로부터 전자서명된 객체로서 공개된 키와 기타 정보를 포함하고 있다. 전자서명된 데이터는 무결성과 신뢰성을 위하여 검사되어야 한다. 무결성이란 자료가 수정되거나 조작되지 않았다는 것을 의미하고, 신뢰성이란 생성자로부터 보내어진 파일이 정확하다는 것을 의미한다.
keystore 파일은 jarsigner가 Java ARchive(JAR) 파일을 위한 전자서명을 진행할 때 사용된다. jarsigner는 인증서를 이용하여 JAR 파일의 전자서명을 검증하고, 인증서의 공개키가 신뢰할 수 있는지를 검사한다.

안드로이드 플랫폼은 모든 apk 패키지에 전자서명을 요구한다. 전자서명 없는 apk 파일은 실행이 될 수 없다.
SDK를 사용하여 에뮬레이터에서 애플리케이션을 개발하는 동안에는 전자서명에 대하여는 걱정할 필요가 없었다. 왜냐하면 디버그키로 자동서명이 되기 때문이다. 하지만 개발이 완료된 후 외부 타깃에서 애플리케이션을 실행하려면 디버그키가 아닌 키를 사용하여 서명하여야 한다. 디버그키는 디버그 모드에서만 실행된다.
keytool의 사용법에 대해 설명하면 다음과 같다. keytool은 c:\Program Files\Java\jre6\bin 디렉터리에 있다. 다음은 keytool의 사용 예이다.

```
>keytool -genkey -keystore helloworld.keystore -alias helloworld -keyalg RSA -validity 10000
```

도스 명령창에서 keytool을 사용하여 인증서를 생성할 수 있다. 사용 예에서 helloworld.keystore는 개인키로 서명된 인증서 파일을 저장할 파일 이름, helloworld 별칭 이름, RSA 암호화 알고리즘의 사용, 10,000일 동안의 유효기간을 갖는 개인 키를 한 개 생성하는 내용이다. RSA는 기술 발명자인 Rivest, Shamir, Adelman의 약자이다.

keytool 명령을 실행하면 비밀번호와 조직 정보 등을 입력할 것을 요청받는다. 정확한 조직 정보를 입력하여야 하는데, 나중에 일반 사용자가 애플리케이션을 검토하는 데 활용된다. 그리고 생성된 키와 비밀번호를 안전한 곳에 잘 보관하여야 한다. 만약 키를 분실하거나 노출되면 자신의 ID가 도용될 수 있다.

(2) mkdir d:\android\workspace\Keytools

애플리케이션 인증 작업을 하기 위해 미리 필요한 디렉터리를 만들어놓아야 한다. 기존에 있던 'SDK\android\workspace' 디렉터리 아래에 작업 디렉터리를 만들어놓았다.

(3) cd d:\android\workspace

[그림 15-5]처럼 D:〈SDK〉\android\workspace\Keytools 디렉터리가 생성된 것을 확인해본다.

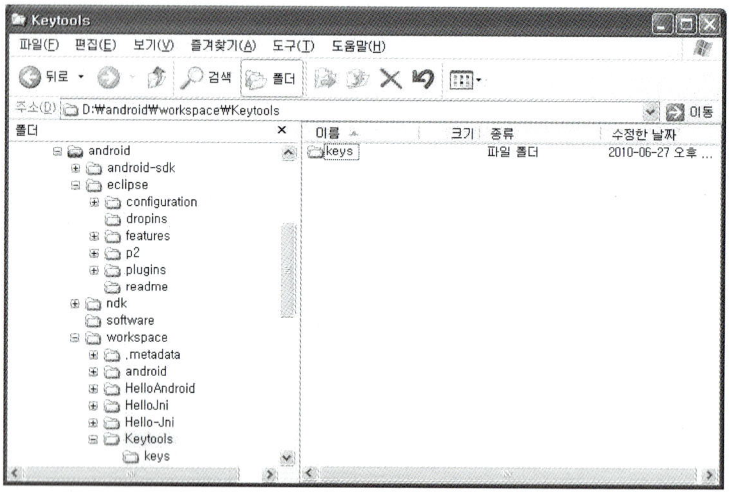


[그림 15-5] 작업 디렉터리 생성

(4) Keytools〉 keytool -genkey -keystore helloAndroid.keystore -alias helloAndroid -keyalg RSA -validity 10000

DOS 창에서 \Keytools 디렉터리로 이동하여 앞의 명령어를 실행한다. 명령창에서 'Enter' 키를 누르면 keystore와 키에 대한 비밀번호를 입력하라는 메시지를 받는다. 적당한 비밀번호를 정해서 입력하면 다시 한 번 비밀번호를 요청받게 되는데, 역시 동일한 비밀번호로 응답한다. 이후 이름, 성, 조직 단위, 조직 이름, 구/군/시, 시/도, 국가 코드를 각각 입력한다. 맨 끝에 '맞습니까?' 를 물어보면 'y' 를 입력하고 'Enter' 키를 누른다. 이어서 'key' 디렉터리에 생성되는 개인키 저장파일 'helloAndroid.keystore' 에 대한 비밀번호를 요청한다. [그림 15-6]은 키를 생성하는 과정을 보여준다. 키의 유효일수를 10,000일로 지정하고 있다.

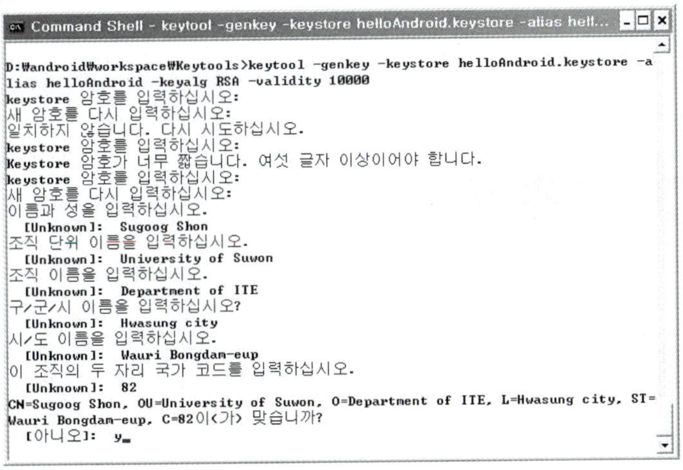


[그림 15-6] keytool 사용 예

(5) Keytools>dir

[그림 15-7]에서는 \keytools 디렉터리에 자체 서명된 인증서 'helloAndroid.keystore' 파일의 생성을 보여준다.

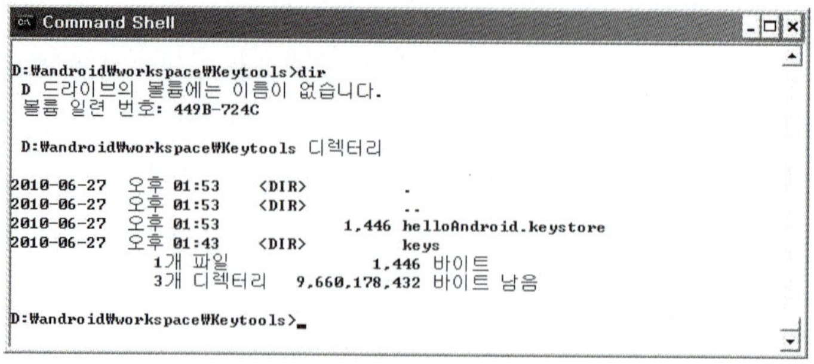


[그림 15-7] HelloAndroid.keystore 파일 생성 확인

keytool의 사용법은 〈표 15-1〉과 같다.

〈표 15-1〉 keytool 사용 방법

| 옵션 | 개요 |
|---|---|
| -genkey | 비밀키와 공개키를 생성 |
| -keystore 파일 이름 | 비밀키와 인증서를 저장하는 파일 이름 |
| -storepass 패스워드 | 키스토어에 대한 패스워드 |
| -validity | 유효기간. 안드로이드 마켓에 등록할 경우 1만 일(약 25년) 이상을 지정 |
| -alias 별칭 | 생성한 키를 키스토어 내에서 별칭 지정 |
| -keyalg 알고리즘 | 키를 생성하는 알고리즘 지정. DSA 또는 RSA |
| -dname 식별 이름 | 발행자의 식별 이름, 성명, 조직, 지역, 국번호 등 |
| -verbose | 상세한 정보를 화면에 표시 |
| -keypass 패스워드 | 개개의 키에 대한 패스워드 |

## 애플리케이션 서명하기

애플리케이션 apk를 배포하기 위해서 keytool을 이용하여 개인키와 인증서를 생성하였는데, 다음은 jarsigner을 사용하여 애플리케이션 apk에 생성된 개인키로 서명을 하여야 한다. 서명을 하는 방법에는 에뮬레이터에서 디버그키로 서명을 하는 방법과 배포용으로 애플리케이션을 서명하는 두 가지 방법이 있다.

## 실습 15-3 서명하기

(1) 디버그키로 자기서명하기 확인 : 이클립스에서 window – Preferences – Android – Build에 가보면 Default debug keystore가 지정되어 있는 것을 알 수 있다.

이클립스 환경에서 안드로이드 애플리케이션을 개발할 때는 서명 작업을 의식하지 않고 자연스럽게 타깃에 설치를 하였다. 개발자가 직접 서명을 하지 않아도 되었던 이유는 이클립스가 애플리케이션을 빌드하면서 자동으로 apk에 서명까지 함께 해주었기 때문이다.

에뮬레이터에서는 디버그 모드로 애플리케이션이 동작하며, SDK 도구에 의해 디버그키로 자동으로 서명이 이루어진다. 빌드 작업을 할 때 안드로이드 빌드 도구가 디버그키로 apk 파일을 자동으로 서명하도록 도와준다. 개인키를 생성하지 않고도 에뮬레이터에서 애플리케이션을 설치할 수 있다는 것을 의미한다. 에뮬레이터에서 애플리케이션을 실행시키는 것은 실제로 디버그[debug] 모드에서 실행이 되는 것과 같다. 디버그 모드에서 실행이 될 때 애플리케이션은 SDK의 debug.keystore 파일로 저장되어 있는 자기서명된 디버그키를 사용하여 서명한다.

이클립스가 자동으로 서명한 이후 에뮬레이터에서 동작되는 것을 확인해본다. 이클립스에서 window – Preferences – Android – Build에 가보면 'Default debug keystore'가 지정되어 있는 것을 [그림 15-8]처럼 확인할 수 있다. 이 파일은 디폴트로 사용자의 홈 디렉터리 안의 안드로이드 디렉터리에 존재한다.

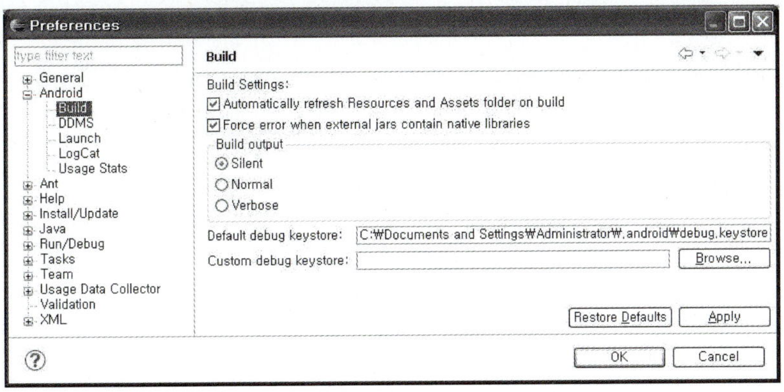


[그림 15-8] Default debug keystore 확인하기

안드로이드 SDK가 디버깅할 때 애플리케이션을 서명하는 데 도움을 준다. 이클립스로의 ADT 플러그인과 Ant 빌드 도구가 디버그 모드와 릴리스 모드의 서명 모드를 제공한다.

개발하고 테스트할 때는 디버그 모드로 컴파일한다. 디버그 모드에서 빌드 도구는 JDK에 포함된 keytool을 사용하여 keystore와 별칭 비밀번호를 생성한다. 컴파일 시 keytool은 apk 파일을 서명하는 데 디버그키를 사용한다. 비밀번호가 노출되기 때문에 컴파일할 때마다 keystore와 별칭 비밀번호를 나타나게 할 필요가 없다.

디버그 모드에서 서명 작업을 수행할 때 SDK 도구는 미리 정의된 이름과 비밀번호를 갖는 디버그 keystore/key를 생성한다.

- Keystore 이름: "debug.keystore"
- Keystore 비밀번호: "android"
- Key 별칭: "androiddebugkey"
- Key 비밀번호: "android"
- CN: "CN=Android Debug,O=Android,C=US"

필요하다면 디버그 keystore/key 위치와 이름을 변경 또는 사용할 custom debug keystore/key를 공급할 수 있다. 모든 custom debug keystore/key는 디폴트 디버그키와 동일한 keystore/key 이름과 비밀번호를 사용한다. Eclipse/ADT에서 하기 위해서는 Windows 〉Preferences 〉Android 〉Build로 간다.

**저자 한마디 | Eclipse와 Ant 사용자**

●Eclipse 사용자

Eclipse/ADT에서 개발한다면, 디버그 모드에서의 서명이 디폴트로 이루어진다. 애플리케이션을 동작 또는 디버그할 때, ADT는 디버그 인증서로 apk를 서명하고, 패키지에 zipalign을 실행시키고, 선택된 에뮬레이터 또는 연결 장치에 애플리케이션을 설치한다.

●Ant 사용자

Ant를 사용하여 빌드하려면, 디버그 서명 모드가 ant 명령어로 디버그 옵션을 사용해야 가능하다. 애플리케이션을 컴파일하는 데 ant 디버그를 사용할 때에 빌드 스크립트가 keystore/key을 생성하고, apk를 서명한다. 그 스크립트 역시 zipalign으로 apk를 정리한다.

## 실습 15-4 미서명 애플리케이션 만들기

(1) 미서명 애플리케이션 만들기: Android Tools → Export Unsigned Application Package

미서명된 애플리케이션을 타깃 장치에서 실행해보는 실습을 해본다. 앞에서 개발한 애플리케이션 apk(HelloAndroid.apk)로 실습을 한다. 이 apk 파일은 에뮬레이터에서 잘 실행되던 프로그램이다. 이클립스 /workspace/(project name)/bin 디렉터리에 저장된 애플리케이션 apk 파일을 미서명 패키지로 만들어 타깃 장치에서 실행해본다.

이클립스에서 [그림 15-9]처럼 프로젝트 이름(android)에 마우스를 올려놓고, 마우스 우측 버튼을 클릭하면 팝업 메뉴가 나타난다. 'Android Tools → Export Unsigned Application Package'를 클릭하여 미서명 애플리케이션을 만든다.

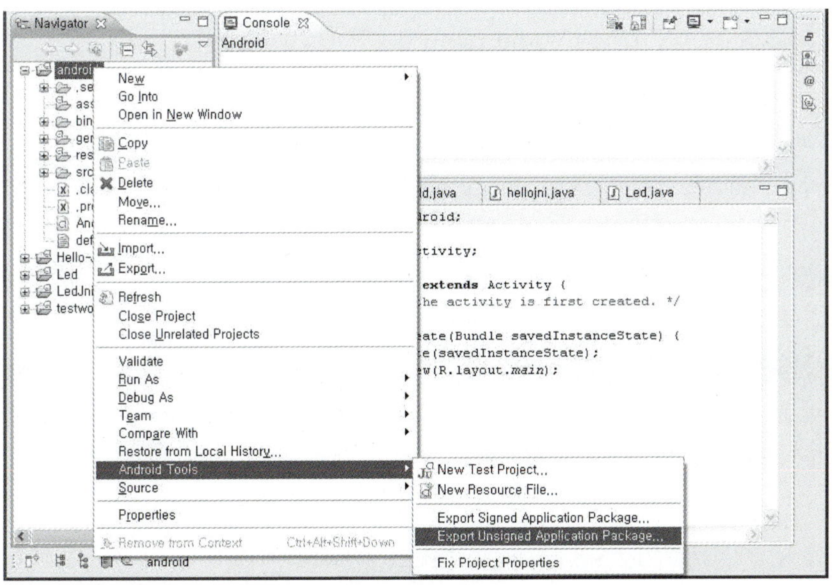

[그림 15-9] 'Android Tools → Export Unsigned Application Package'

앞에서 생성한 미서명 apk 파일을 'D:〈SDK〉\android\workspace\Keytools' 디렉터리에 저장한다. 그러면 [15-10]과 같은 메시지가 나온다.

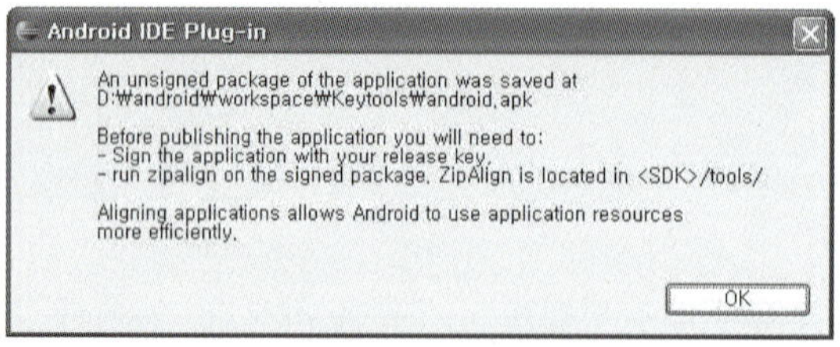


[그림 15-10] 미서명 APK 파일 저장 시 메시지

(2) 미서명된 애플리케이션 확인

윈도우 탐색기로 파일이 저장되었는지 확인하면 [그림 15-11]과 같이 나타난다.

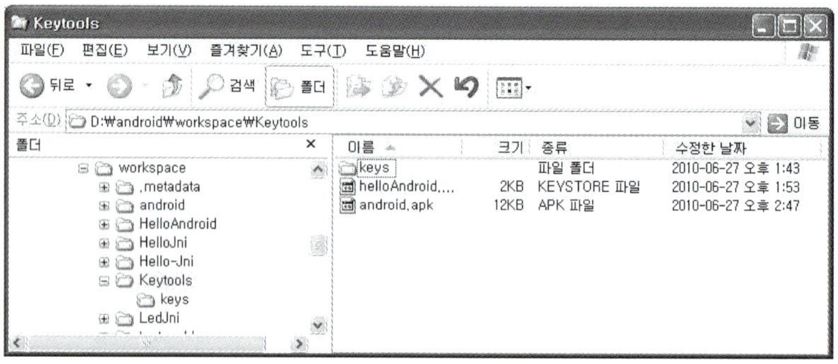


[그림 15-11] 미서명된 애플리케이션

(3) DOS 명령창을 열고; adb devices; emulator -avd myAVD

미서명 애플리케이션을 실행하기 위한 타깃 장치가 필요하다. 하이버스 장치도 좋으나 본 실습에서는 에뮬레이터를 타깃 장치로 사용하고자 한다. DOS 창을 열고 'adb devices' 로 현재 동작 중인 장치를 확인한 결과 [그림 15-12]처럼 아무 장치도 연결되어 있지 않다. 그래서 'emulator -avd myAVD' 로 에뮬레이터를 구동시킨다.

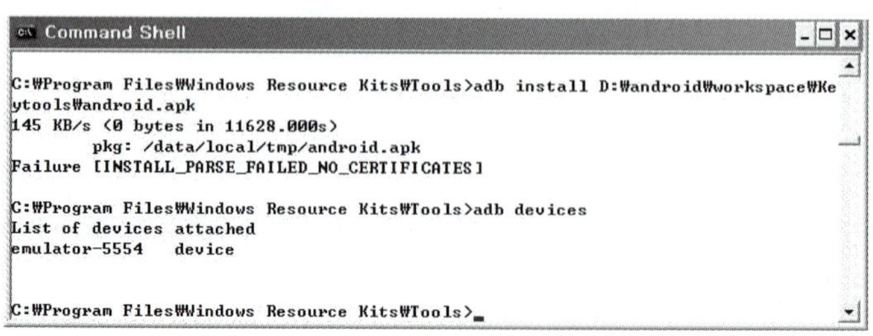


[그림 15-12] 타깃 장치(에뮬레이터) 구동

(4) 새로운 DOS 명령창을 열고; adb devices; adb install d:\android\workspace\Keytools\android.apk

미서명된 애플리케이션 apk 파일을 에뮬레이터에 설치하여 실행시키기 위하여 새로운 DOS 창을 연다. 'adb devices' 명령으로 emulator-5554가 동작 중인 것을 확인할 수 있다. 이어서 'adb install d:\android\workspace\Keytools\android.apk'를 사용하여 서명이 되어 있지 않은 애플리케이션을 실행해본다. 에뮬레이터에서 디버그키로 서명되었을 때는 오류 없이 실행되던 애플리케이션이 미서명 상태로 만듦에 따라 [그림 15-13]과 같은 오류를 발생시킨다.

```
Command Shell

C:₩Program Files₩Windows Resource Kits₩Tools>adb install D:₩android₩workspace₩Keytools₩android.apk
145 KB/s (0 bytes in 11628.000s)
        pkg: /data/local/tmp/android.apk
Failure [INSTALL_PARSE_FAILED_NO_CERTIFICATES]

C:₩Program Files₩Windows Resource Kits₩Tools>adb devices
List of devices attached
emulator-5554   device

C:₩Program Files₩Windows Resource Kits₩Tools>_
```

[그림 15-13] 미서명 때문에 오류 발생

모든 안드로이드 애플리케이션은 배포 전에 전자서명을 하여야 한다. 안드로이드 마켓에 배포할 때에는 릴리스(배포) 모드로 작업하여야 한다. apk 파일이 미서명된 상태이므로 배포 시에는 서명을 하여야 한다. 애플리케이션을 공개적으로 발표하려면 SDK 도구에 의해 생성된 디버그키보다는 자신의 개인키로 애플리케이션에 대하여 서명하여야 한다. apk 파일에 서명할 때는 자바에서 제공하는 Jarsigner.exe를 사용하여 수동으로 해야 한다.

| jarsigner.exe는 c:\Program Files\Java\jdk1.6.0_18\bin 디렉터리에 있다. |
|---|

일반 모바일 플랫폼의 경우 보안을 위하여 디지털 인증서Digital Certificates를 얻어야 하는데, 인증기관(CACertificate Authority)으로부터 구매를 할 필요가 있다. 하지만 안드로이드 플랫폼의 경우 구매할 필요 없이, 자신의 개인인증personal certificate을 생성하여 안드로이드 애플리케이션에 서명하면 된다. 이때 Jarsigner가 서명하는 데 사용된다.

Jarsigner을 사용하여 서명하기 전에 미서명된 apk 파일의 추출export이 필요한데, Export Unsigned Application package 명령으로 앞에서 만들어 \Keytools에 저장한 파일을 사용한다. 다음과 같이 서명한다.

### 실습 15-5 배포용 서명하기

(1) jarsigner -verbose -keystore helloAndroid.keystore -signedjar helloAndroid-signed.apk android.apk helloAndroid.keystore
keytool을 사용하여 입력하였던 암호를 입력하면 [그림 15-14]처럼 서명 작업이 진행되는 것을 관찰할 수 있다. 그리고 작업이 완료되면 [그림 15-15]처럼 d:\android\workspace\Keytools 디렉터리에 helloAndroid-signed.apk 파일이 생성되는 것을 확인할 수 있다. 〈표 15-2〉는 jarsigner 사용 방법을 설명한다.

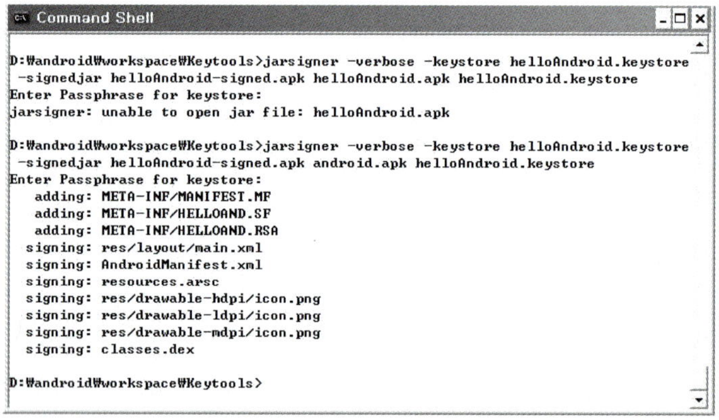


[그림 15-14] jarsigner로 서명하기

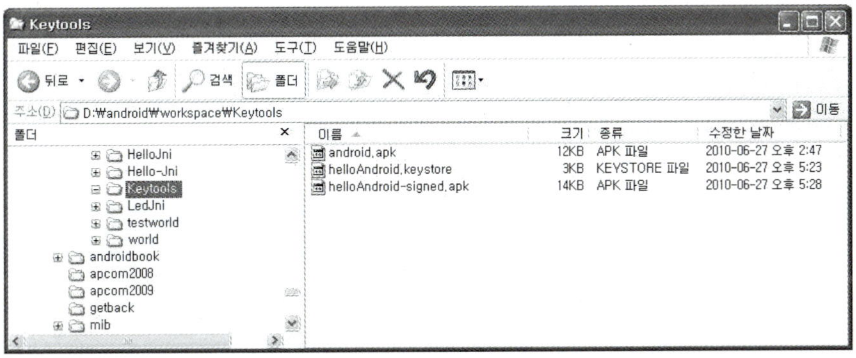


[그림 15-15] 서명 파일 생성 확인

〈표 15-2〉 jarsigner 사용 방법

| 옵션 | 개요 |
|---|---|
| -storepass 패스워드 | 키 스토어에 대한 패스워드 |
| -keystore 파일 이름 | 비밀키와 인증서를 저장하는 파일 이름 |
| -verbose | 상세한 정보를 화면에 표시 |
| -keypass 패스워드 | 개개의 키에 대한 패스워드 |
| -verify | 서명 여부를 검증 |

(2) jarsigner -verify -verbose helloAndroid-signed.apk

명령창에서 helloAndroid-signed.apk가 서명되었는지 검사한다. 실습 결과가 [그림 15-16]에 나타나 있다.

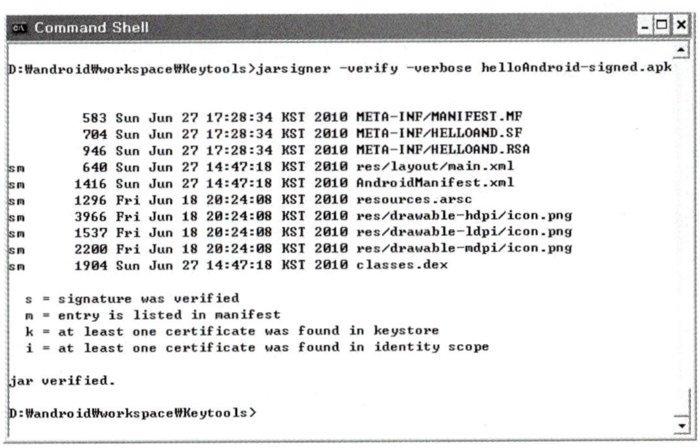


[그림 15-16] 서명 검증 과정

(3) adb install helloAndroid-signed.apk

이렇게 생성된 apk는 마켓에 배포를 할 수 있고, 다른 사용자들의 의견을 받을 수 있다. 그리고 서명된 애플리케이션은 다른 모바일 장치에 설치되어 테스트될 수도 있다. apk 파일의 설치를 위해 adb를 [그림 15-17]처럼 사용한다. [그림 15-18]은 에뮬레이터에서 helloAndroid-signed.apk가 설치된 모습을 보여준다. 유의 사항으로 기존에 개발한 애플리케이션이 설치되어 있다면 오류가 발생할 수 있으니, 기존 애플리케이션을 삭제하고 설치를 시작한다.

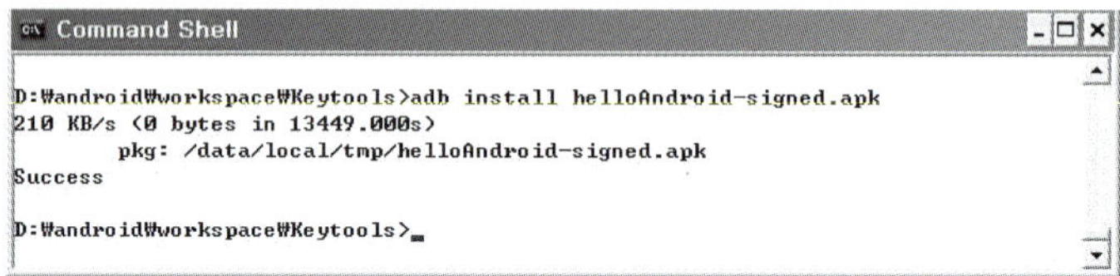


[그림 15-17] helloAndroid-signed.apk 타깃 설치 및 실행

[그림 15-18] helloAndroid-signed.apk가 설치된 모습

배포용 애플리케이션을 준비할 때 개발자는 다음을 수행하여야 한다.

① 개인키 얻기

② 릴리스 모드로 애플리케이션 컴파일하기

③ 개인키로 애플리케이션 서명하기
④ 최종 APK 패키지 정렬하기

애플리케이션에 서명을 한 후, 마지막으로 최종 APK 패키지를 최적화하는 데 zipalign 도구를 사용한다. 이 도구는 모든 압축 해제된 데이터가 파일의 시작에 상대적이 되게 바이트 정렬을 시작하게 한다. 4바이트 경계로 정렬을 하게 하면 장치에 설치될 때 최적화를 수행하게 된다. 이는 나중에 메모리 사용량을 절약하기 위함이다.

## 업로드 및 퍼블리싱하기(또는 언퍼블리싱)

실제로 개발한 애플리케이션을 배포 또는 업로드하는 과정이다. 업로드하였다고 소비자가 곧바로 다운로드할 수 있는 것이 아니라, 콘텐츠를 퍼블리싱하여야 실제 다운로드할 수 있다. 언퍼블리싱은 소비자가 다운로드받지 못하게 하는 것이다.

### ● 업로드

애플리케이션에 대한 서명을 완료하면 안드로이드 마켓에 업로드할 수 있다. 업로드할 때는 애플리케이션의 제목, 개요, 형태, 카테고리, 가격, 배포 지역 및 복사에 대한 보호를 입력하여야 한다. 자세한 업로드 과정은 구글 사이트에 가서 수행하면 된다. 업로드할 때 반드시 인증받은 apk 형식의 파일을 사용한다.
안드로이드 마켓(http://market.android.com)은 안드로이드 모바일 타깃 플랫폼으로부터의 접속을 지원하고, 몇 번의 클릭으로 애플리케이션을 설치하게 해주는 내장된 애플리케이션이다. 중요한 것은 모든 안드로이드 기기에 적용되는 관리 방식(개발자들이 반드시 동의해야 하는 조항)이 있음을 인지해야 하는 것이다. 안드로이드 마켓에서는 애플리케이션이 모바일 기기로 직접 전달되며 별도의 다른 외부 절차가 필요하지 않다.
안드로이드 마켓에 올리기 전에 개발 관련 기본 조항을 유의하여야 한다. 가격, 지불 조건, 환불, 라이선스 등 개발자가 알고 있어야 할 것들이다. 등록을 하는 데는 등록 비용(현재 $25)이 필요하다. 등록을 완료하면 안드로이드 마켓에 애플리케이션을 올려서 다른 사용자들이 직접 내려받고 설치하는 것이 가능하다.

● 퍼블리싱

애플리케이션을 업로드 완료 후 퍼블리싱을 한다. 퍼블리싱이 완료되면 애플리케이션에 대한 평가지표 정보를 확인할 수 있다. 보통 다섯 개의 별과 몇 건이 다운로드되었는지에 대한 정보를 확인한다. 퍼블리싱 후 사용자들이 구매 또는 사용하기를 원하지 않는다면 취소할 수도 있다. 특히 이 교재에서 개발한 애플리케이션은 사용자들이 다운로드하여 사용하기에는 부족한 점이 많기 때문에 언퍼블리싱하여야 한다.

**실습 15-6 실제 업로드 및 퍼블리싱**

(1) 실제 업로드를 실습해본다.
(2) 실제 퍼블리싱을 실습한다.
(3) 테스트용으로 퍼블리싱한 것을 취소시킨다.

## 애플리케이션 버전 및 패키지 관리

안드로이드 애플리케이션을 시장에 배포하기 위해서는 구글이 제공하고 있는 안드로이드 마켓에서 개발자로서의 등록, 구글의 구좌Account 취득, 등록료 및 애플리케이션 등록 과정이 필요하다는 것을 이해해야 한다.
그 밖에도 안드로이드 애플리케이션을 배포하기 위한 패키징 과정이 필요하다. 불필요한 코드가 있다면 삭제하는 것과 최종 사용자 라이선스 동의서(EULAEnd User License Agreement)를 추가하는 과정이 필요하다. EULA는 개발자, 직원, 조직 및 지적 소유권을 보호하기 위함이다.
아이콘, 버전, 라벨, SDK 버전의 4가지 정보를 사용자에게 제공해주어야 하는데, 사용자가 애플리케이션을 사용 또는 선택할 때 중요한 정보로서 활용된다. Manifest 파일에서 이들 요소들에 대한 설정을 한다.

● 아이콘

아이콘은 다른 애플리케이션과 구별될 수 있도록 하여야 하며, 마켓에서 다운로드할 때에 사용되는 중요한 정보이다. 보통 아이콘은 PNG 파일로 작성되며, 가로 세로 각각 48픽셀 크기로서 그림그리기 리소스 안에 위치한다. 아이콘은 Manifest 파일의 application 요소에서 android:icon 속성으로 설정한다. 아이콘과 라벨의 크기가 너무 크지 않도록 조절하여 모바일 장치에서 내용이 잘리는 것을 피한다.

### ● 라벨

애플리케이션의 라벨은 각 애플리케이션 아이콘 아래에 표시되는 문자열이다. 문자열은 배포하는 나라의 언어를 따르도록 한다. 라벨은 Manifest 파일의 application 요소의 android:label 속성으로 설정한다.

### ● 버전

배포하기 위한 애플리케이션이므로 배포 이후에 업그레이드/유지를 위한 버전 관리는 필수적이다. 버전 코드(android:versionCode)와 버전명(android:versionName)으로 관리되며, Manifest 파일의 manifest 요소로 설정한다.

### ● SDK 버전

라벨, 아이콘, 버전 이외에 Manifest 파일의 android:minSdkVersion 속성을 명시하는 것이 중요하다. 이 속성이 없다면 해당 애플리케이션은 모든 안드로이드 SDK와 호환된다고 취급된다. 어떤 버전에서는 동작하고, 어떤 버전에서는 동작하지 않는다면 반드시 이 속성으로 버전 정보를 알려주어야 한다.

**실습 15-7** 버전 코드 1, 버전명 1.0.0이 되도록 Manifest 파일 내용 설정

```
<?xml version="1.0" encoding="utf-8"?>
<manifest xmlns:android="http://kepricon.tistory.com/script/power
Editor/pages/"
      package="com.tistory.kepricon"
      android:versionCode="1"                          // 버전 코드
      android:versionName="1.0.0">                     // 버전명
   <uses-sdk android:minSdkVersion="1" />
    <application android:icon="@drawable/icon" android:label="@string/app_name">
                                                       // 아이콘 정의
        <activity android:name=".Lotto"
                  android:label="@string/app_name">    // 라벨 정의
            <intent-filter>
                <action android:name="android.intent.action.MAIN" />
    <category android:name="android.intent.category.LAUNCHER" />
            </intent-filter>
        </activity>
```

```
    </application>
</manifest>
```

앞의 실습과 관련하여, 다음 버전을 배포할 때에는 1보다 크게 하여야 한다. 이미 설치된 것과 배포되고 있는 것 사이에 값이 틀리면 버전 갱신이 필요하게 된다. 버전은 3자리로 구성되어 있는데, 최상위는 중대한 변화, 중간 숫자는 기능의 추가 시, 최하위 숫자는 마이너 변화가 있는 경우에 각각의 숫자를 변화시킨다.

## 라이선스

안드로이드는 오픈 소스라고 하며 아파치 2.0 라이선스를 갖는다. 안드로이드 플랫폼에서 사용하는 리눅스 커널만은 모든 소스를 공개해야 하는 GPL 규정을 따른다. 나머지는 소스 공개를 의무적으로 하지 않아도 되는 Apache 라이선스를 따른다. 특히 구글은 안드로이드의 모든 소스코드를 오픈 소스 라이선스인 아파치 라이선스로 배포하고 있다.

하지만 안드로이드 /system/lib 디렉터리에 있는 주요 라이브러리들은 다양한 라이선스를 갖는다. 〈표 15-3〉은 시스템 라이브러리 이름, 라이선스 종류, 파일 크기 및 라이브러리에 대한 개요를 보여준다. tools/lib/images/NOTICE에는 패키지 리스트와 각 라이브러리의 라이선스를 포함하고 있다.

〈표 15-3〉 안드로이드 라이브러리와 라이선스

| 라이브러리 및 주요 프로그램 이름 | 라이선스 | 크기 (byte) | 개요 |
|---|---|---|---|
| linux kernel | GPL | | |
| DBUS | GPL2 | | |
| emulator | GPL | | |
| adb | Apache 2.0 | | |
| eclipse | Eclipse Public license | | |
| penBinder(core) | GPL2 | | |
| libc.so | BSD | 226K | CLibrary, system calls & other basic facilities such as open, malloc, printf, exit … |

| | | | |
|---|---|---|---|
| YAFFS2 | GPL | | |
| WebCore | LGPL | | |
| libcrypto.so | BSD | 833K | cryptographic algorithms |
| libctest.so | BSD | 3.5K | SystemCall Test Library(ex: fread, fwrite, fork 등) |
| libcutils.so | BSD | 53K | SystemCall Utilities(ex: qsort, select, free 등) |
| libdbus.so | GPL2 | 301K | Message Bus System Library |
| libdl.so | BSD | 1.5K | Runtime Dynmaic Loading Library(ex: dlopen, dlclose 등) |
| Webkit | BSD | | including LGPL |
| SDL | LGPL | | |
| SGL | Google(Skia) | | |
| OpenGL | SGI penGL (BSD/MPL) | | |
| libdvm.so | Apache | 405K | Dalvik Virtual Machine Library |
| libembunit.so | GPL2 | 5.2K | Embedded Unit Testing Framework |
| libevent.so | BSD(3) | 18K | Event Notification Library |
| libexpat.so | MIT | 120K | XML Parser Library |
| libhardware.so | GPL | 28K | Functions to access info about system hardware(PCI, USB, SCSI) |
| libopengles_cm.so | OpenGL | 87K | OpenGL for Embedded Systems |
| libsgl.so | Skia | 845K | Skia Graphic library : 2D Graphic Engine |
| libsonivox.so | OHA | 94K | Sonivox's audioINSIDE™ Tech Library |
| libsqlite.so | public doamin | 422K | sqlite, GPL2 |
| libssl.so | GPL2 | 150K | SSL library |
| libstdc++.so | LGPL | 3.7K | ISO 14882 Standard C++ |
| libthread_db.so | LGPL | 3.0K | Thread Debuging Library |

* OHA : Open Handset Alliance

## 연습 / 문 / 제

1. 안드로이드 마켓에서 에뮬레이터로 애플리케이션을 다운로드할 수 있는지 설명하라.

2. 안드로이드 마켓에서 타깃 보드로 애플리케이션을 다운로드할 수 있는지 설명하라.

3. 에뮬레이터에서 패키지 또는 애플리케이션을 제거하는 방법을 설명하라.

4. 안드로이드 마켓에서 안드로이드폰으로 애플리케이션을 다운로드하는 과정을 설명하라.

5. 네이티브 애플리케이션에 서명하여 사용하는 방법을 설명하라.

6. 라이선스 종류 및 특징을 소개하라.

# 참 / 고 / 문 / 헌 /


- Reto Meier, *Professional Android 2 Application Development*, Wiley, 2010.
- Shane Conder & Lauren Darcey, *Android Wireless Application Development*, Addison Wesley, 2009.
- Rick Rogers etc., *Android Application Development*, O'Reilly, 2009.
- Frank Ableson etc., *Unlocking Android a Developer's Guide*, Manning, 2009.
- Mark Murphy, *Beginning Android*, Apress, 2009.
- Weimeng Lee, *Understanding User Interface in Android-Part 1~4*, 2009.
- 김상형, 《안드로이드 프로그래밍 정복》, 한빛미디어, 2010.
- 김정훈, 《구글의 안드로이드 프로그래밍》, 성안당, 2009.
- 김석우, 〈구글 안드로이드 플랫폼 분석〉, 주간기술동향 통권 1347호, 2008.
- 이석준 외 2인, 〈구글의 안드로이드(Android) 개요 및 전망〉, 주간기술동향 통권 1339호, 2008.
- 〈국내 휴대폰 업체의 글로벌 경쟁력 분석〉, 전국경제인연합회, FKI ISSUE PAPER 2009-0031, 2009.
- 〈Android 심층 분석 보고서〉, MD 인증센터, 2009.
- 〈모바일 빅뱅 시대의 비즈니스 모델 진화〉, SERI 경영 노트 제43호, 2010.
- 〈스마트폰이 열어가는 미래〉, 삼성경제연구소, CEO Information 제741호, 2010.
- 키나미 히데오 저, 성윤경 · 김희자 역, 《드로이드 매력에 빠지다》, 영진닷컴, 2010.
- 〈Android Application 프로그래밍(I), (II)〉, SK 텔레콤 T academy, 2010.
- John Siracusa, *Can You Buy Me Now? Apple and the War for the Mobile Market*, Wired, 2010. 8.

## 참고 웹사이트


- http://developer.android.com/index.html
- http://www.androidpub.com
- http://mobiforge.com/designing/story/
- http://blog.naver.com/hsdy07?Redirect=Log&logNo=40087907840
- http://java.sun.com/


※ 1장의 일부 내용은 naver 포털에서 검색한 내용을 참조하였으나, 추후 참조한 자료를 찾지 못하여 참고문헌에 포함하지 못했습니다. 찾는 대로 참고문헌에 포함하겠습니다.

# 찾 / 아 / 보 / 기

## ㅈ



## ㅊ



## ㅋ



## ㅌ



## ㅍ

## G



## H



## I



## J



## K



## L



## M



## N



## O



## P

## 저 자 약 력

### 손수국(sshon@suwon.ac.kr)

현재 수원대학교 정보통신공학과 교수
서울대학교 공과대학 전기공학과 학사
서울대학교 공과대학 전기공학과 석사
University of Texas at Austin, ECE Ph.D
삼성SDS 수석 컨설턴트
한국전기연구원 선임 연구원
저서 : 『임베디드시스템 프로그래밍』(홍릉과학출판사, 2006),
『CDMA 이동통신을 위한 휴대폰 프로그래밍』(홍릉과학출판사, 2007)

### 조승호(shcho@kangnam.ac.kr)

현재 강남대학교 컴퓨터미디어정보공학부 교수
서울대학교 전자계산기공학과 학사
서울대학교 컴퓨터과학과 석사 및 박사
University of Maryland 연구교수
John Hopkins 병원 연구과학자
한국모바일학회 학술위원장
한국정보과학회 모바일 응용/시스템 연구회 창립위원
삼성전자 컴퓨터부문 연구원

# 안드로이드 프로그래밍의 이해와 실제

손수국 · 조승호 공저

초판발행 : 2010. 12. 15
제1판 2쇄 : 2012. 2. 15
발 행 인 : 김 승 기
발 행 처 : 생능출판사
신고번호 : 제406-2005-000002호
신고일자 : 2005. 1. 21
I S B N : 978-89-7050-670-8

413-756
경기도 파주시 문발동 507-12 파주출판도시
대표전화 : (031)955-0761, FAX : (031)955-0768
홈페이지 : http://www.booksr.co.kr

* 파본 및 잘못된 책은 바꾸어 드립니다.

정가 28,000원